21世纪法学系列教材

经济法系列

银行金融法学

（第七版）

刘隆亨　主编

图书在版编目(CIP)数据

银行金融法学/刘隆亨主编. —7 版. —北京:北京大学出版社,2019.12
21 世纪法学系列教材. 经济法系列
ISBN 978-7-301-29987-6

Ⅰ. ①银… Ⅱ. ①刘… Ⅲ. ①银行法—中国—高等学校—教材 ②金融法—中国—高等学校—教材 Ⅳ. ①D922.28

中国版本图书馆 CIP 数据核字(2018)第 234599 号

书　　　名	银行金融法学(第七版) YINHANG JINRONG FAXUE(DI-QI BAN)
著作责任者	刘隆亨　主编
责 任 编 辑	周　菲
标 准 书 号	ISBN 978-7-301-29987-6
出 版 发 行	北京大学出版社
地　　　址	北京市海淀区成府路 205 号　100871
网　　　址	http://www.pup.cn
电 子 邮 箱	编辑部 law@pup.cn　总编室 zpup@pup.cn
新 浪 微 博	@北京大学出版社　@北大出版社法律图书
电　　　话	邮购部 010-62752015　发行部 010-62750672　编辑部 010-62752027
印 刷 者	北京虎彩文化传播有限公司
经 销 者	新华书店
	730 毫米×980 毫米　16 开本　22.75 印张　433 千字 2005 年 8 月第 5 版　2010 年 4 月第 6 版 2019 年 12 月第 7 版　2024 年 2 月第 5 次印刷
定　　　价	46.00 元

未经许可,不得以任何方式复制或抄袭本书之部分或全部内容。
版权所有,侵权必究
举报电话:010-62752024　电子邮箱:fd@pup.cn
图书如有印装质量问题,请与出版部联系,电话:010-62756370

第七版序
在统筹国内国外两个大局中
金融和金融法治的地位

中国共产党第十九次全国代表大会的胜利召开和习近平总书记所作的题为"决胜全面建成小康社会，夺取新时代中国特色社会主义伟大胜利"的报告，不仅对全中国、全世界有重大意义和深远影响，而且对本教材的修订也带来了重要的福音，带来了鼓励和鞭策。尤其是提高了我们对金融和金融法学地位作用的认识，增强了我们对金融和金融法学的教学与研究的自信心。

习近平强调指出金融是国家重要的核心竞争力，金融安全是国家安全的重要组成部分。金融活、经济活，金融稳、经济稳。金融制度是国家经济社会制度中重要的基础性制度。李克强总理也指出：金融是国之重器，是国民经济的血脉。

从本教材的最初版本（即1990年由北京大学出版社出版的《银行法概论》）出版以来到如今的第七版，《银行金融法学》已经问世二十九年，先后印刷了几十次，发行了二十多万册，对学术界、实务界产生了较大的影响。这次的第七版，是在我们党和国家着力统筹国内国际两个大局的伟大事业中，在国际国内经济金融格局产生了深刻变化的形势下产生的。从国内方面来说我国已进入建成小康社会的决战期，并朝着世界高收入国家行列前行，国家货币政策的运用与支撑、国内银行金融业及其各种金融市场的稳健发展，已成为现代经济的动脉和基础。从国际方面来说，人民币入篮成为世界第三大货币、"一带一路"世界性经济开发战略"资金融通"的关键性作用，特别是G20集团领导人杭州峰会形成的《二十国集团杭州峰会公报》《二十国集团创新增长蓝图》《二十国集团深化结构性改革议程》《二十国集团落实2030年可持续发展议程行动计划》等文件中，把中国的金融经验、方案、智慧，推向了更高端，把国际金融改革和国际金融监管提到了空前的高度，中国已成为全球国际金融的重要力量和重要担当，在这种重大背景下，本次修订作了一些重要的补充和概括，具体表现如下：

在第一编"金融法基础理论"部分，首先，增加和充实了一些基本概念的内容。对概念即范畴的重要性可以作三点解释：(1)"概念是解决法律问题所必需的和不可少的工具，没有严格限定的专门概念，我们便不能清楚和理性地思考法律问题。"（见〔美〕博登海默：《法理学：法律哲学与法律方法》，邓正来译，中国政法大学出版社2004年版，第504页）。(2)概念是一切事物本质属性的反映，是证明或阐明是什么,是对各种事物的客观判断。如果连是什么都不知道那又怎能知道做什么或怎么做。(3)理论从形式逻辑上来讲就是由一串的概念、判断组成的结果。其次,在第二章增添了金融法的独立性、服务性与融合性的观点,在第三章中对其基本原则进行了梳理,在把金融稳定和促增长列为基本原则之一的同时,增加了适用原则,包括实行绿色金融与共享经济发展相结合的法治原则,坚持普惠金融和民生经济相结合的法治原则,坚持深化金融体制改革与宏观经济调控相结合的法治原则,树立和坚持大国金融理念积极参与地区性、全球性金融治理的法治原则。再次,在第四章中新增加了两节:第一节"革命根据地时期的银行货币政策与华北人民政府时期的银行金融法令的概况和影响"。第六节着重阐述了党的十七大特别是十八大以来我国银行金融业及其法治的创新发展,这样,就把我国银行金融业的法治建设近一百年的历史发展作了回顾、分析和概括,体现了近一百年来我国银行金融业的法治建设的历史过程和规律。在第五章中增加了学习研究应用金融法的几点规律性认识的内容。

本书第二编"金融组织宏观调控体系及其业务的法律规定"经过修订更加系统和完善。尤其是增添了中国银行保险监督管理委员会的建立和主要职责及其立法的新内容,标志着我国的金融监管体制由分业监管向综合型监管体制的重大转变。强化了城乡商业银行与农村合作金融的地位与作用,对储蓄存款的银行保险制度作了新的补充,对商业银行的组织机构、业务活动、运行规则作了梳理,使其条理更清晰,特色更鲜明,更方便读者掌握。

在本书第三编"货币发行和流通管理的法律规定"中,变动的部分比较多,新增加了货币的五大职能、扩张性与紧缩性两大货币政策的分类,以及从紧、从宽、稳健的货币政策的运用。增添了对当今"无现金社会"思想或模式的评述。新增添了人民币国际化的历史进程和实施,阐述了人民币国际化的重要作用,总结了人民币由区域化走向国际化的新经验,例如,票据贴现的概念更加准确,外汇数字状况更加鲜明,对外汇和黄金管理体制的新情况作了补充。

在本书第四编"证券业、基金业、信托业等非银行金融机构管理法律制度"中,根据修订后的《证券法》《信托法》等分别进行了重要的修订和补充。"非银行金融机构的法律规定"这一章增添了期货公司、汽车金融公司、典当行、消费金融公司、商业保理公司、金融衍生品、互联网金融等新内容。

在本书第五编"我国中资银行业、外资银行和金融国际化的融合发展与安全"中,对我国的涉外银行金融业在原有的基础上根据新的规定作了比较多的修订和补充,体现了我国银行金融业走出去和引进来的新发展以及我国对外双向开放的新格局,还对构建更加公平、更加合理、更加稳健的国际金融新秩序进行了阐述和建议。最后以实施"反洗钱法,为国内国际创造良好的金融环境"作为本教材的结尾。

在这里需要特别提出的是:全书坚持以习近平总书记中国特色社会主义思想为指导,贯彻以习近平同志为核心的党中央对金融工作和金融法治的理论观点、方针政策的重大决策与部署,紧密结合我国金融体制改革的深入发展和丰富的金融业务与立法实践,同时还注意到了金融和金融法的历史沿革和历史范畴,吸收了历史经验,并且我们始终认为银行金融业和金融法治从来就不只限于一国的范畴,而是具有区域性、国际性的现象和规律,因此我们也不断地吸收和借鉴外国金融、国际金融及其法律的经验和教训。我们从教学和培养人才需要出发,认真总结和概括了上述方面的优秀成果,进行了合理的、科学的、系统的、协调一致的研究和编排,从而体现了教科书的"三基""五性"的特色。这既是本教材的指导思想又是本教材近三十年来长盛不衰和具有一定影响力的根本原因。本教材曾获得北京市和司法部两次地方性和全国性的优秀教材和研究成果奖项。

刘隆亨

2017 年 10 月 15 日

北京大学税法研究中心

北京联合大学经济法研究所

第六版几点解读

（一）本书从 2005 年 5 月完成第五版,至今修改完成本书第六版书稿,经历了五个年头。2007 年本书第五版第二次印刷时,虽然由我和吴军同志共同撰写增添了"制定与实施反洗钱法,为国内外创造良好的金融环境"一章作为本书的第七编,但尚不是对全书的修订,本书全面的修订是以第六版的面貌呈现给读者的。

（二）本书此次修订在结构和内容方面的主要变化如下,在金融法基本理论篇中,第四章新增添了国民经济和社会发展"十一五"规划的任务和对金融改革的规定。在金融组织宏观调控体系及其业务的法律规定篇中,第八章新增了第六节新形势下"金融改革创新与加强银行金融监管"。第十三章第二节补充了关于农村金融合作社的新内容,第十五章第三节补充了企业信用担保制度。在货币发行和流通管理的法律规定篇中,第十七章增补了第二节"开展反假币的斗争",增补了第三节"加速人民币区域化,逐步实现人民币国际化",即中国与其他国家签订"双边货币互换协定",第五节补充了对银行信用卡发行和使用现状的分析和提升立法的建议。在我国外汇、外债和金银使用管理的规定篇,第十八章第一节增补了我国外汇储备的历程和增长变化的原因分析,增补了当前美国是我国最大债务国的资料。第十九章第三节增补了当前国际黄金白银价格的走向及其原因的分析。在证券业、基金业、保险业的发展与管理的法律规定篇中,第二十章增添了第三节证券法的修订及其主要内容的规定。第五节增补了国务院颁布的《彩票管理条例》的内容。第二十二章中对商业保险法和社会保险法这两大部分在内部结构和具体内容上都作了比较大的变动,把保险法这个复杂的内容梳理得比较清楚了。在我国中资银行业、外资银行业和参加世行、地区国际金融的法律概况篇中,第二十四章增添了此次应对国际金融危机中我国政府和国际社会改革国际金融关系建立国际金融新秩序的新内容。除了以上这些比较重要的修改,还包括全书的其他有关内容和文字上的修饰,结构体例上的调整,从而使本教材既具有基本理论和基本制度的经典性,又具有改革开放和学术研究中的前沿性,以及结构上的系统性与科学性。

如何把握现代银行金融法律体系,我们在本书的修订中重申,那就是要坚持邓小平同志提出的"金融是现代经济的核心"、江泽民同志主张的"依法治理金融",这反映了金融的核心地位一定要有法制的保障,胡锦涛同志阐述的法治理念,反映了新时代的新法治理念的新思想,是本书的指导思想和宗旨。同时还必须明确当今世界金融业发展已进入空前的广度与深度,金融机构、金融产品(工具)、金融市场发展的变化,金融法、金融科技、金融管理的日益完善,所有这些都离不开银行这个经营货币的特殊企业的永久载体,因而在我所有的著作和文章中都坚持了"银行和银行法本体论"的观点和思路,也就是我们常说的在我国金融体系中,是以中央银行为核心,以商业银行和政策性银行为主体,以其他金融机构为辅的现代金融组织体系,坚持以中国银监会、证监会、保监会等为我国银行金融业的监管组织体系,我们的银行金融法也应与此相适应。

(三)《银行金融法学》(第六版)的源头。早在我当年担任北京大学分校法律系主任和经济法研究所所长之际,于1990年春有幸得到当年中国人民银行行长陈慕华、常务副行长刘鸿儒的批准,举办了全国首届和第二、三届银行法律问题研究班(见1990年2月15日《光明日报》和《法制日报》),邀请了银行金融学著名专家刘鸿儒教授、很有影响力的中国建设银行周道炯行长,以及国家著名的立法专家、人大法工委顾昂然主任上课,培训了一大批银行金融业干部和教师,效果很好。在此基础上于1990年2月由北大出版社为我出版了《银行法概论》(第一版),接着又出了第二版与第三版。《银行法概论》(第三版)曾获北京市第四届哲学社会科学优秀成果二等奖。在此期间,改革出版社于1995年12月又邀请我主编出版了《中国金融法讲座》《中国银行法讲座》《金融法律实务》;2002年起又应邀在中央党校中级班讲课,其间,当代世界出版社又出版了我的《金融法学》(一至三版),《金融法学》(第一版)于2003年获司法部法学教材与法学研究优秀成果三等奖。2004年我又主持出版了《中国银行业监督管理法的理解与适用》(红旗出版社2004年版)。在这几本书的基础上,参考新颁布的或修改后重新颁布的金融法律、法规,及我从20世纪80年代起先后发表的30篇银行金融法的文章,我于2005年5月编著而成《银行金融法学》(第五版)。

《银行金融法学》(第六版)的修订和出版,要感谢经济法研究所吴军助理研究员和我共同撰写、修订了本书第七篇,以及多年来给予我的金融法方面的信息支持。感谢王乐红同志的紧密合作,参与编排、查找资料、打字和校对所付出的辛勤劳动;感谢北京大学金融法研究中心主任、北京大学副校长吴志攀教授的支持、帮助和指导;感谢黎月同学在我身边攻读硕士学位后,又以优异的成绩考入中国香港中文大学攻读国际金融专业博士学位及对我的研究工作的信息资料的反馈;感谢北京市金融与财税法学研究会的同志们的支持和鼓励。感谢北京大学出版社责任编辑周菲女士熟练的业务编审和辛勤的劳动以及对本书的如期出版所起的促进作用。

本书的撰写出版从早年的银行法专论,发展成今天的银行金融法概论,经历了二十年的历史,但我觉得仍然还存在不足之处,敬请专家和读者提出宝贵意见,待今后不断修订补充。

刘隆亨

2009 年 12 月 30 日

北京大学税法研究中心

北京联合大学经济法研究所

第五版序
我国金融体制又一次重大改革
金融法治迈入重要年代

在经济全球化、世界多极化、科学技术现代化的时代,和平与民主、人权与法治已成为当今世界的潮流,金融业已成为当代世界经济、科技、法治的缩影。党的十六大站在世界战略发展的高度强调了推进和深化金融体制改革、健全金融市场、加强金融监管、防范金融风险的极端重要性。党的十四大确立了我国经济体制改革的目标是建立社会主义市场经济体制,在江总书记的主持下,党的十四届三中全会作出了《关于建立社会主义市场经济体制若干问题的决定》,提出了构成社会主义市场经济体制的基本框架,指出了发展和完善以银行融资为主的金融市场。时隔十年后,在胡锦涛总书记的主持下,党的十六届三中全会作出了《关于完善社会主义市场经济体制若干问题的决定》,为完善社会主义市场经济体制绘出了一幅完整的蓝图。同时,提出了深化金融企业改革,建立现代金融企业体系;提出了健全金融调控机制,完善各类金融市场的协调发展;提出了完善金融监管体制,保护存款人、投资者的合法权益,防范和打击金融犯罪,保护金融安全的重要思想与制度体系。

中国金融体制改革自 1979 年以来至今的二十六年间,大体经历了三个发展阶段,也可称为三次重大的金融体制改革。第一阶段是 1981—1983 年,逐渐把中国人民银行作为国家的中央银行,把它长期以来承担的商业银行的储蓄存款和信贷业务工作分离出来,由 1984 年成立的中国工商银行承担(办理城市工商信贷业务),让中国人民银行由综合性的国家银行变成直接履行中央银行职权的银行。第二个阶段是 1993 年 12 月 25 日国务院颁布《关于金融体制改革的决定》以后,首先把中国人民银行办成真正的中央银行,1995 年 3 月制定了《中国人民银行法》,即我国央行法。其次实行政策性金融与商业性金融分离,建立了三家政策性银行,把四家国家专业银行变成了国有独资商业银行,同时建立一批股份制商业银行,以及建立合作银行和引进外资银行。1995 年 5 月颁布了我国《商业银行法》,再次建立统一开放、有序竞争、严格管理的金融市场(包括货币市场、证券市场、外汇市场),1995 年 5 月颁布了我国《票据法》,1995 年 6 月颁布了我国《保险法》,1998 年 12 月颁布了我国《证券法》。此外,还提出了加强金融业的基础建设、加强现代化的管理体系。第三个阶段是 21 世纪初,在完善社会主义市场经济体制的背景下,金融改革以建立银行业监管机构为起点,颁布了我国的《银行业监督管理法》,修改了《中国人民银行法》和《商业银行法》,实行"三分离"的监管体制[①];以国有独资银行进行的股份制改造为重点,建立现代金融企业制度;推进利率市场化,健全金融宏观调控。

对第三次金融体制改革,我原以为国务院会统一发个文件或决定,集中列出一揽子改革的时间表来,但实践证明这次改革却采取了类似"个案处理"的办法。一项改革,一个做法,一个规定,这样做可能会更加深入具体、切合实际。在这次国有商业银行股份制改造过程中,首先选择了中国银行和中国建设银行作试点,国家拿出了450亿美元的外汇储备,充实这两个银行的资本金,接着又选择了中国工商银行作试点,国家又拿出了150亿美元的外汇储备作这家银行的资本金,这两笔重大的投入堪称空前的"背水一战,只能成功,绝无退路",可见改革的重要性。

银行金融业的管理体制经历的三个改革发展阶段的历史经验证明:改革的决策与立法决策并行不悖,如果1993年开始金融体制改革,没有1995年四部银行金融法(《中国人民银行法》《商业银行法》《保险法》《票据法》)的颁布,就不可能完全抵制1996年至1997年的亚洲金融风暴;如果没有2004年6—7月的"审计风暴"(也是法制风暴),就不可能从银行界挤出一小撮腐败分子;如果没有《银行业监督管理法》的颁布与实施,就不可能有今天的安全、平稳运行的金融环境。银行业的监管随时在提醒我们要注意防范金融风险,提防金融犯罪。

银行金融的理论表明,银行金融业作为高风险、高利润的行业,必须严格遵守金融法律的各种规定。例如资产负债比例管理原则规定的资本充足率、存贷款比例、流动资产余额与流动负债余额比例等规定,就是难以逾越的银行信贷法则。从对政府的要求来看,这些法律法规和规程必须是公开透明的,尤其是银行金融业还有不少专门的规则要求。

还有,由于银行金融业从来不是一个国家和一个地区独特的社会经济现象,而是一种跨国的国际现象,国际货币基金组织、世界银行的存在和经济全球化已经说明现代世界经济是金融经济,国内市场经济和国际市场经济连成一片,都需要法律规则的交融与合作。

要正确处理国内法与国际法的关系,银行金融业只有具备了完善的法制,才能在国内、国际两种市场的交易与竞争中立于不败之地。

法制治理银行金融很重要,通过法制治理,从内部反对金融腐败,从外部反对扰乱金融秩序。据最高人民法院2000年至2004年上半年的统计,4年审结

---

① 另一种意见是监管体制可以分离,但商业银行的混业经营是不可避免的。

金融犯罪案件近 3 万件,其中,审结破坏金融管理秩序犯罪案件 20352 件,判处犯罪分子 27915 人;审结金融诈骗犯罪案件 7264 件,判处犯罪分子 7586 人。①2004 年 7 月审计风暴中,涉及工商银行干部和工作人员犯罪、违法、被惩处的 365 人。这些触目惊心的数字告诉我们,只有打击金融犯罪,保护金融安全,才能促进和保障金融改革。

此次修订第五版,是我在 1996 年以来新出版的《银行法概论》(第三版)、《中国金融法讲座》《中国银行法讲座》《金融法律实务》《金融法学》(第三版)、《中国银行业监督管理法理解与适用》这六本书的基础上进一步完成的。因此体例结构和思想体系观念上,有着稳健、综合、创新的特色。

我始终认为,不管当代金融现象如何千变万化,使人眼花缭乱,只要坚持"银行和银行法本体论"的理论和实践,也就是说在我国金融体系中,保持以中央银行为核心,以政策性银行和商业银行为主体,以其他金融机构为辅的现代金融组织体系和金融监管体系,并且我们的金融法也与此相适应,就能抓住银行和银行法体系与监管制度,而抓住了银行和银行法体系与监管制度也就抓住了金融和金融法的根本,就能把其他金融业联系起来,发展和繁荣金融,就可以从根本上防范金融风险,保证金融安全。

刘隆亨

2005 年 7 月

北京大学税法研究中心

北京联合大学经济法研究所

---

① 参见《法制日报》2004 年 9 月 15 日。

第四版序
完善金融法治　确保金融安全

金融是现代经济的核心,金融市场是市场体系的动脉,是市场配置关系的主要形式。金融在经济工作全局中具有重要的作用。

20世纪90年代发生的亚洲金融危机及近些年来世界上发生的金融风波具有普遍的警示意义,受到了世界各国的广泛关注和研究。江泽民同志在党的十五大报告中明确指出:要"依法加强对金融机构和金融市场包括证券市场的监管,规范和维护金融秩序,有效防范和化解金融风险"。1998年5月12日,中共中央在中南海怀仁堂举办了《金融安全与法制建设》讲座,江泽民同志主持讲座并发表了重要讲话,这表明中央领导同志对完善金融法治、确保金融安全高度重视。要确保金融安全,除了要健全完善金融法律体系外,更关键的是党员干部尤其是领导干部要努力学习金融知识,增强金融法律意识,切实按市场经济规律处理金融问题,排除在金融活动中的各种不正当的干预。同时,还需要在全社会宣传普及金融知识,树立金融法律意识,增强公民的投资意识、风险防范意识、合法权益保护意识。为此,根据高等学校教学的需要和研究的成果,笔者在原著《银行法概论》第三版的基础上,又修订和编写了这本《银行金融法学》教材作为第四版。之所以更名为"银行金融法学",这是对该学科体系建设的更新和突破。书中不足之处,敬请广大教师、学生和读者指正,以便进一步修改。

刘隆亨
1999年12月
北京大学税法研究中心
北京联大经济法研究所
(原北京大学分校经济法研究所)

第三版序
金融立法对市场经济的重要作用

党的十四大报告中从五个方面把金融及其立法与加快市场体系培育,转变政府职能,发展、引进外资,加快地区经济的发展等方面联系起来,充分阐述了金融及其立法与市场经济的密切关系,极大地提高了金融及其立法在发展我国市场经济中的显著地位和重大作用,从而把金融法制建设提到了空前的高度。而当今世界无论是老牌的英美式市场经济还是新兴的亚太式市场经济("四小龙"),它们既是发达的市场经济的国家,也是金融及其立法很发达的市场经济的国家,伦敦、纽约、东京、中国香港便是世界金融中心。而我国的经验也表明1979年以来金融体制的改革与开放程度也总是直接或间接地影响着我国经济建设的速度与规模,货币的供应、信贷的投放也总是影响着国民经济的发展和市场的发育。总之,市场经济愈发达,金融及其立法愈重要,愈完备。面对这种实际的理论和客观情况,一些同志对金融及其立法的重大意义估计不足,金融体制改革放不开,立法步子跟不上,我们认为金融及其立法在发展社会主义市场经济中占有突出的地位,具有重要的作用。

一、金融及其立法是市场经济不可缺少的要素之一

所谓市场经济是高度社会化与市场化的商品经济,是在国家宏观指导下市场在资源配置中起基础性作用的经济,也是按照市场要素和市场经济运行规则的要求,使社会资源和自然资源得到优化配置和有效运用的一种经济模式和方法。这种市场经济的形成和发展一般需要具备五个要素。一是市场经济关系主体具有相当的独立性和积极性;二是完善的市场机制和市场体系;三是发达的商品生产和充足的商品供应;四是宽松的金融环境以及规范化的金融秩序;五是国家有力的宏观调控。这五个方面是现代市场经济中相互联系、不可缺少的市场要素,不言而喻,金融及其立法在市场经济中占有何等重要的位置。

所谓金融是货币资金的融通,它一般是指同货币流通与银行信贷有关的一切活动,如货币的发行、存款的组织、贷款的发放、国内外汇兑的往来,以及贴现市场和证券市场活动等。金融法是调整金融组织机构、金融市场运用金融工具,从事金融活动,进行金融管理过程中所发生的各种经济关系(简称金融关系)的法律规范的总称。它包括以中央银行法、各类商业银行法为主体,以其他各种非银行金融组织机构法为辅的金融组织法体系;包括以人民币统一市场的货币法

为主体,兼有《证券交易法》《外汇管理法》《金银管理法》《保险法》,以及《信贷法》《储蓄法》《信托法》的金融市场法体系;还包括以《票据法》为主体,兼有《结算法》《信用证法》等在内的各种金融工具法体系。可见,我国社会主义金融及其立法像蜘蛛网一般布满全国社会经济生活的每个角落,像人身的血液一样循环运动而赋予社会生机,它不仅是国家进行宏观调控的重要手段,也是国家动员和分配社会资金,促进社会生产、流通、分配、消费的有效形式。从市场经济的主体和市场的构成要素来说,各类银行以及非银行的金融组织机构是市场经济主体的重要组成部分之一。人民币市场、债券市场、股票市场等金融市场是社会主义统一市场中不可分割的有机组成部分,尤其是货币作为一般等价物在市场经济中充当价值尺度、流通手段、支付手段、储蓄和国际结算手段,其作用更是举足轻重。正所谓"事情千百条,全靠货币来搭桥;商品千万件,要靠货币来交换",商品交换货币是媒介,没有货币交换也就没有现代的市场经济。市场经济的运行规律还告诉我们,无论是商品价值规律,还是社会供求规律以及市场竞争规律,说到底都要遵守货币流通规律。即流通过程中货币需要量的规律。如果货币发行总量(或投放总量)与流通中货币的必要量成正比(或相等),市场经济运行便处于正常状态;如果货币发行总量(或投放总量)与商品流通中货币的必要量成反比,即发行货币总量(或投放总量)大于或少于流通中货币的必要量,便会出现两种倾向:或者市场银根松弛,通货膨胀,市场紧俏,呈现"抢购风";或者市场银根紧张,市场疲软。人们要认识和遵守货币流通规律,必须实行稳定的货币政策(即货币供应长期持续的稳定增长,具有相对稳定的单位币值和物价水平),就必须进行货币立法,确立货币的法律地位,严格货币发行的原则和程序,规定货币发行的数额、种类和主管机关的权限,确认货币流通的渠道和方式,追究妨害货币发行与流通的法律责任。同时,还必须尽快制定同货币法相配套的金融法以适应发展市场经济的需要。可见,金融及其立法是市场经济发展的必要条件和基本要素之一。

二、金融及其立法是发展我国市场经济的重要向导

按照市场要素的规定和我国社会主义市场经济的特征[①],为了充分发挥市场经济的优越性[②]和克服市场经济自身的缺陷[③],国家需要对市场经济进行"宏

[①] 在所有制方面,公有制居主体地位,其他非公有制为补充;在分配制度方面,按劳分配居主体地位,其他分配方式为补充;在宏观调控上,国家把人民的各种利益结合起来发挥计划和市场的长处。
[②] 现代市场经济比计划经济具有平等、公平、自由的竞争的优越性,从而带动整个社会资源配置手段的一致性和效益的提高。
[③] 市场经济有盲目自发的无政府状态,以及两极分化,从而也会带来严重的经济波动和某些社会矛盾。

观调控"和"计划指导"。

　　宏观调控的内容很多,围绕市场对社会资源和自然资源的配置的基础性作用的要求,主要做好国民经济发展战略目标、中长期计划、总量控制、综合平衡的工作,处理好建设与生活、积累与消费、各部类比例关系、产业和行业结构以及生产力布局问题,制定和调整产业政策、财政金融政策等。宏观调控的手段也很多。金融部门是国家宏观调控的职能部门。首先,实行正确的利率、汇率、利息和股息政策,这种经济杠杆的起伏作用,体现奖惩政策、倾斜政策,对吸引、积聚资金和合理分配使用资金,对促进资源的合理流动配置与有效使用很有意义。其次,实行各种鼓励投资措施。如开拓货币市场上的拆借与贴现的资金融通量,发展短期债券、票据市场、长期债券市场,鼓励经济主体投资的欲望,刺激和调动其进入市场参与竞争的积极性。最后,控制银行信贷规模,切实转变我国信贷投放长期偏松以致失控的状况,规范各货币供给过程参与者的行为:包括赋予中央银行较大的独立性和控制货币供给的自主权,加快各专业银行(包括综合性银行)向商业银行转化和实行企业化经营,建立和完善金融市场和金融交易工具,科学确定信贷规模的合理界限(法律界定)。总之,充分利用金融部门的这些经济杠杆、经济手段引导市场的走向(包括生产技术、资源配置),体现市场经济的运行规律和政府宏观调控的意愿。并且金融部门这种宏观调控手段如晴雨表一样反应灵敏,手段硬,见效比较快。国家对这些经济手段、经济杠杆的运用,不是靠行政权力随意进行,而是要通过制定除货币法、票据法以外的银行和非银行金融机构组织法、金融市场法、金融工具法等。所以,金融及其立法的宏观调控对市场经济的发展起着重要的导向作用。

三、金融及其立法是保障和监督我国市场经济发展和兴旺繁荣的重要手段

　　我国的金融部门一方面要围绕建立和发展社会主义市场经济的要求,搞好宏观管理,发挥经济杠杆作用,为国有大中型企业、乡镇企业、三资企业服务;另一方面又要壮大和发展银行自身的实力,实现银行的企业化转变,形成完善的金融市场,发展各种金融工具和金融渠道,建立和完善各种金融机构。这是20世纪90年代金融部门面临的两大任务,既是机遇又是挑战。金融部门服务于市场经济的发展,主要是为公司、企业的发展提供贷款、管理、结算方面的金融服务,加强企业资金跟踪管理,减少经营风险,保护资金安全,加快资金周转。反腐败,打击经济犯罪,保护市场经济发展,金融部门也负有重要的责任。金融部门历来是经济犯罪分子进攻的目标,抢劫银行金库的恶性案件时有发生,库款安全经常受到威胁;伪造支票、股票或者其他有价证券的犯罪行为也时有出现,在有些地区有时还比较突出。加强这方面的法治,对保护市场经济的健康发展有重要作用。实行银行监督也是金融部门的一项重要职能,对维护和监督市场经济的健

康发展也有重要作用。银行监督是中央银行和政策性银行、商业性银行依法对全国各地方、各部门、各单位所有金融活动实行管理和监督的活动。银行监督的范围主要有:(1)信贷监督。银行统一管理工商企业的流动资金,严格控制和管理工商业信贷。(2)货币与现金监督。中国人民银行和其他各银行,根据货币流通规律,国家货币发行额和工农业生产与市场需要情况相适应,调节货币流通,使之与商品流通保持适应状态。同时,银行还要检查和监督各单位库存现金和收支情况。(3)结算监督。银行充当全国的转账、结算中心,各单位之间的经济往来,除按规定可以使用现金结算的以外,一律通过银行办理转账结算。银行维护收付双方的合法权益,凡延付的和无理拒付的单位都应当赔偿对方单位滞纳金和罚金;签发空头支票者,处以罚金或取消其使用支票的资格;伪造结算凭证,要依法追究直接责任者的法律责任。(4)外汇监督。外汇的收取、供应、兑换、使用由中国银行统一管理,禁止外币在国内自由流通,一切外汇收支都要通过中国银行及其指定的机构。总之,金融及其立法对市场经济的保障和监督是呈综合性的,手段是多方面的。我们必须充分运用它促进市场经济的发展。而中国人民银行作为国家的中央银行,其立法更具有重要的作用。因此,我们说金融及其立法是保障和监督我国市场经济发展和兴旺繁荣的重要手段。

刘隆亨

1995 年 10 月

北京大学分校经济法研究所

(原载《中央政法管理干部学院学报》(核心期刊)1993 年第 3 期,1995 年出版时作了少许调整)

第二版说明

　　本书自 1990 年 12 月出版以来，很快得到有关方面的关注和读者的重视。一些高等学校和银行金融部门把它当作教材。《法制日报》《中外法学》《法学杂志》等全国性和地方性的报刊一致把它评为"我国第一本比较系统、新颖的银行法巨著"。著名法学家、中国社科院谢怀栻教授书面推荐，认为："《银行法概论》是我国全面系统论述银行法的论著，是在这方面填补学术的空白区域的著作。它一方面从理论上全面阐述了银行的性质、作用、法律地位和银行与各方面的法律关系；另一方面又能联系我国实际，对我国改革开放以来的银行体制与银行业务系统地作了分析与阐述。"在这次修订前夕的 1992 年年初，本书首版还进行了重印——第二次印刷出版，重印时在个别地方作了修改和完善，明确提出了银行法要为建立发展我国社会主义市场经济服务的方向。这次修订按照近两年来所颁布的金融法规、规章和新的教学实践，对本书的内容和结构作了适当的调整。在此，感谢中国人民银行和各专业银行（综合性银行）以及工商银行海淀新技术开发区支行条法科的支持。由于编著者水平有限，时间紧迫，对该书存在的缺点，请专家和读者不断提出，以便改正。

刘隆亨

1992 年 9 月于北大燕东园

北京大学分校经济法研究所

第一版序
《银行法概论》是一本新鲜活泼、富有学术性和应用性的著作

陈守一

要发展社会主义有计划的商品经济,切实加强企业活力,就必须发展银行事业和加强银行方面的法制管理。因为银行是经营货币的信用机构,货币交换与流通犹如企业生存和国民经济运行的血液。社会发展计划和国民经济建设计划的资金来源之一靠银行,银行是宏观调控体系和监督体系中的重要工具,也是革新技术的重要杠杆。历史和现实的经验表明,经济愈发展,银行愈重要,银行愈发展,经济愈腾飞兴旺。银行之所以如此重要,其原因之一是银行在社会上享有很高的威信,人称银行是铁账、铁款、铁算盘,靠得住。银行为什么靠得住呢?主要是因为银行有一套科学的管理规章制度。在银行组织和银行业务中认真坚持执行规章制度是做好银行工作的重要保证。然而银行的一贷一存、一出一纳无不发生法律行为。各国对于银行业的立法,无不求其严密周详。在我国,以宪法为核心的社会主义法律体系已经初步形成,国家正沿着"依法治国""依法治业"的道路奋进,重视银行方面的法制建设,注意把银行的规章制度和法律制度衔接起来,注意把银行工作和银行规章制度纳入法制建设的轨道,切实保障参与银行业务活动当事人的合法权益,切实依法治行。正是为了适应这种需要,北京大学出版社出版了刘隆亨编著的我国第一本银行法概论,我觉得这是一件很有意义的事。

《银行法概论》一书是在隆亨同志近几年从事金融法的教学与研究,以及积极参与金融立法,总结金融实践活动的经验基础上形成的。同时也广泛地搜集和吸取了银行金融界同志们的一些有益的见解。全书共五编十五章,约20万字,是我国第一本比较完整的银行法著作。本书的主要特点有两个:

(1)基本上理顺了银行的几大关系。其一,以中央银行为核心,把中央银行与各专业(或综合性)银行,以及非银行的金融机构联结起来,理顺了我国现代化的社会主义银行体系及其现存的法律制度和立法要求。其二,把银行与货币、外汇、金银、保险融资、证券市场管理联系起来。把银行和单位与居民存款储蓄、信贷结算等银行业务活动联系起来,基本理顺了银行与货币、信贷的关系。本书不仅简述了它们各自的基本政策和业务活动的基本准则,而且还初步总结与分析了现存的法律规定和法律要求。作者还对我国涉外的银行活动及其法律制度、

外国的中央银行体制及其法律制度,以及香港地区的银行立法等作了概述和理论探讨,从而使本书既有一定的概括,又有一定的理论分析。

(2)理论联系实际比较好。本书对银行组织和银行业务的传统制度和观念(如银行业务活动中的信贷、储蓄、现金出纳、转账结算等"四大中心")作了继承,对十年来我国银行金融体制改革和治理整顿中出现的新的银行组织和银行信用制度,如中央银行体制的建立、证券市场的形成与管理、信贷种类的增多、保值储蓄的开展、利率的调整与运用等都作了不同程度的概括和分析,对改革和调整中存在的新矛盾和新问题,如清理"三角债"、担保制度和抵押财产处理、银行分支机构的法律地位与诉讼主体资格等法律问题也都作了探索,同时对某些金融案例作了剖析,从而使本书在内容上更加活泼、同时兼具应用性和学术性。

由于银行方面的法制建设起步较晚,银行立法特别是综合性的基本法的制定,难度也较大,所以我们对银行法理论和法律制度的研究,就更显得薄弱。书中有些问题还有待于联系实际作深入研讨。寄希望于法学界与金融界的同志们为开拓银行乃至整个金融法制建设的新局面共同努力。①

陈守一

1990 年 9 月 25 日

---

① 该"首版序"于 1996 年 9 月,以"努力开展金融法制研究"为题,转载在北京大学出版社出版的陈守一著《法学研究与法学教育论》一书中。陈守一是我国老一辈著名法学家,曾长期担任北京大学法律系主任、北京大学党委常委。

目　录

第一编　金融法基础理论

第一章　金融法的产生、概念和调整对象以及金融法律关系 …………… 1
　第一节　金融法的产生和基本概念……………………………………… 1
　第二节　金融法的调整对象……………………………………………… 3
　第三节　金融法律关系…………………………………………………… 4
第二章　金融法的地位与作用 ………………………………………………… 15
　第一节　金融法的性质和地位…………………………………………… 15
　第二节　金融法的作用…………………………………………………… 15
第三章　金融立法的基本原则和适用原则 …………………………………… 19
　第一节　我国金融立法的基本原则……………………………………… 19
　第二节　金融法的适用原则……………………………………………… 22
第四章　我国社会主义金融制度的建立和立法新发展(1949—2025) ……… 28
　第一节　革命根据地时期的银行货币政策与华北人民政府时期的银行
　　　　　金融法令的概况和影响………………………………………… 28
　第二节　中华人民共和国成立至十一届三中全会前夕金融制度建设的
　　　　　回顾(1949—1978)……………………………………………… 30
　第三节　十一届三中全会到十五大前夕银行体制的初步改革和银行
　　　　　金融立法的发展(1979—1992)………………………………… 34
　第四节　我国现代银行金融体制改革的模式和银行金融立法的重大
　　　　　发展(1993—2000)……………………………………………… 39
　第五节　世纪之交的形势对银行金融业法制建设的要求与成就
　　　　　(2001—2010)…………………………………………………… 45
　第六节　党的十七大特别是十八大以来银行金融业及其法治的创新
　　　　　发展(2011—2025)……………………………………………… 49
第五章　金融法学体系和学习研究金融法学的目的、意义和方法………… 53
　第一节　金融法学体系…………………………………………………… 53
　第二节　学习金融法学的目的、意义和方法…………………………… 54

第二编　金融组织宏观调控体系及其业务的法律规定

第六章　中国人民银行法(上) ································· 57
第一节　中央银行和中央银行法的基本概念 ················· 57
第二节　中国人民银行的法律地位和职责 ···················· 58
第三节　中国人民银行的组织机构 ···························· 59
第四节　中国人民银行实行独立预算的财务会计制度 ······ 60
第五节　中国人民银行的法律责任 ···························· 60

第七章　中国人民银行法(下) ································· 63
第一节　中国人民银行依法制定和执行货币政策的职能 ···· 63
第二节　中国人民银行法对宏观调控和维护金融稳定的职能 ··· 65
第三节　中国人民银行依法从事金融服务的职能 ············ 68

第八章　中国银行保险监管机构及其相关法律的制定和修正 ···· 71
第一节　我国金融监管模式的再次转变、定位和银行保险监管机构的建立、意义与职责 ······················· 71
第二节　中国银行保险监督管理委员会成立以来的主要工作 ··· 74
第三节　国务院金融稳定发展委员会的成立及职责 ········· 75

第九章　国家政策性银行法 ···································· 77
第一节　我国实行政策性金融与商业性金融相分离的金融制度 ··· 77
第二节　国家开发银行 ··· 78
第三节　中国农业发展银行 ······································ 80
第四节　中国进出口银行 ··· 82

第十章　商业银行法(上) ······································· 85
第一节　商业银行及商业银行法 ······························· 85
第二节　我国商业银行的法律地位与性质 ···················· 85
第三节　商业银行的设立和组织形式、组织机构 ············ 87
第四节　商业银行的经营和管理原则 ························· 92

第十一章　商业银行法(中) ···································· 96
第一节　商业银行负债、资产、中间业务的一般规定 ······ 96
第二节　商业银行的负债业务 ·································· 97
第三节　商业银行的资产业务 ·································· 104
第四节　商业银行的中间业务 ·································· 116

第十二章　商业银行法(下) …………………………………………… 120
　　第一节　商业银行的财务会计和接管、终止 …………………… 120
　　第二节　商业银行的监管和法律责任 …………………………… 123
　　第三节　我国《存款保险条例》的主要内容 ……………………… 128
第十三章　我国地方商业银行和城乡合作社金融组织的建立和发展 …… 133
　　第一节　信用合作社的产生与发展 ……………………………… 133
　　第二节　我国信用合作社的改革与转型 ………………………… 135
　　第三节　城乡地方商业银行的建立 ……………………………… 137
　　第四节　新型农村合作金融组织 ………………………………… 138
　　第五节　加强农村金融生态建设及其法制管理 ………………… 140

第三编　货币发行和流通管理的法律规定

第十四章　人民币的法律地位和相关法律规定 ……………………… 142
　　第一节　货币的概念、职能 ……………………………………… 142
　　第二节　人民币的法律地位及其相应的法律保护 ……………… 143
　　第三节　人民币发行原则和发行程序的规定 …………………… 147
　　第四节　人民币国际化的历程和成为世界货币后的发展 ……… 151
第十五章　人民币流通和管理的法律规定 …………………………… 156
　　第一节　人民币的现金流通及其管理 …………………………… 156
　　第二节　反假币斗争和对非法集资的处置 ……………………… 159
　　第三节　非现金结算的主要形式和管理制度 …………………… 164
　　第四节　银行卡业务管理及其立法的提升 ……………………… 172
第十六章　外汇管理的法律规定 ……………………………………… 180
　　第一节　外汇管理概述 …………………………………………… 180
　　第二节　我国《外汇管理条例》和外汇市场的规定 ……………… 185
　　第三节　深化汇率改革和个人用汇改革 ………………………… 195
第十七章　金银管理的规定 …………………………………………… 200
　　第一节　金银管理概述 …………………………………………… 200
　　第二节　我国《金银管理条例》的主要规定 ……………………… 200
　　第三节　国家对开采金矿和发展黄金工业政策的规定 ………… 204
　　第四节　金银市场的开放与规范 ………………………………… 205

第四编　证券业、基金业、信托业等非银行金融机构管理法律制度

第十八章　证券业的法律规定 …………………………………… 208
第一节　证券业的基本概念和证券业的兴起与发展 ………… 208
第二节　我国证券业立法的发展 ……………………………… 209
第三节　我国证券法的主要内容 ……………………………… 211
第四节　多层次资本市场的建设及法治保障 ………………… 220

第十九章　证券投资基金的法律规定 …………………………… 223
第一节　投资基金法的概念和我国投资基金的发展 ………… 223
第二节　投资基金的设立、种类和运作 ……………………… 226
第三节　投资基金当事人的权利和义务规定 ………………… 227
第四节　证券投资基金的监管和法律责任 …………………… 230

第二十章　信托投资的法律规定 ………………………………… 233
第一节　信托、信托法的基本概念与我国信托法的公布 …… 233
第二节　信托活动的基本原则和主管机关 …………………… 233
第三节　信托的设立、变更和终止 …………………………… 235
第四节　信托财产的规定 ……………………………………… 236
第五节　信托当事人的法律关系 ……………………………… 237
第六节　公益信托的有关规定 ………………………………… 238

第二十一章　非银行金融机构的法律规定 ……………………… 240
第一节　非银行金融机构的概念、产生、发展及法律地位 … 240
第二节　关于期货公司的规定 ………………………………… 243
第三节　关于企业集团财务公司的规定 ……………………… 248
第四节　关于金融租赁公司的规定 …………………………… 253
第五节　关于汽车金融公司的规定 …………………………… 257
第六节　关于典当行的规定 …………………………………… 260
第七节　关于消费金融公司的规定 …………………………… 264
第八节　关于商业保理企业的规定 …………………………… 268
第九节　关于金融衍生品及其监管制度 ……………………… 273
第十节　关于互联网金融及其监管制度 ……………………… 277

第五编　我国中资银行业、外资银行和金融国际化的融合发展与安全

第二十二章　我国涉外银行金融业的发展及管理的法律规定……………… 282
　第一节　我国涉外银行金融业的发展及其立法概况………………… 282
　第二节　对在我国境内的外资银行机构管理的规定………………… 284
　第三节　对在我国境内外资保险公司、外资证券公司管理的规定 …… 292
　第四节　对外资金融驻华代表机构管理的规定……………………… 293
　第五节　我国境内金融机构的对外业务……………………………… 294
　第六节　我国境外中资银行金融机构的管理规定…………………… 295
　第七节　我国涉外金融业的其他各种法律形式……………………… 296

第二十三章　我国银行金融业国际化的融合发展………………………… 301
　第一节　我国银行金融业主导和参与区域性国际金融组织概况……… 301
　第二节　我国金融业主导和参与全球性国际金融组织的概况………… 305
　第三节　建立更公平合理的国际金融新秩序………………………… 311

第二十四章　实施反洗钱法，为国内国际创造良好的金融环境 …………… 321
　第一节　反洗钱与反洗钱法的基本概念及由来与背景……………… 321
　第二节　世界发达国家反洗钱法的概况和联合国公约……………… 322
　第三节　我国《反洗钱法》的立法宗旨、结构及其作用………………… 325
　第四节　我国的反洗钱组织机构和职责……………………………… 326
　第五节　我国反洗钱工作的基本制度………………………………… 327
　第六节　反洗钱国际合作……………………………………………… 328
　第七节　法律责任……………………………………………………… 329
　第八节　开展反洗钱的理论研究和完善反洗钱法的配套立法……… 331
　第九节　反腐败与国际化合作………………………………………… 332
　第十节　反对恐怖融资，维护金融安全……………………………… 333

第七版后记……………………………………………………………………… 335

第一编 金融法基础理论

第一章 金融法的产生、概念和调整对象以及金融法律关系

第一节 金融法的产生和基本概念

一、金融业和金融法的产生

研究金融法的产生和发展,须先追溯金融业的产生和发展。金融是商品货币关系发展的产物,只要存在商品生产和货币交换,就必然有金融活动。而有了金融活动,就会产生专门从事金融活动的金融机构。这个金融机构,可以银行为代表。在历史上,银行是由铸币兑换业发展而来的。随着商品生产的逐步发展和货币交换范围的逐步扩大,从事贸易的商人,到外地购销货物,都必须将本地货币或外地货币兑换成金银进行支付或收入货款。这样,就出现了铸币兑换业,同时,也出现了专门从事铸币兑换业的货币兑换商。

以后,随着商品生产和货币交换的进一步发展,货币兑换商除了从事铸币兑换业外,又代商人保管货币、收付现金、办理结算和汇兑业务,并收取一定的手续费,这样货币兑换商手中就聚集起大量的货币资金,并用于发放贷款业务,收取利息。这时,货币兑换业就发展成为银行业了。据史料记载,近代最早的银行是1580年在意大利成立的威尼斯银行。此后,1609年在荷兰的阿姆斯特丹、1629年在德国的汉堡以及其他城市也相继成立了银行。世界最早的资本主义股份银行,是1694年在国家帮助下成立的英格兰银行。英格兰银行,是适应资本主义生产方式进一步发展的新型银行。

金融法是随着金融活动的发展而产生的。在货币和信用发展的过程中,在货币兑换、货币收支、货币借贷等活动中,形成了一定的规则,这些规则起初表现为习惯,为大家所公认并共同遵守,具有普遍的约束力。比如,货币兑换办法、货币借贷的合同等,对所有参与这种金融关系的当事者来讲,都具有普遍的约束

力。人们共同遵守这种习惯并依据这些习惯从事各种金融活动。这种在商品交换和货币信用发展的过程中所逐步形成的人们共同遵守的社会习惯和各种契约,是金融法律制度的萌芽。

随着商品经济的发展,统一货币制度对金融法的形成起了重要作用。因为货币制度的统一是由国家认可的,带有强制性,实际上是一种法律。由于借贷行为及其关系的发展,产生了由双方订立的各种合同或契约,用以建立当事人之间的债权和债务关系,并用法律或法令的形式将这种关系固定下来。楚国的《宪令》、秦国的《秦律》、赵国的《国律》中,都有关于货币铸造、高利贷的规定以及债权人和债务人的权利义务等。这就使不成文的习惯法逐步过渡为成文法。

随着银行业的发展,规范银行行为的金融法律也相继增加。1904年根据清朝户部奏准的《试行银行章程》,正式成立了官办的户部银行。1908年根据《大清银行条例》,将户部银行改为大清银行。同年,还颁布了《银行通行则例》和《储蓄银行则例》。民国时期,1928年10月经国民政府会议修正通过的《中央银行条例》,明确规定中央银行为特定银行。同年11月,在上海正式成立了中央银行。1935年又颁布了《中央银行法》,确立了以中央银行为中心的官僚资本金融体系。1935年3月颁布了《邮政储金汇业局组织法》,成立邮政储金汇业局。1943年9月颁布了《中央合作金库条例》,1946年11月正式成立了中央合作金库。中华人民共和国成立以后,不仅金融业的性质发生了重大的变化,而且金融业和金融立法的规模有了很大的发展,进入了历史的新时期。

二、金融和金融法的概念

金融是指货币资金的融通。即具有货币职能的资金或资本的融通。从狭义上讲是指货币资金或资本的借贷行为。从广义上讲,它是指货币资金或资本的流通、分配、调剂、借贷、结算、周转等。不仅包括金融机构的金融活动,还包括财政收支、企业资金循环、居民家庭的货币收付等活动。

货币资金或资本之所以能融通,其中最根本的是靠信用,所以信用和信用制度是金融的内涵。信用在商品货币关系的社会里,是以商品的赊销或货币的借贷形式体现的一种经济关系,是以偿还为条件的价值的让渡,是价值的特殊形式。在我国,已经建立以银行信用为主体的包括国家信用、商业信用、消费信用、民间信用、国际信用等多种形式并存的信用体系。

金融法是调整金融机构、规范金融市场、运用金融工具服务经济社会以及在金融监督管理活动过程中所发生的金融关系的法律规范的总称,是银行金融等信用和信用属性在法律形态上的体现和保障。或者说,金融法是关于金融组织机构及其业务、金融产品或货币与货币政策工具、金融市场与金融监管、涉外金融和国际金融等内容的法律规制以及法律责任的追究。

金融是经济领域的一个重要组成部分,又是为经济服务的重要部门,具有经济业务性质,是经济基础;金融法是法律领域的一个重要组成部分,又是法律服务业的重要部门,是上层建筑。概括地说,金融和金融法之间是经济基础与上层建筑的关系,也是两个不同部门(经济部门和法律部门)的关系,两者的属性不同,但相互作用。

金融法学,是指以金融法律、法规、规章及金融法律关系与规律为研究对象的一门法律学科。它重在研究银行金融法律制度以及银行金融法发展变化的规律,包括银行金融法知识与制度,银行金融法历史与现状,银行金融法的应用与发展,以及银行金融法的涉外因素等。

第二节 金融法的调整对象

一、金融法的调整对象

金融法的调整对象是金融关系。金融关系是指金融机构运用金融工具(金融产品)在金融市场上从事金融活动与当事人所发生的经济关系。这种经济关系是一种特殊形式的信用分配关系,它以金融工具为媒介,以金融机构为载体,以偿还为条件,贯穿在生产经营、流通交换、分配消费等社会经济生活的一切领域。所以,这种信用分配的经济关系是金融法调整的主要部分或主要内容。同时,金融法的调整对象还包括金融机构、金融市场、金融工具活动的管理关系,这种管理关系包括内部管理关系和外部管理关系。就性质而言,这种管理关系是金融的监控关系。在金融监控关系中既有金融行政因素,也有相当的经济因素,还有法律因素。除此之外,由于金融活动的日益国际化,金融工具的日益科技化,金融法的调整对象还包括国家的涉外金融关系和政府间的国际金融关系。以上这些都是金融法的调整对象。

二、金融法的范围

金融法的范围经历了一个历史的发展过程,由古代简陋的"泉府""柜坊""钱庄"到近代的银行及现代的金融公司、银行集团、跨国银行,由实物货币到金属货币到纸币和各种有价证券,其金融组织、金融工具、金融市场和金融监管都发生了重大变化,越变越复杂、越重要,越需要法制化,否则负面影响越大。从早年的银行条例、货币流通管理办法到目前的金融法体系和结构安排,其范围包括:(1)以中央银行法为主导,以商业银行法和政策性银行法为主体,以各种非银行金融机构法为辅的金融法组织体系。(2)以人民币统一的货币市场为主体,兼有《中华人民共和国外汇管理条例》《中华人民共和国金银管理条例》,以及《中华人民共和国证券法》《中华人民共和国证券投资基金法》《中华人民共和国保险法》在内的金融市场法律体系。(3)以股票债券等为主体的金融产品体系和以利率、汇率等为主体的金融工具体系及其立法。(4)以《中华人民共和国票据法》为主体,兼有结算、支付制度,信用证制度,担保法制度等在内的金融支付法律体系。(5)以中国银行保险监督管理委员会及其法律法规为主体的综合监管法律体系,以及证券法中有关证券监管机构的组织职责和权限的规定。(6)以《金融违法行为处罚办法》《中国人民银行行政处罚程序规定》《中国人民银行行政复议办法》《行政执法机关移送涉嫌犯罪案件的规定》《中华人民共和国刑法》中关于金融犯罪的规定等为内容的金融司法保障体系。随着信息时代的到来与世界经济的深度融合,科技金融、网络银行、消费金融、电子银行、普惠型金融、跨国/跨区域金融及其立法将会有新的发展。可见,我国社会主义金融及其立法像蜘蛛网一般布满全国社会经济生活的每个角落,像人身体的血液一样循环运动而赋予社会生机。它不仅是国家进行宏观调控的重要手段,而且是国家动员和分配社会资金投入建设,稳定币值和市场价格,促进社会生产、流通、分配、消费的有效形式,并且也是国家与政府参与地区和国际经济金融治理,开展合作共赢的重要领域和手段。

第三节 金融法律关系

一、金融法律关系的概念和意义

金融法律关系是指国家、集体和个人在运用金融法律、政策调整金融机构进行金融活动和金融监管过程中所形成的权利、义务关系。金融活动是社会经济活动中的一个重要组成部分,金融活动与金融监管不可分割,金融监管也是社会经济管理中的一个重要方面。在金融活动和金融监管中,必然要形成各种金融关系。在我国,金融活动和金融监管一般都要通过银行组织和其他金融机构来进行。银行组织和其他金融机构在从事金融活动和金融监管的过程中,必然要同社会发生与货币流通、银行信用活动有关的各种经济关系。如国家银行同企业、个人之间的储存、借贷、汇兑、支付、结算、监督和管理等横向金融关系,中央银行和商业银行、商业银行内部上下级之间的纵向监管金融关系等。这些金融关系由于受金融法的调整,就具有了金融法律关系的性质,形成了受国家法律保护的金融活动和金融监管中的权利和义务关系。

金融关系与金融法律关系是两个不同性质的概念,前者是后者形成的前提,后者是前者调整银行金融活动的结果。

金融法律关系不能脱离经济关系的本质,是整个法律关系的重要组成部分并具有自身的一些重要特点：

（1）具有经济活动和行政活动的双重性。在我国金融法律中，多数是国家为了发展金融事业和对金融活动进行监管所制定的法律。这些法律体现着国家对金融活动的管理、监督职能，如货币发行的监管、现金的监管、外汇和金银的监管等，都是国家的行政活动；金融活动中又有很多是经济活动，如储蓄存款与放款或贷款、结汇售汇、黄金交易与储备；有些则是两者兼而有之，如发行政府公债、金融债券等。

（2）具有有偿性和效益性。有偿性是金融活动的一个显著特点。金融活动是有偿的法律行为，金融法律关系则是按平等、自愿、等价、有偿的原则建立起来的，例如商业银行和其他经济组织之间的横向存贷关系，银行同具有法人资格的经济组织和公民之间的存贷关系。存款是有存有取，放款是有借有还，都要计付利息。效益性是经济管理工作的中心环节，更是资金活动基本特征在银行金融法律关系中的表现。没有效益的金融是发展不起来的。

（3）具有流动性和广泛性。金融活动根源于商品货币经济关系，有商品货币经济存在的地方，就必然存在金融活动。在当代社会生活中，金融活动已经渗透到社会生活的各个方面和领域，成为社会生产、交换、分配、消费顺利进行的必要条件，这就决定了银行金融法律关系的广泛性。资金的流动性是金融活动的又一基本特征，是资金的一种变现能力。金融业的生存与发展是通过资金的流入与流出来实现的，因而银行金融法律关系的流动性也就十分突出。

（4）参与金融法律关系的主体及其所体现的目标以及权利义务关系都具有可靠性与安全性。金融的可靠性和安全性是银行金融的生命。银行是吸收存款、发放贷款、进行结算的最有钱的地方，银行在社会上享有很高的威信，人们称之为铁账、铁款、铁算盘。同时，银行历来有一套科学的规章管理制度，银行的一贷一存、一出一纳无不发生法律行为，各国对于银行业的立法无不求其严密周详，所以人们信得过。

（5）具有持续性与均衡性。以往我们强调金融的流动性是对的。但是还必须强调持续性和均衡性。因为人类社会物质财富生产的供给与人们对消费欲望的需求，决定着生产、流通、分配的进程。银行货币作为生产、交换、分配、消费的尺度和工具，一方面要与生产的供给和社会的总需求相适应，如果完全脱离总供给与总需求而设计金融产品和金融工具，势必形成经济泡沫；另一方面分配、流通、交换、消费要求均衡发展，反对"洼地"丛生，如果货币分配过分集中而垄断，致使一些地区和行业融资困难，而另一些地方、行业货币积压和贷款"吃不完"，其后果是金融市场动荡、金融价格暴涨暴跌、金融流通压力巨大，最后酿成货币金融危机。

二、金融法律关系的基本要素

金融法律关系的要素指构成银行金融法律关系不可缺少的组成部分。任何法律关系都是由主体、客体、内容(权利和义务)三要素构成的。金融法律关系也是由金融法律关系的主体、金融法律关系的客体和金融法律关系的内容三要素构成的。

(一) 金融法律关系的主体

金融法律关系的主体指参与金融法律关系、享受权利、承担义务的当事人,包括国家、各类银行、其他金融机构、具有法人资格的企事业单位和行政机关以及公民等。

1. 中央银行

中央银行也称国家银行,在我国指中国人民银行。它是国家管理金融活动的主管机关,代表国家行使对金融活动的领导、监督权。它通过法律手段和经济手段、行政手段来实现其职权,同商业银行和其他金融机构发生权利义务关系。中央银行拥有其他银行没有的特权,如:发行货币,集中管理国家的黄金储备、外汇储备;管理国家财政金库;调控金融市场,制定全国统一的货币金融方针、政策、规章制度;代表国家从事国际金融活动;等等。这种特权是国家授予的,是国家干预经济活动、经济生活的金融职能的体现。

2. 政策性银行、各商业银行和其他金融机构

政策性银行、各商业银行和其他金融机构是经济实体,具有法人资格。在我国有中国工商银行、中国农业银行、中国银行、中国建设银行、中国国际信托投资公司等国有商业银行及交通银行、光大银行等新兴商业银行以及城市合作银行、地方商业银行。非银行金融机构,有信托公司、保险公司、基金投资公司、证券公司、融资租赁公司及财务公司等。它们按国家统一规定的金融方针、政策、法律和制度,实行自主经营、独立核算、自负盈亏,有在法律规定范围内的自主权。银行机构经营着货币存贷业务、货币结算业务、外汇买卖和票据贴现等业务活动。非银行金融机构分别经营信托投资、保险投资、证券投资以及高科技风险投资担保等具体业务,同社会各经济组织、事业单位、行政机关、公民发生各种经济往来关系。在这些经济往来关系中,银行和其他非银行金融机构一方面具有与其他法人和公民平等的法律地位,遵循等价有偿的原则;另一方面又对其他法人和公民在金融管理上具有自身管理的职权,不存在等价有偿原则问题。

3. 各经济组织、事业单位、社会团体

各经济组织是指从事生产和流通以及服务性活动的单位。这些单位依照法定程序设立,依法取得法人资格,参与各种法律关系。各经济组织在其经营活动过程中,必须要同专业银行和其他各种金融机构形成一定的金融关系,并享受法

定的权利,承担法定的义务。这些具有法人资格的经济组织就成为银行金融法律关系的主体。

事业单位是由国家财政拨款,可以进行以生产和经营为目的的文化、教育、卫生等活动的组织。社会团体是人民群众依照自愿原则结合起来,进行非经济活动的集体组织。它们在其经济活动过程中,亦必然以法人资格的身份同银行形成存款、支付、结算等关系。它们也是金融法律关系的主体。

4. 特别法人

我国《民法总则》第101条规定,居民委员会、村民委员会具有基层群众性自治组织法人资格,可以从事为履行职能所需要的民事活动。未设立村集体经济组织的,村民委员会可以依法代行村集体经济组织的职能。

5. 自然人

自然人包括中国公民和外国人。他们在生产和生活中,必然要同银行发生存、贷款关系,形成债权债务关系,如储蓄存款、购买金融债券等,因而也是金融法律关系的主体之一。

6. 国家政府

国家在特定情况下,也以主体的资格参加金融法律关系。如发行货币,就是国家的特权,这是任何法人或其他经济管理机关所不能取代的。还有参加联合国的金融机构活动及国家政府之间的贷款、融资等。

7. 金融监管机构

在我国金融监管机构包括:中国银行保险监督管理委员会、中国证券监督管理委员会,以及相应的派出机构。中国银行保险监督管理委员会主要履行依法统一监管银行业和保险业,保护金融消费者合法权益,维护银行业和保险业合法、稳健运行,防范和化解金融风险,维护金融稳定等职责。

上述金融法律关系的主体,可以根据享受权利和承担义务的不同,分为权利主体和义务主体,如国家政策性银行同企业的借贷关系,国家政策性银行作为债权人,是权利主体,企业作为债务人,是义务主体。在金融法律关系中,究竟谁是权利主体,谁是义务主体,应根据不同的金融关系来区分。同时在同一权利义务主体中,权利主体(或权利人)也有相关的应尽责任,义务主体也有相关的权利享受。

(二) 金融法律关系的客体

金融法律关系的客体,是指金融法律关系主体享有权利和承担义务所共同指向的目标。没有金融法律关系的客体,金融法律关系就不可能产生,权利和义务就会落空。在我国,金融法律关系的客体包括:

1. 货币

货币是金融法律关系的主要客体。我国的货币是人民币,它是流通领域中唯一合法的货币。许许多多金融法律关系都是与货币相联系的,在这里,货币既包括流通中的现钞,也包括支票、汇票、拨款单等各种票据。企业、公民以及其他事业单位,都是通过货币的支付、结算、存贷、承兑等业务活动同银行金融机构发生关系的。主体中各方的权利和义务产生于对货币的所有权和使用权以及管理权。

2. 金银

金银是一种货币材料,又是一种特殊商品。它可以充当一般等价物。但是在我国统一的货币制度下,国家法律规定:金银不准计价流通,不准自由买卖。所以,金银作为金融法律关系的客体,仅限于国家对金银的管理范围之内。当国家的黄金储备充当国际结算支付工具时,黄金也就成了金融法律关系的客体。

3. 企业债券、金融债券和股票、彩票等有价证券

债券作为确立某种债权债务关系的凭证,因发行主体不同又分为企业债券、金融债券和彩票等。股票是由股份公司发行的证明股票持有者在公司投资或入股并以此取得一定收入的凭证。

4. 国库券(公债券)等多种形式的政府债券

国库券是国家为了某种需要而发行的一种到一定时期还本付息的债券。国库券是国家筹集社会主义建设资金的一种辅助手段,主要用于国家经济建设。国库券作为债权凭证,不得当货币流通,但是允许转让。

5. 其他金融资产。如外汇和外汇储备、保险基金、期货存单、保单资产等。

(三) 金融法律关系的基本内容

金融法律关系的内容,指金融法律关系主体享有的权利和承担的义务,主要包括:

1. 货币发行中的权责关系

货币发行权属于国家。国家授权中央银行发行货币,其他任何单位和部门不准发行货币,也不准私自印铸货币和销毁货币,违者要受到法律制裁。同时,中央银行有责任和义务维护货币发行的统一性,调节货币流通,保证人民币币值的稳定。这在《中国人民银行法》第3章人民币的规定中完全体现了出来。这种权、责在国家和中央银行、中央银行和其他银行、其他单位之间的划分,也构成银行金融法律关系的一个内容。

2. 现金和金银管理中的权责关系

国家对于现金的流通、金银的买卖和市场流通作了严格的法律规定,在这些规定中划分了对现金和金银管理的职责和权限。国家规定,银行对现金和金银进行统一管理,金银市场的开放按规定进行,其他部门、单位和公民,都有遵守法律规定的义务。不能因部门、单位和公民的某种行为,废除或要求撤销这些规定。中央银行作为权利主体还有权对没有遵守现金和金银管理的行为,直接进

行一定的强制和制裁。

3. 外汇管理中的权责关系

外汇管理也称外汇管制,是国家对以外国货币表示的用于国际结算的信用凭证和支付凭证进行管理的一种重要制度。在外汇管理的法律规定中,确认了外汇管理机构的法律地位和职责权限,同时也规定了外汇管理的内容和对象。外汇管理中所形成的职权关系,反映在外汇管理机构与持有外汇的单位和公民之间,也可以说是一种权利和义务的关系。

4. 借贷中的权利和义务关系

借贷行为的发生,建立起了债权债务关系。债权人和债务人处于平等的法律地位。他们之间的信用关系是按照双方各自的意愿,协商同意,在等价有偿原则上建立起来的。按照我国《合同法》等有关规定,债权人有权确定贷款的数额、期限,有权对贷款的使用进行监督,有权到期收回本利,有权对不按贷款协议正确使用贷款或拖欠不归还贷款者,实行一定的经济制裁。债权人也有按照协议及时向债务人提供贷款和对债务人的债务、生产经营保密的义务等。债务人有按协议约定用途使用贷款、按期归还贷款本息、向银行提供有关财会资料等义务。同时,债务人有按协议约定提取和使用全部贷款、拒绝协议以外的附加条件等权利;有对银行违反协议不提供贷款或不及时提供贷款造成的经济损失要求赔偿的权利,也有对银行违约行为向国家司法机关提出诉讼的权利。这些权利和义务关系是双方对等的,是互相制约和互为条件的。

同样,储蓄存款也使储户、存款单位同银行之间形成了一种权利义务关系。还有在银行其他负债业务、资产业务以及中间业务中,银行与当事人之间的权利义务关系也都随着《商业银行法》的颁布与实施而逐渐清晰了。

5. 汇兑结算中的权利和义务关系

汇兑结算中的权利和义务关系是通过汇兑结算形式,清偿各单位相互间货币资金转移时所发生的法律关系。国家规定除按现金管理办法可以使用现金结算外,各单位的货币资金的收付、结算都必须通过银行转账。银行在办理这类业务的过程中,必须有各类银行、收款单位、付款单位三方当事人参加。三方各自享受权利和承担义务。收款单位有权要求付款单位按期支付款项,银行有义务准确、及时、安全办理款项结算;付款单位如有正当理由,有权拒绝付款;收款单位有义务消除各种不能使付款单位付款的原因;对无理拒绝付款的单位,银行有权按规定予以制裁。对于收付双方都不按规定支付和收取款项的,银行有权拒绝管理。在这种关系中,银行对收付款双方进行结算中的监督,维护收付款双方的经济利益和其他正当合法权益,维护银行本身的合法权益。

6. 投资融资租赁中的权利和义务关系

信托投资和金融租赁是金融活动的一个重要组成部分,在信托投资和金融租赁活动中必然形成信托关系中的委托人、受托人、受益人以及金融租赁关系中的出租人和承租人之间的权利义务关系。这种权利和义务关系是由国家的法律、法规规定的,如《信托法》规定信托当事人在我国境内进行民事、公益信托活动时,按照信托合同和其他法律文件规定的信托当事人之间的权利与义务,信用委托人有权了解其信托财产的管理运用、处分及收支情况,并有权要求受托人作出说明;有权查阅、抄录或者复制与信托财产有关的信托账目以及处理信托事务的其他文件;有权要求受托人对不利于实现信托目的的财产管理方法进行调整;有权申请人民法院撤销受托人违反信托目的的处分信托财产的行为,并有权要求受托人恢复信托财产的原状。受托人负有遵守信托合同和信托文件的规定,恪尽职守,为受益人诚实、信用、谨慎、有效地处理信托事务的义务;负有将信托财产与其固有财产分别管理、分别记账和对委托人为受益人的信托事务依法保密的义务;不得利用信托财产为自己谋取利益,不得将信托财产转为其固有财产,不得将其固有财产与信托财产进行交易,受托人有权依照信托活动和信托文件的约定取得报酬。金融租赁是具有融资性质和所有权转移特点的设备或物件的租赁业务。即出租人根据承租人所要求的规格、型号、性能等条件购入设备或物件租赁给承租人,而承租人按规定向出租人交纳租赁金(费)的一种租赁活动。出租方和承租方在合同期内,其设备或物件所有权属于出租人,而承租人只拥有使用权。合同期满付清租金后,承租人有权按残值购入设备或物件,而享有设备或物件的所有权。

7. 证券的发行与交易、风险投资担保的权利和义务关系。

8. 银行与银行以及其他金融机构之间业务往来中的权利和义务关系。

上述几种金融法律关系内容是比较复杂的,它并不完全体现经济权利和经济义务关系,而是还具有行政管理性质。既包括纵向关系,也包括横向关系,同时还有既不完全属于横向关系、也不完全属于纵向关系的银行自身内部的有关业务方面的程序等。总之,对金融法律关系的内容的研究有待进一步深入。

三、金融法律关系的运行和保护

(一)金融法律关系的运行

金融法律关系是由金融法律事实所引起的,金融法律事实是引起银行金融法律关系的原因,金融法律法规虽然是金融法律关系产生的前提,但金融法律规范本身并不产生金融法律关系,只有法律事实才能引起金融法律关系的产生。所谓法律事实,就是引起法律关系产生、变更和消灭的事实,具体的金融法律关系往往是由一个或几个法律事实形成的。一般地说来,法律事实又分为行为和事件两类。(1) 行为。行为是指以人们的意志为转移的法律事实。如贷款合同以及各种贷款活动当中的附合同(包括抵押合同、质押合同、保证合同)的签订,支票、本票、汇票、信用卡的使用,金融债券的发行,证券股票的发行和交易,以及银行的中间业务活动等,都会引起金融法律关系的产生和变化,引起银行金融机构同单位和公民之间权利与义务关系的确认和变化。随着这些金融行为的消失,法律关系也就消灭了。人们不断从事新的金融行为,又相应地产生新的金融法律关系,出现新的权利义务关系的结合,由此推进金融事业的发展。参与金融活动的主体要合格,主体的金融行为要合法,对各主体之间的权利义务关系要配置合理,对可能发生的金融事件和其他不确定的因素要有事前的预测和防卫。(2) 事件。事件是不以人们的意志为转移的法律事实,如银行金融机构的破产;由于特大自然灾害造成农业歉收致使银行贷款不能收回,使原有的权利义务关系发生变化;由于战争的原因,致使金融公司被摧毁破坏而引起债权债务关系的变化。属于法律行为的法律事实又可以分成若干类,但从法律意义上来说,主要是要研究和确定哪些是合法的金融行为,哪些是违法的金融行为这两种。对于合法的金融行为所引起的法律关系要进行保护,以维护正当的金融法律关系和金融秩序;对于违法的金融行为以及所引起的"法律关系",不但不能保护,而且还应当予以制裁。

(二) 金融法律关系的保护

1. 金融法律关系保护的意义

金融法律关系的保护,就是严格监督金融法律关系参加者正确行使权利和确实地履行义务,也就是加强金融活动的社会主义法制,维护金融法律规范规定的国家机关、金融机构、法人和有关公民的法律地位不受侵犯,保护他们的权利,促使他们履行承担的各种义务。在社会主义条件下,金融法律关系是建立在社会主义公有制基础上的,体现国家意志和当事人意志的统一。因此,金融法律关系主体之间在根本利益一致的基础上是统一的,其目的是一致的。一般来说,金融法律关系主体都能自觉地履行自己应承担的义务。但由于各种原因,金融法律关系主体不能正确行使权利和履行义务的现象时常发生。因此,运用国家强制手段,维护金融法律关系主体的合法权益,制裁和打击金融活动中的违法犯罪活动,巩固社会主义金融秩序,保证社会主义现代化建设事业的发展,具有十分重要的意义。

2. 金融法律关系的保护机构

国家对金融法律关系的保护机构主要有:

(1) 国家审计机构。我国《宪法》第 91 条第 1 款规定:"国务院设立审计机关,对国务院各部门和地方各级政府的财政收支,对国家的财政金融机构和企业事业组织的财务收支,进行审计监督。"这是加强金融管理的一项重要措施。审计机构是国家财政财务的专门监督机关,对国家财政财务收支进行审计监督,代表国家行使审计监督权。审计监督决定是审计检查的最终结论,具有法律监督效力,当事人应认真执行。我国《审计法》规定:审计署对中央银行的财务收支,进行审计监督。审计机关对国有金融机构的资产、负债、损益,进行审计监督。《中国人民银行法》规定:中国人民银行的财务收支和会计事务,应当接受国务院审计机关和财政部门依法分别进行的审计和监督。

(2)《中国人民银行法》还规定,中国人民银行有权要求金融机构按照规定报送资产负债表、损益表以及其他财务会计报表和资料。中国人民银行负责统一编制全国金融统计数据、报表,并按照国家有关规定予以公告。中国人民银行应当建立健全本系统的稽核、检查制度,加强内部的监督管理。

人民银行本系统设立稽核机构,负责对金融机构的经济活动和会计工作进行全面监督检查。例如,通过稽核发现和纠正银行在各项业务活动、会计处理、财务收支等方面的错误和弊端,促进和加强信贷资金管理、结算管理、财务管理和经济核算;严密和完善各项规章制度,从而改善经营管理,提高银行和社会的经济效益。通过稽核可以检查银行各级领导人员、工作人员对国家的金融政策、法规等方面的执行情况,纠正干部不正之风,揭发、制止和打击贪污盗窃、营私舞弊、挥霍浪费、破坏财经纪律等违法行为,从而维护金融法纪,保护国家资金、财产的安全。银行稽核属于银行内部审计的性质,是国家审计机关的有力助手。

(3)中国银行保险监督管理机构。按照国务院关于该机构的职能配置、内部机构设置和人员编制的规定,通过转变政府职能,围绕中央有关金融工作的方针,对银行保险机构与业务活动实行统一监管,对派出机构实行垂直领导,加强政策和制度监管,维护银行业、保险业的合法、稳健运行;通过审慎有效和现场监管,保护经营者、消费者的合法权益;加强准入监管和风险监控,维护金融稳定;加强依法依规打击非法经营活动,维护正常的金融秩序。

(4)仲裁机构。按照我国《仲裁法》的有关规定,如参与借贷合同、结算合同、保险合同等金融合同关系的双方当事人对金融法律关系发生争议,经双方协商不能自行解决时,任何一方均可向合同仲裁机关申请调解或仲裁。当事人采取仲裁方式解决纠纷的,应当双方自愿达成仲裁协议;没有达成仲裁协议,一方申请仲裁的,仲裁委员会不予受理。达成仲裁协议,当事人一方向人民法院起诉的,人民法院予以受理。仲裁是根据事实和法律规定公正合理地解决纠纷,并且独立进行,不受行政机关、社会团体和个人干涉。仲裁实行一裁终局制度。仲裁作出后,当事人应当履行裁决。当事人一方或双方对仲裁裁决不服的,可以在规定的时间内,向人民法院起诉,期满不起诉的,裁决具有法律效力。

(5)人民司法机关。司法机关一般指人民检察院和人民法院。人民检察院依法行使检察权,其中包括对触犯刑律的金融犯罪案件,有权向人民法院提起公诉，并以国家公诉人的身份出庭支持公诉，对人民法院的审判活动是否合法实行监督。人民法院依法行使审判权，对当事人提起诉讼的经济案件和人民检察院依法提起公诉的严重违反金融法律法规、构成犯罪的案件，应依法进行审判。

(6) 公证机关、认证机关和一些中介组织以及举报制度和措施，对银行金融法律关系的保护在一定条件下也是必需的，并能起到一定的作用。

(三) 金融法律关系保护的方法

金融法律关系保护的方法，从广义上说，就是国家通过金融立法和金融司法活动以保护金融法律关系当事人权利义务的实现。从狭义上说，就是对破坏正常的金融法律关系的行为依法追究法律责任的方法。对法律责任的追究也就是对合法的法律关系的保护。对金融法律关系的保护，通常采用以下三种方法：

(1) 行政保护方法。行政保护方法，是指对违反金融法规的单位和公民，由法律规定的行政机关依照行政程序加以处理，以保护金融法律关系主体之间的权利和义务的实现。行政保护方法内容包括两个方面：一方面，在纵向经济法律关系中，主管行政机关根据法律规定，对其所属单位或成员的违法行为，依行政程序给予行政处理和采取纠正措施，也叫作行政制裁。对单位可采取批评警告、停业整顿、吊销许可证等处罚方法。对个人可采取警告、记过、记大过、降级、降职、留用察看、开除等处分方法。另一方面，在横向经济法律关系中，由主管机关根据法律规定对金融合同纠纷进行调解或仲裁。

(2) 经济保护方法。经济保护方法，是指对违反金融法规的单位和公民，依照法律规定给予经济处罚。经济处罚的方法主要有：第一，赔偿损失。它是指一方因违反金融法规而给对方造成损失后的一种补偿。通过赔偿，一方面制裁金融违法行为，另一方面赔偿受害者的经济损失。如银行在办理结算时因工作差错，发生延误，影响客户和他行资金使用的，应按存（贷）款的利率计付赔偿金；因错付或被冒领，造成客户资金损失的，要负责资金赔偿。第二，罚款。它是国家金融机构对违反金融法规的单位和个人依法强制交纳一定数量金钱的一种处罚。如对违反结算管理制度、签发空头支票的单位和个人，银行可按规定处以罚款。第三，冻结资金。对违反现金管理规定，携带大量现金外出者，严重违法的，银行要封存和冻结其现金。第四，停止支付。对一再违反结算纪律，不听劝告的单位和个人，银行可停止其账户支付。第五，对违反信贷管理的单位和个人，银行可采取提高过期贷款利率、提前或限期收回用途不当的贷款、强制收回过期贷款的本息、停止发放新贷款等信贷制裁。第六，对违反结算管理制度的行为，银行可采取强制扣收贷款、停止使用某种结算方式等制裁方法。第七，没收财产。它是由国家外汇管理机关、公安部门、工商行政管理部门和海关等对违反外汇管理制度的当事人的有关财产或所有财产强制收归国有的一种经济制裁。

（3）司法保护方法。司法保护方法包括两个方面：一是人民法院对不服仲裁裁决的，或直接向人民法院起诉的案件，依照诉讼程序通过审判来解决金融经济纠纷。人民法院的判决一经生效，当事人双方都应当自动执行；否则，人民法院有权强制执行。二是对严重违反金融法律、法规，触犯国家刑律的犯罪分子，特别是那些严重危害金融秩序的犯罪分子，由人民检察院提起诉讼，人民法院通过审判，依法给予刑事制裁。这在我国《刑法》中已作了专门规定。刑事责任一般只限于责任人，对于社会组织只着重追究行政责任和经济责任，但在特定情况下也要追究其刑事责任。

总之，金融法律关系的运行意味着新的金融关系的不断产生，旧的金融关系的不断消灭，其根本动力是不断改革金融制度，不断创新金融制度，亦通过金融立法和执法，保护金融法律关系主体在金融活动中的权利和义务的实现，以维护正常的金融法律秩序和保护金融业的合法稳健运行。

思考题

1. 金融法的形成及所起的作用是什么？
2. 什么是金融和金融法？
3. 金融法的调整对象是什么？
4. 我国进入新常态后，金融及立法的发展范围包括哪些？原因是什么？
5. 何谓金融法律关系？其特点是什么？
6. 何谓金融法律关系的主体及主体的范围包括哪些？
7. 何谓金融法律关系的客体及客体的范围包括哪些？
8. 金融法律关系的基本内容有哪些？
9. 引起金融法律关系变化的法律事实有哪些？
10. 保护金融法律关系的机构和方法是怎样的？

第二章 金融法的地位与作用

第一节 金融法的性质和地位

一、金融法属于经济法的范畴

金融法的金融是指资金的融通。金融法之所以是经济法而不是其他部门法的重要组成部分,首先,这是由金融的经济属性决定的。金融不仅是经济的一个重要领域,而且是现代经济的核心。其次,金融法具有经济法律部门的一般特征。即与经济关系、经济活动、经济利益的联系更直接、更密切;具有同经济规律紧密相连、追求经济效益的动机和目标的特征;具有立法的综合性特征,它是由一系列的单行金融法律法规组成的法律机制和形式,金融立法的实施也具有与经济法相同的特点,即行政执法与司法相结合。最后,还必须指出,金融法在社会主义国家更多地具有公法的色彩。

二、金融法的本质属性

研究和认识金融法的性质,目的是要弄清和掌握金融法的本质属性。对金融法的本质属性的分析一般应包括三个层面:一是金融法的原始属性和内在的本质,这一点是从自然的、经济的角度进行考察才能得来,也就是金融法是代表一般等价物的交换流通规则。这种代表一般等价物的交换流通规则是对等有偿的。二是在进入权力、阶级社会之后,这种代表一般等价物的交换流通规则就具有了一定阶级意义和阶级愿望的色彩,由于权力和利益的驱动,这种一般等价物的交换规则常常被少数人所垄断,在一定程度下为权力的利益所扭曲。三是无论在任何社会形态和年代,金融法作为代表一般等价物的交换流通规则,其社会属性是很明显的。尤其是在经济的全球化和技术革命蓬勃发展的形势下,金融法所体现的社会性、普遍性、公开公平性和对等性更加显示出来。

第二节 金融法的作用

一、金融及其立法是市场经济不可缺少的要素之一

市场经济是高度社会化与市场化的商品经济,是在国家宏观指导下市场在资源配置中起基础性作用的经济,也是按照市场要素和市场经济运行规则的要

求,使社会资源和自然资源得到优化配置和有效地得到运用的一种经济模式和方法。这种市场经济的形成和发展一般需要具备六个要素:一是参加这种市场经济关系的主体具有相当的独立性和积极性;二是有发达的市场机制和市场体系;三是有发达的商品生产和充足的商品供应;四是有货币流通和宽松的金融环境以及规范化的金融秩序;五是有国家的宏观调控;六是有市场经济矛盾冲突解决的机制。这六个方面是现代市场经济中相互联系、不可缺少的市场要素,不言而喻,金融及其立法在市场经济中占有相当重要的位置。

从市场经济的主体和市场的构成要素来说,各类银行以及非银行的金融组织机构是市场经济主体的重要组成部分之一。人民币市场、债券、股票市场等金融市场是社会主义统一市场中不可分割的有机组成部分,尤其是货币作为一般等价物在市场经济中充当价值尺度、流通手段、支付手段、储蓄和国际结算手段,其作用更是举足轻重。人们要认识和遵守货币流通规律,必须实行稳定的货币政策,就必须进行货币立法,确立货币的法律地位,严格货币发行的原则和程序,规定货币发行的数额、种类和主管机关的权限,确认货币流通的渠道和方式,追究妨害货币发行与流通的法律责任。同时,还必须尽快制定同货币法相配套的金融立法以适应发展市场经济的需要。可见,金融及其立法是市场经济发展的必要条件和基本要素之一。

二、金融及其立法是发展我国市场经济的重要向导

金融部门是国家宏观调控的职能部门。第一,实行正确的利率、汇率、利息和股息政策,有助于吸引、积聚资金和合理分配使用资金,对促进资源的合理流动配置与有效使用很有意义。第二,实行各种鼓励投资措施。如加大货币市场上的拆借与贴现的资金融通量,发展短期、长期债券市场,鼓励经济主体投资的欲望,刺激和调动其进入市场参与竞争的积极性。第三,调控银行信贷规模,一方面要切实转变我国信贷投放长期偏松以致失控的状况;另一方面要防止信贷过紧,出现投资萎缩的现象。这就要求规范各货币供给过程参与者的行为,包括赋予中央银行较大的独立性和控制货币供给的自主权,建立和完善金融市场和金融交易工具,科学确定信贷规模的合理界限,实行金融资产负债比例管理。总之,要充分利用金融部门的这些经济杠杆、经济手段引导市场的走向(包括生产技术、资源配置),体现市场经济的运行规律和政府宏观调控的意愿。并且金融部门这种宏观调控手段如晴雨表一样反应灵敏,手段硬,见效比较快。

三、金融及其立法是保障和监督我国市场经济发展和维护市场秩序的重要手段

我国的金融部门一方面要围绕建立和发展社会主义市场经济的要求,搞好宏观管理,发挥经济杠杆作用,为国有大中型企业、乡镇企业、私营企业、三资企业服务;另一方面又要壮大和发展银行自身的实力,实现银行的企业化转变,形成完善的金融市场,发展各种金融工具和金融渠道,建立和完善各种金融机构。金融部门服务于市场经济的发展,主要是为公司、企业的发展提供贷款、管理、结算方面的金融服务,加强对企业资金的跟踪管理,减少经营风险,保护资金安全,加快资金周转。反腐败,打击经济犯罪,保护市场健康发展,金融部门也负有重要的责任。金融部门历来是经济犯罪分子作案的重要目标,加强这方面的法治,对保护市场经济的健康发展有重要作用。实行银行监督也是金融部门的一项重要职能,对维护和监督市场经济的健康发展也很重要。银行监督是中国人民银行依法对政策性银行、商业性银行、合作金融以及全国各地方、各部门、各单位所有金融业务实行管理和监督的活动。银行监督的范围主要有:(1)信贷监督。银行统一管理工商企业的流动资金,严格控制和管理工商业信贷。(2)货币与现金监督。中国人民银行和其他各银行,根据货币流通规律,调节货币流通,使之与商品流通保持适应状态。同时,银行还要检查和监督各单位库存现金和收支情况。(3)结算监督。银行充当全国的转账结算中心,各单位之间的经济往来,除按规定可以使用现金结算的以外,一律通过银行办理转账结算。银行维护收付双方的合法权益,凡延付的和无理拒付的单位都应当赔偿对方单位滞纳金和罚金;签发空头支票者,处以罚金或取消其使用支票的资格;伪造结算凭证的,要依法追究直接责任者的法律责任。(4)外汇监督。外汇的收取、供应、兑换、使用由中国银行统一管理,禁止外币在国内自由流通,一切外汇收支都要通过中国银行及其指定的机构。总之,金融及其立法对市场经济的保障和监督是呈综合性的,手段是多方面的。我们必须充分运用它促进市场经济的发展。而中国人民银行作为国家的中央银行,其立法监督更具有重要的作用。因此,在整顿规范市场经济秩序中,金融及其立法是保障和监督我国市场经济健康发展的重要手段。

四、金融及金融立法是实现国家宏观经济调控的重要法律保障

国家宏观经济调控,是指政府经济管理部门通过对经济总量的调节,控制、组织市场经济运行,引导经济发展。宏观调控的对象是总需求与总供给,而不是企业的具体活动。为此政府要制定规则,来规范市场主体的行为,市场整个运行要按规则来运作。

五、金融和金融立法是发展涉外金融和参与国际金融的重要条件

改革开放以来特别是党的十八大以后,对外金融立法和治理有了比较迅速、系统的发展。在境内方面,吸引外资合作和人才管理引进以及进口贸易等基本上都有法可依;在境外方面,设立各类金融机构和开展多种金融活动等也都基本上有了法律依据,从而使我国实现了由资本输入国向资本输出国的转变,并且在上海、福建、天津、广东设立了自由贸易区等金融样板。在地区金融和国际金融领域方面我国成为积极的参与者、承担者和保护者,在与世界银行、亚太银行等长期合作开发中成为互利共赢的伙伴,在2016年人民币正式"入篮"成为国际货币,并在五大洲的金融要地逐步建立了人民币结算中心,各金融市场实行发展与治理相结合并取得了很好的成就。

特别是2016年1月16日由中国倡议和主导的亚洲基础设施投资银行(简称亚投行)的成立并正式开业,这是一所为了促进亚洲和世界发展繁荣,加快亚洲发展的基础建设而建立的多变的国际性开发银行。它的成立和开业对全球经济治理体系的改革和完善具有重大意义。

所有这些说明现代金融已成为现代经济的缩影和血脉。中国已进入世界金融强国的行列,这都是与我国以各种形式进行金融立法和以多种形式参与地区和世界金融活动、金融治理所分不开的。

六、实行金融法治是防范和化解金融风险、确保金融与经济安全的重大制度

金融法是我国外防金融风险、内化金融隐患的法律保证,是保障金融安全的法律依据。在复杂多变的国际经济形势和国际金融形势面前,一方面要高度警惕和重视防范涉外金融风险,注意国际游资和金融投机家的过度冲击,维护国家经济安全;另一方面又要清醒地看到我国金融领域自身存在的问题。有些问题虽然暂时解决了,还会有反复,需要我们常抓不懈,需要运用经济手段、行政手段,尤其是法律手段才能抑制和解决。这就需要通过加强金融立法和执法力度,严厉惩治金融犯罪和违法违规活动,依法治理金融。只有依法维护金融安全,才能确保经济安全。

思考题

1. 金融法和财政法的关系是什么?
2. 怎样理解金融是"现代经济的核心"?
3. 怎样理解金融市场是社会主义统一市场的重要组成部分?
4. 金融法在防范和化解金融风险中的作用是什么?
5. 金融及金融立法在政府实现对宏观经济调控中的作用是怎样的?
6. 金融法对发展涉外金融关系、参与国际经济金融治理的作用是怎样的?

第三章 金融立法的基本原则和适用原则

第一节 我国金融立法的基本原则

为了提高金融立法的水平和加强金融立法的力度,在金融立法过程中贯彻金融立法的基本原则是十分重要的。我国金融立法的基本原则,是贯彻金融立法的指导思想,是调整金融关系、开展和管理金融业务活动所必须遵循的行为准则,并贯穿于银行金融立法和执法过程的始终。

一、坚持币值稳定和调控,以促进经济发展的基本原则

市场经济的发展,要求货币政策和信用制度相适应,保持社会供给总量和社会需求总量的基本平衡。币值的基本稳定是我国货币政策的主要目标,也是货币流通规律的基本要求。为了保证货币服务于经济的发展,保持人民币币值的基本稳定,《中国人民银行法》在总则中规定:"中国人民银行在国务院领导下,制定和执行货币政策,防范和化解金融风险,维护金融稳定。"(第2条第2款)

从金融对经济的调节机制看,一方面是通过货币供应量和信贷总规模,来调节社会总需求使之与总供给相适应,这是规模调节;另一方面是通过运用信贷资金的投向和利率杠杆,调节经济结构的比例,这是结构调节。从再生产的观点看,信贷资金的结构和投向的变化,意味着一些部门的生产能力和生产规模的客观变化,从而实现经济结构的调整。金融的规模调节和结构调节的作用应充分体现其机制性和有效性。中国人民银行是控制货币供应和社会需求的总闸门,是宏观经济的重要调节者。中国人民银行的重要任务是控制通货膨胀,保持币值稳定,在此基础上促进经济发展和经济结构的合理化。因此,认真贯彻货币发行的集中统一管理和坚持币值稳定的方针,既对国民经济和社会发展具有重要意义,又是我国金融立法应坚持的基本原则之一。

二、与经济社会相适应,为实体经济发展服务的基本原则

所谓实体经济,是指人类通过思维和劳动所创造的经济,包括物质的、精神的产品和服务的生产、流通等经济活动。它始终是人类社会赖以生存和发展的基础。为什么要服务实体经济?从理论上来说:(1)这是体现金融是现代经济的核心论断的要求与表现。(2)这是体现货币金融是现代经济的"血脉和缩影"

的论断的要求和表现。

所谓为实体经济服务,主要表现是为工业、农业、科技、城乡四个现代化的经济部门服务,也就是为国家的"五位一体"总体布局服务。银行金融主要就是为这些部门的发展设计金融产品,开拓金融市场,畅通融资渠道,运用货币政策工具进行金融宏观调控,为它们进行资金服务与管理,并在必要时与这些部门进行合作投资开发等。实体经济发展到哪里,金融服务就应跟随到哪里,应建立政府、企业和金融三者之间的密切关系,发挥企业对拉动消费和外贸的主体作用和对融资的支撑作用,要认真贯彻2016年中共中央、国务院《关于深化投融资体制改革的意见》,要加强为实体经济服务的各项金融立法,改变投资、消费立法滞后的现象。党的十九大报告强调指出:要深化金融体制改革,增强金融服务实体经济能力。

三、提高资金运用效益和维护债权人合法权益并重的基本原则

一般地说,经济效益是衡量经济活动成果的尺度,也是生产力和社会发展的一个重要标志。经济效益可以从全社会考察,也可以从单个企业考察。从货币资金的运用来看,资金的良性循环和周转,反映了商品生产和流通的顺利进行。资金周转越快,表明再生产过程越顺利,经济效益越好。信贷资金的运用效益,不仅对金融机构本身,也对企业和社会经济效益有直接影响,具有综合性和能动性的特点。在实行经济增长方式由粗放型向集约型转变的方针下,提高资金运用效益更应作为金融立法的基本原则之一。

信贷资金的基本特征是有借有还,到期归还,还本付息。企业的经济效益不好,信贷资金的运用效率就不高。为了提高信贷资金的使用效率,维护债权人的合法权益,《商业银行法》和《贷款通则》作了一系列规定,概括而言,主要包括:一是银行享有贷款自主权,任何人不得强令发放贷款,不得阻碍收回贷款,非经国务院批准,任何单位无权豁免贷款本息,同时要求金融机构办理贷款应严格遵守审批制度和责任制度,按贷款政策发放贷款,提高资产运用效率,保障贷款安全。银行还应当保持足够的支付能力,保证各项债务能按时偿还。二是保护存款人的合法权益,存款人自主支配、使用其存款,个人储蓄存款实行存款自愿、取款自由、存款有息、为储户保密的原则。三是银行办理转账结算要维护收付双方的正当权益。四是规定了风险制度,如存款准备金制度、呆账准备金制度等,以弥补经营风险可能造成的损失。五是规定银行办理票据承兑和贴现,并以合法的商业行为签发的票据为限。

四、外汇外债与境内境外中外资金融机构的开设和活动实行统一管理的基本原则

外汇通常是指以外国货币表示的用于国际结算的支付手段。为了保证本国货币的稳定和国际收支的平衡,我国对外汇实行统一管理的方针。表现在:外汇政策和法规由国家统一制定和发布;人民币汇价由中央银行统一制定;外汇收支计划由国家编制和平衡;外汇资金由国家统一管理和分配;向外借款和发行债券由国家有关部门统一管理。为了调动各部门、各地方、各单位的积极性,国家实行结汇售汇制。所有这些,其目的是为了增加外汇收入,节约外汇支出,使有限的外汇资金能够充分运用到国计民生和经济建设最需要的地方,保证国际收支的平衡和货币金融的稳定,并维护国家权益。

在外债方面,为了防止多头对外举债,避免汇率风险,维护国家信誉,必须从宏观上加强对全国外债的控制和管理。要求准确、及时、全面地集中外债信息,随时了解、掌握全国外债签约、拨用、偿还的情况,尤其是要控制在国际金融市场上的商业贷款,使借用国外资金置于国家的管理和监督之下,做到"三好"即借好、用好、还好,以利于经济发展和我国在国际上的信誉。

在境外设立中资金融机构,在境内引进外资金融机构,这涉及对外开放政策问题,它既有风险又有收益,必须采取积极慎重的方针,统一由中央部门掌握。

五、实行资产负债比例管理原则和银行金融坚持"三性"[①]相结合的基本原则

资产负债比例管理就是对银行的资产和负债的组合进行协调,在执行国家金融法律法规、产业政策和保证资金使用安全性、流动性的前提下,通过增收节支,获取较多利润,为国家和投资人增加积累,为银行增强自我发展能力。商业银行实行资产负债比例管理也很必要,也是中央银行对商业银行进行监督管理的一项基础工作,是中央银行实施货币政策、建立新型的银企关系的一个重要条件。资产负债比例管理水平是衡量一个国家金融业经营管理水平的一个重要标志。因此,这也是我国在今后金融立法工作中,应该贯彻的一项基本原则。

为了实行资产负债比例管理,必须正确处理四个关系,即借款余额与存款余额的比例,流动性资产余额与流动性负债余额的比例,同一借款人的贷款余额与商业银行资本余额的比例,以及资本充足率的比例。正确处理好这四个比例关系,便能够提高信贷资金使用效益,保证金融资产的安全性和流动性,就能提高银行的自我约束、自我发展能力,对企业制度改革,对新的经济体制的形成、对生产力的发展起促进作用。可见,实行银行业方面资产负债比例管理原则,与银行

---

① 流动性、效益性、安全性。

金融业的流动性、效益性安全性原则不是对立的而是互相促进和统一的。

资产负债比例管理原则要求每家银行都要认真执行《商业银行法》的规定，制订一个中长期计划，把资产负债比例管理水平的高低，作为检验银行工作优劣的标准。在业务上，为加强资产负债比例管理，首先，要协调好存贷比例和贷款限额的关系，保持资金来源和运用的统一平衡，同时维护银行的安全性及营利性；其次，要提高资产质量，建立贷款质量监控体系，实行审贷分离。在组织上，要明确资产负债比例管理责任制，做到既有行长负责，又有部门分工，建立一个领导分工负责的管理制度。

六、依法监管、统一透明和司法"审查"相结合的基本原则

加强金融监管，提高信用质量，是保持金融稳健运行和执行货币政策的基础。

金融监管的对象是金融机构，而不是金融业的业务决策和业务经营。它是一种政府行为，是政府依行政法规赋予监管机构的一种法定职责。通过金融监管，要达到维护金融秩序、保护债权人利益、促进经济增长的目标。

我国作为WTO的正式成员，金融监管也必须在WTO规则的法律框架下进行。这就要求金融监管中不允许存在违反WTO协定和我国对外承诺的法律规范；不允许地方法律规范违反中央法律规范；不允许不同层次的法律规范相互矛盾；不允许不公正、不合理、不统一实施上述法律规范；不允许不解决上述问题。在实行金融监管中，不得政出多门，各自为政，言行不一。

我国作为WTO的正式成员，必须遵守透明度原则或阳光原则，这也要求我国的金融监管必须公平、公开、公正，不得暗箱操作。

第二节 金融法的适用原则

与金融法基本原则相对应、相区别的适用原则，其区别就在于适用原则是在某一时期特别强调的法治原则，按照金融的特点和以往的经验，结合现在的新情况，我们认为金融法的适用原则大致有如下几项。

一、坚持绿色金融与共享经济发展相结合的法治原则

绿色发展是必然的原则。从世界范围来说，绿色发展已成为全球产业变革的一个重要的态势，一方面是传统旧的工业化和城镇化道路所造成的高增长、高速度、高污染、高成本已到尽头。另一方面新型的工业化城镇化道路的低碳发展、循环发展、绿色发展、可继续发展的趋势不可挡。针对国内外形势变化，中国"十三五"规划采取了绿色发展理念，要求支持绿色清洁生产，推进制造业绿色改

造,推进绿色农业和节水农业发展,推进绿色城镇化和绿色消费方式(含普通消费、时尚消费),推进建设绿色产业体系,并从全产业链发力渗透到生命周期的各个阶段以及与绿色产业相配套的服务业和低碳管理发展。在这种国际国内经济加速迈向低碳化、绿色化,绿色经济时代即将到来之际,绿色金融理念和绿色金融践行,无论在中国和世界都会有新的形成和发展。

所谓绿色金融是指以生态文明、环境保护为目标和中心而进行的绿色生态、绿色产品、绿色金融市场的开发等资金的融通,即为环保、节能、清洁能源、绿色交通、绿色建筑等领域的项目投融资、项目运营、风险管理等所提供的金融服务。

据测算,从 2016 年至 2030 年我国绿色发展的相关投资需求每年将达到 3 万亿人民币,但业界估计财政资金每年只能覆盖绿色投资的 15%,显然届时财政资金无法满足绿色发展的需求。投资资金主要借助于社会资本、求助于绿色金融机构和绿色金融市场的绿色信贷、绿色金融产品、绿色交易市场。在这种形势下,2016 年 8 月 31 日由我国中国人民银行、财政部等七部委联合印发了《关于构建绿色金融体系的指导意见》(以下简称《指导意见》)。其主要内容除了首次给绿色金融官方"定义"和规定范围外还首次提出了建立国家绿色发展基金,明确政府激励机制,发展绿色债券、碳金融和绿色保鲜品种,开展对环保风险的压力测试,以及丰富了绿色金融领域的国际合作内容等。这是支持我国绿色投资强有力的政策信号。

我们建议把发展绿色金融与共享经济相结合。所谓共享经济也是"十三五"规划中提出的新的发展理念,旨在坚持为人民发展、发展依靠人民、发展的成果由人民共享的根本思路,而绿色金融也是走的绿色经济、绿色道路、绿色生活方式、绿色环境而直接服务人民、贴近人民的康庄大道。党的十九大报告又把"发展绿色金融"提到了"加快生态文明体制改革,建设美丽中国"的全局地位与发展目标的高度上。2018 年 1 月 1 日起我国《环境保护税法》的实施,又标志着我国绿色税收结构的发展,同绿色金融相协调。

为了实现这两者相结合的法治原则:一要不断进行绿色金融的制度创新,进一步界定和把握绿色金融与非绿色金融的界线,准确把握绿色金融的范围、特征;二要鼓励社会资本、民间资本投入绿色金融的发展,适当减少财政资本的投入与压力,发展多层次开放型的绿色金融;三要与境内外绿色金融体系相衔接,扩大与西方发达国家之间的绿色联系,特别是与"一带一路"沿途中东欧国家经济实体之间进行绿色金融、共享经济的合作,搭建绿色融资平台;四要使绿色金融进入法治化的轨道,必须认识绿色发展的底线和短线,一定要有法律对环境行为给予足够的规范和要求。并尽快建立和形成以环保法为核心的绿色发展法规体系,以商业银行与政策性银行、普惠金融为主体发展绿色金融组织体系。

二、坚持普惠金融和民生经济相结合的法治原则

(一) 坚持发展普惠金融的社会原则

所谓普惠金融一般是指一个能有效地为全社会所有阶层和群众提供服务的金融,特别是着力为小型微利企业、农户以及贫困人群提供金融服务的金融。普惠金融的概念最早(2005年)出自联合国,其着眼点在于帮助在正规金融体系规定之外的农户、低收入群体、贫困人群以及消费型企业及时有效地获取价格合理、便捷、安全的金融服务。可见普惠金融具有鲜明的社会性,但普惠金融不等于全民金融。我国开展普惠金融最早的是中国邮政储蓄银行。

2015年12月31日,国务院印发了《推进普惠金融发展规划》,该规划规定了普惠金融发展的原则是:健全机制、持续发展,机会平等、惠及民生,防范风险、推进创新,统筹规划、因地制宜。规划还提出了普惠金融发展的指导思想、总体目标等。

(二) 普惠金融与民生经济紧密结合

所谓民生经济是把保障和改善中低收入社会成员的生存发展作为主线,贯穿于生产、分配、消费等经济运行的全过程,通过理顺生产要素的比价关系,实行资源合理配置,提高社会整体经济效率和福利水平的一种发展模式。这种民生经济既有持久性和持续性、又有发展阶段性的特征。普惠金融作为一般金融顾及不到的社会经济性金融与民生经济服务产业相对接,既能发挥金融作为一种分配手段进行合理有效的资源配置的作用,又能为发展经济注入新的活力,普惠金融和民生经济紧密结合,是金融法的一个重要适用原则。

三、坚持深化金融体制改革与进行宏观调控相结合的法治原则

由于金融本质的特殊性,一成不变的金融体制是不存在的,必须随着生产方式、经济结构以及国家在一个时期的战略目标或经济危机、战争的重大事件需要而变化和调整。而这种全局性的重大事项的调整也是屈指可数的,并且总是与一定的宏观经济调控联系在一起而发挥作用的。比如1993年为适应由计划经济向市场经济转变,国务院作出了《关于金融体制改革的决定》,内容包括建立强有力的中央银行宏观调控体系,把中国人民银行办成真正的中央银行,建立政策性银行,把国家专业银行办成真正的国有商业银行,建立统一开放、有序竞争、严格管理的金融市场,完善货币市场、证券市场,改革外汇管理体制等等。又如2008年为应对国际金融危机而实行的由积极的货币政策向稳健的货币政策的转变以及对商业银行的股份制改造,并颁布了"金十条"以保增长、惠民生、促稳定。

"十三五"规划时期,根据党和国家九大战略的安排,对宏观经济调控作了专章规定,称之为"创新和完善宏观调控"并放在突出的位置。对银行金融部门来说:第一,要按照国家战略和规划的引导和约束作用的要求,服务和服从于国家发展全局的需要,服务于国家"十三五"规划所确立的国家的新发展理念,在适度扩大总需要的同时,着力推进供给侧结构性改革,以提高供给侧体系的质量和效益,这是宏观调控的基本要求和政策的价值取向。要实施创新驱动发展战略人才优先发展等九大战略,以及做好缩小收入差距、扩大中等收入人群的工作。第二,要完善以财政政策货币政策为主,其他政策协调配合的政策体系,加强财政政策和货币政策之间的协调,对此必须建立和出台若干制度安排,以保证其政策的协调性和效益性,防止这两者之间的脱节和同质化。第三,要在经济过热、经济平稳、经济波动、经济下行的情况下实行不同的宏观金融调控措施,把握调控的速度、力度和分寸。例如,在经济运行过热时,金融宏观调控就要谨慎控制信贷规模,注意货币回笼或压缩货币发行,在经济压力和运行下行时就要注意放宽信贷和货币的发行。第四,要在保持政策基调和总体稳定的前提下,实行区间调控。既要保持宏观调控的稳定性、连续性和针对性,又要大胆探索创新改正调控方式,丰富政策工具。例如,在坚持货币政策稳定币值、促进发展或增长作为总目标的情况下,如何完善货币政策的操作目标,在坚持坚守现有的调控方式的同时,如何完善宏观调控的范围与框架以及货币传导机制;在实现利率市场化的过程中如何构建目标利率和利率走廊机制,在坚持货币经济发行的同时,如何推动货币政策由数量性向价格性为主的方向转变,使货币的价值与使用价值的含金量更高,以此改正宏观调控和政策工具的内容和规则。第五,保持经济运行在合理空间,推动经济结构调整优化,提高经济质量效益,保证发展中高速度和高精尖的发展趋势。这是当今金融宏观调控面临的重大课题和根本性的任务。宏观调控包括金融宏观调控不是依靠主观的行政命令所能奏效的,不是只靠工作组进行调查汇报处理就能把问题解决的,不是简单的疏通、围堵、关停修整和松绑就能解决得了的,而必须遵守货币流通规律和经济规律,改善宏观调控方式,运用经济、科技、法律手段和适当的行政手段相结合的综合性调控方式,实际上也就是用看得见的手和看不见的手相配合进行调控和管理。

宏观调控必须依法进行并加快宏观调控立法,这在我国《宪法》和"十三五"规划中都有相关规定。金融宏观调控立法现在重在修改和完善已有的法律法规和执行。让制度更加成熟和稳定,增强执法力度。尤其是《货币法》必须尽快制定,使其成为金融法律体系当中的重要配套制度。

四、树立和坚持大国金融理念积极参与区域性、全球性金融治理的法治原则

大国金融理念是随着我国国际地位的提高和经济实力的增强,特别是金融实力的显现和国际金融业发展的深度融合而形成的。自20世纪90年代末至21世纪初以来,中国已属于世界上最大的发展中国家。首先表现为经济实力和综合国力日益壮大,成为世界贸易组织的重要成员国;其次金融大国理念逐步形成并经受了亚洲金融危机和世界金融危机的严重考验;最后,金融改革和金融法治建设的成就和影响,世界有目共睹。

一般来说金融大国具有下列条件和标准:(1)在金融组织机构或组织体系方面,门类齐全,结构优化,创新宏观调控体系丰富完善,具有雄厚的经济金融实力和竞争力。在开发投资金融方面,我国已经有数家银行进入世界行列,而保险公司中我国最大规模的人寿保险公司在世界上也有了一定的影响。(2)在创新金融产品、金融工具和开拓金融市场方面,不但品种齐全、经营规模大、技术先进,而且市场平稳,价格公平合理,潜力很大,流动性、效益性、安全性、平衡性也都很高。(3)以人民币国际化入篮为契机,发挥人民币的支付功能、交换功能和储藏功能,在境外建设众多的结算中心、支付中心,并与世界金融中心相连接建立全球性人民币股票市场、债券市场。(4)业已建立坚不可摧的国际金融中心。除了我国香港继续保持国际金融中心地位外,上海金融中心已经成为世界外汇交易、人民币兑换结算、黄金交易及外资银行、外资金融公司的重要场所和集散地,其交易量应居世界前列。同时,我国还创造条件在国内各地分别设立了具有特色和影响力的金融中心。例如在我国南京或苏州可建立华东金融中心(或长江三角洲金融中心),在我国广州可建立珠江三角洲金融中心,在我国北京、天津可分别建立有影响力的金融中心(或环渤海金融中心),在成都、重庆可建立西部大开发金融中心或西南金融中心。(5)创新金融监管体系形成全球金融安全网络和据点,既能抵制金融风险,又能力挽金融危机,具有复苏和重建经济金融中心、促进社会经济和金融超水平发展的本领。(6)金融法律规范体系齐全,金融法治保障体系得力。在国内方面以现有的五大金融法律为基础,修订和完善金融法律规范体系,加强国际金融规则的制定与国际金融秩序的治理,按照互利共赢的原则促进国际金融朝着更加公平、合理的方向发展。在对"一带一路"的世界性战略的资金融通中要创新国际化的融资模式,深化金融领域的合作,打造多层次金融平台,建立服务于"一带一路"的金融保障体系。

思考题

1. 明了和掌握我国金融立法的基本原则有何意义?

2. 我国金融立法有哪些基本原则？
3. 如何正确处理稳定币值和发展经济的关系？
4. 怎样理解提高资金运用效益和维护债权人合法权益的并重原则？
5. 银行业为什么实行流动性、效益性、安全性的经营原则？
6. 金融为实体经济服务的原则和手段是怎样的？
7. 为什么绿色金融成为银行金融法的重要原则之一？
8. 银行金融业与宏观调控的关系以及金融立法问题的研究。
9. 何谓大国金融理念？如何建设金融强国与完善金融法治保障？

第四章　我国社会主义金融制度的建立和立法新发展(1949—2025)

第一节　革命根据地时期的银行货币政策与华北人民政府时期的银行金融法令的概况和影响

一、关于革命根据地时期中华苏维埃政权下的银行货币政策和影响

(一)银行货币政策的背景

1931年11月7日,中华苏维埃第一次全国代表大会在江西瑞金召开,宣告成立中华苏维埃共和国临时中央人民政府,通过了《中华苏维埃共和国宪法大纲》(共17条)、《关于经济政策的决议案》、《中华苏维埃共和国劳动法》等重要法规文件。在《宪法大纲》中除了规定根本法(宪法)的任务、中华苏维埃领域工农民主专政的政权目的外,还宣布取消一切反革命统治时代的苛捐杂税,征收统一的累进所得税。宣告中华民族的完全独立和自由,不承认帝国主义在华的一切特权,一切与反革命政府订立的不平等条约无效,否认反革命政府的一切外债,帝国主义的租界租借地无条件收回,一切帝国主义在华的银行、工厂、矿山与交通工具等一律收归国有。目前可允许外国企业重新订立租借条约继续生产,但必须遵守苏维埃政府一切法令。中华苏维埃政府反对战争主张和平,并争取得永久和平。

(二)关于银行货币政策主要内容的规定

《关于经济政策的决议案》(以下简称"《决议案》")共分为工业、商业、财政税制、市政等四个方面共12款。首先,关于货币发行和流通的规定。《决议案》规定:苏维埃区域内的旧货币在目前的苏维埃区域内流通,被消除行市差别,但苏维埃必须对这些货币加以清查以资监督。苏维埃应当发行苏维埃货币,外来的货币统一兑换苏维埃自己发行的货币。其次,关于开办国家银行及银行职责和机构的规定以及对私营银行与钱庄的合法经营和监管的规定。《决议案》规定:为着统一币制并帮助全体劳苦大众起见,苏维埃应开办工农银行,对于各农民、家庭手工业和手工业者、合作社、小商人等实行借贷,以发展苏维埃经济。这个银行应实行兑换货币,其分行并代征收税收。再次,对待各土著及大私人银行与钱庄问题,《决议案》规定:苏维埃机关应派代表监督其行动。禁止这些银行发行任何货币。苏维埃应严禁银行家利用本地银行实行反革命活动的一切企图。最

后,关于高利贷奴役问题,《决议案》规定:取消过去一切口头的、书面的、奴役及高利贷的制约,取消与农民与城市贫民对高利贷的各种债务,严禁预征和债务的奴役,应以革命的法律严防并制止一切恢复奴役与高利贷关系的企图。

(三) 这些政策规定的性质和政策的延伸

以上这些银行货币政策的规定及其践行主要体现在第二次国内革命战争时期,在中国共产党领导的、以毛泽东同志为代表的正确的思想路线和军事路线的指引下、在不断粉碎国民党反动政府发动的多次"围剿"的情况下所开辟的革命根据地而形成的一种关于银行金融政策和工作的新局面,并且这种新局面是与当年苏维埃政权所管辖的苏区内开展的以发展农业生产、工业生产、对外贸和合作社运动为中心的经济建设紧密联系在一起的,其目的又是集中力量,供给战争,为争取国内革命战争的胜利和改善民众生活,以巩固苏维埃政权和联合有关方面的力量的需要而进行的。由此可见这些银行货币政策、活动和影响属于反对帝国主义、反对官僚资产阶级、反对封建主义、反对高利贷奴役,把工人、农民等劳苦大众从被压迫、被奴役下获得完全独立和自由的解放,改善生活建立革命政权并争取全国的胜利。是属于民族民主革命的新民主主义的性质。

从1934年10月起中华苏维埃临时中央政府和红军主力从瑞金撤出的长征途中,国家银行机关及其工作人员跟随红军主力一边沿途作战,一边沿途凑筹款与运输保管银行资产,供应货币,称之为"马背银行",每逢遇到一些重要的地区,还制造发行货币、购买物资和进行货币兑换,受到当地群众的欢迎。直到1935年10月长征胜利到达陕北,国家银行总行也随红军到达陕北吴起镇,国家银行总行总资产经清点无损。到1936年国家银行与原陕甘宁晋银行合并,称为中华苏维埃共和国国家银行西北分行,分行行长由财政部部长林伯渠兼任。同时还在全国其他有关根据地区(如鄂豫皖地区、晋冀鲁地区、陕甘宁边区)对这些银行货币政策加以贯彻和实施,这对革命战争的胜利和根据地的壮大发展,以及后来抗日战争根据地的建设和华北人民政府成立制定银行货币政策都产生了重要的影响。

二、关于华北人民政府银行金融法令的颁行和重要意义

(一) 这些法令制定的背景和价值

在中华人民共和国成立前夕,中共中央决定组建华北局和华北联合行政委员会,并召开了华北临时人民代表大会,选举产生了华北人民政府,并于9月26日宣告成立,由董必武同志任主席。在从1948年1月26日至1949年4月的1年3个月时间里,先后制定和颁行了200多项"法令""训令""条例""规定""通则""细则"等,涵盖了建政、支前、经济建设、金融财政税务等十多个方面的重要内容,一方面促使当年华北人民政府能依法行政,另一方面为后来成立的中央人

民政府制定法规制度做了可贵的准备。

(二) 银行金融法令的具体内容

在《华北人民政府法令汇编》中,属于银行金融法令的共有15件,具有崭新性、创新性、统一性、针对性,体现了当年华北人民政府高瞻远瞩构建国家银行金融制度的基本框架。这15件银行金融法令规定可以分为6类。第一类有7件,属于统一币制、固定比值和组建中国人民银行货币发行、流通或停止流通的有关规定,以及对根据地银行和货币的合并和管理的规定。例如,在平津解放之初,人民币筹码不足之际发布了《关于停止东北、长城两种货币在华北流通的公告》,说明了理由和做法并予以公开透明公示。第二类有关外汇管理和兑换的3件(如《华北区外汇暂行办法》,1949年4月)。第三类有关金银管理的2件(如《华北金银管理暂行办法》,1948年5月;《华北人民政府关于执行金银管理办法的指示》,1948年6月)。第四类有关利息的1件(《中国人民银行总行关于工商放款政策及调整利息的指示》,1948年5月12日)。第五类有关金库设置和管理的1件(《华北人民政府金库条例》,1948年6月15日)。第六类有关私营银行钱庄的1件(《华北区私营银钱业管理暂行办法》,1948年4月27日)。

所有以上6类15件法令,虽然为数不多,但覆盖面较广、种类比较齐全、分量比较重。这些规定在政策上有合理性,制度上有稳定性,范围上有统一性,操作性比较强,体现了银行金融的本质和规律。同时,当年立法基本上采取了"一事一议一法令"的形式,因此,针对性强、解决问题效果好。所有这些法令一是适应国民经济建设需要,二是适应革命战争需要,三是为了改善人民生活,保护人民生命和财产安全的需要。

第二节 中华人民共和国成立至十一届三中全会前夕金融制度建设的回顾(1949—1978)

一、无产阶级政权对银行的国有化政策

《共产党宣言》中指出:当无产阶级夺取政权以后,必须通过拥有国家资本和独享垄断权的国家银行,把信贷集中在国家手中。巴黎公社无产阶级革命实践,充分证明了马克思、恩格斯关于银行国有化理论的正确性和预见性。巴黎公社失败的重要原因之一,正如恩格斯在总结其历史教训时所指出的那样:"最令人难解的,自然是公社把法兰西银行视为神圣,而在其大门以外毕恭毕敬地伫立不前。这也是一个严重的政治错误。银行掌握在公社手中,这会比扣留一万个人质更有价值。这会迫使整个法国资产阶级对凡尔赛政府施加压力,要它同公社

议和。"①这也就是说,由于公社领导人不懂得无产阶级必须夺取资产阶级大银行的重要性和必要性,没有接管法兰西银行并没收其财产,用于革命战争,反而被资产阶级利用,凭借银行的经济力量对巴黎公社进行反扑,致使这次无产阶级革命最终归于失败。

列宁领导的俄国十月革命,吸取了这一历史教训。在革命胜利前夕,列宁提出了银行国有化的政策,他说:"大银行是我们实现社会主义所必需的'国家机构',我们可以把它当作现成的机构从资本主义那里拿过来,而我们在这方面的任务只是砍掉使这个极好机构资本主义畸形化的东西,使它成为更巨大、更民主、更包罗万象的机构。"②列宁把银行看成是"社会主义社会的一种骨干",提出了"没有大银行,社会主义是不能实现的"论断。列宁领导的十月革命胜利后,他迅速地占领、接管了沙皇的国家银行,并亲自拟定了《关于实行银行国有化及其必要措施的法令草案》,要求立即实行这个法令。1917年12月,还颁布全俄中央执行委员会通过的银行国有化的法令,宣布银行事业由苏维埃政权掌握,这对于巩固和发展当时十月革命的胜利成果起了重要作用,对于马克思主义关于银行的国有化理论和政策是个重大贡献。

二、我国社会主义国家银行的建立和初步发展

在对待银行的问题上,中国共产党和毛泽东同志按照马克思、恩格斯在《共产党宣言》中的观点,吸取了巴黎公社的教训和十月革命的经验提出了废除银行私有制度实行银行国有化政策。早在革命战争年代就逐步建立和发展了人民自己的银行。中华人民共和国成立前夕,在党中央和毛泽东同志的领导下,根据当时政治、经济形势的需要,合并了解放区的华北银行、西北农民银行和北海银行,于1948年12月,在河北省石家庄宣告成立了中国人民银行,决定发行人民币。随着全国的解放,国家陆续接管了官僚资产阶级的"四行二局一库"(中央银行、中国银行、交通银行、中国农民银行,中央信托局、邮政储金、汇业局和中央合作金库)等银行机构。随后,改组成立了中国银行和交通银行。根据党对民族资产阶级工商业利用、限制、改造的政策,有步骤地改造了民族资本家的银行、钱庄和信托公司,于1952年对这些银行机构实现了全行业的公私合营的社会主义改造。在第一个五年计划时期,银行事业又有了发展,1954年成立了中国人民建设银行,1956年3月又成立了中国农业银行。此外,在银行信用和货币流通方面也建立和健全了一系列的制度。在广大农村还逐步建立了农村信用合作社。这些对促进革命战争的胜利和大城市的解放,对国民经济的恢复发展,对支援

---

① 《马克思恩格斯选集》第3卷,人民出版社1995年版,第10页。
② 《列宁选集》第3卷,人民出版社1995年版,第298页。

"一五"建设计划和社会主义"三大改造"等都发挥了重大作用。1958年交通银行清理停业,1962年又进一步加强了银行信贷的集中管理,对当时国民经济的"调整、巩固、充实、提高"发挥了重要作用。"十年动乱"时期,中国人民银行并入财政部,中国农业银行被撤销,银行体系遭到了破坏,直至1979年11月,中国人民银行才作为国务院部委一级单位,与财政部分离。

三、中华人民共和国成立后至十一届三中全会前的银行金融法制建设

党的十一届三中全会前我国的银行法制建设可分为两个时期:

(1) 中华人民共和国成立初至"一五"计划以及20世纪60年代执行调整的时期。这是我国社会主义银行法制的创建时期,也是银行法制作用发挥得比较好的时期。

1949年中华人民共和国成立时,党和国家面临着国民党统治时期留下来的生产凋敝、金融混乱、物价飞涨的严重状况。这时党和国家重视创建和运用革命法制这个武器,为国民经济的恢复和生产的发展服务,先后颁布了一些重要法规。《中国人民政治协商会议共同纲领》第39条规定:"金融事业应受国家严格管理。货币发行权属于国家。禁止外币在国内流通。外汇、外币和金银的买卖,应由国家银行经理。依法营业的私人金融事业,应受国家的监督和指导。凡进行金融投机、破坏国家金融事业者,应受严厉制裁。"在银行金融方面,"据不完全统计,1949—1953年,仅中央人民政府及各部委颁布的银行金融法规达245件。这些法规包括国家公债、金融管理、金库、货币、存放款、农贷、工贷、保险、外汇等十多个方面,这不仅表明银行金融法制已经开始渗透到我们国家生活的广阔领域,而且为后来我国银行金融法制的发展奠定了一定的基础。首先,体现了党和国家领导全国人民进行统一财政金融,制止通货膨胀的斗争;其次,这些银行金融法规具有很高的权威性,并有保证这些法规实施的具体机构和具体措施,一般都是职责分明,奖惩分明,强调银行金融纪律,严格信贷监督。中华人民共和国成立初期,我国银行金融法制建设以及同财政经济法制建设的配合,对我国在3年内扭转国民党的长期统治遗留下来的财政经济金融方面的混乱,把国民经济恢复到旧中国历史上的最高水平,起了巨大的保证作用"。[①]

1953年,我国进入了有计划发展国民经济建设的时期。根据党在过渡时期的总路线和1954年《宪法》的规定,国家在银行金融方面从1954—1957年间先后颁布的法规达1000件之多。这类法规同三年恢复时期的银行金融法规相比较,大致有三个不同的特点:一是注意保证国家金融职能作用的实现;二是运用银行金融法制发挥信贷、结算、利率等方面的经济杠杆作用;三是银行金融法的

---

① 刘隆亨:《银行法概论》,北京大学出版社1989年版,第15页。

规定比过去系统化、制度化、规范化,恢复时期的一些"暂行办法""临时措施",这时已形成了正式"章程""实施规则"。

1961—1965 年,我们国家又转入了调整时期,党和国家面临着由于各种原因在 20 世纪 50 年代末 60 年代初我国国民经济所遭受的严重挫折,在此形势下,党和国家果断地对国民经济采取了"调整、巩固、充实、提高"的正确方针,同时又加强了社会主义法制。在银行金融方面,发布了中共中央、国务院《关于切实加强银行工作的集中统一、严格控制货币发行的决定》(简称"银行六条",1962 年发布)和国务院《关于当前财政金融方面若干问题的通知》(简称"财政六条",1962 年发布)等重要文件。银行六条强调集中,强调监督,强调平衡,对于集中财权、加强金融管理、整顿预算信贷、严格银行纪律起了重要作用。按照"双六条"的精神,财政部和中国人民银行还分别或联合颁布了许多单行的金融方面的规章。

(2) 20 世纪 50 年代末 60 年代初,特别是以后长达十年之久的"文化大革命"时期,是我国银行金融法制从受到干扰到遭到破坏的时期。

在 20 世纪 50 年代末 60 年代初,我国国民经济遭受了严重的挫折,出现了一平二调三浮夸,直接破坏了国家银行信贷。把合理的规章当作"条条框框"冲,把必要的程序当作"少慢差费"批,表现为银行金融法规寥寥无几,法律虚无主义在银行金融法制上滋长起来,其后果是国家银行金融活动失去法制的保障,社会资金运动受到破坏,各种比例失调。

更严重的是"文化大革命"的十年,银行金融法制遭到了摧残。如林彪、"四人帮"把"双六条"攻击为"黑六条""大毒草",把银行金融法规规定的各种规章制度及办理程序斥责为修正主义的"管、卡、压"和资产阶级的专政。公民的个人储蓄存折被任意抄家没收,银行存款利息无法律保障,其结果是经济乱,银行金融乱,法制乱。

回顾党的十一届三中全会前中国银行金融法制建设所走过的道路,总结经验教训,就如何加强银行金融法制、充分发挥它在经济建设中的作用而言,主要有以下四点体会:

第一,要充分认识银行金融法制建设的重要性,坚持银行金融法制建设的稳定性、连续性。党的十一届三中全会前新中国银行金融法制出现的几种不同状况说明,党和国家不论在顺利的情况下,还是在困难的情况下,都必须始终不渝地重视银行金融立法工作,充分发挥它的作用,其结果不仅使银行金融立法本身具有自己的特色,而且对财政经济工作的影响也是很大的。

第二,要正确处理银行金融立法与客观经济规律和党的中心工作之间的关系。毫无疑问,银行金融法制要为党和国家的中心工作服务,但必须遵循银行金融自身的客观规律,任何权力的滥用,都会适得其反。

第三,要把银行金融法制与银行金融体制、银行金融事业密切联系在一起。银行金融体制是我国银行金融事业的一个根本性问题,关系到银行金融事业的兴旺发达,也是银行金融法制的一项基本制度。由于党的十一届三中全会前中国银行金融制度基本上抄袭了苏联的单一银行体制的模式,这虽然适应了当时产品经济的客观需要,但却使我国银行金融事业和银行金融立法受到一定限制。

第四,要加强金融立法,必须树立全局观念。银行金融立法是一种综合性的立法,它涉及经济的各个部门、各个行业、各个方面,因此,在立法形式和立法工作上既可以单独立法,也可以在其他立法中加进有关银行金融立法的条款。那种企图只靠某一个部门,没有全局观念而要进行的重大银行金融立法,都是不现实的。

第三节 十一届三中全会到十五大前夕银行体制的初步改革和银行金融立法的发展(1979—1992)

一、银行体制改革的背景、经过和成就

在党的十一届三中全会以前的很长时期内,我国基本上属于一种集权型的银行体制。这种银行体制虽然曾起过重要作用,但在经济体制改革前后,已显示出明显的弊病:(1)在银行与财政的关系上是"大财政""小银行",基本上是供给制的管理办法,银行成了财政的出纳机构。(2)在管理银行的手段上,主要是依靠行政命令的办法,忽视运用经济办法和经济立法的作用。(3)在银行机构的设置上,基本上是由一家综合性的国家银行包揽一切银行事业,管得过死,即便有四家银行(中国人民银行、中国银行、中国农业银行、中国建设银行),有时候也是"四龙无首",多头领导,职责不清,甚至造成资金浪费,未能发挥各银行应有的作用。(4)在银行内部管理上是吃"大锅饭"的做法,没有严格的责任制。(5)银行法制不健全,多数情况是一些内部规章制度代替银行立法。这些情况致使我国的银行体制不能适应新时期社会化大生产的要求。

为了适应新时期总任务的要求和经济体制改革的需要以及促进社会主义商品经济的发展,必须对上述的银行管理体制进行改革。此次银行体制改革的目标是:加强银行在宏观经济管理中的职能作用,调节基本建设投资规模和消费基金的增长,增强企业活力,发展经济,稳定货币,提高经济效益,为建立社会主义市场经济服务。

我国银行体制改革曾设想过多种方案,就其内容来说,可以概括为以下五点:(1)建立以中央银行为核心、成立较多的专业银行和非银行金融机构的银行体系。(2)扩大信贷资金来源和发放范围,在一定范围内和一定程度上把由财

政无偿拨款改为银行有偿贷款的办法(包括基本建设和企业流动资金改为银行贷款等)。(3)充分发挥银行利息、利率、结算、信贷等经济杠杆在国民经济管理中的调节作用。(4)把主要依靠行政手段管理银行改为主要运用经济手段和法律手段管理银行,银行利润也不当作财政资金上缴国家,而按规定交纳税金。(5)银行内部建立严格的经济责任制,实行经济核算,讲究经济效益,收入分配与经济效益挂钩。

在1978年12月召开的党的十一届三中全会的号召下,我国银行体制的改革从1979年2月中国人民银行召开全国分行行长会议、国务院批转《会议纪要》开始。经过1980年、1984年、1987年的改革和1985年、1989年至1991年的调整,我国的银行金融体制改革已经取得了一些重要成果,主要表现在以下四个方面:

(1)初步确定了中央银行体制,建立了国家专业银行和综合性银行以及各种非银行的金融机构,逐步形成了我国社会主义的银行体系。

1979年恢复了中国农业银行,中国银行单独建立了系统,中国建设银行也由财政拨款机关重组为我国基本建设投资的专业银行。1983年9月,国务院决定中国人民银行不再兼办工商信贷业务,而专门行使中央银行职能。1984年1月,成立了中国工商银行,办理城市工商信贷业务。1981年12月新成立了主办世界银行转贷等专门业务的中国投资银行。在大中城市设立了非银行的金融投资公司、融资租赁公司、中国金融公司和财务公司等。在全国城乡广泛建立了信用合作机构。1986年年底,经中国人民银行批准,正式成立了区域性股份制商业银行——招商银行。1987年2月,经国务院批准,正式成立了中信实业银行,它是中国国际信托投资公司所属的国有综合性银行,是自主经营、自负盈亏、独立核算的企业法人,在业务上受中国人民银行领导、管理和稽核。该行实行董事会领导下的行长负责制。1987年4月国务院正式决定恢复交通银行的内地机构,它是既办人民币业务又办外汇业务的综合性银行,采取以公有制为主的股份制形式。1992年2月9日,经国务院批准,成立了中国光大银行。此外,伴随对外开放的进程,陆续设立了一些外资银行和中外合资银行。这样,一个新型的以中央银行为核心、以各专业(或综合性)银行为主体、非银行的金融机构为辅助的我国社会主义银行体系已经初步建立。

(2)开始运用经济手段、行政手段和法律手段,广泛吸收储蓄存款,扩大信贷业务的范围,初步改变了单一的银行信用形式,促进了多方式、多层次、多渠道资金市场体系的逐步形成。

这些年,银行积极采取措施扩大存款,开办了许多新的存款种类,如:委托邮政部门代办储蓄,开办企业单位定期存款,增设基层储蓄网点,从1989年起实行保值储蓄,存款幅度明显上升,存款结构也发生了新的变化。在贷款方面,过去银行只对企业生产和流通中的临时流动资金不足发放贷款,从1979年开始,银行发放了中短期设备贷款、新技术开发贷款、科研贷款等。同时,根据资金供求情况,不断调整了利率政策,使银行成为筹集运用经济建设资金的重要渠道。接着又开始出现了商业信用、消费信用的形式,正在改变单一的银行信用格局。各种商业票据、金融债券、企业股票和债券以及同行拆借得到了一定程度的发展,这些新型的金融工具和金融方式的应用,促进了金融市场的形成和发展。信用形式和金融资产增多,冲击了资金的纵向分配体制,推动了经济的横向联合,同时也冲击了银行包办工商企业资金供应的制度,并促进银行逐步变为金融企业和工商企业、为真正实现其自负盈亏创造了条件。

(3) 初步改革了银行内部的管理制度和信贷资金供给制的状况,实行了分级管理的责任制和银行走向企业化管理,调动了各种银行机构和非银行的金融机构的积极性。

在银行财务管理上,实行了利润留成制度。银行的干部管理制度由地方管理为主改为条块结合,以条条管理为主,同时采用先进科学技术管理手段,提高了工作效率。

在信贷资金管理上,改变了多年来一直实行的存款向上交、贷款分指标、没钱向上要的管理办法,从1985年起中央银行对各专业银行,实行统一计划、划分资金、实贷实存、相互融通的制度。中央银行不再包办专业银行的资金供应,要求专业银行通过组织存款或同行拆借,自求收支平衡,在各专业银行内部,开始实行分级管理制度,这样,初步改变了信贷资金供给制的状况,从而调动了各专业银行组织存款、发放贷款的积极性。

(4) 逐渐改变了封闭型的银行体制,广泛地开展了对外银行业务活动。

过去,银行的对外金融往来不多,设在境外的机构也不能充分地发挥作用。1979年以来,对外金融往来和合作得到迅速发展。1980年,我国在国际货币基金组织和世界银行的合法席位得到了恢复;1985年年初与国际清算银行建立了业务往来关系;1985年5月我国正式加入了非洲开发银行和非洲开发基金组织;1986年3月我国又加入了亚洲开发银行。20世纪90年代,我国的金融机构进入国际市场发行债券,为国内经济建设筹措了大量资金。中国银行、中国国际信托投资公司、中国人民保险公司等在国外设立了大批分支机构,开拓了业务种类,建立了业务代理关系,推进了国际间的银行合作。

二、1979—1992年银行金融立法的变化发展

随着我国银行体制的初步改革,银行立法也有了新的变化,主要表现在以下五个方面:

(1) 在确立中央银行的体制,建设具有我国特色的社会主义银行体系、加强

银行组织和非银行金融机构管理方面的立法。1986年1月7日国务院发布《中华人民共和国银行管理暂行条例》,1985年4月2日国务院发布《中华人民共和国经济特区外资银行、中外合资银行管理条例》,1983年2月1日中国人民银行发布《中国人民银行关于侨资外资金融机构在中国设立常驻代表机构的管理办法》,1985年7月5日中国人民银行发布《中国人民银行稽核工作暂行规定》,1986年10月23日中国人民银行发布《金融统计暂行规定》。

(2) 在大力吸收储蓄存款、扩大信贷资金来源和发放贷款范围、调整利率、为经济建设服务、筹集和分配资金方面的立法。1985年2月28日国务院发布《借款合同条例》,1984年3月21日中国工商银行发布《关于国营工商企业流动资金管理暂行办法》,1981年5月8日国务院批转中国农业银行《关于农村借贷问题的报告的通知》,1984年8月30日中国工商银行发布《关于科研开发和新产品试制开发贷款的暂行规定》,1984年12月14日国家计划委员会、财政部、中国人民建设银行发布《关于国家预算内基本建设资金全部由拨款改为贷款的暂行规定》,1984年5月30日国务院批转中国人民银行《关于各专业银行发放固定资产贷款分工问题的报告的通知》,1980年1月14日国务院批转国家经委、中国人民银行等单位《关于请批准轻工、纺织工业中短期专项贷款试行办法的报告》,1980年8月30日国务院批准《中国银行短期外汇贷款办法》,1985年3月14日国务院批转中国人民银行《关于调整部分存款、贷款利率的报告的通知》,1985年7月8日国务院批转中国人民银行《关于调整储蓄存款利率和固定资产贷款利率的报告的通知》,1988年8月9日中国人民银行发布《关于调整银行存、贷款利率的通知》,1990年3月26日国务院发布《关于在全国范围内清理三角债工作的通知》,1991年8月9日国务院办公厅发布《关于调整国务院清理"三角债"领导小组成员的通知》,1992年2月1日国务院清理"三角债"领导小组发布《关于1991年全国清理"三角债"工作的公告》,1992年12月11日国务院发布《储蓄管理条例》。

(3) 在稳定货币、严格货币发行、加强货币和金银管理方面的立法。1983年6月15日国务院发布《中华人民共和国金银管理条例》,1988年9月27日国务院发布《基金会管理办法》,1988年12月28日中国人民银行发布《中华人民共和国金银管理条例实施细则》,1984年2月1日中国人民银行、海关总署发布《对金银进出国境的管理办法》,1985年3月4日国务院发布《关于制止滥发各种奖券的通知》,1981年1月29日国务院发布《关于切实加强信贷管理严格控制货币发行的决定》,1987年4月25日国务院关于发行新版人民币的命令,1988年8月11日国务院批转中国人民银行《关于控制货币、稳定金融几项措施报告的通知》,1988年9月7日国务院发布《现金管理暂行条例》,1988年8月22日国办发布《关于转发中国人民银行结算报告的通知》,1989年9月23日中国人民银行公布《现金管理暂行条例实施细则》,1992年国务院发布《关于健全货币制度的命令》,1991年5月1日国务院办公厅发布《关于禁止发放使用各种纸币购物券的通知》,1992年5月8日国务院发布《关于健全我国的货币制度,在全国范围内发行各种类金属人民币的命令》。

(4) 在开拓证券市场,加强债券、股票、票据管理方面的立法。1987年3月27日国务院发布《企业债券管理暂行条例》,1987年3月28日国务院发布《关于加强股票、债券管理的通知》,1986年4月16日中国人民银行、中国工商银行发布《商业汇票承兑、贴现暂行办法》,1988年1月3日国务院发布《关于按自筹投资比例购买重点企业债券的通知》《国务院关于发行1989年保值公债的通知》,1989年3月5日国务院发布《关于加强企业内部债券管理的通知》,1992年国务院发布《关于股份制企业试点工作座谈会情况报告的通知》,1992年5月15日国家体改委等5个单位发布《股份制企业试点办法》,同年同月,国家体改委发布《股份有限公司规范意见》和《有限责任公司规范意见》,同年6月15日,国家体改委、国家纪委颁布《股份制企业试点宏观管理暂行规定》,1992年10月12日国务院办公厅发布《关于成立国务院证券委员会的通知》,1992年12月17日国务院发布《关于进一步加强证券市场宏观管理的通知》。

(5) 在加强外汇和外债的统一管理、提高资金使用效益方面的立法。1980年12月18日国务院发布《中华人民共和国外汇管理暂行条例》,1985年3月25日国务院批准、1985年4月5日国家外汇管理局公布《违反外汇管理处罚施行细则》,1983年7月19日国务院批准、1983年8月1日国家外汇管理局公布《对侨资企业、外资企业、中外合资经营企业外汇管理施行细则》,1985年3月13日国务院发布《关于中外合资经营企业外汇收支平衡问题的规定》,1985年3月29日国务院批准、国家外汇管理局公布《出口商品外汇留成办法》,1987年2月20日中国人民银行发布《境内机构提供外汇担保的暂行管理办法》,1987年10月1日中国人民银行发布《非银行金融机构外汇管理办法》,1987年6月17日国务院批准、1987年8月27日国家外汇管理局发布《外债统计监测暂行规定》,1987年8月国家外汇管理局发布《外债登记实施细则》,1989年1月12日国务院发布《关于加强借用国际商业贷款管理的通知》,1989年3月国家外汇管理局发布《境外投资管理办法》,1989年11月10日国家外汇管理局发布《外汇(转)贷款登记管理办法》,1990年3月12日中国人民银行发布《境外金融机构管理办法》,1990年12月9日国务院批复国家外汇管理局制定的《出口收汇核销管理办法》。

第四节 我国现代银行金融体制改革的模式和银行金融立法的重大发展(1993—2000)

一、我国银行金融体制改革的深化和目标模式的逐步确立

(一) 深化银行金融体制改革的必要性

我国银行金融体制改革已取得了初步的成绩,但必须深化。首先,为促进我国社会主义国民经济的发展,建立市场经济新秩序,需要继续进行银行体制的改革。因为发展社会主义市场经济,既要调动商品生产者和经营者的积极性,又要有足够的资金、统一流通的市场,还要加强宏观经济调控。这些,没有发达的银行金融体制是办不到的。其次,坚持改革开放,需要深化银行金融体制改革。因为我国经济体制改革的目标是建立社会主义市场经济,而良好的货币供应和资金流通是健全社会主义市场经济的必要条件,市场经济需要银行金融对资源配置发挥重要作用。深化银行金融体制改革,还是整个经济体制改革的组成内容和配套措施。我国对外开放政策的实施,发展对外银行金融业务是桥梁和归宿。最后,为巩固和发展银行金融体制改革的初步成果,解决、克服、避免在银行工作中存在的矛盾和薄弱环节,实现银行金融体制改革的总目标和总任务的要求,也必须把已经开始的银行金融体制改革深入进行下去。

(二) 我国现代银行金融制度目标模式的基本确立

随着中央银行的产生和发展,各个国家都逐渐形成了自己的银行体系和管理体制。现代世界各国银行体制大致有三种状况:一是以中央银行为首,以众多的商业银行或存款银行为主体,与其他金融组织构成纵横交错的西方国家银行体制(如英国、美国、法国等)。二是设有中央银行、地区银行,甚至大企业也有银行的银行体制(如南斯拉夫),这种模式是与联邦制的国家结构和半市场经济体制相适应的。三是除有综合性的国家银行外,还有若干专业银行或以综合性的国家银行执行中央银行职权的单一的银行体制。这是适应当时社会主义国家公有制占主体地位,计划经济条件下的银行体制模式。而我国在党的十四大确立建立社会主义市场经济体制的新形势下,必须是综合三种模式优点,结合社会主义市场经济的要求,形成自己的模式。我国金融体制改革的总目标是建立具有中国特色的适应社会主义市场经济体制需要的现代银行金融体制。这个总目标与金融体制改革的三大目标是一致的。我国银行金融制度改革的三大目标是:建立在国务院领导下,独立执行货币政策的中央银行宏观调控体系;建立政策性金融与商业性金融分离,以国有商业银行为主体,多种金融机构并存的金融组织体系;建立统一开放、有序竞争、严格管理的金融市场体系。这三大目标在党的

十四届三中全会通过的《关于建立社会主义市场经济体制若干问题的决定》和《国务院关于金融体制改革的决定》以及《中国人民银行法》《商业银行法》中都有体现。中央银行宏观调控体系、金融组织体系、金融市场体系是我国现代银行金融制度的基本模式,这三个体系缺一不可,相互联系而又不可分割。

二、我国现代银行金融制度改革的基本内容的实施

现代银行金融不是简单的存贷,也不是单一的传统手段的落后金融,而是开放型的、综合型的金融,资金商品化和利率市场化的金融,管理法制化的金融以及服务手段电子化的金融。

1993年开始了我国现代金融体制改革,1994年全面实施的我国银行金融体制改革方案,目的是建立与社会主义市场经济相适应的现代金融制度。1993年11月中共中央《关于建立社会主义市场经济体制若干问题的决定》中,包括了关于建立现代金融制度的决定;1993年12月25日国务院《关于金融体制改革的决定》,提出了加快金融体制改革的步伐,规定了金融体制改革的目标和方向,展示了我国现代金融制度的基本框架和内容。

(一)建立强有力的中央银行宏观调控体系,把中国人民银行办成真正的中央银行

(1)明确人民银行各级机构的职责,转换人民银行职能。

(2)改革和完善货币政策体系。

(3)健全金融法规,强化金融监督管理。

(4)改革人民银行财务制度。

(二)实行政策性金融与商业性金融分离,建立政策性银行,把国家专业银行真正办成商业银行,正确引导非银行金融机构的健康发展

1. 建立政策性银行

(1)组建国家开发银行,管辖中国人民建设政策性业务和国家投资机构业务。(2)组建中国农业发展银行,承担国家粮棉油储备和农副产品合同收购,农业开发等业务中的政策性贷款,代理财政支农资金的拨付及监督使用。(3)组建中国进出口信贷银行。(4)凡政策性银行均要设立监事会。

2. 把国有专业银行办成真正的国有商业银行

(1)在政策性业务分离出去之后,国家各专业银行(中国工商银行、中国农业银行、中国银行和中国建设银行)要尽快转变为国有商业银行。另外,国有商业银行中的国有资产产权按国家有关国有资产管理的法律法规管理。(2)我国商业银行体系包括国有独资商业银行、新兴的股份制商业银行以及农村合作银行、城市合作银行等。所有商业银行都要按国家有关金融的法律法规完善和发展。(3)积极稳妥地发展合作银行体系,其主要任务是为中小企业、农业和发展

地区经济服务。1996年国务院颁布了农村金融体制改革的决定,对农村金融法制提出了重要的改革措施和部署。(4)根据对等互惠的原则,经中国人民银行批准,可有计划、有步骤地引进外资金融机构。外资金融机构要按照中国人民银行批准的业务范围开展经营活动。(5)逐步统一中资金融机构之间以及中资金融机构与外资、合资金融机构的所得税率。金融机构的所得税为中央财政固定收入。(6)金融机构经营不善,允许破产,但债权债务要尽可能实现平稳转移。要建立存款保险基金,保障社会公众利益。

3. 正确引导非银行金融机构稳健发展

要明确规定各类非银行金融机构的资本金数额、管理人员素质标准及业务范围,并严格审批,加强管理。要适当发展各类专业保险公司、信托投资公司、证券公司、金融租赁公司、企业集团财务公司等非银行金融机构,对保险业、证券业、信托业和银行业实现分业经营。

(三)建立统一开放、有序竞争、严格管理的金融市场

(1)完善货币市场。对于货币市场,要进行严格管理,明确界定和规范进入市场的主体的资格及其行为,防止资金从货币市场流向证券市场、房地产市场。所有的金融机构均可在票据交换时相互拆借清算头寸资金。凡向人民银行借款的银行,拆出资金的期限一般不得超过7天,商业银行、合作银行向非银行金融机构拆出资金的期限也一般不得超过7天。人民银行要制定存、贷款利率的上下限,进一步理顺存贷款利率和有价证券利率之间的关系。逐步形成以中央银行利率为基础的市场利率体系。同时,人民银行要严格监管金融机构之间的融资活动,对违反有关规定者要依法查处。

(2)完善证券市场。首先,要完善国债市场,为人民银行开展公开市场业务创造条件。财政部停止向中国人民银行借款,财政赤字通过发行国债弥补。政策性银行可按照核定的数额,面向社会发行国家担保债券,用于经济结构的调整。邮政储蓄、社会保障基金节余和各金融机构的资金中,要保有一定比例的国债。其次,调整金融债券发行对象,停止向个人发行。人民银行只对全国性商业银行持有的金融债券办理抵押贷款业务。最后,要完善股票市场。在企业股份制改造的基础上规范股票的发行和上市及对交易所和交易系统的管理。

(3)改革外汇管理体制,协调外汇政策与货币政策,建立统一的外汇调节市场。外汇管理是中央银行实施货币政策的重要组成部分。我国外汇管理体制改革的长期目标是实现人民币可兑换。

(四)加强金融业的基础建设,建立现代化的金融管理体系

(1)加快会计、结算制度改革。金融机构要按照国际通用的会计准则,改革记账基础、科目设置和会计核算体系,改革统计监测体系。要建立现代化支付系统,实现结算工具票据化,扩大信用卡、商业汇票、支票、银行本票等支付工具的

使用对象和范围,增强票据使用的灵活性、流动性和安全性,减少现金使用。

(2) 加快金融电子化建设。加快人民银行卫星通信网络的建设,推广计算机的运用和开发,实现联行清算、信贷储蓄、信息统计、业务处理和办公的自动化。金融电子化要统一规划、统一标准,分别实施。

(3) 加强金融队伍建设。要更新从业人员的知识结构,加速培养现代化金融人才,要实行适合金融系统特点的干部人事制度和劳动工资制度,建立约束机制和激励机制。

(五) 在实践中不断完善和发展金融体制改革的内容

1997—2000年我国金融改革的目标是初步建立与社会主义市场经济相适应的现代金融体系、金融制度和良好金融秩序。1997年党中央、国务院召开全国金融工作会议后,进行金融改革的主要内容包括:(1) 改革人民银行的机构设置和宏观调控方式,充分利用利率等货币政策工具调控货币供应量;(2) 把国有独资商业银行业务逐步转入大中城市、大中型企业,并真正实行自主经营、自我约束;(3) 在大中城市增设由地方财政、企业、居民入股的地方商业银行,重点支持地方中小企业;(4) 按合作制改革城乡信用社,重点为集体、个体经济服务;(5) 继续引进外国金融机构;(6) 对银行业、证券业、保险业实行分业经营、分业管理。与这些改革内容同步的还有:发展各种投资银行业务、引导居民向企业直接投资,以及按国际惯例和谨慎会计原则,建立银行内部管理制度。在我国"九五"计划和2010年远景目标中,对金融体制改革和金融业的发展也作了明确的规定。

三、在执行"十一五"规划过程中,重大的金融事件和法治建设的成就

从1994年到2000年我国现代金融体制改革、整顿和发展,所取得的成就突出表现在以下五个方面。

(1) 我国银行金融组织体制改革的成就。我国的银行金融体制改革在组织体系方面所取得的成就突出表现在:已初步形成了以中央银行为领导、以国有商业银行和国家政策性银行以及其他商业银行为主体、多种金融机构分工并存和竞争的金融组织体系,金融发展和对外开放水平不断提高。

在1979年至1992年,通过改革分设,逐步确立了中央银行体制以后,在金融领域,出现了政策性银行与商业银行相分离、国有专业银行商业化的改革,并陆续重建和新建了交通银行、中信实业银行、中国光大银行、华夏银行、上海银行等一批股份制商业银行和其他非银行金融机构,并于1994年成立了国家开发银行、中国进出口银行和农业发展银行等三家政策性银行。1996年我国首家由非公有制企业入股的、全国性股份制商业银行——中国民生银行也建立起来了。

1994年年底,我国已拥有信托投资公司391家,保险公司20家,财务公

54家,融资租赁公司15家,证券公司92家,城市信用社及联社5229家,农村信用社及联社50745家,外资金融机构430家,从而有了新的发展基础。到1998年,各类金融机构贷款总额已达86524.1亿元,其中国有商业银行贷款总额达31602.9亿元。到2000年全国以商业银行为主体的银行业、证券业、保险业、投资基金业等多元化金融机构体系的形成,适应了经济发展的客观需要,在筹集融通资金、发展和活跃金融市场、促进国民经济发展等方面发挥了积极作用。

(2) 中央银行体制逐步完善,人民银行改革取得实质性进展。央行改革的实质性进展体现为:一是中央银行强化了对货币信贷的集中管理。人民银行集中掌握货币发行权、信用总量调控权、基础货币管理权和基准利率调节权,保证了全国统一货币政策的实施。二是拓展了货币政策工具,增加了公开市场业务。1995年中央银行首次运用调整对金融机构贷款利率的手段,抑制货币需求;并进一步扩大了再贴现手段的运用。1994年上海建立了公开市场操作室,通过对外汇市场吞吐货币,稳定了外汇汇率。三是正式将货币供应量作为宏观监测的重要指标并向社会公布。四是金融监管逐步走向规范,在分业管理的基础上加大了金融稽核监督的工作力度和深度。五是改变了中央银行原来按行政区设置办法,实行了按经济协作区的设置办法,提高了中央银行监管的独立性和专业水平。

(3) 政策性银行正式成立开始运作并发挥作用。1994年,国家开发银行、中国进出口银行、中国农业发展银行相继挂牌运营,标志着我国商业银行改革的政策性金融业务与商业性金融业务分离的初步完成,为国家专业银行向国有商业银行转轨创造了条件。1994年,政策性银行共向金融机构发行金融债券775亿元,支持了国家基础产业的发展,使当年国家重点建设项目资金全部及时到位,主要农副产品收购没打"白条"。1998年,国家开发银行承贷的761个建设项目资金到位1527.6亿元,比1997年增加533.2亿元,资金到位率为98.7%,比其他配套资金高出18.4个百分点。1997年该行共筹措资金2204亿元,其中金融债券到账1600亿元,筹措外币资金55亿人民币;发放贷款1635亿元,比上年增长43%。支持了国家重点项目建设。[①] 1998年,中国进出口银行全年实际发放贷款256.8亿元人民币和5304万美元,共支持了92.4亿美元合同金融的机电产品出口,比上年增长72.1%,为保持我国外贸出口的增长和国家经济的发展作出了积极的贡献。[②]

(4) 商业银行体系出现,专业银行向商业银行的转轨迈开步伐,并使一批新兴的商业银行陆续建立起来,形成了商业银行体系。在金融系统全面推行贷款

---

① 《金融时报》1999年2月15日。
② 《金融时报》1999年2月2日。

限额下的资产负债比例管理;同时强化内部管理机制,加强了内部资金的合理调度,积极改善经营管理,提高服务质量,拓展服务手段,在业务不断发展壮大的同时,自我约束机制和风险管理水平得到进一步加强,贯彻执行自主经营、自担风险、自负盈亏、自我约束的经营原则。1994年,全国银行改变了过去存款小于贷款的情况,出现了存差。在银行资产总量中,贷款比重由过去的75%以上,下降到54.1%;银行的资本充足率和资产流动性均有不同程度的提高。到2001年全国的存款储蓄已超过7.5万亿元。贷款的数量和质量为支持经济的发展也不断增多。

(5)我国境外的中资银行金融机构以及境内的合资、外资银行金融机构有了重要发展,数量逐步上升,到1999年3月底外资银行在中国已有179家营业机构,154家分行,外资银行的外汇贷款已占国内外汇贷款总额的20%,并已取消了外资银行在华设立分支机构的地域限制,今后会在经营人民币业务、提供资金服务方面有较大的进展。[1]

同时我国外汇改革进展顺利,国家外汇储备稳步增长。1994年成功实现了汇率并轨和银行外汇结算制度,在这种新的体制下,人民币汇率稳中有升,国家外汇储备不断增加,并实现了经常项目下的可兑换,国家外汇交易中心和正常外汇交易活动受到国家法律保护。这对改善中央银行宏观调控、改进市场汇率形成机制、加快银行企业资金清算速度起到了积极作用。从1994年到2001年人民币汇率基本保持稳定。"我国外汇储备余额截至2001年年底,据统计为2122亿美元,比上年末增加28.1%,增幅同比提高21个百分点,2001年全年外汇储备累计增加466亿美元,比上年多增加357亿美元,这是我国历史上外汇储备增加最多的一年"[2],这反映了国家宏观经济运行状况良好,对外贸易和利用外资的增长发挥了作用,并首次出现了贸易、非贸易和资本各项目全面顺差。人民币币值仍保持基本稳定,不仅反映国内企业和居民个人更加倾向于选择人民币资产,而且也增强了国际金融界对中国经济发展的信心,为国内企业对外融资提供了方便。

从1995年到2000年我们先后制定和实施了《中国人民银行法》《商业银行法》《票据法》《保险法》和《证券法》等五部法律,这是金融体制改革的成果,是金融法治建设的重要成就。

---

[1] 《金融时报》1999年4月14日。
[2] 《金融时报》2002年2月3日。

第五节 世纪之交的形势对银行金融业法制建设的要求与成就(2001—2010)

一、世纪之交银行金融业面临的形势

2001年3月15日,第九届全国人民代表大会第四次会议批准了"中华人民共和国国民经济和社会发展第十个五年计划纲要"(以下简称"十五计划纲要"),这是按照2000年10月11日,党的十五届五中全会通过的《中共中央关于制定国民经济和社会发展第十个五年计划的建议》(以下简称"十五建议")而编制的。"十五计划纲要"指出:"今后五到十年,是我国经济和社会发展的重要时期,是进行经济结构战略性调整的重要时期,也是完善社会主义市场经济体制和扩大对外开放的重要时期。"在这个重要的时期里,党中央、全国人大、国务院提出了坚持把发展作为主题,坚持以经济建设为中心不动摇,坚持把结构调整作为主线,坚持把改革开放和科技进步作为动力,坚持把提高人民生活水平作为根本出发点,并坚持经济和社会协调发展。并且把"依法治国,建设社会主义法治国家",作为社会主义现代化的重要目标,再一次规定了下来。在这种形势和任务面前,按照2002年2月党中央、国务院召开的第二次全国金融工作会议精神,"十五"期间金融工作的任务是:深化金融改革,进一步完善金融机构体系、市场体系、监管体系和调控体系。努力实现金融监管和调控高效有力,金融企业、金融机制健全,资产质量和金融效益显著改善,金融市场秩序根本好转,金融服务水平和金融队伍素质明显提高,全面增强我国金融企业竞争能力。按照现代银行制度对国有独资商业银行进行综合改革。完善和发挥政策性银行功能。发展保险业,拓展保险市场,改善保险企业的经营管理。强化金融监管,防范和化解金融风险,提高金融资产质量。保持国际收支基本平衡。完善以市场供求为基础的、有管理的浮动汇率制度。

尤其要以党的十六大的政治报告和党的十六届三中全会的决定所确定的全面建设小康社会的奋斗目标和完善社会主义市场经济体制所确立的科学发展观和加入WTO的要求为指导,安排今后的金融业的发展和金融法制建设的任务。

在这里关键是:要从金融在市场资源配置中起到核心作用、金融是调控宏观经济的重要"杠杆"、金融安全是国家经济安全的核心这些方面,提高对"金融是现代经济的核心"的认识。关键是实行"金融法治",只有实行"金融法治",才能从根本上保证金融安全。

二、"十一五"期间我国金融法制建设的主要任务

(1) 围绕中央银行的法律地位和职权,需要在实施《人民币管理条例》的基

础上制定《货币法》和运用货币政策工具的条件和程序等相关的法律法规;为规范金融宏观调控和维护金融稳定而需要制定《金融监控法》或《金融控股公司的规定》《金融机构破产条例》;为了规范中央银行的服务职能需要完善《票据法》和制定结算支付、清算程序、《银行卡管理条例》等方面的法律法规。

(2) 为规范政策性银行的法律地位和职权与保护投资者的合法权益,需要制定我国政策性银行方面的法律、法规。

(3) 为完善全国性商业银行和地方性商业银行方面的法律规范,在实施《储蓄存款条例》《贷款通则》的基础上分别制定《储蓄法》《信贷法》以及《外资银行法》《中外合资银行法》;为规范国有独资商业银行的股份制改造需要制定"金融公司法人治理结构""现代金融企业管理"等方面的法规,为完善我国《商业银行法》需要进行必要的修订以及制定相配套的其他法律、法规。

(4) 为规范农村信用社的经营行为和保护农村社员的合法权益,需制定《农村信用社法》和监管条例。加强与发展农村金融业及其立法。

(5) 要完善与《证券法》相配套的法律法规制度及其监管条例。

(6) 要完善与《保险法》相配套的保险市场和保险监管方面的法律、法规。

(7) 要尽快制定《投资基金法》和与之相配套的法律、法规。

(8) 要完善与《信托法》相配套的法规体系。

(9) 要制定非银行金融机构方面的法律、法规。如融资租赁法、财务公司法等。

(10) 为完善银行业、证券业、保险业的金融监管的分工与合作而需要制定共有共享性、交叉性联系的法规以及完善各自监管系统的法规。

银行金融法制建设除了上述的银行金融立法外,还包括银行金融部门的行政执法与守法,以及检察院、法院对金融案件的公正司法;全社会对银行金融法制观念、信用观念的树立,以及相关部门和社会对银行金融的法律监督。这种全面系统的银行金融法制建设,是在国家政治民主化、社会法制化的大背景下,在银行金融体制改革、业务实践过程中形成、发展和完备起来的,是同金融改革、业务发展同步进行的。与此同时,还要加强对金融立法执法过程中相关法律关系的性质和定位的法律问题,例如中央银行再贷款的法律关系、基金法律关系、证券法律关系的性质和定位的研究和讨论。只有通过调查研究和讨论才能统一认识,以促进与推动金融立法的发展,这称作以金融法的前沿理论研究为导向,以金融法的实践与应用为本,以实现金融法治为目标的方法思路。

按照国民经济和社会发展十一五规划(2006—2010),这是全面建设小康社会关键时期的重要规划,在这个规划中明确规定了全面贯彻落实科学发展观、建设社会主义新农村、推进产业结构优化升级、促进区域协调发展、建设资源节约型及环境友好型社会、深化体制改革和提高对外开放水平、深入实施科教兴国战略和人才强国战略、推进社会主义和谐社会建设等八项任务。在加快金融体制改革方面,推进国有金融企业的股份制改造,深化政策性银行改革,稳步发展多种所有制的中小金融企业。完善金融机构的公司治理结构,加强内控机制建设,提高金融企业的资产质量、盈利能力和服务水平。稳步推进金融业综合经营试点。积极发展股票、债券等资本市场,加强基础性制度建设,建立多层次市场体系,完善市场功能,提高直接融资比重。稳步发展货币市场、保险市场和期货市场。健全金融市场的登记、托管、交易、清算系统。完善金融监管体制,强化资本充足率约束,防范和化解金融风险。规范金融机构市场退出机制,建立相应的存款保险、投资者保护和保险保障制度。稳步推进利率市场化改革,完善有管理的浮动汇率制度,逐步实现人民币资本项目可兑换。维护金融稳定和金融安全。

三、在执行"十一五"规划过程中,重大金融事件和法治建设的成就

"十一五"是我国特色社会主义法律体系基本形成的重要时期,也是我国金融法体系建设取得显著成就的重要阶段。五年来"一行三会"以加强金融宏观调控、提高金融服务效率、维护金融稳定、优化生态金融环境为目标,以健全金融法治为基础与保障。"十一五"期间国家颁布实施和修订的涉及金融领域的法律、行政法规共 20 余部,包括《物权法》《破产法》《反洗钱法》,以及《外汇管理条例》《证券公司监督管理条例》《证券公司风险处置条例》等。通过积极参与制定《反洗钱法》及四部反洗钱配套行政法规以及《刑法修正案》(六)(七),不仅建立了我国反洗钱工作的基本法律制度框架,还进一步完善了打击金融犯罪的刑事法律制度,强化了对金融机构及其工作人员违法行为的刑事责任约束,为维护金融秩序、打击金融犯罪提供了有力的法律保证。通过积极参与对《物权法》的制定和对《破产法》《保险法》的修订,完善动产担保制度、建立浮动抵押制度和抵押质押统一公示系统,对解决企业尤其是中小企业因缺乏担保而难以获得融资的问题具有重要的作用。而通过《保险法》与《企业破产法》的修订,密切了保险业与银行业的关系,突出表现在:进一步规定了保险、资金运用的原则和投入银行存款资金、买卖政府债券、金融债券的运用形式;强调保监会应坚持依照公开、公正的原则对保险业实施监督,并把保护保险人、被保险人和受益人的合法权益放在突出的位置,有力地维护了社会秩序和公共利益,维护了保险市场秩序的发展。

在这期间特别值得提出的是 2007 年美国爆发了次贷经济危机,2008 年危机席卷全球,形成了国际金融危机,由于美国是我国对外贸易第二大伙伴国,我国的外汇结算以美元为基础,是美国国债最大持有国,因此从美国爆发的次贷危机以及所引起的全球金融危机,对我国的社会经济生活产生了重大的冲击和影响。为了应对这次突如其来的、时间比较长的金融危机,党中央和国务院采取了

果断的措施,实施了"保增长、保民生、保稳定"的一系列宏观调控措施,包括"国十条"①"金融国九条"②等,实行了积极的财政政策和适度宽松的货币政策。所谓积极的财政政策,一个是扩大支出,另一个是结构性的减税,把握这两个方面就可以理解当前的积极财政政策的基本要领。扩大支出也好,减税也罢,仅仅是手段,必须进一步深化对当前积极财政政策的理解,把握积极财政政策的基本要领。所谓适度宽松的货币政策,就是以宽松为主,但是货币政策宽松不能过度放宽。也就是存贷款的基准利率下调,货币信贷稳定增长;存款准备金下调,信贷明显加快;货币政策和债券市场继续提速;股票市场运行改观;人民币汇率的灵活性增强。银行和资本市场共同为"三保"提供资金支撑。特别值得提出的是,此次国际金融危机引起了我国涉外金融关系的新变化,扩大了我国在双边货币互换协议方面的新发展(如与韩国、马来西亚、白俄罗斯、印度尼西亚等不少国家签署了不同数量的双边本币互换协议),并加强了多边区域的金融协作。

五年来"一行三会"在加大履行职责方面的金融法治建设上也取得了较好的成果,例如中国人民银行在致力于推动金融市场改革发展和创新方面,通过在银行间债券市场推出短期融资券和超短期融资券、中期票据、中小企业集合票据等,推动债券市场发展,优化企业直接融资与间接融资比例,通过林权抵押贷款创新、土地流转经营权质押贷款试点等,推动金融产品创新,人民银行始终坚持市场化理念,切实转变市场管理方式,例如2008年发布的《银行间债券市场非金融企业债务融资工具管理办法》,就是银行间债券市场管理方面重要转变的标志。为顺应国内外市场和企业的要求,经国务院批准,中国人民银行于2009年会同有关部门制定并公布了《跨境贸易人民币结算试点管理办法》,稳步推进跨境贸易和投资便利化。又例如,近年来各类电子支付机构特别是非金融支付服务机构快速发展,以及支持结算资金规模迅速扩大,但也积聚了潜在的、系统性的金融风险,迫切需要加以监管和规范。为此,中国人民银行等有关部门制定了《电子商业票业务管理办法》《非金融机构支付服务管理办法》《非金融机构支付服务管理办法实施细则》,保障和促进了非金融机构支付服务市场的规范有序发展,为防范和化解金融支付风险提供了支撑。中国人民银行还不遗余力地推动征信法律制度建设。中国人民银行与有关部门共同研究和出台了《征信业管理条例》,并完善了《个人信用信息基础数据库管理暂行办法》,提高了借贷交易双方的信息透明度和对称度,改善了金融机构的信用风险管理。尤其是2009—2010年国际金融风暴对我国经济造成了严重影响的形势下,"一行三会"积极主

---

① 2008年11月国务院召开常委会,研究部署进一步扩大内需、促进经济平稳较快增长的十大措施,简称"国十条"。

② 2008年12月国务院召开常委会,研究部署当前金融促进经济发展的九条措施,简称"金融国九条"。

动地在金融法治建设方面进行了多部法律文件的修订,如《住房公积金管理条例》的修订、《现金管理暂行条例》的修订等。

所有这些都对逐步健全和完善银行金融法律制度、推动金融改革和创新、抵御国际金融危机的冲击提供了有力的支撑,保障了国民经济朝着稳定的方向发展。

第六节 党的十七大特别是十八大以来银行金融业及其法治的创新发展(2011—2025)

一、党的十七大和十二五规划时期对金融业和金融法治的要求和成就

(1)党的十七大提出了深化金融改革、完善宏观调控的总要求,具体包括发展各类金融市场,形成多种所有制和多种经营形式、结构合理、功能完善的现代管理体系。提高银行业、证券业、保险业的竞争能力。优化资本市场结构、多渠道提高直接融资比重。加强金融监管,防范和化解金融风险。完善人民币汇率形成机制,逐步实现资本项目可兑换,推进依法行政,依法治理金融。同时十二五规划也规定了深化金融机构改革、加快多层次金融市场体系建议、完善金融调控机制和加强金融监管的四大任务。

(2)事实证明,近年来我国的金融改革、金融业和金融法制等各项目取得了显著的成就,主要表现在以下几个方面。

第一,全面深化金融改革取得重大突破、金融作为现代经济的核心地位已经形成。人民币加入国际货币基金组织特别提款权(SDR)货币篮子,推动人民币成为国际储备货币迈出重大步伐。金融机构(金融组织)存款利率浮动上限全面开放,利率市场化改革取得关键进展;进一步完善人民币汇率形成机制,市场在汇率形成中的决定性作用进一步增强;存款保险制度正式实施,全国约二十万亿元储蓄存款有了法律保障,使我国金融安全网走向完善;金融机构改革,加快推进四大国有商业银行的股份制改造基本完成,政策性银行向开放性银行转变;丝路基金运行取得良好开局,项目投资顺利开展;互联网金融的监管原则和分工逐步明确;互联网金融健康发展;深入推进上海、天津等自由贸易区域金融改革,形成了一批可复制、可推广的经验。

第二,国家货币政策成功实施,金融宏观调控的针对性和有效性进一步增强。根据中央对国内外形势的判断,从中国的实际情况出发,从2010年以来实施了稳健的货币政策。稳健的货币政策是使本国币值稳定的国家经济政策与宏观经济调控的重要手段。使本国币值稳定的根本是货币发行量与国家有效经济总量等比增长,它包括利率稳定、汇率稳定、进出口持平以及适应各国情况的投融资金融体制。稳健的货币政策不是稳步通胀政策，也不是利率、汇率倒挂的政策和出口逆差的政策。在操作下它表现为根据经济变化的征兆来调整政策取向，当经济出现衰退迹象时，货币政策偏向扩张；当经济出现过热时，货币政策偏向紧缩。最终反映到物价上，就是保持物价的基本稳定。

第三，金融支持稳增长、转方式、调结构、惠民生力度加大。包括发挥信贷导向作用，促进经济结构调整，引导金融机构做好化解产能严重过剩矛盾的金融服务；加大对战略性新兴产业、环境保护、养老、医疗、内贸流通等领域的支持力度；做好地方政府性债务管理、京津冀协同发展的金融配套服务；进一步推动信贷资产证券化。稳妥推进农村"两权"抵押贷款试点。继续开展涉农和小微企业信贷政策导向效果评估。支持大众创业、万众创新，完善国家助学贷款政策，加大金融精准扶贫力度。

第四，人民币国际化和资本项目可兑换持续推进，外汇管理方式加快转变，我国金融业在国际和区域中的影响力全面扩大。完善人民币跨境使用政策框架。推进央行间的货币金融合作，与33家境外央行或货币当局签署货币互换协议。在全球20个国家(地区)建立了人民币清算安排。提高个人和金融市场人民币可兑换程度，稳步推进人民币合格境内机构投资者(RODII)制度，实现内地与香港"基金互认"，推动境外央行类机构进入银行间债券市场和外汇市场。首次发布《人民币国际化报告》。积极推动贸易投资便利化，取消直接投资行政审批、外汇年检和境外再投资备案，实现直接投资完全可兑换。稳妥推进外债宏观审慎监管试点。坚持稳健投资，确保外汇报储备资产安全性、流动性和保值增值。加强外汇形势监测，预警防范跨境资本流动风险。推动金砖国家签署应急储备安排中央银行间协议。配合"一带一路"倡议，成功加入欧洲复兴开发银行，成立中拉、中非等产能合作基金。

第五，我国金融产品、金融产业、金融市场，在规范中发展，在发展中创新和完善。

第六，金融监管和金融法律法规建设得到加强，金融安全和金融服务得到提升。金融监管一直是党和国家十分关心的问题，多年来我们按照国际案例实行了巴塞尔审慎的经营原则，吸收美国爆发次贷金融危机的教训，扎实推进维护金融稳定工作。组织开展金融风险排查，加强重点领域风险监测分析。开展金融机构现场评估，组织商业银行等金融机构完成年度金融稳定压力测试。深度参与国际金融监管标准与规则的制定和落实。中国人民银行、银保监会、证监会参与制定了大量的法律、法规和规章，推动修改和制定了相关金融法律法规，金融统计和金融研究取得新成就。人民币跨境支付系统(一期)投产运行，第二代支付系统推广至全国。

二、党的十八大以后金融业和金融法治的创新发展

党的十八大报告和十八届三中全会《关于全面深化改革若干重大问题的决定》中一直把金融体制改革和财税体制改革作为同等重要的事情。强调通过深化改革,建立促进宏观经济稳定支持实体经济发展的现代金融体系,加快发展多层次的资本市场,逐步推进利率和汇率市场化改革,逐步实现人民币资本项目可兑换,加快发展民营金融机构。完善金融监管,推进金融创新,提高银行业、证券业、保险业的竞争力,维护金融稳定。2016年3月16日习近平总书记在《中共中央关于制定国民经济和社会发展第十三个五年规划的建议》的说明中又对金融问题做了以下几个方面的重要阐述和部署,其中包括:(1)加强统筹协调,改革完善,适应现代金融市场发展特点的金融监管框架。(2)强调了金融的重要性和分析了现代金融的特点,如金融机构种类多、综合经营规模大、产品结构复杂、交易频率高、跨境流动快、影响范围广等。(3)指出国际金融危机爆发后主要国家均加大了金融监管体系改革力度的情况和应对他们的经验进行研究借鉴。(4)对近年来我国金融业的发展进行了充分肯定,同时也提出了对现行的分业监管体制带来的重大挑战,并以近来频繁显露的局部风险,特别是近期资本市场的剧烈波动说明现行监管框架存在着不适应我国金融业发展的体制性矛盾,再次提醒我们必须通过改革保障金融安全,有效防范系统性风险等。2017年7月16日,习近平总书记在第五次全国金融工作会议上强调指出:金融是国家重要的核心竞争力,金融安全是国家安全的重要组成部分,金融制度是经济社会发展中的重要的基础性制度。必须加强党对金融工作的领导,坚持稳中求进的工作总基调,遵循金融发展规律,紧紧围绕服务实体经济,防控金融风险,深化金融改革三项任务,把握和坚持金融工作的四项原则,即:回归本源,服从服务于经济社会发展;优化结构完善金融市场、金融机构、金融产品体系;强化监管,提高防范化解金融风险能力;市场导向,发挥市场在金融资源配置中的决定性作用。习近平总书记还特别提出了要加强社会诚信体系建设,健全符合我国国情的金融法律体系。

2017年10月18日中国共产党第十九次代表大会在北京召开,习近平同志代表第十八届中央委员会作了题为《决胜全面建成小康社会,夺取新时代中国特色社会主义伟大胜利》的报告。报告指出今后要深化金融体制改革,增强金融服务实体经济能力,提高直接融资比重。促进多层次资本市场健康发展。健全货币政策和宏观审慎双支柱调控框架,深化利率和汇率市场化改革,健全金融监管体系,守住不发生系统性金融风险的底线,十九大精神和习近平总书记的重要报告是我们金融业和金融法治战线长期坚持的根本指导和方针,是理论和实际相结合的高等教育活教材和经典教科书。

思考题

1. 中华人民共和国成立至今金融法制建设的五个阶段是什么？
2. 1994年以来金融体制改革的三大目标是什么？
3. 何谓现代金融？现代金融的基本特征有哪些？
4. 1994年以来，我国金融法制建设有哪些重大发展？今后我国还要制定哪些金融法律、法规？
5. 党的十六届三中全会的决定规定了我国金融体制深化改革的哪些任务？
6. 党的十七大关于推进金融体制改革的规定和意义是什么？
7. 党的十八大以后我国金融体制改革的成就与特征是什么？
8. "十三五规划纲要"关于加快金融体制改革和党的十九大"关于深化金融体制改革"的基本框架、理论政策与法治保障研究有哪些？

第五章 金融法学体系和学习研究金融法学的目的、意义和方法

第一节 金融法学体系

一、金融法体系

金融法在我国社会主义体系中可以单独作为一个亚部门，即仅次于民法、经济法、社会法、刑法等部门法的一个重大分支或部门。金融法学作为一个学科，也是仅次于民法学、经济法学、社会法学、刑法学的一个亚法律学科。教育部制定的"法学精品教材"编写目录中已经把"金融法学"与民法学、经济法学、社会法学、刑法学等"法学精品教材"并列起来。而国际和国内金融业、金融规则（法规）的发展与作用已经远远超越了它现在的法律与法学位阶。

金融法体系的基本内容由六部分组成：

（1）以中央银行法为主导，以商业银行法和政策性银行法为主体，以及各种非银行金融机构法为辅的金融法组织体系。

（2）以人民币统一的货币市场为主体，兼有《中华人民共和国外汇管理条例》《中华人民共和国金银管理条例》，以及《中华人民共和国证券法》《中华人民共和国证券投资基金法》《中华人民共和国保险法》在内的金融市场法律体系。

（3）以股票债券等为主体的金融产品体系和以利率、汇率等为主体的金融工具体系及其立法。

（4）以《中华人民共和国票据法》为主体，兼有结算、支付制度，信用证制度，担保法制度等在内的金融支付法律体系。

（5）以中华人民共和国银行保险监督管理委员会及其法律法规为主体的综合监管法律体系，以及证券法中有关证券监管机构的组织职责和权限的规定。

（6）以《金融违法行为处罚办法》《中国人民银行行政处罚程序规定》《中国人民银行行政复议办法》《行政执法机关移送涉嫌犯罪案件的规定》《中华人民共和国刑法》中关于金融犯罪的规定等为内容的金融司法保障体系。

二、金融法学体系

所谓金融法学一般来说是指研究各个时代的金融法律规范及其所确定的金

融法律关系和相关关系为对象的科学。我国社会主义金融法学着重研究中华人民共和国成立以来所确立的金融法律规范,特别是改革开放以来我国特色社会主义体制下的银行金融立法及银行金融法律关系,以及与此相关的其他经济分配关系、涉外金融关系和行政管理关系。

金融法学体系,是指把金融立法、执法、守法和司法,按照学术研究的轨迹和成果,依教学的规律和逻辑组合而成的教学有机整体。金融法律体系决定了金融法学律体系的基本框架和内容,而金融法学体系又比金融法律体系更具有理论性、知识性、系统性和研究性。它是对金融立法体系的理性浓缩和制度性的提高,它可以为金融法体系提供理论支撑和发现制度不足,促进金融法体系的发展和完善。还必须指出,金融法和金融法学在我国特色社会主义法律体系和法学体系中已经逐渐形成了一个独立的法律部门和法律学科。

第二节 学习金融法学的目的、意义和方法

一、学习金融法学的目的

学习研究要以毛泽东思想、邓小平理论、江泽民"三个代表"重要思想和胡锦涛同志科学发展观、习近平新时代中国特色社会主义思想为指导,学习研究和把握金融法的基本概念、基本原理、基本知识,尤其是金融机构、金融市场、金融工具、金融管理的基本理论和实践,提高对金融工作的重要性认识,高度重视和积极支持金融工作。全面提高金融从业人员特别是各级领导干部的法律素质,全面提高金融行业法制化管理水平。要坚持法治金融,从严治理金融。要在全社会普及金融和金融法知识。要学会运用金融知识和金融手段,促进经济发展、科学技术进步、文化教育事业繁荣。防范金融风险、保护金融安全、达到金融法治。熟悉金融政策,金融法律、法规和金融业务,深入研究发展社会主义市场经济条件下金融工作规律和特点,实现金融管理由注重依靠行政手段向注重运用法律手段的转变,为金融业依法治理奠定坚实的基础,更加自觉地贯彻执行中央关于宏观经济管理的各项方针政策,坚定中国特色社会主义道路自信、理论自信、制度自信、文化自信,学习金融法学身在其中。

二、学习金融法学的意义

金融是现代经济的核心,金融市场是市场体系的动脉,是市场配置关系的主要形式。金融在经济工作全局中具有重要的作用。习近平总书记在党的十九大报告中指出,一方面庄严宣示决胜全面建成小康社会,另一方面高瞻远瞩规划两个100年的奋斗目标,同时进行金融体制改革和金融工作的全面部署,我们只有

站在党的十九大精神的高度,把金融法的学习和十九大精神结合起来,才能深刻理解学习金融法学的重要意义。更关键的是党员干部尤其是领导干部要努力学习金融知识,增强金融法律意识,切实按市场经济规律处理金融问题,排除在金融活动中的各种不正当的干预。同时,还需要在全社会宣传普及金融知识,树立金融法律意识,增强公民和投资者的风险防范意识和合法投资观念,增强维护金融秩序的自觉性,只有通过学习研究金融法,才能达到金融法律的要求,才能守住不发生系统性金融风险的底线。

具体地说学习金融法的意义有以下四点:

第一,学习和研究金融法是加强金融立法、健全金融法治、促进经济安全、加强司法保障的需要。

第二,学习和研究金融法是发挥金融的宏观调控作用,实现金融职能的需要。

第三,学习和研究金融法是适应金融体制改革、服务实体经济发展、促进社会稳定、保障人民福祉的需要。

第四,学习和研究金融法是培养和造就一大批金融与金融法律专门人才的需要。

三、学习研究金融法学的方法

(一)要掌握金融法的基本理论和知识

金融法的基本理论和知识是多方面的,在学习中要着重抓好四个方面:(1)把握重点,突出"六个体系"。金融法的内容很多也比较复杂,并且尚在发展变化之中,但只要把握六个体系,即金融组织体系、金融市场体系、金融工具(产品)体系、金融支付体系、金融监管体系和司法保障体系,就可以把整个金融立法和金融法学分门别类地统帅起来。(2)把握金融法理论、金融法制度、金融法操作技术。对金融法理论的学习和研究要着重从是什么、为什么方面进行思考,从战略的高度进行学习和研究。对金融法制度着重掌握上述"六个体系"的基本制度。对金融法的操作技术着重掌握它的应用和解决具体问题的方法和程序。(3)把经济金融、绿色金融、普惠金融、科技金融、改革金融、法律金融有机结合起来,正确处理这之间的关系。所谓经济金融,是指要把握"金融是现代经济的核心",金融历来跟经济发展战略、经济方针政策、经济兴衰紧密联系在一起。所谓改革金融,是指金融总是跟国家的国民经济发展、社会进步、改革开放、扩大内需、改善民生、共享发展紧密联系在一起。所谓法律金融,是指金融历来跟国家的经济安全、防范风险金融运行规则和制度、金融法律保障联系在一起。因此,要树立金融经济观、金融改革观、金融法律观、金融安全观、金融民生观、金融共享观。(4)把握国内金融、国外金融与国际金融之间的关系。金融作为资金的融通,历来是跟地区贸易经济、国外贸易经济、国际贸易经济紧密联系在一起的,特别是在经济全球化和技术革命迅速发展的现代,金融更具有国际性,金融法更具有普遍的意义,要把握主权国家与地区金融、国际金融组织之间的法律关系,国家金融安全与世界金融风波的关系,要树立现代金融意识和金融风险意识。

(二)要坚持理论联系实际的原则,注意运用常见的三种研究方法

坚持理论联系实际必须做到三个紧密结合。一是要把金融法的学习研究和经济改革与金融改革、整顿规范市场经济秩序与金融秩序、保障与促进西部开发、区域经济开发、科技进步紧密结合起来。二是要把金融法的学习与研究和经济全球化、维护社会稳定等重大实践、热点问题紧密结合起来。三是把金融法的学习研究和日常的金融业务、职业道德建设紧密结合起来,以依法监管、依法经营为重点,以法制化管理为目标,积极推进金融依法治理的进程。

注意运用演绎法、实证法、归纳法相结合的学习与研究方法。

演绎法体现事务发展变化的客观过程,实证法用事实说话,归纳法总结提升,学会了同时运用这三种方法就可以经常实现思想的飞跃。

(三)按照知识的积累、发展的规律进行学习和研究

注意阅读吸收,体验批判与创新发展。建议读者首先读导言(或序言),因为它往往记载了全书的中心思想和主张。其次看目录(或提纲)"纲举目张",因为它体现了全书的知识结构和思路。复次看篇、章、节的具体内容,因为它表达了全书的理论观点、制度体系和操作应用的各个知识层面。同时建议,阅读以一书为主,把它弄懂、吃透,变成自己心中的知识实践或基础。然后略看其他教科书和专著,比较地吸收和充实一些新的知识和思想。再次,"纸上得来终觉浅,绝知此事要躬行"。要到银行业、证券业、保险业的实务中去调查研究,深入了解掌握其业务过程,只靠书本上或网络上的那些知识远远不够。最后,要原原本本地阅读颁布的金融法律、法规和规章,金融法学课本主要起着启发、概括、分析和解读的作用,实际应用既要靠理论法治思维,也要靠法律、法规条文的规定。

思考题

1. 金融法体系由哪几部分组成?
2. 学习研究金融法的意义在哪里?
3. 怎样学习研究金融法学?

第二编　金融组织宏观调控体系及其业务的法律规定

第六章　中国人民银行法（上）

第一节　中央银行和中央银行法的基本概念

中央银行是制定与执行货币政策，以及对经营性金融机构进行监督与管理的专门组织，中央银行是一个国家银行体系乃至整个金融体系的核心机构。它最早产生于资本主义初级阶段，盛行于资本主义垄断阶段，是政治和金融相结合的产物。

各国和地区的中央银行制度大致可分为四种类型：(1) 单一中央银行制。单一中央银行制又可以分为一元式中央银行制和二元式中央银行制。一元式中央银行制是指一国内只建立一家统一的中央银行，机构设置一般采取总分行制。目前世界上绝大部分国家包括我国都采用这种体制。二元式中央银行制是指在一国建立中央和地方两级中央银行机构，中央级机构是最高权力或管理机构，但地方级机构也有一定的独立权力。典型国家有美国、德国等。(2) 复合中央银行制。复合中央银行制是指一个国家没有设专司中央银行职能的银行，而是由一家大银行集中央银行职能和一般存款货币银行经营职能于一身的银行体制。这种复合制度主要存在于东欧国家。我国 1983 年以前也实行这种银行制度。(3) 跨国中央银行制。跨国中央银行制是指由参加某一货币联盟的所有成员国联合组成的中央银行制度。1998 年 7 月欧洲中央银行成立，是欧洲一体化进程逐步深入的产物。(4) 准中央银行制。准中央银行制是指有些国家或地区只设置类似中央银行的机构，或由政府授权某个商业银行，行使部分中央银行职能的体制。新加坡、中国香港属于这种体制。

中央银行的基本特征是：(1) 它是全国唯一的发行银行，货币发行具有独占或垄断性。(2) 它是国家银行，经营国库和公债收入，统一管理国际收支。(3) 它是银行的银行，收存专业(或综合性)银行存款准备金，办理重贴现、转抵押。中央银行以国家货币政策制定者和执行者的身份，通过金融手段，对全国的货币、信用活动进行有目的、有目标的调节和控制,进而影响国家宏观经济,促进整个国民经济健康发展,实现其预期的货币政策目标。

在我国,中国人民银行是国家的中央银行,履行中央银行的各项职能。

为了确保中央银行的地位和作用,世界各国都制定了中央银行法。所谓中央银行法,就是按照国家意志,规定有关调整中央银行的组织活动及其关系的法律规范。中央银行法的结构大致包括总则或引言、资本或资本金额(投资)、组织领导制度、业务活动范围和方式、发行钞票和银行券或兑换券、银行内部的预决算财务制度、对外参加国际金融活动的权利、纪律或罚则等。

第二节 中国人民银行的法律地位和职责

一、中国人民银行的法律地位

《中国人民银行法》第1条规定:"为了确立中国人民银行的地位,明确其职责,保证国家货币政策的正确制定和执行,建立和完善中央银行宏观调控体系,维护金融稳定,制定本法。"《中国人民银行法》第2条第1款规定:"中国人民银行是中华人民共和国的中央银行。"《中国人民银行法》第2条第2款规定:"中国人民银行在国务院领导下,制定和执行货币政策,防范和化解金融风险,维护金融稳定。"《中国人民银行法》第7条规定:"中国人民银行在国务院领导下依法独立执行货币政策,履行职责,开展业务,不受地方政府、各级政府部门、社会团体和个人的干涉。"这是第一次以法律的形式规定了中国人民银行与中央政府、地方政府和其他行政机关、社会团体和个人的关系。这些规定确立了中国人民银行是我国的中央银行。

为了确保中央银行法律地位的实现,除了中国人民银行自身必须在组织机构、业务活动以及内部管理等方面严格自律以外,还必须在组织上保持应有的独立性。这就要求地方政府、各级政府部门、社会团体和个人,不得干涉中国人民银行行使中央银行的职能。按照《中国人民银行法》的规定,任何地方政府、各级政府部门、社会团体和个人强令中国人民银行及其工作人员违反"中国人民银行不得向地方政府、各级政府部门提供贷款,不得向非银行金融机构以及其他单位和个人提供贷款","不得向任何单位和个人提供担保"的规定的,对负有直接责任的主管人员和其他直接责任人员,依法给予行政处分;构成犯罪的,依法追究刑事责任;造成损失的,应当承担部分或者全部赔偿责任。

二、中国人民银行的职责

职责是特定组织与个人必须履行的工作任务及承担的工作责任。按照《中国人民银行法》的规定,中国人民银行履行下列职责:(1)发布与履行与其职责有关的命令和规章;(2)依法制定和执行货币政策;(3)发行人民币,管理人民币流通;(4)监督管理银行间同业拆借市场和银行间债券市场;(5)实施外汇管理,监督管理银行间外汇市场;(6)监督管理黄金市场;(7)持有、管理、经营国家外汇储备、黄金储备;(8)经理国库;(9)维护支付、清算系统的正常运行;(10)指导、部署金融业反洗钱工作,负责反洗钱的资金监测;(11)负责金融业的统计、调查、分析和预测;(12)作为国家的中央银行,从事有关的国际金融活动;(13)国务院规定的其他职责。

第三节 中国人民银行的组织机构

根据中央银行的法律地位,为了履行中央银行的职责,确立和加强中央银行的组织机构,是一个十分重要的问题。按照我国的实际状况,参照国际社会中央银行组织建设的管理经验,我国《中国人民银行法》第二章对中国人民银行的组织机构作了如下规定:

(1)实行中央银行行长负责制。中国人民银行设行长1人,副行长若干人。行长领导中国人民银行的工作,副行长协助行长工作。

(2)中央银行行长的人选。《中国人民银行法》第10条第2款规定:中国人民银行行长的人选,根据国务院总理的提名,由全国人民代表大会决定;全国人民代表大会闭会期间,由全国人民代表大会常务委员会决定,由中华人民共和国主席任免。中国人民银行副行长由国务院总理任免。

(3)关于分支机构的规定。为了确保中国人民银行的法律地位和切实履行中国人民银行职责的需要,中国人民银行设立分支机构,其性质属于中央银行派出机构。中国人民银行对分支机构实行集中统一的领导和管理,中国人民银行的分支机构根据中国人民银行的授权,负责本辖区的金融监督管理,承办有关业务。

(4)关于设立货币政策委员会。《中国人民银行法》第12条规定:中国人民银行设立货币政策委员会。货币政策委员会的职责、组成和工作程序,由国务院规定,报全国人民代表大会常务委员会备案。中国人民银行货币政策委员会应当在国家宏观调控、货币政策制定和调整中发挥重要作用。

(5)中国人民银行根据职责需要设立若干办事机构,如设立货币政策司、金融市场司、调查统计司、支付结算司等。

(6)中国人民银行正副行长和其他工作人员的守则。

中国人民银行的行长、副行长及其他工作人员应当恪尽职守,不得滥用职权、徇私舞弊,不得在任何金融机构、企业、基金会兼职。中国人民银行的工作人员贪污受贿、徇私舞弊、滥用职权、玩忽职守,构成犯罪的,依法追究刑事责任;尚不构成犯罪的,依法给予行政处分。

中国人民银行的行长、副行长及其他工作人员,应当依法保守国家秘密,并有责任为其监督管理的金融机构及有关当事人保守秘密。中国人民银行的工作人员泄露国家秘密或者所知悉的商业秘密,构成犯罪的,依法追究刑事责任;尚不构成犯罪的,依法给予行政处分。

《中国人民银行法》这样规定的目的是:保证中央银行更好地履行自己的职责;保证商业银行和非金融机构经营管理的自主权;体现商业金融与政策金融相分离。这也是符合国际通行的做法。

第四节 中国人民银行实行独立预算的财务会计制度

中国人民银行实行独立预算的财务会计制度。中国人民银行的预算经国务院财政部门审核后,纳入中央预算,接受国务院财政部门的预算执行监督。

中国人民银行每一会计年度的收入减除该年度的支出,并按照国务院财政部核定的比例提取总准备金后的净利润,全部上缴中央财政,中国人民银行的亏损由中央财政拨款弥补。

中国人民银行的财务收支和会计事务,应当执行法律、行政法规和国家统一的财务会计制度,接受国务院审计机关和财政部门依法分别进行的审计和监督。

实行这一财务预算管理制度,改变了先前人民银行总行和各分支机构的利润留成制度,其好处是使中央银行更加集中精力依法执行国家货币政策,进行金融宏观调控。

中国人民银行应当于每一会计年度结束后的3个月内,编制资产负债表、损益表和相关的财务会计报表,并编制年度报告,按照国家有关规定予以公布。中国人民银行的会计年度自公历1月1日起至12月31日止。中国人民银行会计工作在整个金融调控体系中占有重要地位,一方面它是货币政策实施和传导过程的终端,另一方面,它又是连接货币政策实施主体和调控对象的纽带。中国人民银行会计工作这一地位与作用是在办理各项会计业务中得到体现的。

第五节 中国人民银行的法律责任

为强化中央银行的法律地位和职权,维护金融秩序,《中国人民银行法》分别规定了违反货币印刷发行流通管理的犯罪行为,违反金融监督管理应承担的行政、刑事责任,以及银行工作人员遵守银行纪律、廉洁自律的各项制度。

(1) 关于行员恪尽职守,不得滥用职权、徇私舞弊的规定。如《中国人民银行法》第 14 条规定:"中国人民银行的行长、副行长及其他工作人员应当恪尽职守,不得滥用职权、徇私舞弊,不得在任何金融机构、企业、基金会兼职。"《中国人民银行法》第 48 条规定:"中国人民银行有下列行为之一的,对负有直接责任的主管人员和其他直接责任人员,依法给予行政处分;构成犯罪的,依法追究刑事责任:(一)违反本法第三十条第一款的规定提供贷款的;(二)对单位和个人提供担保的;(三)擅自动用发行基金的。有前款所列行为之一,造成损失的,负有直接责任的主管人员和其他直接责任人员应当承担部分或者全部赔偿责任。"

(2) 关于行员保守秘密的规定。如《中国人民银行法》第 15 条规定:"中国人民银行的行长、副行长及其他工作人员,应当依法保守国家秘密,并有责任为与履行其职责有关的金融机构及当事人保守秘密。"《中国人民银行法》第 50 条规定:"中国人民银行的工作人员泄露国家秘密或者所知悉的商业秘密,构成犯罪的,依法追究刑事责任;尚不构成犯罪的,依法给予行政处分。"

(3) 关于行员遵守信贷、担保纪律的规定。如《中国人民银行法》第 30 条规定:"中国人民银行不得向地方政府、各级政府部门提供贷款,不得向非银行金融机构以及其他单位和个人提供贷款,但国务院决定中国人民银行可以向特定的非银行金融机构提供贷款的除外。中国人民银行不得向任何单位和个人提供担保。"第 49 条规定:"地方政府、各级政府部门、社会团体和个人强令中国人民银行及其工作人员违反本法第三十条的规定提供贷款或者担保的,对负有直接责任的主管人员和其他直接责任人员,依法给予行政处分;构成犯罪的,依法追究刑事责任;造成损失的,应当承担部分或者全部赔偿责任。"

(4) 对中国人民银行有权进行检查监督的金融机构以及其他单位和个人违反制度的相关金融行为,有关法律行政法规有处罚规定的,中国人民银行依照其规定给予处罚;有关法律、法规未作处罚规定的,由中国人民银行区别不同情形给予警告、没收违法所得等处分,构成犯罪的,依法追究刑事责任。

(5) 其他规定。《中国人民银行法》第 42 条规定:伪造、变造人民币,出售伪造、变造的人民币,或者明知是伪造、变造的人民币而运输,构成犯罪的,依法追究刑事责任;尚不构成犯罪的,由公安机关处十五日以下拘留、一万元以下罚款。第 43 条规定:购买伪造、变造的人民币或者明知是伪造、变造的人民币而持有、使用,构成犯罪的,依法追究刑事责任;尚不构成犯罪的,由公安机关处十五日以下拘留、一万元以下罚款。第 44 条规定:在宣传品、出版物或者其他商品上非法使用人民币图样的,中国人民银行应当责令改正,并销毁非法使用的人民币图样,没收违法所得,并处五万元以下罚款。第 45 条规定:印制、发售代币票券,以代替人民币在市场上流通的,中国人民银行应当责令停止违法行为,并处二十万元以下罚款。

思考题

1. 何谓中央银行和中央银行法？
2. 《中国人民银行法》对我国中央银行的法律地位是如何规定的？怎样确保中央银行法律地位的实现？
3. 《中国人民银行法》对我国中央银行的职责是怎样规定的？
4. 中国人民银行实行的是什么样的财务制度？
5. 中国人民银行的工作人员应遵守的基本守则有哪些？

第七章　中国人民银行法(下)

第一节　中国人民银行依法制定和执行货币政策的职能

一、我国货币政策目标的新界定

《中国人民银行法》第3条规定了我国货币政策的目标,对中国人民银行货币政策的目标进行了界定。众所周知,货币政策目标是所有主权国家的中央银行据以制定和执行货币政策的依据。货币政策是指中央银行为实现既定的目标,运用各种工具调节货币供应量来调节市场利率,通过市场利率的变化来影响民间的资本投资,最终影响宏观经济运行的各种防止措施。通常,货币政策目标可以有多层次的表述,如稳定物价、充分就业、促进经济增长、平衡国际收支等。实际上,各国在不同时期都是针对经济运行中最主要的问题来确定货币政策目标的。《中国人民银行法》第3条中关于货币政策目标的规定是"保持货币币值的稳定,并以此促进经济增长"。这改变了过去发展经济、稳定货币的双重目标制,与党中央《关于建立社会主义市场经济体制若干问题的决定》以及国务院《关于金融体制改革的决定》中关于货币政策目标的表述是完全一致的,也是符合我国实际情况的。国内外实践证明,只有币值稳定,才能促进国民经济持续、快速、健康发展。当今各国基本都把抑制通货膨胀、稳定货币作为货币政策的首要目标。中国作为发展中国家,要保持经济持续、快速、健康发展,也就必须要有一个基本稳定的货币环境和金融环境,就是说,通过保持币值稳定,以此促进经济的增长。货币政策的实施一方面需要国家产业政策、发展政策、投资政策,尤其是财政政策的密切配合;另一方面,中国人民银行制定和实施货币政策时,也应支持和配合国家宏观经济政策的实施。在任何情况下,必须要把抑制通货膨胀作为整个金融部门工作的首要任务。通常的措施规定是:(1)严格控制货币信贷总量,坚决贯彻国务院控制固定资产投资规模和消费基金过快增长的各项要求。(2)大力调整信贷结构,加大农业的信贷投入,增加农副产品供给。(3)强化金融监管,坚决制止和纠正超规模、绕规模放贷款,挪用流动资金搞固定资产贷款等违规违章行为,力争把抑制通货膨胀的各项措施真正落实到金融工作中。

二、我国货币政策机构的设立和实施货币政策的工具

根据《中国人民银行法》第 12 条关于设立货币政策委员会的规定,1997 年 4 月,国务院发布了《中国人民银行货币政策委员会条例》,并召开了货币政策委员会第一次会议,讨论通过了该委员会的议事制度。条例规定,货币政策委员会是中国人民银行制定货币政策的咨询议事机构,它的职责是:在综合分析宏观经济形势的基础上,依照国家的宏观经济调控目标,讨论有关货币政策的制定、调整,一定时期内货币政策的控制目标,货币政策工具的运用,有关货币政策的重要措施,货币政策与其他宏观经济政策的协调等货币政策事项,并提出建议。一般而言,调节总需求的货币政策的三大工具为法定准备金率、公开市场业务以及贴现政策。《中国人民银行法》对实施货币政策工具的规定是:中国人民银行为执行货币政策,可以运用下列货币政策工具:(1) 要求金融机构按照规定的比例交存存款准备金;(2) 确定中国人民银行的基准利率;(3) 为在中国人民银行开立账户的金融机构办理再贴现;(4) 向商业银行提供贷款(再贷款);(5) 在公开市场上买卖国债和其他政府债券及外汇;(6) 国务院确定的其他货币政策工具。中国人民银行为执行货币政策,运用如上所列货币政策工具时,可以规定具体的条件和程序。这个规定对于中国人民银行根据宏观经济形势,灵活运用法定存款准备金率、再贷款、基准利率、公开市场业务、再贴现等手段,逐步建立起以间接调控手段为主的宏观调控体系,适时调节货币供应量,将起到积极作用。

三、实行稳健货币政策的效应

货币政策是中央银行采用各种政策工具,调节货币供求以实现宏观经济调控目标的方针和政策的总称,是宏观经济政策的重要组成部分。1998 年国家开始实施稳健的货币政策。为了实行稳健的货币政策,要随时注意经济发展和宏观调控面临的一些新的不确定的因素;要密切关注和正确分析货币政策逐渐加大或减弱对经济发展的影响,一方面防止经济增速猛然下滑,另一方面警惕经济发展过热。一定要始终保持国民经济持续健康发展对货币政策的要求,以及与此相适应的货币政策对国民经济持续健康发展的支持,体现货币政策稳健的风格。为此要建立货币政策法律制度体系,建立良好的实施货币政策的法律环境和运行机制,保持金融的平稳运行。

第二节　中国人民银行法对宏观调控和维护金融稳定的职能

一、对金融监管的概念、目的、模式的回顾与金融监管模式的最后转变

（一）2003年《中国人民银行法》修改之前实行的金融监管

金融监管是国家金融监管当局运用国家行政管理权力对法律所规定的金融市场主体的金融活动及其在金融活动中形成的金融关系进行规范管理、维护金融市场法律秩序和金融业稳健运行的行政执法活动。

金融监管的法定目标是维护金融业合法、稳健运行和金融市场法律秩序。也就是说，实行金融监管的主要目的有两个：一是促进实现金融业的合法性，保证金融业在法制轨道上运行，实行依法经营，依法保护，反对金融业的一切非法行为，防止金融业的秩序混乱；二是促进实现金融业的稳健运行，保证金融业务的安全、稳妥、健康发展，防止金融业出现较大波动，避免出现银行信用危机、宏观调控失利等情况，同时应建立完善的预警机制，积极防范和应付全球性金融风险。这两个目的是相互联系、不可分割的，最终是为了振兴金融促进经济的良性循环。

随着国内市场经济的发展和完善，我国的金融监管制度也在不断地发展变化之中，从开始的银行业、证券业、保险业、信托业由中国人民银行综合监管，到逐步实行分业监管。1996年成立中国证券监督管理委员会（以下简称"证监会"），1998年成立中国保险监督管理委员会（以下简称"保监会"），2003年成立中国银行业监督管理委员会（以下简称"银监会"），这三驾马车并行的监管模式，标志着证监会、保监会、银监会分工明确、互相协调的金融分工监管体制正式建立。这种金融监管模式的好处是：对中央银行来说，中国人民银行的金融监管职能将逐步淡化，有利于中国人民银行集中精力制定和执行货币政策。同时和国际上一些发达国家的金融监管模式相接轨，既有利于切实加强监管力量，又能发挥金融各业的积极性和主动性。

在这个时期，我国金融市场正在经历从封闭到半封闭乃至完全开放的发展过程，国内的金融业面临全方位与国际金融市场及金融制度接轨的问题。而现有的金融监管制度主要是针对封闭型金融市场而建构的，已经不适合当时的发展形势。金融监管部门必须研究国际金融市场的特点和运作规律，借鉴国外先进的监管经验，将金融监管的范围适当扩大，站在全球金融一体化的高度看待问题和解决问题，最重要的是预防问题的产生。从国际看，在经济全球化和金融自由化的大背景下，世界金融机构变迁呈现出两大趋势：多层次资本市场的加速发展和银行市场化的勃兴。传统的分业监管和纵向规制能够发挥作用的前提是，银行业、证券业之间业务能够明确区分，各自推出的产品及服务之间泾渭分明。但自20世纪80年代全球金融的自由化、混业化及创新性以来，出现了金融业混业经营趋势，金融机构之间可以经营传统业务以外的其他产品。传统金融法的主体以业务领域进行划分，不适合金融综合化的发展趋势，必须统合立法和监管。金融结构的变迁推动着中国以商业银行为主体的传统金融体系向以资本市场为中心的现代金融体系演进，实现资本市场和商业银行功能互补的金融综合化经营，即银行业、证券业、保险业、信托业等金融业之间实现跨业经营的模式。综合化经营是中国金融业的大势，但综合化经营必然带来金融风险的传递和放大，需要统合立法和统合监管。

(二) 中国银行业监督管理委员会的建立标志着我国金融监管模式的转变

1. 中国银行业监督管理委员会的建立

1984年起，中国形成了中央银行、专业银行的二元银行体制。中国人民银行履行对银行业、证券业、保险业、信托业的综合监管。为了健全监管体制，第十届全国人大第一次会议批准设立中国银行业监督管理委员会，国务院在2003年4月向全国人大常委会提出了《国务院关于提请审议中国银行业监督管理委员会行使原由中国人民银行行使的监督管理职权的议案》，议案中明确指出：为了加强金融监管，确保金融机构安全、稳健、高效运行，提高防范和化解金融的能力，根据第十届全国人大会议的决定，国务院设立中国银监会，其基本职能与现行的《中国人民银行法》《商业银行法》规定的中国人民银行负责的金融机构的监督管理密不可分，由中国人民银行对金融机构的监管改为由中国银监会对金融机构进行监管。国务院提请审议的议案主要内容是：在修订有关法律之前，由国务院决定银监会行使《中国人民银行法》《商业银行法》和其他有关法律、行政法规规定原由中国人民银行行使的对银行、金融资产管理公司、信托投资公司及其他存款类金融机构的监督管理职权及相关职权。同时，国务院将抓紧拟订《中国人民银行法》和其他有关法律的修订草案，提请全国人民代表大会常务委员会审议。

2003年4月26日第十届全国人大常委会第二次会议审议通过了《关于中国银行业监督管理委员会履行原由中国人民银行履行的监督管理职责的决定》，其内容如下：(1) 由国务院依照现行《中国人民银行法》《商业银行法》和其他有关法律的规定，确立中国银监会履行原由中国人民银行履行的审批、监督管理银行、金融资产管理公司、信托投资公司及其他存款类金融机构等职责。(2) 由国务院抓紧提出修改《中国人民银行法》《商业银行法》以及其他有关法律的议案，提请全国人民代表大会常务委员会审议。该决定自公布之日起施行。按照决定的精神,中国银监会于4月28日正式挂牌,新设立的银监会将整合中国人民银行对银行、资产管理公司、信托投资公司及其他存款类金融机构的监督职能和中央金融工委的相关职能,与中国人民银行各司其职,互相促进,确保金融机构安全、稳健、高效运行。

2. 中国银监会的监管对象和主要职责

(1)监管对象。具体包括:对国有商业银行及资产管理公司等的监管;对股份制商业银行、城市商业银行的监管;对政策性银行、邮政储蓄机构以及外资银行等的监管;对非银行金融机构(证券、期货和保险类除外)的监管;对农村和城市存款类合作金融机构的监管等。

(2)主要职责。制定有关银行业金融机构监管的规章制度和办法;审批银行业金融机构及分支机构的设立、变更、终止及其业务范围;对银行业金融机构实行现场和非现场监管,依法对违法违规行为进行查处;审查银行业金融机构高级管理人员任职资格;负责统一编制全国银行数据、报表,并按照国家有关规定予以公布;会同有关部门提出存款类金融机构紧急风险处置的意见和建议;负责国有重点银行业金融机构监事会的日常管理工作;承办国务院交办的其他事项。

二、建立中国银监会对银行业实行专门监管的意义与对央行职能的部分解脱和准确定位

(一)有利于中国人民银行依法制定和执行货币政策职能的专业化水平和宏观调控作用得到提升

随着社会主义市场经济体制的建立和完善,中国人民银行作为中央银行在宏观调控体系中的作用日益突出,要提高货币政策制定的科学性和预见性,更好地发挥中央银行在宏观调控和防范金融风险中的作用,需要强化中央银行的独立性。成立中国银监会执行中国人民银行原有的金融监督职能的新格局,使中国人民银行能更专注于市场,能够根据市场的变化及时调整货币政策,保证货币政策的相对独立性。中国人民银行依法制定和执行货币政策职能同依法进行金融监管的职能这两种职能的相对分离,有利于开阔其视野使其从较多地关注商业银行扩大到更多地着眼于整个金融体系、产业部门和实体经济,不断完善有关金融机构运行规则和改进对金融业的宏观调控政策,进一步改善金融服务,并能够从国民经济全局的角度鸟瞰整个金融业的发展,使货币政策更加适应宏观经济环境的长期稳定。

(二)有利于银行监管的加强、创新和专业化

银行监管是金融监管的一个重要组成部分,其架构安排既要与金融业的总体发展相适应,又要与市场约束、银行内部管理相协调。随着金融市场的发展,

银行监管由过去的合规监管向防范和化解金融风险的审慎监管转变。银监会的设立,为适应这种转变、提高监管效率和监管的专业化水平及权威性提供了制度上的保证,使我国的银行监管队伍能够集中专才,扩充力量。以此为突破口,必将带来监管理念、技术、方式的创新,从而使中国的银行监管稳步走向专业化、国际化。设立银监会这一制度性变革也标志着国家干预经济的组织体系中心和活动重心将从通过制定与执行政策来配置经济资源,转变为通过制定管制规章并执行相关规章的监管活动来维护市场运行的秩序。这体现了政府职能从对经济资源的计划控制到对市场活动的管制与监管的历史性变化。由此,市场成为商业银行经营最主要的风向标,银行业在经营、管理、准入等方面的市场化程度将进一步加大,这势必有利于提高资源配置效率和增强行业总体竞争力,适应我国加入WTO后金融业面临的新形势。

三、建立和完善中国人民银行的宏观调控机制,防范和化解金融风险,维护金融稳定

金融风险,指任何有可能导致企业或机构财务损失的危险。金融机构在具体的金融交易活动中出现的风险,有可能对该金融机构的生存构成威胁;具体的一家金融机构因经营不善而出现危机,有可能对整个金融体系的稳健运行构成威胁;一旦发生系统风险,金融体系运转失灵,必然会导致全社会经济秩序的混乱,甚至引发严重的政治危机。《中国人民银行法》对中国人民银行的宏观调控体系和对金融市场的宏观调控、防范和化解金融风险、维护金融稳定都有明确的规定。所谓金融稳定,是指金融运行的一种状态,在这种状态下,金融作为现代经济的核心,作为资金媒介的功能得到有效的发挥,并且金融业本身也能得以保持稳定、有序、协调发展。金融发展与经济增长、社会安定之间也能保持着协调的关系。

维护金融稳定的基本内容大致包括:一是防范金融风险、保持金融业整体协调发展;二是采取措施,化解系统性金融风险。

第三节 中国人民银行依法从事金融服务的职能

一、中国人民银行的金融服务职能

中国人民银行除了依法制定和实施货币政策及对金融业实施监督管理这两大职能外还具有服务职能。按照《中国人民银行法》的规定,中国人民银行主要有以下六项业务:

(1) 残缺、污损的人民币,按照中国人民银行的规定兑换,并由中国人民银行负责收回、销毁。

(2) 中国人民银行依照法律、行政法规的规定经理国库。

(3) 中国人民银行可以根据需要,为金融机构开立账户。

(4) 中国人民银行可以代理国务院财政部门向各金融机构组织发行、兑付国债和其他政府债券。

(5) 中国人民银行应当组织或者协助组织金融机构相互之间的清算系统,协调金融机构相互之间的清算事项,提供清算服务。

(6) 中国人民银行根据执行货币政策的需要,可以决定对商业银行贷款的数额、期限、利率和方式。

随着我国经济体制改革和对外开放的深入进行,中国人民银行的业务服务范围将进一步扩大。中国人民银行总行将致力于全国金融的宏观调控,中国人民银行的分支机构围绕总行的金融宏观调控开展业务服务。

二、中国人民银行实现金融服务职能的主要途径

(1) 在经济手段方面,中国人民银行通过运用货币政策工具,更好地实现服务职能。

(2) 在法律手段方面,中国人民银行依法执行"四法一决定"[①]以及在其权限范围内制定有关业务规章。

(3) 在技术手段方面,我国要加快金融电子化建设,加强自动柜员机、信用卡、智能卡等方面的建设,推广各种现代化金融服务手段。加快企业信贷信息登记系统和个人诚信体系建设步伐,促进银行卡联网通用。

中国人民银行要增强服务观念,做好各项业务服务工作。正确处理与商业银行、政府部门之间的关系,做到既要支持各地经济发展的需要,又要抵制任何单位和个人的干涉,更不能从私利出发满足某些不正当的要求。这就要求中国人民银行在履行职责、办理业务过程中,既要树立作为国家金融行政管理机关的权威性,又要增强作为办理、经理金融业务机构的服务观念。要寓管理于服务之中,不断改善服务态度,保证服务时间,改进服务手段,提高服务效率,使得中国人民银行能更好地为经济建设服务。

---

① 四法,即《中国人民银行法》《商业银行法》《保险法》《票据法》;一决定,即全国人大常委会《关于惩治破坏金融秩序犯罪的决定》。

思考题

1. 我国货币政策的目标是什么?
2. 货币政策委员会的性质、职责和组成是怎样的?
3. 我国货币政策的工具包括哪些?
4. 中国人民银行的金融服务职能表现在哪些方面?

第八章　中国银行保险监管机构及其相关法律的制定和修正

第一节　我国金融监管模式的再次转变、定位和银行保险监管机构的建立、意义与职责

一、我国金融监管模式的再次转变和定位

金融监管是指政府通过特定的机构对金融交易行为主体进行的某种限制或规定。金融监管本质上是一种具有特定内涵和特征的政府规制行为。综观世界各国，凡是实行市场经济体制的国家，无不客观地存在着政府对金融体系的管制。随着金融行业的发展，宏观调控规模加大、金融监管更加严格细致，中国人民银行宏观调控与金融监管之间的矛盾越发突出。例如，央行宏观调控需要加大货币投放、刺激经济，但其监管职责又要求严控风险、控制信贷规模，两者难以协调。因此，为了健全金融监管体制，集中发挥中央银行制定和执行货币政策的职能，抵制金融风险，维护金融安全及银行客户的合法权益，全国人民代表大会、国务院决定把原由中国人民银行负责的金融监管职权分离出来，由专门成立的中国银行保险监督管理委员会行使。这是我国金融监管模式的重大转变。在分业监管的模式下，我国金融监督管理存在的矛盾和漏洞很多，而近年来，我国金融业混合经营趋势日益明显，在一定程度上导致风险跨市场、跨行业、跨地区传染，容易引发系统性风险和危机，因此防范系统性风险的金融体制改革呼声高涨，尤其是银行业和保险业联系更加密切，包括资本筹集、营销渠道、资金运用、产品竞争等都有密切联系，这与现行分业监管体制存在一定的矛盾，政策有时顾此失彼，导致金融风险局部范围发生。从 2008 年世界金融危机爆发以来，大多数发达国家都采取了综合金融的监管模式，效果比较好，因此我们必须实行由分业监管向综合监管模式的再转变。

二、我国银行保险监管机构的成立及其主要职责

2018 年 3 月，第十三届全国人民代表大会第一次会议审议了国务院机构改革的方案，决定把中国银行业监督管理委员会和中国保险监督管理委员会的职责整合，建立中国银行保险监管管理委员会（银保监会），作为国务院直属事业单位。2018 年 4 月 8 日中国银行保险监督管理委员会正式挂牌成立，这标志着我

国金融监管由分业监管体制向综合监管体制的重大转变。此次转变将银监会、保监会拟定银行业、保险业重要法律法规草案和审慎监管基本制度的职责,划入央行。不再保留中国银监会、中国保监会。这意味着,对于银行、保险行业来说,银保监会负责行为监管和微观审慎监管的安排,已成为金融监管的大方向。

银保监会的主要职责是:依照法律法规统一监督管理银行业和保险业,维护金融消费者合法权益,维护银行业和保险业合法稳健运行,防范和发展金融风险,维护金融稳定等。

三、中国银行保险监督管理委员会成立的意义

(1) 有利于解决现行的分业监管体制中存在的监管职责不清晰、交叉监管和监管空白等问题。强化了综合监管,优化了监管资源配置。新机构和职能改革后,央行获得银行保险业的发展计划、法规制定权限,有利于监管规则协同统一。

(2) 有利于统一集中监管、协调监管、专司监管,更好地发挥国务院金融稳定发展委员会的协调作用和充分发挥银保监会的专司作用,从而有利于改变分业监管体制下,监管割据、监管盲区等情况。

(3) 有利于保险业回归保险宗旨,投机性、融资性金融属性将被弱化。在一段时间里,以融资为目的的保险产品成了"万能险",资金大多流入股市和房地产,监管套利的情况不少。如今,厘清了宏观审慎监管和微观监管的边界,有利于减少监管套利。

(4) 有利于凸显中国人民银行的地位,也有利于监管规则的协调统一。在银监会和保监会拟定银行业、保险业重要法律法规和审慎监管基本制度的职责划入中国人民银行后,中国人民银行将在新的金融监管中起到更加重要的作用,统筹统建审慎监管体系有效防范系统性风险,而国务院金融稳定发展委员会办公室设在中国人民银行,也有利于更好地发挥中央银行的作用。

(5) 银保监会的成立,以及在更强大的中国人民银行和国务院金融稳定发展委员会的协调、管理之下,去杠杆继续,房地产调控不放松,保险产品流入股市被管控,从这个角度而言,高杠杆炒房、保险产品上市融资,因为监管压力大也不那么容易了。

(6) 有利于同世界主要国家和主要经济实体加大金融监管力度相适应,统筹监管系统重要金融机构和金融控股公司。

四、中国银行保险监督管理委员会及其派出机构的具体职责和机构设置

按照国务院 2018 年公布的《中国银行保险监督管理委员会职能配置、内设机构和人员编制规定》,中国银行保险监督管理委员会贯彻落实党中央关于银行

业和保险业监管工作的方针政策和决策部署,在履行职责过程中坚持和加强党对银行业和保险业监管工作的集中统一领导。注意转变政府职能,围绕国家金融工作的指导方针和任务,进一步明确职能定位,强化监管职责,加强微观审慎监管、行为监管与金融消费者保护,守住不发生系统性金融风险的底线。按照简政放权要求,逐步减少并依法规范事前审批,加强事中事后监管,优化金融服务,向派出机构适当转移监管和服务职能,推动银行业和保险业机构业务和服务下沉,更好地发挥金融服务实体经济功能。

主要职责如下:

(1) 依法依规对全国银行业和保险业实行统一监督管理,维护银行业和保险业合法、稳健运行,对派出机构实行垂直领导。

(2) 对银行业和保险业改革开放和监管有效性开展系统性研究。参与拟订金融业改革发展战略规划,参与起草银行业和保险业重要法律法规草案以及审慎监管和金融消费者保护基本制度。起草银行业和保险业其他法律法规草案,提出制定和修改建议。

(3) 依据审慎监管和金融消费者保护基本制度,制定银行业和保险业审慎监管与行为监管规则。制定小额贷款公司、融资性担保公司、典当行、融资租赁公司、商业保理公司、地方资产管理公司等其他类型机构的经营规则和监管规则。制定网络借贷信息中介机构业务活动的监管制度。

(4) 依法依规对银行业和保险业机构及其业务范围实行准入管理,审查高级管理人员任职资格。制定银行业和保险业从业人员行为管理规范。

(5) 对银行业和保险业机构的公司治理、风险管理、内部控制、资本充足状况、偿付能力、经营行为和信息披露等实施监管。

(6) 对银行业和保险业机构实行现场检查与非现场监管,开展风险与合规评估,保护金融消费者合法权益,依法查处违法违规行为。

(7) 负责统一编制全国银行业和保险业监管数据报表,按照国家有关规定予以发布,履行金融业综合统计相关工作职责。

(8) 建立银行业和保险业风险监控、评价和预警体系,跟踪分析、监测、预测银行业和保险业运行状况。

(9) 会同有关部门提出存款类金融机构和保险业机构紧急风险处置的意见和建议并组织实施。

(10) 依法依规打击非法金融活动,负责非法集资的认定、查处和取缔以及相关组织协调工作。

(11) 根据职责分工,负责指导和监督地方金融监管部门相关业务工作。

(12) 参加银行业和保险业国际组织与国际监管规则制定,开展银行业和保险业的对外交流与国际合作事务。

(13) 负责国有重点银行业金融机构监事会的日常管理工作,贯彻执行中共中央、国务院关于《关于完善国有金融资本管理的指导意见》。

(14) 完成党中央、国务院交办的其他任务。

中国银行保险监督管理委员会的内部机构图,如下:

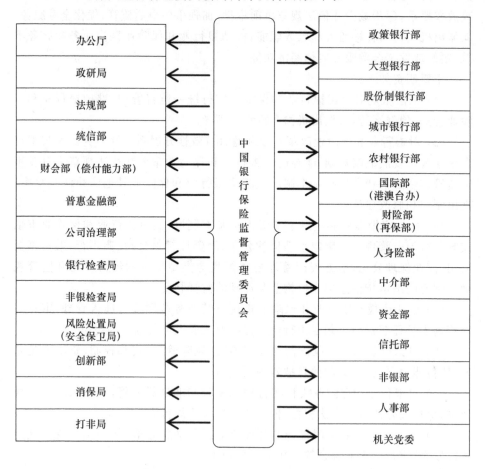

第二节 中国银行保险监督管理委员会成立以来的主要工作

(1) 银行体系加大不良资产处置力度,盘活信用存量、稳步发展信用增量。近年来累计处理不良贷款 3.48 万亿元,严厉查处非法金融活动(含非法集资活动),坚决整治不法金融集团和高风险机构(包括对产生信用危机银行的接管),金融领域野蛮生长现象得到有力遏制。

(2) 银保监会成立以来大力推进金融供给侧改革,进一步提升服务实体经济的能力,包括继续实施稳健的货币政策,坚持流动性合理充裕。充分调动信贷、债券(地方发行债券)、股权、保险等各类金融资源,有效增加表内融资供给,满足有效的融资需求。

(3) 完善市场化金融支撑科技创新政策,通过加大金融产品和服务创新力度,探索知识产权抵押,解决供应链融资,拓宽科技型企业多元化融资渠道,提高科技性创新服务水平有很大进展。并已启动国家级金融科技示范区建设。

(4) 对受到贸易摩擦影响的出口型企业加强市场化金融服务和汇率风险管理,鼓励其不断开拓出口新市场。

(5) 继续加大发展普惠金融,大力支持民营企业和小微企业。普惠金融是一个全方位地为广大城乡居民尤其是低收入人群提供服务的金融体系。

(6) 对备受社会关注的汇率问题,我国政府一直努力在提高汇率灵活性与保持汇率稳定性之间求得平衡,并已得到了国际社会的广泛认可。

(7) 扩大金融业对外开放。2019年5月初,银保监会又发布了12条对外开放新措施,进一步扩大银行业保险业对外开放,丰富市场主体,激发市场活力。

金融监管部门将加快法规修订和配套制度建设,同时加强动态评估,提升审慎监管水平和风险管理能力,促进银行业保险业健康发展,维护金融体系安全稳定。

第三节 国务院金融稳定发展委员会的成立及职责

一、设立背景

金融是国家重要的核心竞争力,金融安全是国家安全的重要组成部分,金融制度是经济社会发展中重要的基础性制度。必须加强党对金融工作的领导,坚持稳中求进工作总基调,遵循金融发展规律,紧紧围绕服务实体经济、防控金融风险、深化金融改革三项任务,创新和完善金融调控,健全现代金融企业制度,完善金融市场体系,推进构建现代金融监管框架,加快转变金融发展方式,健全金融法治,保障国家金融安全,促进经济和金融良性循环、健康发展。要加强金融监管协调、补齐监管短板。设立国务院金融稳定发展委员会,强化中国人民银行宏观审慎管理和系统性风险防范职责,落实金融监管部门监管职责,并强化监管问责。坚持问题导向,针对突出问题加强协调,强化综合监管,突出功能监管和行为监管。地方政府要在坚持金融管理主要是中央事权的前提下,按照中央统一规则,强化属地风险处置责任。金融管理部门要努力培育恪尽职守、敢于监管、精于监管、严格问责的监管精神,形成有风险没有及时发现就是失职、发现风险没有及时提示和处置就是渎职的严肃监管氛围。健全风险监测预警和早期干预机制,加强金融基础设施的统筹监管和互联互通,推进金融业综合统计和监管信息共享。对深化金融改革的一些重大问题,要加强系统研究,完善实施方案。

二、设立目标

设立国务院金融稳定发展委员会,是为了强化人民银行宏观审慎管理和系统性风险防范职责,强化金融监管部门监管职责,确保金融安全与稳定发展。要以强化金融监管为重点,以防范系统性金融风险为底线,加快相关法律法规建设,完善金融机构法人治理结构,加强宏观审慎管理制度建设,加强功能监管,更加重视行为监管。更进一步完善金融市场、金融机构、金融产品体系。要坚持质量优先,引导金融业发展同经济社会发展相协调,促进融资便利化、降低实体经济成本、提高资源配置效率、保障风险可控。

三、主要职责

作为国务院统筹协调金融稳定和改革发展重大问题的议事协调机构,金融稳定发展委员会的主要职责是:落实党中央、国务院关于金融工作的决策部署;审议金融业改革发展重大规划;统筹金融改革发展与监管,协调货币政策与金融监管相关事项,统筹协调金融监管重大事项,协调金融政策与相关财政政策、产业政策等;分析研判国际国内金融形势,做好国际金融风险应对,研究系统性金融风险防范处置和维护金融稳定重大政策;指导地方金融改革发展与监管,对金融管理部门和地方政府进行业务监督和履职问责等。

防止发生系统性金融风险是金融工作的永恒主题。要把主动防范化解系统性金融风险放在更加重要的位置,科学防范,早识别、早预警、早发现、早处置,着力防范化解重点领域风险,着力完善金融安全防线和风险应急处置机制。要推动经济去杠杆,坚定执行稳健的货币政策,处理好稳增长、调结构、控总量的关系。要坚决整治严重干扰金融市场秩序的行为,严格规范金融市场交易行为,规范金融综合经营和产融结合,加强互联网金融监管,强化金融机构防范风险主体责任。要加强社会信用体系建设,建立健全符合我国国情的金融法治体系。

思考题

1. 何谓金融监管?分析比较单一分业监管与统一综合监管并分析我国为什么要由分业监管向统一综合监管转变?
2. 我国国家金融监督管理总局成立的意义和主要职责是什么?
3. 何谓审慎经营原则和审慎监管?

第九章 国家政策性银行法

第一节 我国实行政策性金融与商业性金融相分离的金融制度

所谓政策性金融,一般是指在相关的专业性领域或者开发性领域,利用特殊的金融手段,直接为配合贯彻国家的经济和社会政策而开展的金融业务,直接投向的项目也往往是一些社会效益好、但银行自身效益并不高、然而又是国家政策需要和具有偿还能力的项目。我国建立政策性银行,一方面是由于我国实行计划调节与市场调节相结合的原则;另一方面是由于我国政府担负着进行经济建设和文化建设,以及宏观调控的重要职能。因此,在我国除了有强大的中央银行之外,还必须有若干个从事国家政策性金融业务的银行,以方便为我国的重点建设、基础产业投资,为支柱产业提供政策性金融支持。1994年中国政府设立了国家开发银行、中国进出口银行、中国农业发展银行三大政策性银行,均直属国务院领导。

所谓商业性金融,是指以经营存放款为主要业务,并以营利性、流动性、安全性为主要经营原则的金融业务。其主要特点是:(1)在银行体系中,商业银行是唯一能吸收活期存款的信用机构。(2)商业性金融业务能够创造支付工具,如支票、汇票、本票等。当这类支付工具投入流通后,具有乘数扩张和收缩的作用。(3)商业性金融业务是直接为企业和个人开立账户,具有服务对象的广泛性,并且可以开展各种信用业务和信用工具,具有金融业务的多样性和综合性。(4)这种金融业务的组织形式有不设分支机构的单一制,有在国内外开设分支机构的分行制,还有由股份公司控制和收购两家以上的金融机构而形成的集团制。商业银行的功能,一是营利,我国是实行社会主义市场经济的国家,经营商业银行业务就能大量吸收存款用作放款的资本,并通过收取放款利息和提供金融服务谋取利润,支付储户的利息。二是通过广泛地吸收存款,多种渠道地发放贷款,搞活资金流量,加速资金周转,从而促进商品交流和生产的发展。

由此可见,政策性金融与商业性金融是有严格区别的。为了实现政策性金融与商业性金融的真正分离,搞好政策性金融业务,除了建立必要的政策性银行外,还应注意以下几个问题:(1)政策性银行要防止商业化和非银行化。政策性银行虽然不以利润为经营目标而区别于商业银行,但是并不意味着政策性银行就可以放弃利润的获取,政策性银行毕竟还必须坚持保本经营,故而仍要遵守一般的信用原则,即当其将货币借给承贷者时,仍有收回本息的责任。因此,必须防止政策性银行的非银行化。同时,也必须防止政策性银行在经营中把自身利润的追求凌驾于政府整体政策之上,而与商业银行争利润、争项目,最终使得政策性银行的存在失去原有的意义。因此,也必须防止政策性银行的商业化。
(2) 应注意降低政策性银行贷款的风险,提高信贷资产质量。由于政策性银行所承担的政策性贷款项目周期长、数额大,故而风险程度也高。为了实现保本经营,扩大经济效益和社会效益,必须努力提高信贷资产质量,降低贷款风险,做到银行信贷资产本息能够按时收回,不至于造成资产损失。这就必须严格坚持贷款的发放条件,即贯彻审贷分离制度,建立相互制约机制,强化贷款后的检查管理,建立贷款企业信用等级评估制度,建立信贷资产风险量化考核指标,推行以抵押贷款担保为重点的担保制度。

2015年国务院发布《关于同意国家开发银行深化改革方案的批复》《关于同意中国进出口银行改革实施总体方案的批复》以及《关于同意中国农业发展银行改革实施总体方案的批复》,进一步明确了三大政策性银行的定位。

第二节 国家开发银行

一、国家开发银行的地位、性质和任务

国家开发银行成立于1994年,是直属中国国务院领导的政策性金融机构。2008年12月改制为国家开发银行股份有限公司。2015年4月,国务院明确国家开发行为开发性金融机构。国家开发银行主要办理政策性国家重点建设(包括基本建设和技术改造)贷款及贴息业务,同时,还负责管辖中国人民建设银行的投资业务和国家投资机构的投资业务。

国家开发银行的主要任务是:按照国家的法律、法规和方针、政策,建立长期稳定的资金来源,筹集和引导社会资金用于国家重点建设。投资项目不留资金缺口,用于支持国家基础设施、基础产业和支柱产业的大中型基本建设和技术改造等政策性项目及其配套工程的建设。从资金来源上对固定资产投资总量进行控制和调节,优化投资结构,从而逐步建立投资约束和风险责任机制,提高投资效益,促进国民经济持续、快速、健康发展。

二、国家开发银行的注册资本、资金来源、业务范围

(一) 国家开发银行的注册资本和资金来源

国家开发银行最初的注册资本为500亿元人民币,其资金来源的主要构

成是：

(1) 财政部拨付的资本金和重点建设基金。(2) 国家开发银行对社会发行的国家担保债券和对金融机构发行的金融债券,其发债额度由国家计委和人民银行确定。(3) 中国建设银行吸收存款的一部分。

国家开发银行办理政策性金融业务,实行独立核算,自主、保本经营,责权利相统一,建立投资约束和风险责任制。

(二) 国家开发银行的业务范围

(1) 管理和运用国家核拨的预算内经营性建设基金和贴息资金。

(2) 向国内金融机构发行金融债券和向社会发行财政担保建设债券。

(3) 办理有关的外国政府和国际金融组织贷款的转贷,经国家批准在国外发行债券,根据国家利用外资计划筹借国际商业贷款等。

(4) 向国家基础设施、基础产业和支柱产业的大中型基本建设和技术改造等政策性项目及其配套工程发放政策性贷款。

(5) 办理建设项目贷款条件评审、咨询和担保等业务,为重点建设项目物色国内外合资伙伴,提供投资机会和投资信息。

(6) 经批准的其他业务。包括办理结汇、售汇业务。

三、国家开发银行的内部组织形式及财务会计制度

(一) 国家开发银行的内部组织形式

国家开发银行原来只设总行,不设分支机构,信贷业务由中国建设银行代理。国家开发银行投资机构,用国家核拨的资本金向国家重点建设项目进行股本投资。国家开发银行总部设在北京。随着业务的发展,经批准可在国内外设置必要的办事机构。国家开发银行对国家政策性贷款的拨付业务,优先委托中国建设银行办理,并对其委托的有关业务进行监管。

国家开发银行实行行长负责制,设行长1人,副行长若干人,均由国务院任命。行长负责全行工作,副行长协助行长工作。行长负责日常工作,并主持行长会议,研究决定许多重大事项,比如：(1) 审定本行的业务方针、计划和重要规章;(2) 审查行长的工作报告;(3) 审定筹资方案,确定政策性贷款计划;(4) 审查、通过本行年度财务决算报告;(5) 审定其他重大事项。总之,国家开发银行根据精干、高效的原则,设置若干职能部门,在行长领导下进行工作。

国家开发银行设监事会。监事会的主要职责是：监督国家开发银行执行国家方针政策的情况;监督国家开发银行的资金使用方向和资产经营状况;提出国家开发银行行长的任免建议等。但是,监事会只是一个监督性质的机构,不能干预国家开发银行的具体业务。

(二) 国家开发银行的财务会计制度

国家开发银行按照《中华人民共和国会计法》《企业会计准则》《企业财务通则》和财政部有关金融、保险企业财务、会计制度执行。国家开发银行以公历自然年度为会计年度,每年向财政部报送年度财务决算。国家开发银行的基本财务报表为资产负债表和损益表,每年定期公布,并由中华人民共和国的注册会计师和审计事务所出具审计报告。

第三节 中国农业发展银行

一、中国农业发展银行的性质和任务

中国农业发展银行是直属国务院领导的我国唯一的一家农业政策性银行,1994年11月挂牌成立。主要职责是按照国家的法律法规和方针政策,以国家信用为基础筹集资金,承担农业政策性金融业务,代理财政支农资金的拨付,为农业和农村经济发展服务。根据《中国农业发展银行章程》的规定,中国农业发展银行的注册资本为200亿元人民币,实行独立核算,自主、保本经营以及企业化管理。

中国农业发展银行的主要任务,简而言之,就是按照国家的法律、法规和方针政策,以国家信用为基础,筹集农业政策性信贷资金,承担国家规定的农业政策性金融业务,代理财政性支农资金的拨付,为农业和农村经济发展提供优惠低息贷款。作为专业办理农业政策性金融业务的国家银行,中国农业发展银行应当从全党工作的大局出发,找准在抑制通货膨胀中的着力点,切实增加农业政策性信贷资金的投入,为加强农业的基础地位、确保农副产品的有效供应,提供强有力的金融支持。为此,还应着重做好以下几个方面的工作:

(1) 拓宽筹资渠道,增加对农业政策性信贷的资金投入。

(2) 确保粮棉油收购资金供应,支持收购部门完成和超额完成每年收购计划。

(3) 增加农业综合开发贷款、扶贫贴息贷款和小型农、林、牧、水利基建、技术改造贷款的投量,支持改善农业基础设施,促进贫困地区农民生产、生活水平的提高。

二、中国农业发展银行的组织机构

中国农业发展银行在机构设置上实行总行、分行、支行制。其中,总行设在北京;分支机构的设置,则须经中国人民银行批准后,在若干农业比重大的省、自治区设派出机构(分行或办事处)和县级营业机构。同时,中国农业发展银行实

行行长负责制,对其分支机构实行垂直领导的管理体制。总行设行长1人,副行长若干人,由国务院任命。行长为法定代表人,负责全行工作,副行长则协助行长工作。分行的正、副行长由总行任命;支行正、副行长由所在省、自治区、直辖市分行任命。其中行长负责全行工作,主持行长会议,研究并决定以下重大事项:(1)本行的业务方针、计划和重要规章制度;(2)行长的工作报告;(3)国家重点农业政策性贷款项目;(4)本行年度决算报告;(5)有关本行的其他重大事项。

中国农业发展银行设立监事会,监事会的主要职责是:(1)监督中国农业发展银行执行国家方针政策的情况;(2)检查中国农业发展银行的业务经营和财务状况;(3)查阅、审核中国农业发展银行的财务会计资料;(4)监督、评价中国农业发展银行行长的工作,提出任免、奖惩建议。监事会只是对中国农业发展银行起监督、检查、评价的作用,不干预中国农业发展银行的具体业务。

三、中国农业发展银行的经营业务活动

中国农业发展银行在中国人民银行的指导和监督下主要经营和办理下列业务活动:

(1)办理由国务院确定、由中国人民银行安排资金并由财政部予以贴息的粮食、棉花、油料、猪肉、食糖等主要农副产品的国家专项储备贷款。

(2)办理粮、棉、油、肉等农副产品的收购贷款及粮油调销、批发贷款;办理承担国家粮、油等产品政策性加工任务企业的贷款和棉麻系统棉花初加工企业的贷款。

(3)办理国务院确定的扶贫贴息贷款、老少边穷地区发展经济贷款、贫困县县办工业贷款、农业综合开发贷款以及其他财政贴息的农业方面的贷款。

(4)办理国家确定的小型农、林、牧、水利基建和技术改造贷款。

(5)办理中央和省级政府的财政支农资金的代理拨付,为各级政府设立的粮食风险基金开立专户并代理拨付。

(6)发行金融债券。

(7)办理业务范围内开户企事业单位的存款。

(8)办理开户企事业单位的结算,包括外汇结算业务。

(9)境外筹资。

(10)办理经国务院和中国人民银行批准的其他业务。

四、中国农业发展银行的资金管理和财务会计制度

中国农业发展银行实行统一计划、指标管理、统筹统还、专款专用的资金计划管理办法,负责农业政策性贷款的审批、发放、管理、监督和检查。

从中国农业银行改组而新建立的中国农业发展银行,作为独立的法人,其资本金从原来的中国农业银行资本金中拨出一部分解决。中国农业发展银行接管原中国农业银行和中国工商银行的农业政策性贷款(债权),并接受相应的人民银行贷款(债务)。

中国农业发展银行的财务会计制度,按照《中华人民共和国会计法》《企业会计准则》《企业财务通则》和财政部有关金融、保险企业财务、会计制度执行。中国农业发展银行以公历自然年度为会计年度,每年向财政部报送年度财务决算。中国农业发展银行基本财务报表为资产负债表和损益表,每年定期公布,并由中华人民共和国的注册会计师和审计事务所出具审计报告。

第四节 中国进出口银行

一、中国进出口银行的性质和任务

中国进出口银行成立于 1994 年,是直属国务院领导的政策性金融机构,承担我国进出口政策性信贷业务,是独立的法人。其主要任务是执行国家产业政策和外贸政策,重点是为扩大我国的机电产品和成套设备等资本性货物出口和高新技术产品出口,以及对外承包工程等提供政策性金融支持。

截至 2015 年年末,中国进出口银行在"一带一路"沿线国家贷款余额超过 5200 亿元人民币。有贷余额的"一带一路"项目 1000 多个,分布于 49 个沿线国家,涵盖公路、铁路、港口、电力、通信等多个领域。总之,进出口银行支持开放型经济,以出口拉动经济增长,功不可没。

二、中国进出口银行的资金来源、注册资本和经营原则

中国进出口银行的初始注册资本是 33.8 亿元人民币,该行资金来源主要是财政专项资金和对金融机构发行的金融债券。

该行业务范围主要是为大型机电成套设备进出口提供买方信贷和卖方信贷,为成套机电产品出口信贷办理贴息及出口信贷担保,不办理商业银行业务。

该行坚持自担风险、保本经营,不与商业性金融机构竞争,其业务受中国人民银行监督。

三、中国进出口银行的经营范围和风险防范

(一)中国进出口银行的经营范围

(1)提供进出口信贷。

(2)提供信贷担保等业务。

(3) 兼办出口信用保险业务。

(4) 其他业务。

(二) 中国进出口银行的风险防范

加强管理、避免或最大限度降低经营风险,是所有金融机构都应予以重视的一项工作。结合中国进出口银行的业务,主要应该防范的经营风险是:

(1) 信贷风险。中国进出口银行已承办的信贷业务,都可能存在贷款逾期或不能归还的风险,为防范损失,一定要严格贷款审批制度。此外还要充分运用自主经营权力,坚持贷前调查、审贷分离、集中审批、会计监督、贷后管理等制度;坚持每笔贷款要有担保或抵押,坚决不办信用贷款;对援外优惠贷款,要逐步建立专项风险基金。

(2) 保险和担保业务的风险。要严格按照《保险法》的规定及本行制定的管理办法,谨慎承保,并采取建立出口信贷保险基金以及大额赔付由国家承受等方法。

(3) 汇率风险。中国进出口银行的外币债务和债权,一般均是中长期,所以一定要重视国际金融市场的调查研究,及时掌握信息,注意分析并学会运用掉期业务等手段来降低承受的汇价风险。

(4) 信用风险。对于政策性银行来讲,首先应把好贷款关,并逐步制定短、中、长期贷款的比例;其次要作好资金计划运筹,确保支付和按期偿还债务本息。

(5) 盗、抢、诈骗风险。要切实贯彻银行"三防一保"[①]的要求,常备不懈,防患于未然。

四、中国进出口银行的组织机构与财务制度

中国进出口银行设董事会。董事会设董事长1人,视需要设副董事长。董事长可兼银行行长,也可不兼。董事长、银行行长都由政府或政府部门授权任免。

中国进出口银行设监事会,并由财政部、中国人民银行等有关部门的代表和其他成员组成。监事会受国务院委托对其经营方针及国有资产的保值、增值情况,对银行行长的经营业绩进行监督检查,对银行行长的工作作出评价和建议。

中国进出口银行只设总行,其总行营业部于2001年11月正式开业,不设营业性分支机构,其信贷业务由中国银行或其他商业银行代理,在个别大城市,可设派出机构(办事处或代表处),负责调查统计和监督代理等事宜。

中国进出口银行的财务制度与其他政策性银行类似。

---

① 三防,即防盗窃、防抢劫、防诈骗;一保,即保银行资金的安全。

思考题

1. 什么是政策性金融和商业性金融？
2. 国家开发银行的地位和任务是什么？
3. 中国农业发展银行的地位和任务是什么？
4. 中国进出口银行的地位和任务是什么？

第十章 商业银行法(上)

第一节 商业银行及商业银行法

商业银行(commercial bank)是商品经济的产物,它是适应市场经济发展和社会化大生产需要而形成并以追求最大利润为目标的一种金融组织。

商业银行具有以下三个特征:

(1)商业银行与一般工商企业一样,是以盈利为目的的企业。它也具有从事业务经营所需要的自有资本,依法经营,照章纳税,自负盈亏。

(2)商业银行的经营对象具有特定性。一般工商企业经营的是具有一定使用价值的商品,从事商品生产和流通;而商业银行是以金融资产和金融负债为经营对象,经营内容包括货币收付、借贷以及各种与货币运动有关的金融服务。

(3)商业银行的经营具有高负债性。商业银行吸收存款是开展业务的前提,商业银行债权人众多,属于高负债经营,不同于其他工商企业的低负债。高负债意味着商业银行与社会公众利益密切相关,其经营业务更应受到银行监管法规的严格约束和政府有关部门的严格监管,防止出现金融风险。

在我国,商业银行是指依照《商业银行法》和《公司法》设立的吸收公众存款、发放贷款、办理结算等业务的企业法人。商业银行以其全部法人财产独立承担民事责任。

我国于1995年颁布实施《商业银行法》,并于2003年、2015年进行了修正。

第二节 我国商业银行的法律地位与性质

一、商业银行的法律地位

我国《商业银行法》明确规定了我国商业银行的法律地位。《商业银行法》第2条规定:"本法所称的商业银行是指依照本法和《中华人民共和国公司法》设立的吸收公众存款、发放贷款、办理结算等业务的企业法人。"第4条又进一步规定:"商业银行以安全性、流动性、效益性为原则,实行自主经营,自担风险,自负盈亏,自我约束。商业银行依法开展业务,不受任何单位和个人的干涉。商业银行以其全部法人财产独立承担民事责任。"第10条规定:"商业银行依法接受国务院银行业监督管理机构的监督管理……"第22条第2款规定:"商业银行分支机构不具有法人资格,在总行授权范围内依法开展业务,其民事责任由总行承担。"以上这些规定,体现了我国金融体制改革的重要成果,体现了我国商业银行的基本属性和本质特征,体现了我国法人制度的进一步完善与发展。

为了确保商业银行作为经营货币的特殊企业和自主经营的基本特征,首先,必须明确商业银行总行与分支机构之间的关系。按照《商业银行法》的规定,商业银行分支机构的设立不按行政区划,而是按经济发展需要建立。商业银行的分支机构不具有法人资格,在总行授权范围内依法开展业务。全行上下是一个统一的法人,其原因是全行实行统一核算,统一调度资金,分支机构的资金拨付和经营规模都是同总行的资本金总额联系在一起的,这就改变了以往各级分支机构都是一级法人的做法。实行全行统一法人制度后,各分支机构的业务在经营合同时须经总行的授权。其次,必须明确商业银行与中央银行的关系。商业银行机构的设立需经中央银行的批准;商业银行应依法向中央银行交存存款准备金,中央银行应依法向商业银行进行再贷款,即可以决定对商业银行贷款的数额、利率、期限和方式;中央银行应依法为商业银行开设各种账户,有权对这些账户的资金流动进行监督,并有义务对商业银行上述账户中的情况保密,中央银行无权干涉商业银行对其账户正常的收付活动;中央银行应当组织或协助组织商业银行之间的清算系统,并提供清算服务;商业银行要依法接受中央银行的监督管理。再次,应当明确商业银行与政策性银行的关系。商业银行和政策性银行都是我国银行组织体系的重要组成部分,但二者经营的业务范围和目标不同。商业银行是经营商业性金融业务,以营利为目的;而政策性银行是以经营政策性金融业务、保本经营、不与商业性金融机构竞争为原则,以贯彻政策效益为目标。但在具体业务上,政策性银行是通过商业银行代理的。最后,应当明确商业银行与地方政府和政府各部门之间的关系。商业银行的发展离不开地方政府和政府各部门的支持和帮助,并且还要为地方经济发展服务,但由于商业银行是自主经营货币的特殊企业,在业务上,商业银行进行业务活动不受地方政府和政府各部门以及个人的干涉。但国有商业银行的监事会要由政府有关部门的代表参加。地方政府和政府各部门及其个人不得强令商业银行发放贷款或者提供担保,并且商业银行对此也有权拒绝;但是经过国务院批准的特定项目,国有独资商业银行应当发放贷款。商业银行发行金融债券或者到境外借款,应当依照法律、行政法规的规定报经批准。同时,商业银行应依法接受审计机关的审计监督。

二、商业银行的性质

现代商业银行的性质是:

第一,从组织性质上看,商业银行企业化,实行自主经营、自负盈亏、自担风险、自我约束的经营原则,并以其全部法人财产独立承担民事的、经济的责任。其组织形式是国家控股的股份制商业银行和一般性的股份制商业银行、地方商业银行。

第二,从经营目标上看,商业银行通过资金商品化,按照市场规律经营,在政策、法律、法规允许的范围内,以达到最高盈利为目的。

第三,商业银行是以独立法人的地位、平等主体的资格参与市场竞争,运用经济手段,开拓资金来源,改善经营管理,提高服务质量,增强竞争能力的。

第四,商业银行开展商业性银行业务,实行国家法律、政策允许的存贷款利率市场化。

第五,我国商业银行是以国有商业银行在金融市场中起主导作用的,其主管部门是国家中央银行,并接受中国银行业保险业监督管理机构的监督。

总之,我国商业银行与国家政策性银行和其他非银行金融机构分工合作,形成了我国的金融组织体系,促进了社会主义市场经济的发展。

第三节 商业银行的设立和组织形式、组织机构

一、商业银行的设立

(一)商业银行设立的法律依据

按照我国《商业银行法》的规定,我国商业银行设立的法律依据是《商业银行法》和《公司法》,以及其他有关的法律和行政法规。

(二)商业银行设立的条件

根据我国《商业银行法》的有关规定,设立商业银行,应当具备下列条件:

1. 有符合《商业银行法》和《公司法》规定的章程

章程是表明发起人意志,规定商业银行组织、资本状况、经营范围和活动,并向商业银行的审批登记主管机关——中国人民银行呈交的基本行为规范。也就是说,章程是指商业银行必备的规定商业银行组织及活动的基本规则的书面文件,是以书面形式固定下来的全体当事人(股东)共同一致的意思表示。商业银行的章程具有法定效力,是商业银行进行活动的依据准则。

按照《商业银行法》和《公司法》的规定,商业银行的章程主要是以下三种:

(1)国有独资有限责任银行章程。我国《公司法》规定:国有独资公司的公司章程由国家授权投资的机构或者国家授权的部门依照本法制定,或者由董事会制定,报国家授权的部门批准。

国有独资有限责任银行章程应载明下列事项:① 商业银行的名称和住所;② 商业银行的经营范围;③ 商业银行的注册资本;④ 股东的名称;⑤ 股东的权利义务;⑥ 股东的出资方式和出资额;⑦ 股东转让出资的条件;⑧ 商业银行的机构及其产生办法、职权和议事规则;⑨ 商业银行的法定代表人;⑩ 商业银行

的解散事由和清算办法;⑪ 股东认为需要规定的其他事项。股东应当在该章程上签名、盖章。

(2) 国家控股的股份制有限责任银行章程。我国《公司法》规定:股份有限公司的章程是由公司的发起人制订的,并经创立大会通过。即意味着公司章程的内容由发起人起草,并在全体发起人对起草的公司章程达成一致意见后,由发起人将公司章程的内容制作成书面文件。

国家控股的股份制有限责任银行章程应载明下列事项:① 商业银行名称和住所;② 商业银行的经营范围;③ 商业银行设立的方式;④ 商业银行的股份总数、每股金额和注册资本;⑤ 发起人的姓名或者名称、认购的股份数;⑥ 股东的权利和义务;⑦ 董事会的组成、职权、任期和议事规则;⑧ 商业银行的法定代表人;⑨ 监事会的组成、职权、任期和议事规则;⑩ 商业银行的利润分配办法;⑪ 商业银行的解散事由与清算办法;⑫ 商业银行的通知和公告办法;⑬ 股东大会认为需要规定的其他事项。

(3) 公有制法人持股为主的有限责任银行章程。我国《公司法》规定:有限责任公司的公司章程一般是由公司的全体出资人(股东)制定的。

公有制法人持股为主的有限责任银行应载明下列事项:① 商业银行的名称和住所;② 商业银行的经营范围;③ 商业银行的注册资本;④ 股东的姓名或者名称;⑤ 股东的权利和义务;⑥ 股东的出资方式和出资额;⑦ 股东转让出资的条件;⑧ 商业银行的机构及其产生办法、职权、议事规则;⑨ 商业银行的法定代表人;⑩ 商业银行的解散事由与清算办法;⑪ 股东认为需要规定的其他事项。股东应当在章程上签名、盖章。

2. 有符合商业银行法规定的注册资本最低限额。

3. 有具备任职专业知识和业务工作经验的董事长(行长)、总经理和其他高级管理人员。

4. 有健全的组织机构和管理制度。

5. 有符合要求的营业场所、安全防范措施和与业务有关的其他设施。

当然,中国人民银行在审查设立申请时,不仅应当要求其具备以上条件,而且还应当考虑经济发展的需要和银行业竞争的状况。

(三) 商业银行设立的注册资本

公司注册资本制度分为两大类:法定注册资本制(又称"实缴注册资本制")和授权注册资本制(又称"认缴注册资本制")。这两种注册资本制度的相同点在于公司的注册资本总额在公司成立时会在公司章程中予以约定,区别在于在法定注册资本制下,公司成立时股东应全部认足并缴足注册资本,其核心在于资本确定、资本维持和资本不变三大原则,该制度更加注重保障债权和交易安全。在授权注册资本制下,股东不必在公司成立时就认足和缴足注册资本,对于未认缴部分,授权董事会在公司成立后根据业务需要在授权资本的数额之内发行新股,该制度更加注重便利和自由。我国商业银行采用实缴注册资本制。《商业银行法》第13条第1款规定:"设立全国性商业银行的注册资本最低限额为十亿元人民币。设立城市商业银行的注册资本最低限额为一亿元人民币,设立农村商业银行的注册资本最低限额为五千万元人民币。注册资本应当是实缴资本。"第2款规定:"国务院银行业监督管理机构根据审慎监管的要求可以调整注册资本最低限额,但不得少于前款规定的限额。"

商业银行的注册资本,是全体股东实际缴纳的出资额,即投资总额。作为公司经营资本的一部分,注册资本起着如下的特殊作用:

第一,注册资本提供了银行金融经营所需要的部分资本。

第二,注册资本是划分股东权益的标准之一。股东权益的划分标准之一往往是其出资占银行注册资本的比例。

第三,注册资本是银行承担亏损风险的资本担保。从银行的债权人来看,国有独资银行属于有限责任公司,故而可以作为其债权清偿担保的只有公司的财产,在这种情况下,为了保护债权人的利益,法律往往要求银行出示一定的资本,并保持相当于此资本的财产。因此,注册资本表示着银行用自己的财产清偿其债务的最低数额,只要设立商业银行,就必须达到法律规定的最低限额,低于限额最低要求的,就不能设立。

(四)商业银行设立的程序

1. 申请程序

设立商业银行,申请人应当向中国人民银行提交下列文件、资料:(1)申请书,申请书应当载明拟设立的商业银行的名称、所在地、注册资本、业务范围等;(2)可行性研究报告;(3)中国人民银行规定提交的其他文件、资料。

设立商业银行的申请经中国人民银行审查符合上列提交文件、资料规定的,申请人应当再填写正式申请表,并提交下列文件、资料:(1)章程草案;(2)拟任职的高级管理人员的资格证明;(3)法定验资机构出具的验资证明;(4)股东名册及其出资额、股份;(5)持有注册资本10%以上的股东的资信证明和有关资料;(6)经营方针和计划;(7)营业场所、安全防范措施和与业务有关的其他设施的资料;(8)中国人民银行规定的其他文件、资料。

2. 批准程序

经批准设立的商业银行,由中国人民银行颁发经营许可证,并凭该许可证向工商行政管理部门办理登记,领取营业执照。

3. 开业公告程序

经批准设立的商业银行及其分支机构,由中国人民银行予以公告。无正当理由未开业或开业后停业超过6个月以上的,由中国人民银行吊销其经营许可证,并予以公告。同时,商业银行应当依照法律、行政法规的规定使用经营许可证。禁止伪造、变造、转让、出租和出借经营许可证。

4. 变更、分立与合并程序

(1) 变更程序。我国《公司法》规定,公司变更的含义,一是指公司类型的变更,即不中断公司的法人资格,而实现公司种类变换的法律行为;二是指国家独资企业改组为传统公司的法律行为。前者是公司类型的互换,后者是一般企业向传统公司类型的转换。

我国《商业银行法》规定,商业银行有下列变更事项之一的,应当经中国人民银行批准:① 变更名称;② 变更注册资本;③ 变更总行或者分支行所在地;④ 调整业务范围;⑤ 变更持有资本总额或者股份总额10%以上的股东;⑥ 修改章程;⑦ 中国人民银行规定的其他变更事项。同时规定,更换董事长(行长)、总经理时,应当报经中国人民银行审查其任职条件。

(2) 分立与合并程序。公司分立包括新设分立和派生分立两种形式。新设分立,是指一个公司将其全部资产分割设立两个或两个以上公司的行为。派生分立,是指一个公司以其部分资产设立另一个公司的法律行为。

公司合并的形式有两种,即吸收合并和新设合并。吸收合并,是指两个或个以上的公司合并后,其中有一个公司(吸收方)存续,而其他公司(被吸收方)解散。新设合并,又称创设合并,是指两个或两个以上的公司合并后,在合并各方均归于消灭的同时,另外创设出一个新的公司。

商业银行的变更、分立、合并的条件和程序,应严格按照我国《商业银行法》和《公司法》的有关规定办理,并应当经中国人民银行审查批准。至于接管、终止等程序则在本书的以后章节中再述。

二、商业银行的组织形式和组织机构

《商业银行法》明确指出了我国商业银行的组织形式和组织机构适用我国《公司法》的规定,《公司法》没有规定的,按照《商业银行法》的规定。

我国《公司法》所设置的三种公司的组织模式,即有限责任公司、股份有限责任公司和国有独资公司,为我国商业银行组织的设立、改造提供了一定模式的框架。

(1) 建立国有独资商业银行。这是四大国有商业银行改制前的国有商业银行所要采取的组织形式。其理由是这种形式符合《公司法》的规定,即国务院确定的生产特殊产品的公司或者属于特定行业的公司,应当采取国有独资公司形式。

按照《公司法》和《商业银行法》的规定,国有独资银行不设股东会,而由国家授权投资的机构或者国家授权的部门,授权董事会行使股东会的部分职权,决定公司的重大事项。但公司的合并、分立、解散、增减资本和发行公司债券,必须由国家授权投资的机构或者国家授权的部门决定。之所以这样做,因为它是国有独资的银行机构。

国有独资银行设董事会,按照《公司法》和《商业银行法》的规定行使职权。董事会成员由3—9人组成,每届任期3年,董事的任职或者更换可由国家授权的投资机构或者国家授权的部门负责。董事会成员中应当有相当的专家,也应当有银行职工代表,其职工代表应由职工民主选举产生。董事会设董事长1人,可根据需要设副董事长若干人。董事长、副董事长,由国家授权投资的机构或国家授权投资的部门从董事会成员中指定。董事长为国有独资银行的法定代表人。

董事会是国有独资银行的经营决策机构,对外代表公司,对内行使公司经营管理决策权。董事会按照公司法的规定决定公司的重大事项,包括决定银行的经营计划,制订银行的年度财务决算方案,向主管部门提出银行的利润分配和弥补亏损方案,决定银行内部机构的设置和基本管理制度,负责聘任或解聘公司经理(或总经理)、副经理、财务负责人,决定其报酬事项。董事会采取集体决策,决议经由全体董事过半数通过。

国有商业银行设总经理,对董事会负责。总经理的职责是组织实施董事会决议,组织实施全行年度经营计划,拟定本行的基本管理制度及制定具体规章等;在人事权上,总经理向董事会提请聘任或解聘银行副经理、财务负责人,聘任或解聘其他负责管理人员。总经理由董事会聘任或解聘。经国家授权投资的机构或者国家授权的部门同意,董事会成员可以兼任总经理,但不得兼任其他经营组织的职务。

监事会一般是对国有独资银行的业务活动,主要是对董事会的活动进行检查和监督的常设机构。我国《公司法》对国有独资公司是否设监事会未作明确规定。但1995年我国政府已经决定向国有企业派出监事会,监督其企业的国有资产。《商业银行法》第18条中规定:国有独资商业银行设立监事会。监事会对国有独资商业银行的信贷资产质量、资产负债比例、国有资产保值增值等情况以及高级管理人员违反法律、行政法规或者章程的行为和损害银行利益的行为进行监督。

(2)商业银行可以采取国家资本控股的股份有限公司(银行)的组织形式。四大国有商业银行改制后,我国新设的商业银行基本采取股份制的形式。这种组织形式的优越性就在于:保持国家对商业银行的控制,保证国有资本的不断增值,从而保证公有制的性质。

(3)商业银行也可以采取公有制法人持股为主体的有限责任公司(银行)的组织形式。这种银行组织,同组成的城市或乡村合作银行相似。我国地方商业银行是在城乡信用合作社的基础上成立的,其股本总额由各类企业、个体工商户、农村承包经营户以及地方财政入股资金构成。采取以公有制法人持股为主的银行组织形式,既可以避免出现私人银行,因为这是社会主义国家不允许的;又可发展以公有制为主体的商业银行,特别是为区域经济发展、为中小型企业服务,可以更广泛地吸收储蓄存款,发放银行贷款,满足社会对资金的需求。

第四节 商业银行的经营和管理原则

商业银行的经营原则是反映商业银行经营特征,对商业银行的经营活动具有普遍指导意义的行为准则。商业银行经营活动的基本原则,一般都由《商业银行法》明确规定,也集中体现商业银行经营活动的实质,商业银行的负债业务、结算业务均应严格遵循商业银行经营的基本原则。

我国《商业银行法》第 4 条中明文规定商业银行以安全性、流动性、效益性为经营原则。此三原则是商业银行经营活动的基本原则。第 5 条规定商业银行与客户的业务往来,应当遵循平等、自愿、公平和诚实信用的原则。第 9 条规定商业银行开展业务,应当遵守公平竞争的原则,不得从事不正当竞争。

一、商业银行经营的"三性"原则

(一)安全性原则

安全性是指商业银行按期收回资产本息的可靠程度。可靠程度越高,资金的安全性就越强;反之,则越弱。安全性原则主要是针对商业银行的资产业务而言。商业银行经营资金大量通过吸收存款取得,而吸收存款必须保证客户随时提取。因此,商业银行必须保证资金的安全,保证贷款能够全部按时收回,保证银行的清偿能力。这就要求商业银行加强对贷款的审查,提高信贷资产质量。同时,还应确保各项安全制度措施的落实,加大对诈骗、盗窃、抢劫等不法分子的打击力度。

(二)流动性原则

商业银行的流动性原则包括资产的流动性与负债的流动性。资产的流动性指银行资产在不发生损失的前提下迅速变现的能力,以使银行能够及时、充足地满足存款者取款与贷款者贷款的需求。这就要求商业银行手头必须总是持有一定比例的现金资产与变现能力强的其他资产。负债的流动性是指银行能够以较低的成本随时获得需要的资金。

(三)效益性原则

修改前的《商业银行法》规定:"商业银行以效益性、安全性、流动性为经营原则。"修改后的《商业银行法》则把"安全性"放在第一位。安全性是"三性"中的重点、核心,应放在"三性"原则的首位,这是由商业银行的性质及经营目的决定的;而要达到商业银行经营的最终目标必须有效益性与流动性作为保证。然而,在现实金融中,"三性"原则经常是矛盾的。一般地说,一项资产的潜在收益越高,其流动性和安全性就越低。因此,商业银行经营管理的关键就是平衡三者关系,寻求三者最佳组合的有效途径,而且,必须树立三个观点:(1)利润是银行经营的最终目标;(2)金融资产的结构分配应该是多样化、多层次的;(3)贷款发放既要贯彻"择优扶持"的原则,更要坚持贷款的短期流动性,切不可把贷款过分集中在某个企业。三性原则不是抽象的概念,而是一些具体的要求,这些要求反映在资产负债经营的每一个环节上。正因为如此,《商业银行法》第39条第1款第3项规定:"对同一借款人的贷款余额与商业银行资本余额的比例不得超过百分之十。"

二、资产负债比例管理原则

资产负债比例管理是银行在经营货币信用中,正确评价和处理资产与负债的总量比例关系,优化和处理总量中各结构比例关系的管理机制,其目的是保持资金经营结构优化,从而实现信贷资金的良性循环,确保支付能力,减少经营风险,提高资金的流动性和经济效益。这个管理原则也是巴塞尔银行监管委员会通行的原则之一。

我国《商业银行法》第39条规定了商业银行贷款应遵守资产负债比例管理的规定。

三、商业银行与客户之间的平等原则

我国《商业银行法》第5条规定:"商业银行与客户的业务往来,应当遵循平等、自愿、公平和诚实信用的原则。"

商业银行和客户之间的平等关系,不仅在我国《商业银行法》的总则中,而且在我国商业银行的业务活动的规定中都有明显的、充分的体现。如《商业银行法》第29条第1款规定:"商业银行办理个人储蓄存款业务,应当遵循存款自愿、取款自由、存款有息、为存款人保密的原则。"第6条规定:"商业银行应当保障存款人的合法权益不受任何单位和个人的侵犯。"商业银行法中并要求商业银行向企业贷款时,双方应订立书面借款合同,并约定有关事项。《商业银行法》第49条还规定:"商业银行的营业时间应当方便客户,并予以公告。商业银行应当在公告的营业时间内营业,不得擅自停止营业或者缩短营业时间。"

四、公平竞争原则和遵守法制的原则

竞争是市场经济最基本的运行机制,它通过优胜劣汰,促进银行业的纵深发

展。尤其是商业银行更应该通过竞争提高金融资产质量,提高服务管理水平,改变过去金融资产质量低、服务管理水平不高的状况。有竞争,就有正当竞争与不正当竞争之分。我们提倡的是一种遵守国家法律、行政法规和不损害国家公共利益以及遵守职业道德前提下的正当竞争,反对不正当竞争,即违反有关法律规定,损害其他经营者的合法权益,扰乱社会金融秩序、经济秩序的行为。《商业银行法》第9条规定:"商业银行开展业务,应当遵守公平竞争的原则,不得从事不正当竞争。"

为了贯彻执行公平竞争的原则,首先,必须遵守《反不正当竞争法》的有关规定。不正当竞争行为主要有以下几类:(1)以假冒、伪造商标、质量标志以及虚假广告、虚假有奖销售等欺诈手段进行竞争;(2)政府及所属部门及具有独立地位的经营者滥用行政权力,对他人购买商品以及对商品的流入流出进行强迫性的限制或附加不合理条件;(3)以贿赂或回扣等变相贿赂等手段进行竞争;(4)以侵犯他人商业秘密以及以贬低竞争对手商业信誉、名誉等不正当手段进行竞争;(5)以低于成本的不合理低价倾销或以有奖销售的手段推销质次价高的商品等不正当价格变动手段倾销;(6)投标者串通投标或投标者与招标者串通以排挤其他竞争对手公平竞争。这虽然不是直接针对商业银行的业务规定的,但是其原则、精神却是适用于对商业银行的要求的。其次,必须遵守《中国人民银行法》和《商业银行法》中关于公平竞争及不正当竞争的有关规定。比如《商业银行法》第47条规定:"商业银行不得违反规定提高或者降低利率以及采用其他不正当手段,吸收存款,发放贷款。"第81条第1款规定:"未经国务院银行业监督管理机构批准,擅自设立商业银行,或者非法吸收公众存款、变相吸收公众存款,构成犯罪的,依法追究刑事责任;并由国务院银行业监督管理机构予以取缔。"第63条规定:"商业银行应当依法接受审计机关的审计监督。"要克服和防止那种为了赢利而采取的乱设置金融机构、乱提高利率、乱给予贷款等不正当竞争的现象。

五、商业银行适度分业管理的原则

所谓分业管理,包含两层意思:一是商业银行之间,即中国工商银行、中国农业银行、中国建设银行、中国银行这四大银行以及新兴的商业银行之间,应当按照传统优势及中国人民银行和银保监会批准的业务范围进行活动,不得任意打乱、变更或取消。二是商业银行和非银行金融机构之间的业务不能混淆,应当严格分工。比如按《商业银行法》的规定,商业银行在中国境内不得从事信托投资和股票业务,不得投资于非自用不动产,并且在中华人民共和国境内不得向非银行金融机构和企业投资。

商业银行之所以要遵守分业管理的原则,一方面是由于我国现阶段的信托投资和股票业务发育尚不成熟,风险较大,故此尚不适于现阶段商业银行的参与。另一方面,我国的商业银行尚处在过渡时期,其自身的基本任务很重,并且还有许多新兴业务需要学习,而且在现阶段资金也不是很宽裕,不良债券的历史包袱也很重。这样就不能再分散出资金和精力,从事非银行金融机构的业务经营了。因此,在一定时期坚持分业管理的经营原则仍是十分必要的。

现代金融业最发达的美国和我国金融改革的前期、后期的经验都表明:金融业之间不要分工太细,可以相互交叉,并逐步解除对分业经营管理的限制,然而也不是混合一场,分业要有度的管理。2005年,中国人民银行、银监会及证监会联合公布《商业银行设立基金管理公司试点管理办法》,允许中国商业银行直接出资设立基金管理公司。2006年保监会发布《关于保险机构投资商业银行股权的通知》,允许保险机构投资境内国有商业银行、股份制商业银行和城市商业银行等未上市银行的股份。2008年中国银监会与保监会《关于加强银保深层次合作和跨业监管合作谅解备忘录》公布,同意银行投资入股保险公司。可以看出,我国的金融混业经营在逐步深入,因此,金融监管也需要及时加以调整。

思考题

1. 我国国有商业银行的状况和我国商业银行组织体系是怎样的?
2. 何谓商业银行? 它的基本特征是什么?
3. 何谓商业银行法? 它的基本特征是什么?
4. 我国《商业银行法》是何时颁布、修订和实施的? 意义在哪里?
5. 我国商业银行经营和管理活动的基本原则有哪几个?
6. 何谓资产负债比例管理原则?《商业银行法》对它是怎样规定的?

第十一章 商业银行法(中)

第一节 商业银行负债、资产、中间业务的一般规定

商业银行的业务是指其经营范围。商业银行的业务是由其性质决定的。业务经营上的差异是商业银行与中央银行、政策性银行的不同所在。各国法律根据情况对本国的商业银行的业务范围作了不同的规定。我国《商业银行法》第3条规定：商业银行可以经营下列部分或者全部业务：(1)吸收公众存款；(2)发放短期、中期和长期贷款；(3)办理国内外结算；(4)办理票据承兑与贴现；(5)发行金融债券；(6)代理发行、代理兑付、承销政府债券；(7)买卖政府债券、金融债券；(8)从事同业拆借；(9)买卖、代理买卖外汇；(10)从事银行卡业务；(11)提供信用证服务及担保；(12)代理收付款项及代理保险业务；(13)提供保管箱服务；(14)经国务院银行业监督管理机构批准的其他业务。经营范围由商业银行章程规定，报国务院银行业监督管理机构批准。商业银行经中国人民银行批准，可以经营结汇、售汇业务。商业银行的经营业务概括起来可分为以下几类：即负债业务、资产业务、中间业务。

一、负债业务的概念、内容及其意义

商业银行的负债是其所承担的能以货币计量、需在未来一定时间内以资产或劳务偿付的债务，主要包括各项存款、借入资金和占用其他资金与项目。商业银行的负债业务是商业银行通过吸收存款和借款的形式，付出一定的代价，形成资金来源的业务。商业银行的负债业务是相对于资产业务而言的。资产业务是商业银行运用资金，形成利润，实现经营目标的业务，是商业银行的主体业务，它虽然十分重要，但却离不开负债业务。负债业务是银行经营活动的起点，是资产业务的前提和基础。没有负债业务的筹集资金，就没有资产业务的运用资金。另外，作为商业银行提高资金的自活率和自我平衡能力是经营的基本要求。随着金融体制改革的深入，中央银行吞吐基础货币的渠道由再贷款更多地转向运用公开市场操作后，商业银行逐渐失去了在资金上对中央银行的依赖。商业银行为了在竞争中生存与发展，就必须通过多种渠道自筹资金，搞好负债业务。由此可见，商业银行应把负债业务放在首位，负债业务是商业银行的经营之本。负

债业务是商业银行经营资本的主要来源。一般说来,商业银行经营资本的 90％要通过负债业务筹集。负债业务的规模和结构制约资产业务的规模和结构。

我国商业银行法规定的负债业务主要有三项,即吸收公众存款、发行金融债券、进行同业拆借。

二、资产业务的概念、内容及其意义

商业银行的资产业务一般包括现金资产、信贷资产、买卖证券资产、固定资产和贴现资产等部分。如前所述,负债业务是商业银行筹集资金的业务,是银行获得收入的前提,而资产业务是商业银行运用资金的业务,是银行取得收益的主要来源。既然商业银行是自主经营、自担风险、自负盈亏、自我约束的以追求利润为经营目标的经营货币的特殊企业,那么资产业务就是银行中最主要最核心的业务。通过开展资产业务,银行获取利息和投资收益等资产收入,扣除掉储蓄存款利息和其他各种费用后成为银行的经营利润,达到经营的目标,否则商业银行便无法生存和发展。商业银行受信取得负债的目的,就是为了经营资产业务,取得最佳经济效益,同时通过开展资产业务使银行监管和调控工商企业的生产经营并进,从而对地区经济乃至国有经济的发展产生直接影响,可见,资产业务是商业银行的经营主体和经营根本。

三、中间业务的概念及其意义

中间业务是指商业银行不需运用自己的资金,代替客户承办交付和其他委托事项而收取手续费的业务。中间业务与负债业务、资产业务共同构成现代商业银行的三大业务。传统的中间业务有汇兑业务、信用证业务、代收业务、同业往来、代客买卖业务、信托业务和租赁业务。在市场经济条件下,社会经济发展极其迅速,带来许多种融资和多样化金融服务的需求,中间业务在一定程度上适应市场经济对金融的各种需要,可较少地占用银行资金,相对减轻银行的经营风险,有利于提高银行的经济效益。中间业务可使银行赢利结构呈现多元化发展,结束传统情况下银行单纯依靠存贷利率差获利的现象。因此,商业银行应大力发展中间业务。

第二节 商业银行的负债业务

一、吸收公众存款

存款是银行接受客户存入资金,存款人可以随时或按约定时间支取款项的一种信用业务,即银行对存款人的一种以货币表示的债务。存款是商业银行负

债的主体,一般占其总负债量的70%左右。在我国,存款按存款对象划分为企事业单位存款、居民个人储蓄存款、财政性存款和同业存款;按存款的期限划分为活期存款、定期存款、定活两便存款。

(一)银行吸收企事业单位存款的规定

企事业单位的现金必须存入银行。企事业单位存款主要形式是支票存款。存款人在银行开立使用支票办理结算的账户。存款人(单位)存入现金时使用缴款单,提取现金或进行转账结算时签发现金支票或转账支票以及其他结算凭证。支票存款在我国又称为结算户存款。根据《现金管理暂行条例》的规定,开户单位之间的经济往来,除按规定的范围可使用现金外,应当通过开户银行进行转账结算。企事业单位在银行开立的账户,只供本单位业务经营范围内的资金收付,不准出租、出借或者转让给其他单位或个人使用。银行若发现企事业单位有违反财经纪律的收付,或利用账户进行非法活动,按不同性质,区别处理,银行可停止其收付活动,取缔非法账户,并报有关部门处理。

(二)银行开展个人储蓄存款的规定

储蓄是指个人将属于其所有的人民币或外币存入储蓄机构,储蓄机构开具存折或存单,作为凭证,个人凭存折或存单可以支取存款本金和利息,储蓄机构依照规定支付存款本金和利息的活动。储蓄存款是居民个人为积蓄货币和取得利息收入而存入银行的款项。储蓄是货币积累和储藏手段职能的具体运用,是储户把货币权暂时让渡给银行的一种信用行为,也是居民个人与银行之间发生的一种信用关系。任何单位和个人不得将公款以个人名义转为储蓄存款。自1995年以来,商业银行在坚持"存款立行、优化服务"的思想指导下,储蓄存款额增长很快。如2013年8月,我国居民储蓄余额已连续3个月突破43万亿元,位于历史最高位,成为全球储蓄率最高的国家。截至2016年8月,我国居民储蓄余额达58万亿。

商业银行的储蓄业务种类繁多,主要包括以下四类:

1. 人民币储蓄业务

(1)活期储蓄存款。活期储蓄存款是可以随时存取、比较灵活的一种储蓄方式。活期储蓄存款账户的开立不需要他人介绍或保证,从一元起存,多存不限,但利息比定期储蓄低。储户凭存折存取款,存折不能流通、转让或透支。由于活期储蓄户头分散,每户数额较少,所以可以成为银行较稳定的资金来源。

(2)定期储蓄存款。定期储蓄存款是一种可以一次或多次存入,并约定存款期限,到期或按期支取本金和利息的储蓄。按存取方式不同,可划分为整存整取、零存整取、存本取息、整存零取等四种方式。相比之下,定期储蓄的利率要高于活期储蓄。支取时使用存折或存单,同样,存折或存单不具有流通性。

(3)定活两便储蓄存款。定活两便储蓄存款兼有定期储蓄存款和活期储蓄存款特点,是一种存期不定、利率不定、数额不定的存单储蓄存款。其账户不使用支票,存单只作为提款的凭证,不能流通转让,且该账户都有一个基本期限。一般是存期不满 3 个月不计息;超过 3 个月不足 6 个月的,按 3 个月定期存款利率计息;超过 6 个月不足 1 年的,按 6 个月定期存款利率计息;满 1 年以上的,按 1 年定期存款利率计息。这种存款比较灵活,可以随时支取,同时也可以获得相当的利息,适用于金融市场比较发达、信用趋于证券化的国家。

(4) 华侨整存整取定期储蓄存款。

(5) 大额可转让定期储蓄存单。大额可转让定期存单是指银行发行的可以在金融市场上转让流通的一定期限的银行存款凭证,是商业银行为吸收资金而开出的一种收据。即具有转让性质的定期存款凭证,注明存款期限、利率,到期持有人可向银行提取本息。大额可转让存单一般由较大的商业银行发行,主要是由于这些机构信誉较高,可以相对降低筹资成本,且发行规模大,容易在二级市场流通。大额可转让定期储蓄存单的存单面额、存期档次多,供储户的选择余地大。大额可转让定期储蓄存单 500 元起存,多存不限。存单面额有 500 元、1000 元、2000 元、5000 元、10000 元、50000 元等多种。最长期限为 1 年,最短期限为 3 个月,并采用不分段计息,逾期部分不计息,且不得提前支取,但可以办理转让。由于利率优惠,档次多,所以很受储户的欢迎。

(6) 经中国银监会批准开办的其他种类的储蓄存款。

2. 外币储蓄业务

经我国外币管理部门批准,储蓄机构可以办理下列外币储蓄业务:(1) 活期储蓄存款;(2) 整存整取定期储蓄存款;(3) 经中国人民银行批准开办的其他种类的外币储蓄存款。根据规定,办理外币储蓄业务,存款本金和利息应用外币支付。

3. 定期储蓄存款到期自动转存业务

储蓄机构在办理定期储蓄存款时,根据储户的意愿,可以同时为存款人办理定期储蓄存款到期自动转存业务。

4. 个人住房储蓄业务

根据国家住房改革的有关政策和实际需要,经当地中国人民银行分支机构批准,储蓄机构可以办理个人住房储蓄业务。

对商业银行来说,要坚定"储蓄存款第一,储蓄存款立行"的思想,首先,必须破除两种不正确的观点:一是认为市场疲软,是储蓄存款增加过多造成的,主张收缩储蓄,刺激消费;二是认为储蓄存款利率倒挂,会造成亏损,得不偿失,不愿抓储蓄。这两种观点都是片面的,是不足取的。其次,要建立一个具有我国商业银行特色的储蓄存款体系,依靠原来储蓄存款网点遍布全国每个角落、历史长、信誉高、设施比较先进的优势,不断开拓新的市场,全方位启动,多渠道吸储。再次,建立起一个规范的、合理的储蓄运行机制。在宏观方面,要认真贯彻执行国家的货币政策、储蓄政策、利率政策,要按规定预提准备金、备付金、风险金,同时要充分发挥稽核、监察、财会等综合部门的作用,强化内部检查、监督控制,防止差错事故和违法违章案件的发生;并要根据实际情况确定存贷比例,长短期贷款比例,流动资金和固定资金贷款比例,把负债经营的风险减少到最低限度,以保证贷款的安全性、流动性、效益性。在微观方面,要完善储蓄承包,改革内部分配制度;完善储蓄规章制度,提高各级储蓄干部的管理水平;创造良好的内、外部环境,充分调动职工的积极性和创造性。最后,应当加强储蓄存款的成本核算,克服储蓄存款经营目的的盲目性、规模的局限性和利益驱动机制的片面性,并防止"高息揽储"造成储蓄存款成本的过快增长。为此,要牢固树立"储存必赢利"的思想,建立起切实可行的资金管理体系,完善储蓄成本考核制度,实行银行系统内部资金商品化制度,从根本上改变全行吃资金"大锅饭"的局面。同时,还要适应形势的变化,适时开发新储种,推进电脑化建设。

(三) 对存款人保护的规定

商业银行是经营货币的特殊企业,主要通过吸收公众存款筹集资金开展业务。在激烈的市场竞争中,商业银行属于高负债、有风险的行业,其业务涉及了千家万户,保护存款人的利益是各国商业银行法和银行监管的基本宗旨。我国《商业银行法》充分体现了对存款人保护的原则,不仅在总则中作了规定,而且还以专章规定了对存款人保护的内容。

商业银行应当保障存款人的合法权益不受任何单位和个人的侵犯。这是对存款人保护的原则性规定。

《商业银行法》规定了储蓄存款的基本原则,即存款自愿、取款自由、存款有息、为存款人保密。这是《宪法》关于国家保护公民的合法收入,储蓄为公民合法财产所有权规定的具体表现。这一原则赋予存款人较大权利,即存款自由,存款有息。商业银行为了保证存款人实现上述权利应履行下列义务:(1) 商业银行应当按照中国人民银行规定的存款利率的上下限,确定存款利率,并予以公告。自1996年以来,利率市场化改革已经推行了二十多年,利率市场化改革的核心是要建立健全与市场相适应的利率形成和调控机制,提高央行调控市场利率的有效性。利率市场化是指金融机构在货币市场经营融资的利率水平。它是由市场供求来决定的,包括利率决定、利率传导、利率结构和利率管理的市场化。实际上,它就是将利率的决策权交给金融机构,由金融机构自己根据资金状况和对金融市场动向的判断来自主调节利率水平,最终形成以中央银行基准利率为基础,以货币市场利率为中介,由市场供求决定金融机构存贷款利率的市场利率体系和利率形成机制。利率市场化的过程,实质上是一个培育金融市场由低水平向高水平转化的过程,最终形成完善的金融市场:融资工具品种齐全、结构合理;信息披露制度充分;赋有法律和经济手段监管体制;同时,利率市场化将有利于中央银行对金融市场间接调控机制的形成,对完善金融体制建设起到至关重要的作用。从本世纪初,我国一直在稳步推进利率市场化改革,减少行政权力对利率的认为干预。自 2013 年 7 月 20 日起,中国人民银行决定全面放开金融机构贷款利率管制。自 2015 年 5 月 11 日起,中国人民银行决定金融机构存款利率浮动区间的上限由存款基准利率的 1.3 倍调整为 1.5 倍。自 2015 年 8 月 26 日起,中国人民银行决定放开一年期以上(不含一年期)定期存款的利率浮动上限,标志着中国利率市场化改革又向前迈出了重要一步。自 2015 年 10 月 24 日起,中国人民银行决定对商业银行和农村合作金融机构等不再设置存款利率浮动上限。(2) 商业银行应当按照中国人民银行的规定,向中国人民银行交存存款准备金,留足备付金。存款准备金是指商业银行吸收的存款不能全部贷出,必须保留一部分现金作为准备,以备存款人提取,但所留的现金准备并不能留在商业银行自己的金库里,必须按照中央银行规定的比率向中央银行缴存存款准备金。这样在中央银行的参与下,通过存款准备金这一物质基础来保障存款人取款自由。(3) 商业银行应当保证存款本金和利息的支付,不得拖延、拒绝支付存款本金和利息。以上 3 项规定保障存款人取款自由、存款有息的权利的实现。除此之外,商业银行还应履行为存款人保密的义务。对个人储蓄存款,商业银行有权拒绝任何单位和个人查询、冻结、扣划,但法律另有规定的除外。对单位存款,商业银行有权拒绝单位或个人查询,但法律、行政法规另有规定的除外;还有为了保护存款人的利益,在商业银行规定的法律责任中,对损害存款人利益的行为,规定了追究其经济、民事、行政的责任。

当商业银行经营不善发生信用危机,乃至于破产时,存款人的利益面临巨大威胁,为此,我国《商业银行法》作了"接管"的规定,作了"破产清算"的规定。这无疑对存款人的利益是一种保护。但为了更有利地保护存款人的利益,按照许多市场经济国家通用的做法,我国已经建立了存款保险制度。这一方面可以保护单个存款人的利益,另一方面还可以促进整个金融体系的安全。

二、发行金融债券

金融债券是有价证券的一种,它是由金融机构发行的。发行金融债券是商业银行为筹集中长期资金而向社会发行的一种有价证券。通过发行金融债券,可以扩大筹资渠道,解决特殊用途的资金需要。发行金融债券与吸收公众存款一样都是商业银行负债业务的组成部分,它能为银行的经营筹集资金;但二者由于筹资渠道不同,用途不同,也存在着一定的差异,集中表现在金融债券的利率高于存款利率,且金融债券可依法转让。

我国发行金融债券是在我国证券市场处于初级阶段时,于 1985 年开始的,以便更好地筹集社会闲散资金,支持经济发展。金融债券主要由当时的各专业银行、综合性银行(现行的各类商业银行)发行,其他金融机构也有少量发行。发行金融债券所筹集的资金全部用于发放特种贷款,解决国家计划内经济效益好的在建项目工程扫尾、工程建后急需的流动资金以及企业自有流动资金不足30%的部分。金融债券利率及其支付方式分为固定票面利率、固定期限、期满一次还本付息债券,贴现金融债券,累进利率金融债券,保值金融债券,浮动利率金融债券5类。发行对象是面向社会公开向城乡居民个人发行,全部由投资人自愿认购,极大部分金融机构采取自销方式,个别金融机构采取承购包销方式发行,如1988年中国新技术创业公司发行金融债券,委托交通银行组织承购包销银团,采取承购包销方式发行。到20世纪90年代末金融债券主要由政策性银行发行,如1998年国家开发银行发行金融债券到位1600亿元人民币,同年中国进出口银行成功地以市场化的方式发行金融债券60亿元人民币。

我国《商业银行法》第3条经营业务中规定了"发行金融债券"。第45条规定商业银行发行金融债券或者到境外借款,应当依照法律、行政法规的规定报经批准。这说明发行金融债券不是商业银行的任意行为,而必须依法报经批准。因为发行证券属法律控制的活动,所以发行活动必须按法定程序进行。根据《商业银行法》第74条有关法律责任的规定,未经批准发行金融债券或者到境外借款的,由中国人民银行责令改正;有违法所得的,没收违法所得,并处以罚款;没有违法所得的,处以罚款;情节特别严重或者逾期不改正的,中国人民银行可以责令停业整顿或者吊销其经营许可证;构成犯罪的,依法追究刑事责任。

三、同业拆借

(一)同业拆借的概念及其形式

金融机构在日常经营中,由于存放款的变化、汇兑收支增减等原因,在一个营业日终了时,往往会出现资金收支不平衡的情况,一些金融机构收大于支,另一些金融机构支大于收,资金不足者要向资金多余者融入资金以平衡收支,于是产生了金融机构之间进行短期资金相互拆借的需求。同业拆借,是指具有法人资格的金融机构及经法人授权的金融分支机构之间进行短期资金融通的行为。同业拆借通常有以下几种形式:第一,头寸拆借,即商业银行之间发生的临时借款,主要用于调节资金头寸、弥补票据交换发生的交付差额。在每天银行之间的资金清算轧差时,有的银行收入大于支出,出现头寸盈余,为了充分利用资金,愿将盈余资金拆借出去;有的银行支出大于收入,出现头寸不足,为了正常经营,需临时拆入资金。于是在银行之间就出现了相互借款的行为。同业头寸拆借一般期限较短,我国如今规定的期限为7日内。第二,短期拆借,即银行间利用资金融通过程中的时间差、空间差、行际差,调剂资金余缺而进行的短期借贷。短期拆借期限最长不得超过4个月。第三,同业贴现与抵押借款,商业银行在办理票据贴现业务后需要资金时,可将已贴现尚未到期的汇票向其他银行转贴现,通过转让票据取得同业借款。商业银行办理抵押贷款后需要资金时,也可将用户的抵押财产向其他商业银行转抵押而取得短期借款。商业银行也可将自己持有的金融资产直接向其他银行抵押,以取得借款。

(二) 我国同业拆借的状况

1993年以来,国家同业拆借中出现了混乱现象,即违章拆借现象十分严重。由于同业拆借有的时间长,数额大,用于炒股票、炒房地产,致使金融秩序遭到破坏。经过整顿,1994年以来同业拆借已走上了规范化轨道,但仍然存在私下交易和违章拆借现象。有的地方违规拆借资金之风又重新抬头,愈演愈烈。有些金融机构动辄拆出资金数亿,有的拆借资金月息高达30‰以上,且形势日趋隐秘,难于查处。例如,同一资金、多套借据,开立存单、贴水付息,收取超额手续费等。金融机构这股违规拆借之风为何在一段时间的治理整顿之后重新死灰复燃,且愈益蔓延?其原因如下:一是经济过热的后遗症。许多投资者热衷于投资而又缺少资金,其工程处于骑虎难下之势,只有想办法钻政策空子,通过当地金融机构大量拆入资金搞"笼子外放款"或"超规模放款",来满足这些工程的资金需要。二是利益机制的驱动。由于市场机制发育的不完善和经济过热,债券、股票、房地产相继成为投机者冒险追求高额赢利的焦点。利益机制驱动各类经营机构及金融机构附属公司从外地高息拆入巨额资金,通过炒买炒卖博取巨额差价利润。有的甚至高出正常贷款一倍甚至几倍的利率,这也极大地吸引了内地金融机构,将大量资金拆出去,以牟取巨额利差。三是规避风险。由于一些企业经营效益低下,信用关系差,银行信贷资金沉淀多,信贷资金投放风险倍增,使得当地一些金融机构宁愿将资金给其他地区的金融机构,而不愿贷给本地企业。

为了防止违规拆借死灰复燃,促进同业拆借走上规范化的道路,必须严格执行我国《商业银行法》第46条的规定,即同业拆借,应当遵守中国人民银行规定的期限。禁止利用拆入资金发放固定资产贷款或者用于投资。拆出资金限于交足存款准备金、留足备付金和归还中国人民银行到期贷款之后的闲置资金。拆入资金用于弥补票据结算、联行汇差头寸的不足和解决临时性周转资金的需要。

同业拆借本是商业银行之间的一种短期借贷行为,同业拆借市场对融通资金十分必要。自1999年9月至2000年1月,经中国人民银行批准,已有12家证券公司、科学投资基金管理公司进入全国银行间的同业拆借市场从事拆借、购买债券、债券回购和现券交易业务,从而拓宽了投资和融资渠道,使银行间市场融资交易活跃,有利于解决短期资金寸头的不足,提高资金使用效率,促进货币市场和资本市场的协调发展。

第三节 商业银行的资产业务

一、信贷(放款)

(一)信贷的概念

信贷是指货币持有者(贷款人)将货币暂时借出,借款人按合同在约定的时间内还本付息的一种信用形式。信贷与信用的含义是一致的。从广义上来说,信贷指银行吸收存款、发放贷款等信用活动的总称。从狭义上来说,信贷指银行对企业提供贷款,以满足企业的资金需要。银行通过贷款来满足社区合理的信贷要求,或满足银行所服务或想要服务的信贷市场的要求。

(二)信贷的种类

在贷款中,按不同的用途、不同的期限以及不同的贷款规定或条件,例如利率、抵押、还款日程表等,可以把银行贷款划分为若干种类。

1. 按归还期划分

(1) 短期贷款。短期贷款的期限为 1 年。虽然现在银行发放许多期限较长的贷款,但是短期贷款中的流动资金贷款或季节性工商业贷款仍然十分重要。即使贷款可以展期,但在展期过程中,银行可以随时检查贷款合同的期限。

(2) 中期贷款。中期贷款的期限介于短期贷款与长期贷款之间,一般是 5 年至 7 年。这些贷款通常是在贷款期限内分期偿还。

(3) 长期贷款。长期贷款一般是指归还期为 6 年以上或 10 年以上的贷款。长期贷款主要是由银行发放的不动产抵押贷款。

2. 按有无担保品划分

(1) 抵押贷款。抵押贷款所需的担保品,有一部分依据贷款目的而制定,对用于流动资金需要或季节性需要的传统贷款来说,抵押品可以是库存货物。

(2) 非抵押贷款。许多顾客与银行保持经常性的往来关系,包括存款、贷款和使用银行其他各种服务。

3. 按费用定价方法划分

(1) 固定利率贷款。贷款期限短,并且数额不大时,通常采用固定利率。对于大额贷款或期限长的贷款,采用不同的定价方法。

(2) "优惠与加成"贷款。在采用"优惠与加成"方法时,贷款利率的计算按照优惠利率和加成以补偿这种特定交易产生的风险。在优惠利率上升时,借款利率也上升;反之,优惠利率下降时,借款利率也下降。这样,实际利率的升降都由优惠利率的变化数额来决定。在某些场合,有必要限制利率的调整,或规定最低利率和最高利率。

(3)"优惠与加倍"贷款。"优惠与加倍"与"优惠与加成"相似,但采用"优惠与加倍"方法时,风险加价为优惠利率的倍数,而不是加上一个百分数。当利率流动时,借款利率按优惠利率的变化而成比例地变化。

(4)"交易利率"贷款。以交易为基础的贷款利率的计算,是以金融市场的现行利率加上银行的一个差额,来决定某种贷款期限的利率。基础利率可以是国库券的利率、次级可转让定期存款单的利率、伦敦同业拆借利率或金融市场其他利率。

经国务院批准,中国人民银行决定自2013年7月20日起全面放开金融机构贷款利率管制,其中涉及的贷款利率下限、票据贴现利率限制、农村信用社贷款利率上限等限制一律取消。在管制利率下,由于价格机制被严重扭曲,信贷资源被"低价"配置给垄断企业和政府,因此造成了信贷资源的浪费。而利率市场化的实施,则要求各市场实体面对自身实际的融资需求和成本来竞争金融机构的信贷资源,在市场充分竞争的条件下,市场资源也能被更有效率地配置,从而促进整个社会的经济发展。

4. 按贷款对象划分

这是一种较普遍的对贷款进行划分的方法,本节主要按照对象对贷款种类进行较详尽的分析。

(1)工商业贷款。工商业贷款是商业银行的主要放款,占放款总额的1/3以上,是工商企业购买设备、扩大生产经营的主要资金来源。根据不同情况和不同对象,工商业贷款有以下几种主要的类型:季节性贷款、长期流动资产贷款、定期贷款、项目贷款。

(2)消费者贷款。消费者贷款是对消费者个人发放的、用于购买耐用消费品或支付其他费用的贷款。这种贷款是在第二次世界大战后兴起的,目前已成为西方商业银行的一项重要贷款业务。在我国,20世纪90年代末,已公开推行个人消费信贷业务。中国人民银行公布了开展个人消费信贷的指示,其范围包括住房、汽车、教育助学、旅游等个人消费贷款,其方式包括采用银行卡、开办个人支票账户存款、发行信用卡(贷记卡)等。这有助于树立人们的个人借贷消费意识。助学贷款近年有了全面发展,并且国有商业银行把国家助学贷款作为大事抓。国家严禁发放非指定用途的个人消费贷款。

(3)不动产贷款。不动产贷款是一种以不动产作为抵押品的贷款形式,主要用于房屋、工商业设备购置、制造及维修等,也可用于购买耕地。

(4)对金融机构的贷款。对金融机构的贷款主要包括对往来银行、外国银行、投资银行、储蓄放款协会、信用社及金融公司的贷款。

(5)对中小企业的贷款。

(6)其他贷款。其他贷款主要包括两部分:一部分是对外国政府和国际性机构的放款,另一部分是没有归类的放款。

(三) 信贷的原则和条件

1. 信贷资产业务的"三性"原则

根据我国《商业银行法》第4条的规定,安全性、流动性、效益性是商业银行的经营原则,即"三性"原则。安全性原则要求银行必须确保资金的安全,保证贷款能够及时足额收回,防止呆账的出现,保障银行的清偿能力。流动性原则要求银行的贷款能够放得出去,收得回来,并合理地安排贷款种类和结构,提高贷款的流转回笼速度。效益性原则要求银行在经营中,大量吸收存款,扩大贷款规模,提高贷款收益率,以最大限度地获取利润。

2. 信贷资产业务的政策指导原则

我国《商业银行法》第34条规定:"商业银行根据国民经济和社会发展的需要,在国家产业政策指导下开展贷款业务。"这一规定体现了社会主义市场经济条件下的贷款业务具有特殊意义的原则。这个原则说明信贷政策是商业银行进行信贷活动的宏观依据,应当从宏观角度指导资金的投向,决定贷款的规模。商业银行应从国民经济与社会发展的需要出发,正确理解与把握国家的产业政策。在产业政策的指导下,重点扶持一批"强、大、优"企业,并且按市场经济竞争的原则把资金集中到有发展前途、经济效益好、竞争能力强的企业上。在产业政策的指导下,用信贷杠杆支持农业的快速、健康发展,也是商业银行义不容辞的职责。只有加大体制改革与信贷调整力度,方能推动农业与商业银行自身事业的发展,在有限的信贷资金下,理应选择具有广阔发展前景,并能带动、辐射其他专业发展的优势产业和项目予以重点扶持。要突出支持科技兴农,用科技牵引农业进入市场,并在观念上从主要靠增加贷款投入向提高资金效益转变,从主要靠信贷投入向引导多元化市场型投入转变;还要突出支持土、特、名、优农副产品开发,逐步形成独具特色的"盆地农业";突出支持建设和完善市场体系,完善产品市场经营;注重继续加大支持乡镇企业的发展力度。在产业政策的指导下,尤其是在实施科教兴国战略方针的指导下,应当鼓励科研机构、高等院校和企业合作进行技术开发,支持技术开发研究机构与大中型企业或企业集团联合创办新产品、新工艺的研究开发机构,加快用高新技术改造传统产业的步伐,这也是突出科教兴国的重要出路。因此,商业银行应当加大科技贷款投入,促进经济健康发展。在"产学研联合开发工程"的实践过程中,专家、企业均感到最迫切需要解决的是资金问题。由于资金投入是科技进步的第一推动力和持续推动力,因而金融界应当关注科学技术发展和科技体制改革的进程,继续开办科技开发贷款和原有的企业技术改造贷款,尤其要开发高新技术的贷款项目。

3. 信贷资产业务按规范性贷款和综合平衡的原则

在社会主义条件下的社会再生产过程中,通过合理安排财政收支、信贷收支、外汇收支与物资供求之间的关系,有计划地进行综合平衡,使社会需求总量和社会供给总量相适应,这是社会主义国家进行国民经济综合平衡的重要方面,是实现国民经济顺畅运行的重要条件。如前所述,各银行的信贷安排,由中央银行统一平衡,列入全国信贷安排,构成国民经济计划的组成部分,与国家财政物资计划保持平衡。

4. 信贷资产业务实行区别对待、择优扶植和担保的原则

我国《商业银行法》第 36 条规定:"商业银行贷款,借款人应当提供担保。商业银行应当对保证人的偿还能力,抵押物、质物的权属和价值以及实现抵押权、质权的可行性进行严格审查。经商业银行审查、评估,确认借款人资信良好,确能偿还贷款的,可以不提供担保。"因此,各借款单位要贯彻专款专用的原则,不允许把贷款用于没有补偿的财政性开支,而必须用在支援生产发展和商品流通上。对提高经济效益的企业,银行要积极给予贷款;对于少慢差费的企业,银行有权不给或少给贷款。而且所有的工商企业申请贷款必须有足够的物资作贷款的保证。

5. 信贷资产业务按期归还、收取利息、不得豁免的原则

我国《商业银行法》第 42 条规定:借款人应当按期归还贷款的本金和利息……借款人到期不归还信用贷款的,应当按照合同约定承担责任。商业银行所给予工商企业和农业等方面的贷款,是银行负债资产的重要部分,是来自存款储蓄、而不是财政的无偿拨款。只有按时归还贷款并付给利息,才能保证银行资金的周转。因此,按照国家政策的一贯规定,任何单位和个人都无权豁免贷款,这是由信贷资产的性质所决定的,而且收取利息还有利于促进借款单位和银行本身的经济核算。

6. 信贷资产业务资产负债比例管理原则

这是一个很重要的原则,也是国际社会商业银行通用的做法,在我国《商业银行法》中有所规定,将有专节加以论述指出,此处不再赘述。

7. 全面推行贷款风险分类管理制度

在我国各类银行全面推行贷款风险分类管理制度。贷款风险分类又称贷款五级分类,是指银行主要依据借款人的还款能力,即最终偿还贷款本金和利息的实际能力,确定贷款遭受损失的风险程度,将贷款质量划分为正常、关注、次级、可疑和损失五类的一种管理方法(其中后三类称为不良贷款)。这种风险管理制度首先由美国金融监管部门采用,后来逐步推广到其他国家和地区,成为国际上比较通用的做法。该方法建立在动态监测的基础上,通过对借款人现金流量、财务实力、抵押品价值等因素的连续监测和分析,判断贷款的实际损失程度,对银

行的信贷管理水平和信贷人员的素质有较高的要求。五级分类管理有利于银行及时发现贷款发放后出现的问题,能更准确地识别贷款的内在风险、有效地跟踪贷款质量,便于银行及时采取措施,从而提高信贷资产质量。

商业银行贷款必须以能够按期归还为前提。因此,银行有权审查申请贷款单位是否具备信贷条件。按照历来的规定,其条件主要是:(1)申请贷款的单位是依法登记或经过县以上主管部门批准设立的;(2)实行独立经济核算;(3)必须拥有规定的自有流动资金;(4)在银行立有账户,如果不具备上述条件,需要有符合法定条件的保证人,否则,银行有权拒绝贷款;(5)根据法律规定和实践的经验,申请贷款一定要有担保;(6)全面推行贷款风险管理制度。

(四)信贷的程序和手续

按照我国《商业银行法》的规定,严格信贷资产的审批程序和手续,是杜绝和减少不良债权、提高信贷资产业务质量的重要措施。贷款的程序和手续如下:

(1)借款人向银行提出申请。

(2)银行依法进行审查。我国《商业银行法》第35条第1款规定:"商业银行贷款,应当对借款人的借款用途、偿还能力、还款方式等情况进行严格审查。"

(3)银行审批的制度。我国《商业银行法》第35条第2款规定:"商业银行贷款,应当实行审贷分离、分级审批的制度。"

(4)办理贷款手续——订立书面信贷合同。

在进行贷款业务的过程中,应当注意以下几个方面的法律事项:

第一,商业银行应当按照中国人民银行规定的贷款利率的上下限,确定贷款利率。

第二,商业银行不得向关系人发放信用贷款,向关系人发放担保贷款的条件不得优于其他借款人同类贷款的条件。上面所称的关系人是指以下两种:一是商业银行的董事、监事、管理人员、信贷业务人员及其近亲属;二是上列人员投资或者担任高级管理职务的公司、企业和其他经济组织。

第三,商业银行办理业务,提供服务,应当按照中国人民银行的规定收取手续费,不得任意乱收费。

第四,商业银行的工作人员应当遵守法律、行政法规和其他各项业务管理的规定,不得违反规定徇私向亲属、朋友发放贷款或者提供担保。

(五)施行国有商业银行债权转股权管理的规定

由于各种原因,20世纪90年代中后期,我国国有商业银行的不良债权十分严重,这说明我国一部分大中型国有企业陷于困境,而且国有商业银行也存在严重的金融风险。为了深化国有企业的改革和摆脱困境,有效地化解金融风险,1999年国务院决定成立金融资产管理公司,专门管理和处置银行不良资产。在这一决定下,中国工商银行成立了中国华融资产管理股份有限公司、中国建设银行成立了中国信达资产管理股份有限公司、中国农业银行成立了中国东方资产管理股份有限公司、中国银行成立了中国长城资产管理股份有限公司。

对不良债权施行债转股的目标是要达到银行与国有企业"双赢"的目的,把商业银行所拥有的不良债权转化为对一部分有条件的国有企业的股权,这对商业银行来说就意味着国有商业银行放弃自己所拥有的债权收益,大量减少银行当期的实收利息,减少利润;对部分国有企业来说就意味着该企业的产品有市场销路、有发展前景,只是由于负债过重而陷于困境,通过债转股降低企业财务运转成本,而使其企业产生活力和生机,使得银行对这些企业的贷款能趋于相对正常的状况,也就是银行能够按期正常从这些企业收到利益。

各金融资产管理公司严格执行《关于实施债权转股权若干问题的意见》,保证和坚持金融资产管理公司的债转股的主体地位和履行股东职责,推动社会各界通过债转股的过程促进企业改革,强化法人治理结构,转换企业经营机制,从而推动国有企业乃至商业银行进行债务重组、资产重组、人员重组,使金融资产管理公司同企业改善经营管理和经营机制同呼吸共命运。

2016年3月为了解决债务方面的结构性问题,国务院就债转股相关问题进行了研究。首批债转股规模为1万亿元,预计在3年甚至更短时间内,化解1万亿元左右规模的银行潜在不良资产。

二、买卖政府债券

(一)商业银行证券资产业务的概念及其意义

证券资产业务就是投资业务。所谓投资业务是指经济主体为了获得预期收益,预先垫付一定量的货币或实物以经营某项事业的经济行为。

在商业银行的证券资产业务活动中,投资是指将资金较长时间地投放于有价证券的行为,它的地位仅次于贷款业务。对于银行来说,用于投入的资金是营运资金在满足了客户的贷款需要之后的剩余资金。证券投资是银行运用资金的第二途径,银行的证券投资是一种间接投资,是在贷款收益较低时或贷款风险较高时为保住赢利水平或提高利润所作出的一种选择,从而使银行资金得到充分运用,避免资金闲置。银行进行证券投资是实现资产分散的有效方法,为保持资产的流动性提供了重要条件。

(二)我国对商业银行开展证券资产业务的规定

商业银行的一项主要证券资金业务是买卖政府债券。政府债券的发行主体是政府,它是指政府财政部门或其他代理机构为筹集资金,以政府名义发行的债券,主要包括国库券和公债两大类。由于政府债券的信用好,竞争力强,市场属性好,所以,许多国家政府债券的二级市场十分发达,一般不仅允许在证券交易所上市交易,还允许在场外市场进行买卖。发达的二级市场为政府债券的转让提供了方便,使其流通性大大增强。政府债券风险较小,期限较短,收益固定,变现能力强。因此,许多国家的商业银行的投资业务主要是买卖政府债券。我国《商业银行法》也把买卖政府债券作为商业银行一项重要的业务。《商业银行法》第 3 条对此作出了规定。其第 3 条第 6 项规定,商业银行可以代理发行、代理兑付、承销政府债券。这是指商业银行以中介机构的身份作为受托人,代理国家或企业向社会公开发行债券,并向委托单位收取一定代理手续费的代理发行方式。代理发行是商业银行参与债券交易的主要形式。其第 7 项又规定了商业银行可以经营买卖政府债券的业务,这是指商业银行以直接认购的方式参与债券交易。上述代理发行和直接认购是现在一些商业银行分行以自身投入的形式参与债券交易的尝试做法。随着我国专业银行向国有商业银行转轨,中央银行宏观调控体系的建立,商业银行的债券投资业务会进一步落实发展。

商业银行参与债券投资具有积极意义。从宏观角度看,商业银行买卖政府债券可以适应中央银行宏观调控方式转变的需要。一方面,可为中央银行有效地实施间接的宏观金融调控创造条件;另一方面,有利于商业银行本身适应中央银行宏观调控方式的变化,及时、准确地反映中央银行调控信息,及时、适度调整资产结构,提高资金运用效率。从微观角度看,商业银行参与债券交易对其自身拓展业务、提高经济效益等方面也大有益处。政府债券的利率虽低于贷款利率,但一般高于同期限的存款利率,银行吸收存款和自有资金在保持一定贷款的前提下,一部分用于证券投资,是保持资产流动、灵活运用资金的良好形式。同时,通过银行买卖政府债券,就可以避免财政遇到困难时向银行透支,并且,银行买卖政府债券,又从金融上支持了财政,这就进一步明确和密切了银行金融和政府财政的关系。

(三) 债券交易业务的发展

在国有专业银行向商业银行的转化过程中,为实现资产多元化的目标,逐步调整资产结构,商业银行要积极参与债券交易,把债券交易纳入正常的经营业务规划,把这一业务作为一项决策内容来看待,明确参与债券交易的目的是改善资产结构。债券交易业务要与资金运用和资产负债管理联系起来,充分运用买卖国债以达到调整流动储备、调整金融资产结构的作用。参与债券交易的资金规模一般以掌握在本行资产总额的 5% 以下为宜。参与债券投资不要影响为完成信贷计划所需要的资金,并且原则上使用自有资金去交易。债券市场交易仍存风险,其操作具有极强的技术性,要求有丰富的专业知识,培养一批合格的专业人才是开展债券交易业务的必备条件。因此,商业银行要建立债券业务机构,加强业务培训,建立激励机制,落实交易责任制。

债券投资作为银行的一项重要业务,对于银行的资金运用、资产流动、利润增加都有十分重要的作用。

(四) 银行间债券市场的兴起

为推动全国银行间债券市场的进一步发展,规范债券交易行为,防范市场风险,保护交易各方合法权益,中国人民银行制定了《全国银行间债券市场债券交易管理办法》(以下简称《管理办法》),于2000年4月30日发布施行。《管理办法》包括总则、参与者与中介服务机构、债券交易、托管与结算、罚则、附则。共6章41条。

《管理办法》所指全国银行间债券市场债券交易是指以商业银行等金融机构为主的机构投资者之间以询价方式进行的债券交易行为。债券交易品种包括回购和现券买卖两种。回购是交易双方进行的以债券为权利质押的一种短期资金融通业务,指资金融入方(正回购方)在将债券出质给资金融出方(逆回购方)融入资金的同时,双方约定在将来某一日期由正回购方按约定回购利率计算的资金额向逆回购方返还资金,逆回购方向正回购方返还原出质债券的融资行为。现券买卖是指交易双方以约定的价格转让债券所有权的交易行为。《管理办法》所称债券是指经中国人民银行批准可用于在全国银行间债券市场进行交易的政府债券、中央银行债券和金融债券等记账式债券。债券交易应遵循公平、诚信、自律的原则。

2016年2月14日,中国人民银行公布了《全国银行间债券市场柜台业务管理办法》(以下简称《办法》),明确合格投资者可投资柜台业务的全部债券品种和交易品种。此举是为了促进债券市场发展,扩大直接融资比重。全国银行间债券市场柜台业务是指金融机构通过其营业网点、电子渠道等方式为投资者开立债券账户、分销债券、开展债券交易提供服务,并相应办理债券托管与结算、质押登记、代理本息兑付、提供查询等。柜台业务交易品种包括现券买卖、质押式回购、买断式回购以及经央行认可的其他交易品种。《办法》明确了开办柜台业务的金融机构的条件,并规定符合条件的金融机构应当于柜台业务开办之日起1个月内向央行备案,并提交规定的材料。《办法》规定,符合条件的个人和企业投资者可投资柜台业务的全部债券品种和交易品种。其中,年收入不低于50万元,名下金融资产不少于300万元,具有两年以上证券投资经验的个人投资者,以及净资产不低于人民币1000万元的企业可投资柜台业务的全部债券品种和交易品种。同时,不满足上述条件的投资者只能买卖发行人主体评级或者债项评级较低者不低于AAA的债券,以及参与债券回购交易。

三、票据贴现

(一) 票据贴现的概念及其意义

票据贴现是指票据持有人为了取得现金,以未到期的商业票据或者国库券提交银行,以融通资金,银行扣除自贴现日至到期时的利息后,以票面余额付给持票人的一种经济行为。银行办理票据贴现,须按照一定的利率计算利息。贴现利息＝票据面额－票面余额。贴现率＝贴现利息/票面额×100％。票面余额＝票据面额－贴现利息。因此,贴现率是指银行接受商业票据、国库券等贴现业务时,对贴现人收取的一种利率。

票据贴现从票据行为来说类似票据的转让,从银行业务来说是银行的授信业务,类似信贷范畴,它把直接对借款人的借款转变为间接向汇票承兑人的资金融通。票据贴现虽不能成为贷款,但在贴现制度发达的国家和地区,其重要性不亚于抵押贷款和信用贷款。这是因为票据贴现有以下一些优点:(1)这种"放款"风险小,它一般期限短,汇票只有一两个月,期票往往也少于1年。(2)它是自动清偿的,债务人在票据到期日非清偿不可。(3)万一不能清偿,银行还可以向出票人和请求贴现者行使追索权,这是购买其他有价证券所不能享有的。(4)银行在需要现款时,可以将票据拿到市场上转让,这又是一般贷款所不能实现的。(5)贴现利息的计算也比较简单、方便,银行可以通过贴现业务的顺利开展,增加其营业额和利润额。因此,我国《商业银行法》把"办理票据贴现"作为银行资产业务的重要内容之一进行了规定。

(二)我国商业银行汇票贴现、转贴现和再贴现业务的操作

1. 汇票贴现

汇票贴现是由收款人向银行申请贴现,经贴现银行批准贴现,收取贴现利息后,将实付贴现金额转入贴现人账户使用。贴现的商业汇票到期,贴现银行委托承兑人(付款人)开户银行收取票款,承兑人开户银行凭到期的商业承兑汇票向承兑人账户收取票款,然后划回贴现银行。贴现银行收回贴现,这笔汇票贴现业务就结束了。具体步骤是:

第一,申请贴现。申请贴现人(收款人)需要资金,凭未到期的商业承兑汇票,经背书后附购销合同,并填制《贴现申请书》提交开户银行申请贴现。

第二,核准贴现。贴现银行收到申请贴现人提交的未到期的商业承兑汇票、附送的购销合同和贴现申请书后,由信贷部门进行审查。审查的内容包括:(1)合法性;(2)贴现资金的使用投向;(3)贴现索款的回收性。审查核准后,将验审的购销合同退还申请贴现人,申请贴现人填报《贴现凭证》,并加盖银行预留印鉴,交由银行信贷部门签注审批意见后,转交会计部门办理贴现手续,会计部门计算实付贴现金额并将它转入贴现人账户使用。贴现人将商业承兑汇票转让给贴现银行。银行会计部门将它留存专夹保管,等商业汇票到期时,通过承兑人开户银行收取贴现票款。

第三,委托收款。贴现银行委托承兑人开户银行收取票款。

第四,到期付款。承兑人应在商业承兑汇票到期前备足资金,以备支付到期的商业承兑汇票的票款。承兑人开户银行收到贴现银行寄来的委托收款的商业

承兑汇票以后,凭之从承兑人账户中支付票款。

第五,划回票款。承兑人开户银行将从承兑人账户中支取的票款划回贴现银行,贴现银行收回贴现。

2. 汇票的转贴现

汇票的转贴现是指贴现银行向其他商业银行转让汇票,也就是商业银行之间的相互贴现。汇票的再贴现是指贴现银行向中央银行再转让汇票,也就是商业银行向中央银行申请的贴现。汇票的再贴现和转贴现的共同点是贴现银行以未到期的贴现票据向中央银行或其他商业银行经背书后再次贴现。中央银行或转贴现银行按规定扣除再贴现、转贴现的利息后,给申请贴现行兑付票款。从票据的转让行为来看,再贴现是商业银行通过贴现将未到期的票据买进来,尔后再卖给中央银行或其他商业银行的一种票据买卖行为;从信用关系来看,再贴现是银行间融通资金的一种方式。

转贴现业务是需要资金的银行,将企业贴现的票据,转向供转贴现资金的银行进行贴现。转贴现是专业银行之间的票据转让行为,是专业银行之间的一项授信业务。一般情况下,转贴现的具体处理程序如下:

(1) 转贴现的申请。转贴现业务的基本关系人有两个,一个是转贴现申请人,即要求将已贴现的商业汇票转让出去的银行,另一个是转贴现接受人,即转贴现人或转贴现行,是转贴现业务的受让人,即买进已贴现商业汇票的银行。转贴现银行在办理转贴现时必须考虑自身的资金承受能力。转贴现的申请就是转贴现申请行和转贴现行之间的要约——承诺过程。

(2) 转贴现的办理。转贴现申请行应先以口头或书面形式向转贴现行提出转贴现请求,经转贴现行承诺后,转贴现申请行填制转贴现凭证,连同已贴现未到期的商业承兑汇票或银行承兑汇票一并送交转贴现银行。汇票"收款人背书处"应由申请转贴现银行签章即转贴现背书,转贴现银行应对票据进行审查,同时也应对原票据的贴现单位(申请贴现的单位)和票据付款单位进行信用审查,如果转贴现票据是银行承兑票据,即可承办而不必进行信用审查,否则必须经过审查符合要求后,方可承办。

符合转贴现条件的,拆借双方便可计算填写实付转贴现金额,签订转贴现合同。转贴现的期限是从转贴现之日起至票据到期日止,最长不得超过半年,转贴现利率按资金市场的基准利率由双方议定。

将实付转贴现金额通过人民银行由拆出单位存款户划拨到拆入单位存款户,即划拨转贴现资金。

(3) 转贴现资金的收回。转贴现到期应由申请转贴现的银行即贴现银行通过人民银行划款归还,同时收回贴现票据,终止转贴现合同。

概括地说,银行承兑汇票与商业承兑汇票的转贴现的基本处理程序相同,主要分为转贴现的申请、办理及转贴现资金的收回三个阶段。

3. 商业银行的再贴现

商业承兑汇票再贴现的基本处理程序,主要为再贴现的申请、再贴现的办理和再贴现的收回三个阶段。

(1) 再贴现的申请。再贴现申请具有两个当事人,持未到期的已贴现商业汇票向人民银行请求再贴现的商业银行为再贴现申请人,接受再贴现申请的为贴现接受人,通常是再贴现申请人开户人民银行。再贴现申请是就已贴现的商业汇票的买卖的订约提议和接受提议的过程。提出申请有书面、口头或书面与口头并用的方式,方式的选择根据具体情况来确定。一般情况下,人民银行对再贴现的掌握有两种方式。一种方式是对各商业银行核定一个再贴现额度,在核定的额度内,商业银行可以按照规定将已贴现的商业汇票向人民银行办理再贴现。另一种方式是按时间顺序择优办理再贴现,不给各商业银行核定贴现额度,商业银行要以书面形式向人民银行提出申请,以便人民银行统一平衡,统筹安排,接受申请才能办理再贴现。此外,也可以采取以上两种方式综合使用的方法。

(2) 再贴现的办理。申请再贴现的商业银行向人民银行办理再贴现时,应将未到期的贴现票据(目前仅限于商业承兑汇票和银行承兑汇票)逐笔抄制"申请再贴现汇票清单",对承兑到期日相差10天之内的贴现票据,可以汇总填制一份清单,按同一到期日计算,但再贴现的到期日,不得超过汇票的最末到期日,并且在汇票上背书。清单上应分别填列承兑汇票种类,承兑人和收受人名称,汇票编号、金额、签发日、到期日以及清单编列的顺序号和最后到期日等内容,加盖业务公章,并按不同到期日加计的贴现总金额分别填制一式五联的"再贴现凭证"。

(3) 再贴现的收回。再贴现资金的回收是再贴现到期应由申请再贴现的银行及贴现的商业银行通过向人民银行划款归还,同时收回贴现票据,终止再贴现合同。

商业银行把自己已经贴现但尚未到期的商业票据向中央银行进行贴现,这个过程比较复杂,每张票据必须背书,经确认合格后,再把票据转让给中央银行。如果企业票据超过一定面额,可能还要求企业提供资产负债表和损益表。要是顾客知道银行用它的票据借了款,可能会认为是银行财务计划不周的表现,或者是不履行贷款协议。因此,商业银行对于再贴现一般比较犹豫,而是更愿意以政府债券作担保向中央银行申请借款,但因其控制比再贴现更严,商业银行并无把握。

票据的贴现、转贴现和再贴现,从票据关系来看,都是票据的背书行为,此外,三者的期限、方式、利息和实付贴现或转贴现或再贴现金额的计算方法也相同。但三者有以下几点不同:(1) 申请人不同。贴现的申请人是承兑汇票的收款人;转贴现、再贴现的申请人是贴现银行。(2)利率不同。贴现利率一般略低于流动资金的贷款利率,转贴现利率一般等于同业拆放利率或者根据资金市场的基准利率由双方议定而成,再贴现利率一般略低于中央银行对商业银行的一般贷款利率。(3)在我国,贴现、再贴现和转贴现到期收取票款的对象不同。贴现到期由贴现银行向承兑汇票的承兑人收取票款。对商业承兑汇票,承兑人的银行账户不足支付时,其开户银行除按规定收取罚款外,应立即将商业承兑汇票退给贴现银行,由贴现银行从贴现申请人账户内收取票款。对银行承兑汇票,承兑申请人在银行承兑汇票到期日不能足额交存票款时,承兑银行除凭票向收款人、被背书人或贴现银行无条件支付外,还要根据承兑协议规定,对承兑申请人执行扣款并对尚未扣回的承兑金额每天按5‰计收罚息。转贴现到期是向申请贴现的银行(即贴现银行)收取票款。再贴现到期是由人民银行从申请再贴现的专业银行存款账户内收取,就是申请转贴现、再贴现的银行承担转贴现、再贴现票据到期付款的责任。申请转贴现、再贴现的商业银行在付款后,应自行向汇票付款人或承兑银行收取票款,被退票时应自行向贴现申请人追索。这同西方国家的一些做法不同。一般来说,在西方的一些国家转贴现、再贴现的商业银行和中央银行直接向汇票承兑人(付款人)收取票款归还转贴现和再贴现,在承兑人(付款人)不能付款时再向申请贴现、再贴现的商业银行追索。

(三)商业银行票据业务稳健发展,违规行为受处罚

与贷款相较,票据业务的特点首先是风险性。票据贴现业务实质上就是一种特殊的贷款形式,一般贷款是到期后才收息,而票据贴现是先收息后放款,因此其安全性就大大增加了;同时贴现是以票据作为抵押,到期后由承兑人承兑付款,从而降低了贴现银行的风险。其次是其较高的流动性。票据贴现的期限最长才6个月,大多数都在1个月左右,甚至十几天。因此,票据贴现业务逐渐成为国内各商业银行重点发展的业务之一。随着我国经济的快速增长和企业对短期融资需求的增加,我国票据业务发展迅猛。票据市场的发展对完善货币政策传导机制、拓宽企业融资渠道等起到了重要作用。但票据市场也存在风险,违约信用风险进一步增多;操作风险亦呈多发趋势;票据创新产品合规风险、欺诈风险逐渐暴露。2001年11月至12月,人民银行组织四大国有商业银行对部分二级分行进行了银行承兑汇票业务的专项检查。检查发现,银行承兑汇票业务违规问题严重。突出表现在:部分分支机构放松对银行承兑汇票真实贸易背景的审查,为无贸易背景的银行承兑汇票办理承兑和贴现;内部管理不严,违规操作;违反保证金管理规定签发银行承兑汇票。在2001年1—9月期间开办的银行承兑汇票业务中,违规承兑比例为12%,违规贴现比例为17%。此次检查后,人民银行已要求有关商业银行总行处罚机构140个,处分责任人员686名。银保监会也不断加强对票据业务的监督管理,2015年年底当时的银监会下发了《关于

票据业务风险提示的通知》，对 2015 年上半年票据业务进行的现场检查中发现的票据市场普遍存在的问题进行风险提示，同时要求银行业金融机构将"低风险"业务全口径纳入统一授信范围，防止资金空转，并加大监管力度。

第四节 商业银行的中间业务

我国《商业银行法》规定我国商业银行的中间业务有：(1) 办理国内外结算；(2) 代理发行、代理兑付、承销政府债券；(3) 买卖、代理买卖外汇；(4) 提供信用证服务及担保；(5) 提供保管箱服务。

一、办理国内外结算及其规定

结算指交易双方因商品买卖、劳务供应等产生的债权债务通过某种方式进行清偿。用现金方式来清偿，称为现金结算；用银行票据或转账方式来清偿，称作非现金结算或转账结算。为了使结算迅速、安全，我国金融法规规定除少量的货币结算可直接运用现金外，大部分都必须通过银行办理转账划拨。由此可见，银行是结算的中心。办理国内外结算是银行的主要业务。银行结算可加速资金周转，节省大量现金使用，为客户提供方便。结算的基本原则是：恪守信用，履约付款，谁的钱入谁的账，由谁支配，银行不予垫款，银行为客户保密，维护其资金的自主支配权。银行的结算工具是标明债权债务关系的一种流通性凭证，一般有汇票、本票、支票和信用卡。银行结算的方式有 7 种，即银行汇票、商业汇票、银行本票、支票、定额支票、汇兑、委托收款。我国《商业银行法》第 44 条就结算业务作了规定：商业银行办理票据承兑、汇兑、委托收款等结算业务，应当按照规定的期限兑现，收付入账，不得压单、压票或者违反规定退票。有关兑现、收付入账期限的规定应当公布。

二、代理发行、代理兑付、承销政府债券

商业银行一般来说都承担承销、包销有价证券业务，尤其是包销和买卖政府债券，更是各个商业银行的重要业务，它可以为中央政府、地方政府承销、包销一般债务证券以及诸如大额定期存单之类的存款形式的证券，银行还可以通过证券经纪人和经营商买卖证券。但由于在我国具体条件下，证券业还不发达，银行资金有限，银行目前只限于开展代理发行、代理兑付、承销政府债券业务。

三、买卖、代理买卖外汇

外汇买卖业务，从某种意义上讲，也是以金融交易弥补外汇风险的方法。它主要有即期外汇买卖、远期外汇买卖、掉期外汇买卖和期权外汇买卖等。

即期外汇买卖一般是指买卖外汇的双方按当天外汇市场的即期汇率成交,并在成交后的第二个工作日进行交割的外汇交易。远期外汇买卖是指买卖外汇双方按商定的远期汇率订立买卖合同,到约定的日期进行交割的外汇交易。掉期外汇买卖是指在某一个日期卖出甲货币、买进乙货币的即期的同时,买回甲货币、卖出乙货币的远期,也就是即期和远期的对调,达到保住成本的目的。期权外汇买卖是指交易双方按商定的汇率就将来在约定的某段时间内或某一天是否购买或出售某种货币的选择权而预先达成一个合约,买方有权在未来的一定时间内按约定的合约向银行买进或卖出约定数额的外币,同时也有权不执行上述买卖合同。

改革开放以来,我国也逐渐发展了外汇买卖业务,现以中国银行为例介绍一下外汇买卖的具体做法。

1. 外汇买卖的对象

凡是中国境内的机关、团体、企业(包括外商投资企业)均可办理外汇买卖。

2. 办理外汇买卖业务的依据

根据有关外汇管理规定,申请单位必须以进出口贸易合同或其他对外经济协议为依据办理外汇买卖业务,不得搞投机性的外汇买卖或买空或卖空。外商投资企业不受此规定限制。自行营运的现汇存款经常在1000万美元以上的企业,经外汇管理部门批准,可不凭经济合同申请办理。

3. 外汇买卖业务的项目

主要有即期外汇买卖、远期外汇买卖、掉期外汇买卖、期权外汇买卖和其他外汇保值业务。

4. 外汇买卖货币的种类

美元、日元、欧元、英镑、德国马克、瑞士法郎、法国法郎、比利时法郎、荷兰盾、奥地利先令、港币、澳大利亚元、加拿大元、意大利里拉、瑞典克朗、丹麦克朗、挪威克朗、新加坡元等。

5. 外汇买卖的金额和期限

(1) 每笔最小金额为5万美元或其他等值货币;

(2) 远期外汇买卖的期限一般为1年以内。如需超过1年可根据具体情况与中国银行另行商定。

四、经中国人民银行批准,可以经营结汇、售汇业务

结汇是指一般机构按国家外汇管理规定将收入外汇卖给国家换取人民币业务,可分为机构结汇业务、个人结汇业务。售汇指境内一般机构对外支付用汇,可凭有效凭证持人民币来银行办理买汇的业务。这和结汇、售汇业务经中国人民银行批准由商业银行作为自己的中间业务之一一样也很有实际意义。

五、提供信用证服务及担保

按照国际商会制定的《跟单信用证统一惯例》的定义,信用证"是指一项约定,不论其名称如何,凡由银行依照客户的要求和指示,在符合信用证条款的条件下,凭规定单据:(1)向第三者或其指定人进行付款,或支付或承兑受益人开立的汇票;(2)授权另一银行进行该项付款,或支付、承兑或议付该汇票"。因此,信用证交易至少涉及两个法律关系:第一,信用证是银行与开证申请人之间的一种合同。第二,开证银行一旦按开证申请人要求开出不可撤销的信用证,实质上又在开证行和受益人之间产生一种契约关系,构成了开证行的一种保证。银行成为以信用作保证向卖主付款的主体。

信用证是长期国际贸易发展积累起来的商业惯例的结晶,它并不是在现有的法律结构中产生的,只是基于商业习惯而产生的、带有合同性质的一种具有法律效力的文书。因此,作为规定信用证性质的《跟单信用证统一惯例》只能是国际经贸活动中的国际习惯,仅供各国银行自由采用。《跟单信用证统一惯例》适用时,对所有当事人均有约束力,但法院却可自由裁定在某一具体个案中是否适用。

信用证是单据交易,开证银行与开证申请人的关系是一种代理关系,银行必须严格按照其所接受的开证申请书的要求开证,审核受益人提交的单据。银行所从事的是金融业务,不具备国际贸易和专业知识,亦不可能了解每一笔交易的实际情况。因此,它不应卷入贸易纠纷,只能严格地依单证的表面意义进行审查。如果认为单证、单单之间完全相符,银行可以告知申请人后付款;如果发现单证之间或单单之间存在不符点,在征得申请人同意接受后仍可以付款;申请人不接受,银行应拒付,但应要求申请人对拒付作担保。

六、从事银行卡业务

详见本书第十五章第四节"银行卡业务管理及其立法的提升"部分。

七、提供保管箱服务

提供保管箱服务也就是通常指的代保管业务。为保障客户的收益,根据客户的委托,银行可代为保管客户的各种储蓄存单及有价证券,并按规定收取一定的保管费。所保管的存单及有价证券到期后根据委托人意见还可代为办理转存手续。代保管业务的对象是境内居民和境外华侨、港澳台同胞以及国内企事业单位、机关团体、部队、中外合资企业、外资企业。

代保管业务的范围是:凡中国银行及国内各金融机构发行的定期储蓄存单、单位大额可转让定期存单、个人大额定期可转让存单及有价证券,都可以办理代保管业务。原在中国银行存款者,在存单、证券到期后,如委托人仍愿在该行存款,该行可为其办理托收及转存手续并按规定收取托收手续费。

代保管业务开户的手续是:(1)由委托人填写申请委托书;(2)根据委托人填写的申请委托书与代保管的有价单证核对相符后,分别登记开户登记簿和有价单证登记簿;(3)开具保管证,经复核后交委托人收存。

代保管业务支取手续是:委托人凭中国银行开具的保管证及原定支取办法规定的有效证件领取代保管的有价单证。与此同时,经办银行将保管证收回并在开户登记簿上注明销户日期。

此外,所谓银行表外业务是银行表内业务的对称。如果说表内业务是指资产与负债表中可以揭示的银行业务,如贷款、贸易融资、票据融资、租赁融资、透支、各项垫款等,那么银行表外业务是指如保证结算、代理、咨询以及银行承兑汇票往来等业务或者说与表内业务有关并为它服务的业务。如果说表内业务有风险,则表外业务一般无风险,表外业务常常表现为银行中间业务,但在一定条件下表外业务也可转化为表内业务。

思考题

1. 何谓银行负债业务?包括哪几种?
2. 试分析吸收公众存款对商业银行业务的重要性和安全性。
3. 储蓄存款可以划分为哪几类?
4. 我国《商业银行法》对发行金融债券是如何规定的?实际情况如何?
5. 何谓同业拆借?我国《商业银行法》对同业拆借的要求是怎样规定的?
6. 何谓银行资产业务?它包括哪几种?
7. 何谓信贷?其种类是怎样划分的?
8. 贷款的原则是什么?
9. 贷款程序和手续是怎样的?
10. 我国《商业银行法》对商业银行进行证券投资业务是怎样规定的?
11. 何谓银行间债券市场?贷款风险按什么标准分类和分成了哪五类?
12. 何谓票据贴现?何谓转贴现、再贴现?
13. 票据的种类有哪些?
14. 试分析我国商业银行中间业务的发展状况。

第十二章　商业银行法(下)

第一节　商业银行的财务会计和接管、终止

一、商业银行的财务会计制度

财务会计制度是公司财务制度和会计制度的统称,亦简称"财会制度",具体指法律、法规及公司章程中所确立的一系列公司财务会计规程。财务会计报告是反映公司生产经营成果和财务状况的总结性的书面文件。它不仅是公司经营者准确掌握公司经营情况的重要手段,也是股东、债权人了解公司财产和经营状况的主要途径。商业银行作为高负债经营的企业,其安全性不仅涉及储户利益,更牵涉国家金融系统的安全。因此,商业银行的财务会计制必须严格按照有关法律法规执行。我国《商业银行法》第54条规定:"商业银行应当依照法律和国家统一的会计制度以及国务院银行业监督管理机构的有关规定,建立、健全本行的财务、会计制度。"第55条规定:"商业银行应当按照国家有关规定,真实记录并全面反映其业务活动和财务状况,编制年度财务会计报告,及时向国务院银行业监督管理机构、中国人民银行和国务院财政部门报送。商业银行不得在法定的会计账册外另立会计账册。"其中,编制商业银行年度财务会计报告制度是财务管理的重要内容和工具,它主要包括财务报表的编制、财务报告、分析、审查和评价等内容。财务会计报告是商业银行用来反映其在特定日期(月末、季末、年末等)的财务状况和在一定会计期间(月份、年度等)内的经营结果的总结性书面文件。财务会计报告的作用主要体现在两个方面:一方面,财务报告全面、系统地反映了商业银行在特定期间内经营活动的全过程,以及活动过程中所发生的资产负债变化,及时地对商业银行的经营状况、偿债能力、变现能力、业务的风险程度作出符合实情的客观汇报,银行的决策者可以通过对财务报告的分析及时发现问题,采取措施改进经营,并将其作为制定自身发展战略的依据;另一方面,金融管理当局通过对商业银行财务报告的检查和分析,可以及时发现银行经营中存在的问题,协助银行予以解决,这就大大加强了金融管理当局的宏观控制和管理机能,有利于金融业的稳定和发展。编制年度财务会计报告,要在遵循客观性原则、相关性原则和规范性原则的同时达到三个要求:(1)真实、准确。商业银行在编制财务报告之前,必须对编报所依据的会计资料和其他有关资料,例如各种账簿、表册、实有财产数等作认真、详细的清查和审核,保证财务报告所反映

的信息真实,数据准确、可靠。(2)全面、完整。财务报告是总结性的书面报告,必须精确、完整和全面地反映商业银行的财务状况和经营成果。财务报告的填制者必须按照国家和金融管理当局的规定,按标准的指标体系、格式、项目和内容进行编制,不能任意增设和省略。本着"充分披露"的原则,商业银行必须保证财务报告在内容上的完整,不得虚报、漏报、假报或隐瞒经营活动或经营结果。(3)及时。财务报告只有按时地编制、报送有关当事人,才能充分地发挥其作用。如财务报告不能及时发送,对报告的使用者来说,会降低和损害商业银行的信誉,同时也降低了财务报告的使用价值。

我国《商业银行法》第56条规定:商业银行应当于每一会计年度终了3个月内,按照国务院银行业监督管理机构的规定,公布其上一年度的经营业绩和审计报告。第57条规定:商业银行应当按照国家有关规定,提取呆账准备金,冲销呆账。

二、商业银行的接管和终止的规定

(一)商业银行接管的规定

金融市场绝不会因为法律规则的设置而停止前进的脚步,在资本天然的逐利性推动下,金融混业经营引发产品创新,金融产品交叉和趋同,金融机构之间的界限日益模糊,以及金融资本市场全球化程度不断加深,纵向规制越来越无法满足金融市场发展的客观需要,弊端越来越明显。传统的分业监管和纵向规制能够发挥作用的前提是,银行证券业之间业务能够明确区分,各自推出的产品及服务之间泾渭分明。但自20世纪80年代全球金融的自由化、混业化及创新性,出现了带有防火墙的金融业混业经营,金融机构之间可以经营传统业务以外的其他产品。如1986年英国的《金融服务法》,允许金融机构以子公司的形态跨业经营。从金融结构的角度看,在经济全球化和金融自由化的大背景下,世界金融机构变迁呈现出两大趋势:多层次资本市场的加速发展和银行市场化的勃兴。金融结构的变迁推动着中国以商业银行为主体的传统金融体系向以资本市场为中心的现代金融体系演进,实现资本市场和商业银行功能互补的金融综合化经营,但综合化经营也会带来金融风险的传递和放大,需要统合立法和统合监管。随着利率市场化的推进、存款保险制度的建立以及特殊金融机构破产条例的逐步完善,银行间的竞争愈演愈烈,银行的存废由自身的经营状况决定,银行被接管乃至破产将会成为常态。国家也不会随意动用公共财政的资金对其进行救助,国家的"隐形信用担保"将会被存款保险制度的"显性信用担保"取代,银行业不再是一片没有风险的乐土。因此,未来银行出现接管甚至破产将不可避免。

在我国,接管,类似《企业破产法》中的"整顿",但又有其特殊性。《商业银行法》第64条对此作了如下规定:"商业银行已经或者可能发生信用危机,严重影响存款人的利益时,国务院银行业监督管理机构可以对该银行实行接管。接管的目的是对被接管的商业银行采取必要措施,以保护存款人的利益,恢复商业银行的正常经营能力。被接管的商业银行的债权债务关系不因接管而变化。"

接管由国务院银行业监督管理机构决定,并组织实施,接管决定由国务院银行业监督管理机构予以公告。同时,国务院银行业监督管理机构的接管决定应当载明下列内容:(1)被接管的商业银行名称;(2)接管理由;(3)接管组织;(4)接管期限。

接管自接管决定实施之日起开始。自接管开始之日起,由接管组织行使商业银行的经营管理权力。接管期限届满,国务院银行业监督管理机构可以决定延期,但接管期限最长不得超过 2 年。

接管的终止必须具备下列情形之一:(1)接管决定规定的期限届满或者国务院银行业监督管理机构决定的接管延期届满;(2)接管期限届满前,该商业银行已恢复正常经营能力;(3)接管期限届满前,该商业银行被合并或者被依法宣告破产。

(二) 商业银行终止的规定

商业银行终止,实质上是商业银行的退出问题,有以下三种情况:解散、被撤销和被宣告破产。

(1) 商业银行的解散。我国《商业银行法》第 69 条规定:商业银行因分立、合并或者出现公司章程规定的解散事由需要解散的,应当向国务院银行业监督管理机构提出申请,并附解散的理由和支付存款的本金和利息等债务清偿计划。经国务院银行业监督管理机构批准后解散。商业银行解散的,应当依法成立清算组,进行清算,按照清偿计划及时偿还存款本金和利息等债务。国务院银行业监督管理机构监督清算过程。

(2) 商业银行的撤销。我国《商业银行法》第 70 条规定:商业银行因吊销经营许可证被撤销的,国务院银行业监督管理机构应当依法及时组织成立清算组,进行清算,按照清偿计划及时偿还存款本金和利息等债务。

(3) 商业银行的破产。我国《商业银行法》第 71 条规定:商业银行不能支付到期债务,经国务院银行业监督管理机构同意,由人民法院依法宣告其破产。商业银行被宣告破产的,由人民法院组织国务院银行业监督管理机构等有关部门和有关人员成立清算组,进行清算。商业银行破产清算时,在支付清算费用、所欠职工工资和劳动保险费用后,应当优先支付个人储蓄存款的本金和利息。震惊全国并被评为 1999 年中国十大金融新闻的广东国际信托投资公司破产案(以下简称广东国信破产案),是中华人民共和国成立以来首例金融机构破产案,涉及金额 361 亿元。广东国信的破产,有经营管理不善、违法违规经营等原因,更主要的则是由于被拖欠巨额贷款造成信用危机导致的。广东国信短短 20 年成为中国信托业中仅次于中信的"巨无霸",但1997年下半年出现间歇性支付困难,1998年出现连续性支付困难,最后以资不抵债146多亿元的结果被宣告破产。通过这一破产案,维护了债权人的合法权益,防范了更大的信用危机。在这一案件前后,中国人民银行和法院系统,按照《商业银行法》的规定,对某些非银行金融机构、个别地方的银行机构,以及金融公司,凡符合市场退出条件的都果断地采取了各个不同形式的市场退出。海南发展银行成立于1995年8月,是海南省一家具有独立法人地位的股份制商业银行,其总行设在海南省海口市,并在其他省市设有少量分支机构。由于其扩张迅速,但是监管没有跟上,导致不能及时兑付储户本金及利息,酿成挤兑风波,最终使其经管陷入艰难的困境。1998年6月21日,中国人民银行发出公告:由于海南发展银行不能及时清偿到期债务,根据《中国人民银行法》《公司法》,中国人民银行决定关闭海南发展银行,停止其一切业务活动,由中国人民银行依法组织成立清算组,对海南发展银行进行关闭清算。

根据国务院批准,中国人民银行发布《金融机构撤销条例》,共7章38条。颁布这个条例,是为了加强对金融活动的监督管理,维护金融秩序,保护国家利益和社会公众利益。中国人民银行撤销金融机构,依照该条例执行,加快了对有问题的金融机构的处置,并依法对违规人员严肃处理。

第二节 商业银行的监管和法律责任

一、我国商业银行的监督管理制度

商业银行在性质、地位、影响以及商业银行发展过程中存在的问题和风险,都迫切要求加强对商业银行的监督管理。通过对商业银行机构及其业务实施监督管理,以达到保障商业银行安全、稳健运行,保护存款人的利益和商业银行自身合法权益的目的。

对商业银行的监督管理可从两方面进行:在宏观上接受国务院银行业监督管理机构的全面监督和部分接受中央银行的监督管理,在微观上进行自律管理。

国务院银行业监督管理机构负责全国银行业金融机构及其业务活动监督管理工作,对商业银行的监督管理表现在:(1)商业银行的设立应经国务院银行业监督管理机构批准。商业银行应向国务院银行业监督管理机构提交资料文件,经批准设立的由国务院银行业监督管理机构颁发经营许可证;商业银行设立境外分支机构应向国务院银行业监督管理机构提交文件材料,经批准由国务院银行业监督管理机构颁发经营许可证。(2)业务上规定商业银行的存款利率、存款准备金率、手续费的收费办法及资产负债比例管理的各项数值。商业银行应当定期向国务院银行业监督管理机构中国人民银行报送资产负债表、损益表以及其他财务会计报表、统计报表和资料。国务院银行业监督管理机构有权依照商业银行法的规定，随时对商业银行的存款、贷款、结算、呆账等情况进行检查监督。商业银行应当按照国务院银行业监督管理机构的要求提供财会资料、业务合同和有关经营方面的其他信息。(3) 国务院银行业监督管理机构对商业银行的接管和终止进行监管。(4) 国务院银行业监督管理机构对各商业银行的违法经营活动有权责令其改正并进行处罚。

商业银行的自律管理是商业银行通过建立内部规章制度进行的自我约束、自我控制。商业银行的自律管理主要体现在：(1) 规章制度管理。我国《商业银行法》第59条规定："商业银行应当按照有关规定，制定本行的业务规则，建立、健全本行的风险管理、内部控制制度。"《商业银行法》是商业银行经营的外部行为规范，各商业银行还应根据自身特点，在国务院银行业监督管理机构各项规范的指导下制定本行的内部行为规范，使商业银行的各项业务活动有法可依。商业银行的工作人员要严格遵守《商业银行法》并执行本行的规章制度。(2) 稽核监管。我国《商业银行法》第60条规定："商业银行应当建立、健全本行对存款、贷款、结算、呆账等各项情况的稽核、检查制度。商业银行对分支机构应当进行经常性的稽核和检查监督。"稽核监督是管理金融事业的一项重要手段。商业银行的稽核，是本行内部设置的以超脱的地位独立于其他业务部门的机构；稽核按照一定的程序，运用专门的方法，对银行的各项业务活动、财务收支、会计核算、资产安全、经济效益等进行监督检查，通过稽核对存在的问题提出纠正和处理意见，并监督协助落实改进措施，它是强化管理、防范风险、提高效益的一种手段。(3) 通过资产负债比例管理加强自律。资产负债比例管理是银行业的一种管理手段。它是现代化商业银行用于自律和中央银行监管商业银行的基本方法。通过资产负债比例管理使商业银行自我约束，自我发展。

我国《商业银行法》第63条规定，商业银行应当依法接受审计机关的审计监督。《审计法》规定：审计机关对国有金融机构的资产负债、损益，进行审计监督，对金融机构的金融活动的真实、合法和效益进行评价。

二、商业银行法律责任方面的规定

第一，关于商业银行对存款人或其他客户造成财产损害方面的责任。我国《商业银行法》第73条第1款规定："商业银行有下列情形之一，对存款人或者其他客户造成财产损害的，应当承担支付迟延履行的利息以及其他民事责任：(一) 无故拖延、拒绝支付存款本金和利息的；(二) 违反票据承兑等结算业务规定，不予兑现，不予收付入账，压单、压票或者违反规定退票的；(三) 非法查询、冻结、扣划个人储蓄存款或者单位存款的；(四) 违反本法规定对存款人或者其他客户造成损害的其他行为。"

第二,关于违反法律规定的业务经营范围和违反经营许可证管理以及拒绝接受中央银行的金融监管方面的规定的责任。我国《商业银行法》第79条规定:"有下列情形之一,由国务院银行业监督管理机构责令改正,有违法所得的,没收违法所得,违法所得五万元以上的,并处违法所得一倍以上五倍以下罚款;没有违法所得或者违法所得不足五万元的,处五万元以上五十万元以下罚款:(一)未经批准在名称中使用'银行'字样的;(二)未经批准购买商业银行股份总额百分之五以上的;(三)将单位的资金以个人名义开立账户存储的。"《商业银行法》第80条规定:"商业银行不按照规定向国务院银行业监督管理机构报送有关文件、资料的,由国务院银行业监督管理机构责令改正,逾期不改正的,处十万元以上三十万元以下罚款。商业银行不按照规定向中国人民银行报送有关文件、资料的,由中国人民银行责令改正,逾期不改正的,处十万元以上三十万元以下罚款。"

第三,商业银行违反资产负债比例管理的规定和机构变更事项审批程序的,以及违反同业拆借规定和采取不正当竞争手段进行经营的规定的责任。我国《商业银行法》第77条规定:"商业银行有下列情形之一,由中国人民银行责令改正,并处二十万元以上五十万元以下罚款;情节特别严重或者逾期不改正的,中国人民银行可以建议国务院银行业监督管理机构责令停业整顿或者吊销其经营许可证;构成犯罪的,依法追究刑事责任:(一)拒绝或者阻碍中国人民银行检查监督的;(二)提供虚假的或者隐瞒重要事实的财务会计报告、报表和统计报表的;(三)未按照中国人民银行规定的比例交存存款准备金的。"

第四,中国人民银行对商业银行的业务监管及其处置权限。我国《商业银行法》第74条规定:"商业银行有下列情形之一的,由国务院银行业监督管理机构责令改正,有违法所得的,没收违法所得,违法所得五十万元以上的,并处违法所得一倍以上五倍以下罚款;没有违法所得或者违法所得不足五十万元的,处五十万元以上二百万元以下罚款;情节特别严重或者逾期不改正的,可以责令停业整顿或者吊销其经营许可证;构成犯罪的,依法追究刑事责任:(一)未经批准设立分支机构的;(二)未经批准分立、合并或者违反规定对变更事项不报批的;(三)违反规定提高或者降低利率以及采用其他不正当手段,吸收存款,发放贷款的;(四)出租、出借经营许可证的;(五)未经批准买卖、代理买卖外汇的;(六)未经批准买卖政府债券或者发行、买卖金融债券的;(七)违反国家规定从事信托投资和证券经营业务、向非自用不动产投资或者向非银行金融机构和企业投资的;(八)向关系人发放信用贷款或者发放担保贷款的条件优于其他借款人同类贷款的条件的。"

我国《商业银行法》第 76 条规定:"商业银行有下列情形之一,由中国人民银行责令改正,有违法所得的,没收违法所得,违法所得五十万元以上的,并处违法所得一倍以上五倍以下罚款;没有违法所得或者违法所得不足五十万元的,处五十万元以上两百万元以下罚款;情节特别严重或者逾期不改正的,中国人民银行可以建议国务院银行业监督管理机构责令停业整顿或者吊销其经营许可证;构成犯罪的,依法追究刑事责任:(一)未经批准办理结汇、售汇的;(二)未经批准在银行间债券市场发行、买卖金融债券或者到境外借款的;(三)违反规定同业拆借的。"

我国《商业银行法》第 77 条规定:"商业银行有下列情形之一的,由中国人民银行责令改正,并处二十万元以上五十万元以下罚款;情节特别严重或者逾期不改正的,中国人民银行可以建议国务院银行业监督管理机构责令停业整顿或者吊销其经营许可证;构成犯罪的,依法追究刑事责任:(一)拒绝或者阻碍中国人民银行检查监督的;(二)提供虚假的或者隐瞒重要事实的财务会计报告、报表和统计报表的;(三)未按照中国人民银行规定的比例交存存款准备金的。"

我国《商业银行法》第 78 条规定:"商业银行有本法第七十三条至第七十七条规定情形的,对直接负责的董事、高级管理人员和其他直接责任人员,应当给予纪律处分;构成犯罪的,依法追究刑事责任。"

我国《商业银行法》第 75 条规定:"商业银行有下列情形之一,由国务院银行业监督管理机构责令改正,并处二十万元以上五十万元以下罚款;情节特别严重或者逾期不改正的,可以责令停业整顿或者吊销其经营许可证;构成犯罪的,依法追究刑事责任:(一)拒绝或者阻碍国务院银行业监督管理机构检查监督的;(二)提供虚假的或者隐瞒重要事实的财务会计报告、报表和统计报表的;(三)未遵守资本充足率、存贷比例、资产流动性比例、同一借款人贷款比例和国务院银行业监督管理机构有关资产负债比例管理的其他规定的。"

第五,商业银行不按规定报送有关文件资料或不报批变更事项的规定的责任。我国《商业银行法》第 81 条规定:"未经国务院银行业监督管理机构批准,擅自设立商业银行,或者非法吸收公众存款、变相吸收公众存款,构成犯罪的,依法追究刑事责任;并由国务院银行业监督管理机构予以取缔。伪造、变造、转让商业银行经营许可证,构成犯罪的,依法追究刑事责任。"

我国《商业银行法》第 80 条规定:"商业银行不按照规定向国务院银行业监督管理机构报送有关文件、资料的,由国务院银行业监督管理机构责令改正,逾期不改正的,处十万元以上三十万元以下罚款。商业银行不按照规定向中国人民银行报送有关文件、资料的,由中国人民银行责令改正,逾期不改正的,处十万元以上三十万元以下罚款。"

第六,采取欺诈手段骗取贷款的规定的责任。我国《商业银行法》第 82 条规定:"借款人采取欺诈手段骗取贷款,构成犯罪的,依法追究刑事责任。"

我国《商业银行法》第 83 条规定:"有本法第八十一条、第八十二条规定的行为,尚不构成犯罪的,由国务院银行业监督管理机构没收违法所得,违法所得五十万元以上的,并处违法所得一倍以上五倍以下罚款;没有违法所得或者违法所得不足五十万元的,处五十万元以上两百万元以下罚款。"

第七,商业银行工作人员利用职务上的便利,索取贿赂或者贪污或者玩忽职守或者泄密构成犯罪,追究刑事责任的规定。我国《商业银行法》第 84 条第 1 款规定:"商业银行工作人员利用职务上的便利,索取、收受贿赂或者违反国家规定收受各种名义的回扣、手续费,构成犯罪的,依法追究刑事责任;尚不构成犯罪的,应当给予纪律处分。"第 2 款规定:"有前款行为,发放贷款或者提供担保造成损失的,应当承担全部或者部分赔偿责任。"第 85 条规定:"商业银行工作人员利用职务上的便利,贪污、挪用、侵占本行或者客户资金,构成犯罪的,依法追究刑事责任;尚不构成犯罪的,应当给予纪律处分。"第 86 条规定:"商业银行工作人员违反本法规定玩忽职守造成损失的,应当给予纪律处分;构成犯罪的,依法追究刑事责任。违反规定徇私向亲属、朋友发放贷款或者提供担保造成损失的,应当承担全部或者部分赔偿责任。"第 87 条规定:"商业银行工作人员泄露在任职期间知悉的国家秘密、商业秘密的,应当给予纪律处分;构成犯罪的,依法追究刑事责任。"

我国《商业银行法》第 89 条规定:"商业银行违反本法规定的,国务院银行业监督管理机构可以区别不同情形,取消其直接负责的董事、高级管理人员一定期限直至终身的任职资格,禁止直接负责的董事、高级管理人员和其他直接责任人员一定期限直至终身从事银行业工作。商业银行的行为尚不构成犯罪的,对直接负责的董事、高级管理人员和其他直接责任人员,给予警告,处五万元以上五十万元以下罚款。"

第八,单位或者个人强令商业银行发放贷款或者提供担保的规定的责任。我国《商业银行法》第 88 条规定:"单位或者个人强令商业银行发放贷款或者提供担保的,应当对直接负责的主管人员和其他直接责任人员或者个人给予纪律处分;造成损失的,应当承担全部或者部分赔偿责任。商业银行的工作人员对单位或者个人强令其发放贷款或者提供担保未予拒绝的,应当给予纪律处分;造成损失的,应当承担相应的赔偿责任。"

第三节 我国《存款保险条例》的主要内容

一、我国《存款保险条例》的立法背景

所谓存款保险,是指吸收存款的银行业金融机构依照法律强制规定交纳保费形成存款保险基金,当投保机构经营出现问题时,存款保险基金管理机构依照规定使用存款保险基金对存款人进行及时偿付,并采取必要措施维护存款人以及存款保险基金安全的制度。目前,世界上已有 110 多个国家和地区建立了存款保险制度,对商业银行的平稳经营和保护广大存款人的利益是很有意义的。

历史经验告诉我们,金融是把双刃剑,既有温和顺从的一面,也有势不可挡的一面。1998 年的亚洲金融危机和 2008 年的世界金融危机,无不显示了金融的可怕。由于资金供给本身的不确定性,银行作为高负债经营的金融机构存在很大的风险,即使经营最为稳健的银行亦是如此。成立于 1995 年 8 月的海南发展银行由于资金困难,最初规定了每周取款的次数、每次取款的限额且优先保证个人储户的兑付。随着情况持续恶化,每月可以取款的次数也变得越来越少,加剧了个人储户的不满情绪,而单位储户几乎都难以从海发行提出款项。央行急调 34 亿元资金救助,但海南发展银行资金缺口巨大,央行在陆续给海南发展银行提供了 40 亿元的再贷款后,1998 年 3 月决定不再给予资金支持。1998 年 6 月 21 日,央行决定关闭海南发展银行,停止其一切业务活动,由中央银行组织成立清算组进行清算;同时指定中国工商银行托管其债权债务,对其境内外债务和居民储蓄存款本息保证支付。为了在市场经济条件下依法保护存款人的合法利益,及时防范和化解金融风险,维护金融稳定,我国于 2015 年实施了《存款保险条例》(以下简称《条例》)。这种存款保险的制度安排就是通过建立专门的存款保险基金,明确当个别银行业金融机构经营出现问题的时候,可以依照规定对存款人进行及时偿付,保障存款人权益。有了这种制度安排,国家亦不会随意动用公共财政资金对经营不善的银行业金融机构进行救助,国家以往的"隐形信用担保"就会被如今存款保险制度的"显性信用担保"取代。其优点是减轻政府的压力和避免过度依赖政府为经营不善的银行业提供风险偿付资金;对银行业金融机构来说,有了这种制度安排,就为自己退出清算和破产申请、合法退出作了铺垫;对储蓄存款的企业和老百姓来说,在存款保险制度保护之下,使存款的安全有了保障;对商业银行等金融机构来说,拥有了更大的存贷款利率的自主定价权,可以根据贷款的用途、风险大小和期限长短来决定贷款利率,实现风险和收

益相匹配,促进利率市场化的实现。

二、我国《存款保险条例》的主要内容

(1) 关于投保机构。《条例》第 2 条规定在我国境内设立的吸收存款的银行业金融机构,包括商业银行、农村合作银行、农村信用合作社等,都应当参加存款保险。参照国际惯例,规定外国银行在中国的不具有法人资格的分支机构以及中资银行海外分支机构的存款原则上不纳入存款保险,但我国与其他国家或者地区之间对存款保险制度另有安排的除外。

(2) 关于保障范围。《条例》第 4 条规定包括人民币存款,也包括外币存款;既包括个人储蓄存款,也包括企业及其他单位存款;本金和利息都属于被保险存款的范围。为了更好地发挥市场机制的约束作用,防范道德风险,金融机构同业存款、投保机构高级管理人员在本机构的存款,不在被保险范围之内。

(3) 关于保费的缴纳与计算及标准费率和适用的设计。《条例》规定保费由投保的银行业金融机构交纳,存款人不需要交纳。交纳保费的核算按照本投保机构的被保险存款和存款保险基金管理机构确定的适用费率计算,具体办法由存款保险基金管理机构规定。投保机构应当按照存款保险基金管理机构的要求定期报送被保险存款余额、存款结构情况以及与确定适用费率、核算保费、偿付存款相关的其他必要资料。投保机构应当按照存款保险基金管理机构的规定,每 6 个月交纳一次保费。《条例》规定实行基准费率与风险差别费率相结合的制度。标准费率(或基准费率)由存款保险基金管理机构根据经济金融发展状况、存款结构情况以及存款保险基金的累积水平等因素制定和调整,报国务院批准后执行。

各投保机构的适用费率,则由存款保险基金管理机构根据投保机构的经营管理状况和风险状况等因素确定,有利于促进公平竞争,形成正向激励,强化对投保机构的市场约束,促使其审慎经营,健康发展。

(4) 关于赔付限额。从既要考虑保护存款人利益,又要符合经济社会发展的实际出发,《条例》第 5 条规定存款保险实行限额偿付,最高偿付限额为人民币 50 万元。规定同一存款人在同一家投保机构所有被保险存款账户的存款本金和利息合并计算的资金数额在最高偿付限额以内的,实行全额偿付;超出最高偿付限额的部分,依法从投保机构清算财产中受偿。并规定中国人民银行会同国务院有关部门可以根据经济发展、存款结构变化、金融风险状况等因素调整最高偿付限额,报国务院批准后公布执行。为了保障存款人利益及时受到保护,还规定存款保险基金管理机构偿付存款人的被保险存款后,即在偿付金额范围内取得该存款人对投保机构相同清偿顺序的债权。同时规定有下列情形之一的,存款人有权要求存款保险基金管理机构在《条例》规定的限额内,使用存款保险基金偿付存款人的被保险存款;存款保险基金管理机构担任投保机构的接管组织;存款保险基金管理机构实施被撤销投保机构的清算;人民法院裁定受理对投保机构的破产申请;经国务院批准的其他情形。存款保险基金管理机构应当依照《条例》的规定,在上述规定情形发生之日起7个工作日内足额偿付存款。

保险基金管理机构可以选择下列方式使用存款保险基金,保护存款人利益:在《条例》规定的限额内保险基金管理机构直接偿付被保险存款;委托其他合格投保机构在《条例》规定的限额内代为偿付被保险存款;为其他合格投保机构提供担保、损失分摊或者资金支持,以促成其收购或者承担被接管、被撤销或者申请破产的投保机构的全部或者部分业务、资产、负债。存款保险基金管理机构在拟订存款保险基金使用方案选择那些"被接管""被撤销"等方式时,应当遵循基金使用成本最小的原则。

(5) 存款资金的来源和运用。从来源看主要有投保机构交纳的保费、在投保机构清算中分配的财产、存款保险基金管理机构运用存款保险基金获得的收益、其他合法收入。从运用看应当遵循安全、流动、保值增值的原则,限于下列方面的运用:存放在中国人民银行;投资政府债券、中央银行票据、信用等级较高的金融债券以及其他高等级债券;国务院批准的其他资金运用形式。

(6) 存款保险基金管理机构的设立和职责。存款保险基金管理机构由国务院决定。主要职责:制定并发布与其履行职责有关的规则;制定和调整存款保险费率标准,报国务院批准;确定各投保机构的适用费率;归集保费;管理和运用存款保险基金;依照《条例》的规定采取早期纠正措施和风险处置措施;在《条例》规定的限额内及时偿付存款人的被保险存款;国务院批准的其他职责。

(7) 存款保险基金的管理和核查。该管理机构应当自每一会计年度结束之日起3个月内编制存款保险基金收支的财务会计报告、报表,并编制年度报告,按照国家有关规定予以公布。存款保险基金的收支应当遵守国家统一的财务会计制度,并依法接受审计机关的审计监督。存款保险基金管理机构履行职责,发现有下列情形之一的,可以进行核查:投保机构风险状况发生变化,可能需要调整适用费率的,对涉及费率计算的相关情况进行核查;投保机构保费交纳基数可能存在问题的,对其存款的规模、结构以及真实性进行核查;对投保机构报送的信息、资料的真实性进行核查。对核查中发现的重大问题,应当告知银行业监督管理机构。

(8) 实行相关部门信息共享与保险基金安全共治。基金管理机构参加金融监督管理协调机制,并与中国人民银行、银行业监督管理机构等金融管理部门、机构建立信息共享机制。存款保险基金管理机构应当通过信息共享机制获取有关投保机构的风险状况、检查报告和评级情况等监督管理信息。上述规定的信息不能满足控制存款保险基金风险、保证及时偿付、确定差别费率等需要的,存款保险基金管理机构可以要求投保机构及时报送其他相关信息。

存款保险基金管理机构发现投保机构存在资本不足等影响存款安全以及存款保险基金安全的情形的,可以对其提出风险警示。投保机构因重大资产损失等原因导致资本充足率大幅度下降,严重危及存款安全以及存款保险基金安全的,投保机构应当按照存款保险基金管理机构、中国人民银行、银行业监督管理机构的要求及时采取补充资本、控制资产增长、控制重大交易授信、降低杠杆率等措施。投保机构有上述款规定情形,且在存款保险基金管理机构规定的期限内要求改正而未改进的,存款保险基金管理机构可以提高其适用费率。存款保险基金管理机构发现投保机构有我国《银行业监督管理法》第 38 条(已经有或可能发生信用危机,严重影响存款人和其他客户合法权益的)、第 39 条(有违法经营,经营管理不善等情形)规定情形的,基金管理机构可以建议银行业监督管理机构依法采取相应措施。

三、关于行政处分和法律责任的规定

(1) 存款保险基金管理机构的工作人员有下列行为之一的,依法给予处分:违反规定收取保费;违反规定使用、运用存款保险基金;违反规定不及时、足额偿付存款。存款保险基金管理机构的工作人员滥用职权、玩忽职守、泄露国家秘密或者所知悉的商业秘密的,依法给予处分;构成犯罪的,依法追究刑事责任。

(2) 投保机构有下列情形之一的,由存款保险基金管理机构责令限期改正;逾期不改正或者情节严重的,予以记录并作为调整该投保机构的适用费率的依据。这些情形包括:未依法投保;未依法及时、足额交纳保费;未按照规定报送信息、资料或者报送虚假的信息、资料;拒绝或者妨碍存款保险基金管理机构依法进行的核查;妨碍存款保险基金管理机构实施存款保险基金使用方案。投保机构有妨碍基金管理机构实施存款保险基金使用方案的规定情形的,存款保险基金管理机构可以对投保机构的主管人员和直接责任人员予以公示。投保机构有未依法及时、足额缴纳保费等规定情形的,存款保险基金管理机构还可以按日加收未交纳保费部分 0.05% 的滞纳金。

(3) 《条例》施行前,已被国务院银行业监督管理机构依法决定接管、撤销或者人民法院已受理破产申请的吸收存款的银行业金融机构,不适用该《条例》。

思考题

1. 何谓商业银行的接管和终止?
2. 我国对商业银行的破产是怎样规定的? 中央银行对商业银行是怎样监管的?
3. 商业银行是怎样接受国家金融监督管理总局的监管和进行自律管理的?
4. 商业银行法律责任有哪几个方面?
5. 我国《存款保险条例》对存款人利益的安全保护起什么作用?

第十三章　我国地方商业银行和城乡合作社金融组织的建立和发展

第一节　信用合作社的产生与发展

一、信用合作社的概念

信用合作社,简称信用社,是指由个人集资联合组成,以互助为主要宗旨的合作金融组织。信用合作社实行入社和退社自愿原则;每个社员都应提供一定限额的股金并承担相应的责任;社员具有平等的权利,每位社员只有一票投票权;贷款主要用于解决其成员的资金需要;信用合作社的盈利主要用来增进社员福利。其设立目标是以简便的手续和较低的利率,向参与信用合作社组建的社员提供信贷服务,以帮助经济力量薄弱的个人解决资金困难,以免遭高利贷盘剥,促进生产。在发展初期,信用合作社主要向社员发放短期生产贷款和消费贷款。随着信用合作社管理水平的提高以及自身资金的积累,一些资金充裕的信用社已开始为解决生产设备更新、改进技术等提供中、长期贷款,并不断扩张自己的业务,渐渐扩宽放款渠道,现在和商业银行贷款没有区别。

信用合作社作为银行类金融机构虽然也吸收存款与发放贷款,但是与商业银行相比有其自身的特点。首先,信用合作社的资金来源具有特定性。信用合作社是以互助为主要宗旨的合作金融组织,其资金来源是加入合作社的社员集资以及经营积累所得。其次,业务活动具有简便性。由于业务对象是合作社成员,成员间具有一定的地缘与血缘联系,合作社的联合具有强烈的人合性,因此业务手续相较于商业银行简便灵活。最后,业务活动具有针对性。以农村信用合作社为例,其成立初衷是依照国家法律和金融政策的规定,组织和调节农村基金,支持农业生产和农村综合发展,支持各种形式的合作经济和社员家庭经济,限制和打击高利贷。

二、我国信用合作社的发展

在我国,信用合作社包括城市信用合作社与农村信用合作社。信用合作社是经有关部门批准,由社员入股组成,实行社员民主管理,主要为一定区域的社员提供金融服务的合作金融机构。城市信用合作社是一定区域内城市居民集资建立的合作金融组织,宗旨是通过信贷活动为城市集体企业、个体工商业户以及城市居民提供资金服务。农村信用合作社由村民入股,主要为一定区域内的村民提供金融服务的合作金融组织。我国历史上第一个信用合作社是于1923年由华洋义赈总会在河北香河县组织设立的,随后信用合作社在我国城乡开始生根发芽。中华人民共和国成立后就已经注意到信用合作社对我国经济发展的促进效果,早在1950年,中国人民银行和中华全国合作社联合总社就联合提出首先在华北试办信用社(部),以支持城乡经济的恢复与发展。由于我国城乡经济发展不平衡,城市作为传统银行经营重点区域,信用合作社的发展远不如金融机构无法顾及的广大乡村。因而,本节主要以农村信用合作社的发展与改革为主线展开论述。

传统农业,因其投资回报期相对较长,较难吸引大资本介入,依靠村民自发形成的金融合作组织在促进农业投资方面发挥重要作用,农村信用合作社在我国发展历史较为悠久,1927年2月,中国共产党在湖北省黄冈县建立了第一个农民协会信用合作社。中华人民共和国成立后,我国的农村信用合作社经历了一个弯曲复杂的发展历程。为促进农业生产的提高,激活农村发展资本与人力要素,1951年中国人民银行颁发了《农村信用合作社章程准则草案》和《农村信用合作社试行记账办法草案》,决定大力发展农村信用社,由村民自愿入股组建,农村信用合作社开始逐渐发展起来。据资料统计,到1953年年底当时全国试办的信用合作组织在数量上就已超过了25000个,到1957年年底全国共有农村信用社88368个,客观上推动了新中国农村经济的发展,改善了广大农户的生活。这一时期的农村信用社基本保持了信用合作社的性质,资本金全部由农民入股,干部由社员民主选举,业务基本面向社员。在管理体制上,1963年10月国家颁发的《关于建立中国农业银行、统一管理国家支援农业资金的决定》中,明确了中国农业银行的具体任务之一就是"领导农村信用合作社吸收农村闲散资金,发放贷款,帮助贫下中农解决生产和生活方面的困难,打击高利贷"。换言之,在这一阶段,由中国农业银行对农村信用社的业务经营进行管理。在中国农业银行的监管之下,有力地促进了农村信用社的发展,有效地服务了农村地区的金融活动。

为缓解城市社区居民开展生产的资金短缺问题,城市市民开始探索资金合作社,我国第一个城市信用社于1979年在河南驻马店成立。1986年国务院下发《中华人民共和国银行管理暂行条例》,明确了城市信用社的定位和法律地位,对城市信用合作社的性质进行了说明。同年中国人民银行下发《城市信用合作社管理暂行规定》,具体地对城市信用社的服务范围、设立条件、经营范围、管理制度等内容作了规定。这为城市信用合作社的发展提供了有力的制度支持,城市信用合作社的发展逐渐进入快车道。

第二节 我国信用合作社的改革与转型

一、我国信用合作社的改革

我国信用合作社在长期的发展中，由于金融体制关系没有理顺，计划管理色彩浓厚，逐渐形成了诸多问题，制约了城乡信用合作社的发展壮大。首先，产权制约机制欠缺。长期以来，农村信用社的产权在表面上是明确的，但法人产权是一个模糊的概念。由于农村信用社缺乏一个真正意义上的产权所有人，其经营过程也缺少来自财产所有者的监督，相当多的经营者把农村信用社看作自己的企业，随意经营，甚至假公济私。即使有一些外部管理者的监督，也由于农村信用社缺乏内在机制，达不到预期效果，有些管理者甚至与经营者"合谋"损害农村信用社的利益。其次，管理制度存在缺陷。信用合作社成立后，为保证信用社的正常经营和维护社员的合法权益，信用社多由国家金融机构管理，由国家相关监管部门按照一定政策进行监管。但由于信用社点多面广，国家金融监管机构人力、手段都有限，难以真正管理好。实际行使管理职权的是各级信用社的主任，真正的管理者"缺位"，经营者却"越位"管理，这些主任既是社员又是管理人员，其道德风险就会凸显，信用社贪污、挪用等腐败现象。最后，经营意识不足。虽然信用社宗旨是为社员的经营提供融资服务，并不直接追求经济效益，但信用社为保证正常运转，亦应获取相应利润。但由于社员经营项目较差，尤其是农村信用社面对的广大农民社员的经营项目，风险较大，汇报周期较短，导致不少信用社呆账坏账比例较高，难以维系。甚至有些领导干部插手直接信贷业务，凌驾于内控制度之上违规进行放贷，增加信用社的经营风险。

对于信用合作社存在的问题，有两种可供选择的改革路径。其一，对信用合作社按照商业银行的模式进行改革。其二，使信用合作社回归合作社的特性。由于我国信用合作社普遍存在管理不规范、经营水平低下、不良资产比例高、抗御风险能力差等问题，形成了相当大的金融风险。为切实防范和化解金融风险，保持社会稳定，国家逐渐确立了使城乡信用合作社商业银行化，重新扶持合作金融组织的改革思路。我国农村信用社的改革"去合作化"倾向明显，改革的主要方向是股份制，合作制的性质正日益减弱甚至丧失，逐渐演化为追求利润最大化的专业商业性金融组织，其资金主要来源于单位和居民等的存款，资金运用也针对全体社会成员而不是指定成员。

二、信用合作社的转型

自1995年起，根据国务院指示精神，部分地级城市在城市信用社基础上组建了城市商业银行。1995年中国人民银行《关于进一步加强城市信用社管理的通知》提出：不再批准设立新的城市信用社。2012年3月29日，全国最后一家城市信用社宁波象山县绿叶城市信用社，改制为宁波东海银行，城市信用社在我国正式退出了历史舞台。

农村信用社长期服务于"三农"，在农村金融市场已经形成了相对稳固且不断发展的客户交易网络，且网点分布较多，服务功能逐渐增加，成为服务"三农"的金融主力。但随着县域经济建设步伐的加快，农信社生存与发展的环境也发生着深刻的变化，农信社规模偏小、股权分散、机制滞后、业务基础薄弱、核心竞争力不强等缺陷愈加显现，因而顺应潮流进行体制改革、组建股份制农村商业银行，已然成为农信社做大做强、做精做细的必然趋势。为了促进农村信用合作社的健康发展和顺利朝着商业银行转变，首先对农村信用合作社的主管机关进行变革。中国农业银行既是商业银行又是农村信用合作社的监管机关，既不利于农行集中精力推进自身的改革和发展，也与信用社的深化改革存在许多矛盾。1996年国务院颁发了《关于农村金融体制改革的决定》，指出农村信用社管理体制改革，是农村金融体制改革的重点。改革的核心是把农村信用社逐步改为由农民入股、由社员民主管理、主要为入股社员服务的合作性金融组织。改革的步骤是：农村信用社与中国农业银行脱离行政隶属关系，对其业务管理和金融监管分别由农村信用社县联社和中国人民银行承担，然后按合作制原则加以规范。农村信用社进入了自我管理、独立发展的新阶段。2003年国务院印发《深化农村信用社改革试点方案》，按照"明晰产权关系、强化约束机制、增强服务功能、国家适当扶持、地方政府负责"的总体思路，不断完善信用社内部经营机制，进一步增强信用社的活力，建立、健全和改革各项管理制度，对信用社进行了全面深入的改革。2010年，银行业监督管理委员会表示未来五年，农村信用合作社股份制改革将全面完成，银行业监督管理委员会将不再组建农村合作银行，现有农村合作银行也要改制为农村商业银行。2016年，中国银监会印发《关于做好2016年农村金融服务工作的通知》，提出深化农村信用社改革，积极稳妥推进农村商业银行组建工作。农村信用社向商业性金融机构改制大概通过界定职能、分级授权，实现全行人权、财权和事权的统一和规范，初步完成了由"三级法人"体制向"一级法人"模式的转变，搭建起现代商业银行组织运行架构。同时，明晰产权结构，解决所有者缺位，确立了股东大会、董事会、监事会、经营层的公司治理架构，并初步形成了风控决策体系、风控制度体系和风控运作体系。在业务范围上提升金融产品和服务的数量与质量，并按照专业化、集约化、市场化的总分支行运营组织架构进行网点布局。

第三节 城乡地方商业银行的建立

一、建立地方商业银行是深化改革、完善金融体系的需要

地方性商业银行是指业务范围受地域限制的银行类金融机构。改革开放以后,特别是全力发展社会主义市场经济以来,我国的经济呈现出多层次性,既有实力雄厚、规模大的大中型企业,也有经营规模一般的中小企业,而更大量存在的则是城镇中的集体、个体企业,小商品生产经营者,农村中的小型乡镇企业。对于这种多层次的经济发展,需要有多层次的金融体系为其服务:既要有面向全国市场、为大中型企业提供服务的大银行,也要有面向区域市场、为中小企业提供服务的中小银行。鉴于我国金融体系中为地区经济和中小企业服务的银行为数极少,城乡合作银行便应运而生了。主要表现为农村信用合作社和城市信用合作社。农村信用合作社(简称农村信用社)是由农民和集体经济组织自愿入股组成,由入股人民主管理,主要为入股人服务的具有法人资格的金融机构,农村信用社实行民主经营、独立核算自负盈亏。农村信用社联合社是由县内农村信用社入股组成,实行民主管理,主要为入股农村信用社服务的信用社联合组织,同时,联合社对农村信用社实行管理、监督相协调。城市信用合作社(简称城市信用社)是城市合作金融组织,是由个体工商户和城市集体企业入股组建、入股者民主管理、主要为入股人提供金融服务、具有法人地位的金融机构。城市信用社实行自主经营、独立核算、自负盈亏。城市信用社联合社是由城市信用社出资组成的金融机构,是城市信用社的联合组织,是独立的企业法人。联社对当地城市信用社进行行业归口管理、监督、协调和服务。1988年开始,陆续出现了以城市名命名的商业银行。它们是由各城市原来的城乡信用合作社更名而成,由企业、居民和地方财政投资入股组成的地方性股份制商业银行。这是地方商业银行形成和发展的一个缩影。实践证明,建立地方商业银行有利于引导地方财政信用,稳定金融秩序,有利于商业银行体系引入竞争机制,有利于搞活金融市场,增强地方经济发展的优势。

二、地方商业银行的性质、任务、法律和管理制度

地方商业银行是由企业、居民和地方政府财政投资入股组成的股份制商业银行,不具有"合作"的性质。其任务是:融通资金,为本地区经济的发展,特别是为城市中、小企业的发展提供金融服务。地方商业银行要认真遵守《商业银行法》和国家的其他法律、行政法规,接受中国人民银行的监督管理。

地方商业银行是为地方经济发展服务的股份制商业银行,而不是私人性质

银行,在我国也不允许成立私人性质的银行。

在城乡合作银行及后来的地方商业银行提出建立之初,曾一度取消城市信用合作社和农村信用合作社。但实践证明,此举并不可行。实行地方商业银行与城市信用合作社、农村信用合作社并存,才能形成我国完整的金融体系,才能适应经济发展的不均衡性、经济结构的多元化和多层次性。况且,农村信用合作社正逐渐与农业银行脱钩,这就为地方商业银行与城乡信用合作社并存奠定了基础。

从地方商业银行实际情况看,已形成"一级法人,两级经营,三级管理"的体制,城市地方商业银行要强化一级法人制度,完善授权授信制度,增强自我约束能力。

第四节 新型农村合作金融组织

一、合作金融组织的概念与特征

近年来,我国经济持续快速发展,城市反哺农村效果明显,农村地区发展水平提高,农民收入有所增长,但是农民资金短缺、贷款难的现象并没根本扭转,这严重制约了农村经济发展和农民增收致富。虽然普惠金融的推进也在逐步开展,但是商业银行对农民小规模经营产生的小规模贷款并没有积极性,且商业银行难以准确掌握农户的信用状况,国家引导商业银行支持农村发展的政策效果也没有实现。由于农村信用社的转型,服务三农的金融任务需要更加精准的机构进行,因而寻求新型农村合作金融组织为三农发展提供资金融通。基于农村的熟人社会形态,农民之间相互熟悉,由其了解彼此之间信用状态以及开展农业生产的真实情况,远低于金融机构的管理成本,合作金融的发展最为适宜。早在1996年8月国务院公布的《关于农村金融体制改革的决定》和1997年6月国务院办公厅转发《中国人民银行关于进一步做好农村信用社管理体制改革工作意见的通知》中就明确提出了在我国建立和发展合作金融,是及时的,也是必要的。

2014年中共中央、国务院印发《关于全面深化农村改革加快推进农业现代化的若干意见》,专门部署了"发展新型农村合作金融组织"。该意见指出要发展新型农村合作金融组织。在管理民主、运行规范、带动力强的农民合作社和供销合作社基础上,培育发展农村合作金融,不断丰富农村地区金融机构类型。坚持社员制、封闭性原则,在不对外吸储放贷、不支付固定回报的前提下,推动社区性农村资金互助组织发展。完善地方农村金融管理体制,明确地方政府对新型农村合作金融监管职责,鼓励地方建立风险补偿基金,有效防范金融风险。适时制定农村合作金融发展管理办法。一般的,合作金融组织应具备三个特征:第一,合作成员拥有客户和所有者的双重身份。这就限定了合作金融的目标是为特定范围内的客户提供金融服务。第二,合作金融组织实行民主管理和决策。合作组织成员根据民主的原则决定重大事项,最高决策机构是社员代表大会。第三,合作金融组织的主要目的是满足社员的信贷需求和为社员提供金融服务,对于经营中的盈利除用于内部积累之外,剩余部分将分配给成员。

二、我国农村新型合作金融组织的产生与发展

我国农村在传统上是个熟人社会,农村合作金融组织的社员之间彼此熟悉,社员之间形成紧密的利益关系,在存款、贷款、利差分享等全部经营活动中,通过民主管理,能够最大限度地做到信息对称。也就是说,某个农户贷款之后做什么,能够取得什么效益,是否能够还本付息,社员之间都一清二楚,作为金融机构获得这些重要信息的管理成本非常低,这是商业性金融机构所不及的。有些商业性金融机构虽然也在农村设点,但由于在利益分配上是你多我少的关系,就不可能做到这一点。在农村信用社纷纷转型的大背景下,民间自发形成的、具有扶贫性质或依托农民专业合作而建立的农村合作金融组织,实际上是对合作金融特征的重新提出与升华,发展新型农村合作金融,就不再是搞农村信用社,而要以合作为中心展开。新型农村合作金融组织中社员具有客户和所有者的双重属性,是合作金融的"主人",实行一人一票制度,而不是按股权进行投票,有别于股份制只能按股份进行分配,合作社的盈利一部分用于公共积累,剩余部分按股份和服务进行分配。

我国农户经营规模细小和熟人社会的重要国情决定了今后我们需要继续发展新型农村合作金融组织,特别是党的十九大提出"实施乡村振兴战略"和强调现代金融与产业体系协调发展的形势下,农村这种合作金融形式也是有必要的。实践中,发展较为成熟的新型农村合作金融组织是农村资金互助合作社。农村资金互助合作社是指经我国银行业监督管理机构批准,由自愿入股组成的社区互助性金融业务,所有业务只对该互助社社员开放,为互助社成员提供存款、贷款、结算等业务。农村合作金融组织为农民提供了聚拢闲散资金的公共平台,小钱积少成多后,再集中资金贷给有生产项目的社员,项目盈利后,贷款社员向互助社归还本金并支付利息,存款社员再从互助社支取利息,从而实现共赢。让缺钱的人能得到资金,有钱的人得到财产性收入,而且互助社各会员之间知根知底,能有效地防范民间借贷风险。当然,新型农村合作金融组织存在诸多问题,如操作不规范、内部管理薄弱、外部监管缺失,导致其潜在风险较大,尤其是容易被非法集资利用,应该引起高度重视,引导其健康发展。为了防范新型农村合作金融对社员投入资金的侵占,不少商业银行采取了积极的帮助措施,减少新型农村合作金融运营的风险,如不少地区对新型农村合作金融的集资款采取托管银行制度,由托管银行履行账户开立、资金存放、支付结算等托管职能,开展业务指导、辅助监管等综合服务,降低新型农村合作金融的经营风险。

第五节 加强农村金融生态建设及其法制管理

本书之所以要专节强调农村金融生态建设,是因为农村金融生态建设极端重要。新农村建设需要巨大的资金投入和全方位的金融服务,这是金融业义不容辞的责任。通过提供农村经济长期发展所需的金融支持,不断改善农村金融生态环境,这是攸关农业发展、农民增收、农村稳定的大事,也是金融服务打通服务农民"最后一公里"的前提和基础,是金融部门努力的方向。

首先,要弄清什么是农村金融生态建设,内容包括哪些?

所谓金融生态是借用生态学的概念,对金融外部环境的形象描述。生态学是研究生物之间及生物与非生物环境之间相互关系的学科。生态学不仅是生物资源开发利用的基础学科之一,而且与农、林、牧、副、渔、医都有密切关系。同时,金融生态还借用了生物学的概念,对金融的结构、功能、发生和发展的规律及其分类的方法进行研究。

由此可见,金融生态强调的是金融的自然状态、原汁原味,是指符合客观规律的可持续发展的现代金融。

农村金融生态大致包括宏观经济环境、法制环境、信用环境、市场环境、制度环境等方面。同时也包括金融内部结构的合理性、适应性、安全性、效益和效率的要求。

农村金融生态环境建设,也是全面落实科学发展观的必然要求和具体体现。金融业的发展不能超越资源的供求和环境承受能力的约束,它追求的是金融内生机制与社会经济生态系统的完美结合。金融业作为各种产业借以发展的重要资源,作为金融生态链上的主体,以其自身生存和发展,以其高效率的金融服务,为整个经济运行和发展创造良好稳定的金融环境;而规范、均衡、有序的金融生态体系的创建又为金融资源更加合理、有效地配置,金融业更加有序和均衡地发展创造良好的外部条件,从而使金融与经济环境之间形成互助互利互惠的关系,使金融、经济、社会融合协调,共同发展。

当前农村金融形势虽然发展很快,但是按照上述农村金融生态建设的要求差距还很大,主要表现在:农村金融体制改革难度较大,宏观经济环境、法制环境、信用环境、市场环境、制度环境还很滞后,生态环境比较脆弱;农村地区与地区之间的思想观念、自然环境、经济开发程度以及贫富差别比较大。解决"三农问题"是党中央和国务院的重大战略问题,而发展农村金融生态是实现这个重大战略的资金保障。因此加强农村金融生态建设更具有特别的意义。

第一,要推进农村金融改革和创新,进一步发挥农村信用社的农村金融主力军作用。要在完善农村信用社的治理结构、强化约束机制、增强支农服务能力方面取得成效。要增加支持农业和农村发展的中长期贷款,培育竞争性的农村金融市场。要落实对农户和农村中小企业实行多种抵押担保形式的有关规定。要鼓励商业性保险机构开展农业保险业务。

第二,要进一步放宽农业和农村基础设施投资领域,拓宽农业和农村的投融资渠道,大力引导和鼓励银行资本、工商资本、民间资本、国外资本投资开发农业和建设农村基础设施,不断提升农业生产力水平,夯实农业发展和农民增收的基础。特别要注意办好地方商业银行,地方商业银行不管是农村的还是城市的,它都要为中小企业服务,为城市居民和农户、农村专业户服务。同时它也是农村信用社的金融后台和坚强后盾,而农村信用社也是地方商业银行的参与者、投资者。

第三,要进一步加大对"三农"的金融支持力度。当前农村信用社存在种种不足和问题,特别是社会资金总体上向城市倾斜,信贷投资结构严重失衡,致使众多农村金融机构不断从农村撤离,造成农村金融机构主体缺位,人员不足,农村资金大量向城市倒流。这种农村资金投入的长期严重不足,影响了农村社会的全面发展。农村基础设施严重短缺,例如道路交通、供电供水、教育文化、医疗卫生、邮电通信等条件远远低于城市水平。农民生活水平相对低下,生活条件又限制了其对耐用消费品的需求,制约了消费升级,也影响了农村金融生态的改善和发展。为了改变这种状况,必须从社会资金总体上加大对农村金融的投入,改变长期以来存在的城市金融和农村金融结构的二元化的局面。

第四,优化新农村建设的政策环境。逐步建立适合农村社会特点的征信、评估体系,发展社会中介服务,降低社会融资成本。增强信贷支农的可持续性能力。既要培育诚实守信的文明风尚,又要运用法律手段,加大对失信行为的惩戒力度,规范农村社会信用秩序。

思考题

1. 地方商业银行的性质和任务是什么?
2. 农业金融组织建设的指导思想和改革的重点是什么?
3. 农村信用社的属性是什么?怎样体现合作金融的基本特征?

第三编 货币发行和流通管理的法律规定

第十四章 人民币的法律地位和相关法律规定

第一节 货币的概念、职能

一、货币的概念

货币是在商品生产和商品交换的发展过程中分离出来的,固定地充当一般等价物的特殊商品。

人民币作为我国唯一合法的通货,它的发行是从1948年12月开始的。

二、货币的职能

货币的职能是指货币在人们的经济生活中所起的作用,是货币本质的具体表现形式,是随着商品经济的发展而逐渐完备起来的。货币具有价值尺度、流通手段、贮藏手段、支付手段和世界货币五种职能。其中最基本的职能是价值尺度和流通手段。

1. 价值尺度

价值尺度是用来衡量和表现商品价值的一种职能,是货币的最基本、最重要的职能。正如衡量长度的尺子本身有长度,称东西的砝码本身有重量一样,衡量商品价值的货币本身也是商品,具有价值;没有价值的东西,不能充当价值尺度。货币作为价值尺度,就是把各种商品的价值都表现为一定的货币量,以表示各种商品的价值在质的方面相同,在量的方面可以比较。

2. 流通手段

货币充当商品交换媒介的职能。在商品交换过程中,商品出卖者把商品转化为货币,然后再用货币去购买商品。在这里,货币发挥交换媒介的作用,执行流通手段的职能。货币充当价值尺度的职能是它作为流通手段职能的前提,而货币的流通手段职能是价值尺度职能的进一步发展。

3. 贮藏手段

货币退出流通领域充当独立的价值形式和社会财富的一般代表而储存起来的一种职能。货币具有贮藏手段的职能,是因为它是一般等价物,可以用来购买一切商品。货币作为贮藏手段,是货币价值尺度职能进一步发展的体现。同时,通过贮藏,还可以自发地调节货币流通量,起到蓄水池的作用。

4. 支付手段

货币作为独立的价值形式进行单方面运动(如清偿债务、缴纳税款、支付工资和租金等)时所执行的职能。货币作为支付手段,是适应商品生产和商品交换发展的需要而产生的。从货币作为支付手段的职能中,产生了信用货币,如银行券、期票、汇票、支票等。

5. 世界货币

货币在世界市场上执行一般等价物的职能。由于国际贸易的发生和发展,货币流通超出一国的范围,在世界市场上发挥作用,于是货币便有了世界货币的职能。作为世界货币,必须是足值的金和银,而且必须脱去铸币的地域性外衣,以金块、银块的形状出现。原来在各国国内发挥作用的铸币以及纸币等在世界市场上都已失去作用。

第二节 人民币的法律地位及其相应的法律保护

一、我国人民币的法律地位

马克思主义政治经济学已有精辟的阐述:货币是商品生产和商品交换的必然产物,并将通过其职能的发挥进一步促进生产和交换的发展。随着经济活动的日益发展与复杂化,特别是在国家经济利益与经济全球化共同作用的背景之下,货币一方面在一国内承担法定货币的重要角色,充分体现国家货币主权;另一方面在国际经济交往中承担着计价、结算、兑换等收支功能,体现着国家金融主权。

因而,我国人民币的法律地位也在国内和国际经济金融活动中予以体现。根据《中国人民银行法》第16条的规定,中华人民共和国的法定货币是人民币。以人民币支付中华人民共和国境内的一切公共的和私人的债务,任何单位和个人不得拒收。据此,人民币是我国唯一合法流通的货币,执行我国法定货币的职能。根据《预算法》第19条的规定,预算收入和预算支出以人民币元为计算单位。随着人民币国际化的进程,人民币在国际经济生活中的地位日益重要,也充分表明我国在国际经济金融中的地位与话语权,已成为我国国家实力强大的象征因素之一。

《中国人民银行法》还明确了我国人民币的种类和单位,人民币分主币和辅币,主币以元为单位,辅币以角、分为单位。

《人民币管理条例》对维护和保障人民币的法律地位作了更为详尽的规定。该条例共6章47条,包括:总则、设计和印制、发行和回收、流通和保护、罚则和附则。

《人民币管理条例》的颁布,维护了人民币的法律地位和信誉,为广大消费者了解人民币的适用及其合法权益提供了依据;为金融机构从事人民币业务提供了法律保障,为稳定金融秩序构成了坚实的屏障。

根据《中国人民银行法》和《人民币管理条例》的规定,维护人民币法律地位和法定职能,应该遵守以下规定:

(1) 任何单位和个人都应当爱护人民币,禁止损害人民币和妨碍人民币流通。具体来说,各种以货币计算的债权、债务以及经济交易、劳务报酬等都必须以人民币为支付工具来进行计价核算,当人民币发生实际支付时,任何接受者都无权拒绝接受。任何单位或个人都不得以任何理由拒收其中任何一种人民币,这是每个公民应承担的义务。

(2) 国家禁止金银和外国货币在我国境内流通使用。我国境内任何单位或个人不得计价使用金银,禁止变相买卖金银、借贷和抵押金银。在我国境内禁止外币流通和指定金融机构以外的外汇买卖,禁止以任何形式进行套汇、逃汇、骗购、非法买卖外汇等行为。停止外汇券的发行和使用。

(3) 国家对货币出入境实行限额管理制度。除了对出入国境或过境的旅客携带少量的人民币作为纪念,可以在规定的限额内放行之外,国家禁止擅自运输和在邮件中夹带人民币出入国境。

(4) 支票、汇票、存折、存单等有价凭证,也不得携带出境,包括不得自己带出、不得托他人携带出境或邮寄出境。

(5) 国家还对人民币现金、金银、外汇实行相当管理,人民银行必须维护库款的安全。

(6) 国家依法惩处伪造、变造、毁坏人民币,破坏人民币信誉的违法犯罪行为。

长期以来,在我国司法实践中,有下列违法犯罪行为的,也都按情节轻重处理:故意挖补、拼凑或揭去、变造人民币者;故意伪造、变造人民币者;故意破坏、涂抹人民币者;仿造人民币式样进行印制内部票券者;仿造或熔化硬分币者;破坏人民币信誉者;造假票子者;破坏新版人民币发行或借新版人民币发行之机从中渔利,扰乱金融市场者。

二、对我国人民币的法律保护

在总结经验的基础上,为了确保人民币的法律地位,《中国人民银行法》和《人民币管理条例》中明确地作了如下重要规定:人民币由中国人民银行指定的专门企业印制、并由中国人民银行统一发行。中国人民银行发行新版人民币,应当将发行时间、面额、图案、式样、规格、主色调、主要特征等予以公告。

(1) 禁止伪造、变造人民币。禁止出售、购买伪造、变造的人民币。禁止走私、运输、持有、使用伪造、变造的人民币。禁止故意毁损人民币。禁止制作、仿制、买卖人民币图样,未经中央银行批准,禁止在宣传品、出版物或者其他商品上使用人民币图样。

任何单位和个人不得印制、发售代币票券,以代替人民币在市场上流通。

(2) 残缺、污损人民币,按照中国人民银行的规定兑换,并由中国人民银行负责回收、销毁。

(3) 中国人民银行设立人民币发行库,在其分支机构设立分支库。负责保管人民币发行的基金分支库调拨人民币发行基金,应当按中央银行规定办理。任何单位和个人不得违反规定,动用发行基金,不得干扰、阻碍人民币发行基金的调拨。

(4) 严惩货币犯罪。在《中国人民银行法》第7章法律责任、《人民币管理条例》第5章罚则以及《刑法》分则第3章第4节"破坏金融管理秩序罪"中对此作了具体规定,指出有下列行为,构成犯罪的,依法追究刑事责任:伪造人民币、出售伪造的人民币或者明知是伪造的人民币而运输的;变造人民币、出售变造的人民币或者明知是变造的人民币而运输的;购买伪造、变造的人民币或者明知是伪造、变造的人民币而持有、使用的。

此外,在某些地区还不断出现制造和使用假币的情况,严重破坏了人民币的发行与流通秩序。为了提高反假币与防假币的能力,增强反假防范能力,一些省、市制定了反假币的办法。

三、违反人民币保护与管理制度的法律责任

根据《中国人民银行法》《人民币管理条例》等法律规范,相关主体违反人民币保护和管理的规定,应当承担相应的法律责任。

购买伪造、变造的人民币或者明知是伪造、变造的人民币而持有、使用,构成犯罪的,依法追究刑事责任;尚不构成犯罪的,由公安机关处15日以下拘留、1万元以下罚款。

在宣传品、出版物或者其他商品上非法使用人民币图样的,中国人民银行应当责令改正,并销毁非法使用的人民币图样,没收违法所得,并处5万元以下罚款。

印制、发售代币票券,以代替人民币在市场上流通的,中国人民银行应当责

令停止违法行为,并处 20 万元以下罚款。

印制人民币的企业和有关人员有下列情形之一的,由中国人民银行给予警告,没收违法所得,并处违法所得 1 倍以上 3 倍以下的罚款,没有违法所得的,处 1 万元以上 10 万元以下的罚款;对直接负责的主管人员和其他直接责任人员,依法给予纪律处分:

(1) 未按照中国人民银行制定的人民币质量标准和印制计划印制人民币的;

(2) 未将合格的人民币产品全部解缴中国人民银行人民币发行库的;

(3) 未按照中国人民银行的规定将不合格的人民币产品全部销毁的;

(4) 未经中国人民银行批准,擅自对外提供印制人民币的特殊材料、技术、工艺或者专用设备等国家秘密的。

违反"除中国人民银行指定的印制人民币的企业外,任何单位和个人不得研制、仿制、引进、销售、购买和使用印制人民币所特有的防伪材料、防伪技术、防伪工艺和专用设备"规定的,由工商行政管理机关和其他有关行政执法机关给予警告,没收违法所得和非法财物,并处违法所得 1 倍以上 3 倍以下的罚款;没有违法所得的,处 2 万元以上 20 万元以下的罚款。

办理人民币存取款业务的金融机构应当按照中国人民银行的规定,收兑停止流通的人民币,并将其交存当地中国人民银行;中国人民银行不得将停止流通的人民币支付给金融机构,金融机构不得将停止流通的人民币对外支付;办理人民币存取款业务的金融机构应当按照中国人民银行的规定,无偿为公众兑换残缺、污损的人民币,挑剔残缺、污损的人民币,并将其交存当地中国人民银行,中国人民银行不得将残缺、污损的人民币支付给金融机构,金融机构不得将残缺、污损的人民币对外支付。违反上述规定的,由中国人民银行给予警告,并处 1000 元以上 5000 元以下的罚款;对直接负责的主管人员和其他直接责任人员,依法给予纪律处分。

故意毁损人民币的,由公安机关给予警告,并处 1 万元以下的罚款。

禁止非法买卖流通人民币。纪念币的买卖,应当遵守中国人民银行的有关规定。禁止下列损害人民币的行为:(1) 制作、仿制、买卖人民币图样;(2) 中国人民银行规定的其他损害人民币的行为。如有违反,由工商行政管理机关和其他有关行政执法机关给予警告,没收违法所得和非法财物,并处违法所得 1 倍以上 3 倍以下的罚款;没有违法所得的,处 1000 元以上 5 万元以下的罚款。工商行政管理机关和其他有关行政执法机关应当销毁非法使用的人民币图样。

办理人民币存取款业务的金融机构发现伪造、变造的人民币,数量较多,有新版的伪造人民币或者有其他制造贩卖伪造、变造的人民币线索的,应当立即报告公安机关;数量较少的,由该金融机构两名以上工作人员当面予以收缴,加盖"假币"字样的戳记,登记造册,向持有人出具中国人民银行统一印制的收缴凭证,并告知持有人可以向中国人民银行或者向中国人民银行授权的国有独资商业银行的业务机构申请鉴定。对伪造、变造的人民币收缴及鉴定的具体办法,由中国人民银行制定。办理人民币存取款业务的金融机构应当将收缴的伪造、变造的人民币解缴当地中国人民银行。中国人民银行和中国人民银行授权的国有独资商业银行的业务机构应当无偿提供鉴定人民币真伪的服务。对盖有"假币"字样戳记的人民币,经鉴定为真币的,由中国人民银行或者中国人民银行授权的国有独资商业银行的业务机构按照面额予以兑换;经鉴定为假币的,由中国人民银行或者中国人民银行授权的国有独资商业银行的业务机构予以没收。中国人民银行授权的国有独资商业银行的业务机构应当将没收的伪造、变造的人民币解缴当地中国人民银行。办理人民币存取款业务的金融机构应当采取有效措施,防止以伪造、变造的人民币对外支付。办理人民币存取款业务的金融机构应当在营业场所无偿提供鉴别人民币真伪的服务。如违反以上规定,由中国人民银行给予警告,并处1000元以上5万元以下的罚款;对直接负责的主管人员和其他直接责任人员,依法给予纪律处分。

人民币发行基金的调拨,应当按照中国人民银行的规定办理。任何单位和个人不得违反规定动用人民币发行基金,不得干扰、阻碍人民币发行基金的调拨。禁止未经中国人民银行批准,在宣传品、出版物或者其他商品上使用人民币图样。任何单位和个人不得印制、发售代币票券,以代替人民币在市场上流通。禁止伪造、变造人民币。禁止出售、购买伪造、变造的人民币。禁止走私、运输、持有、使用伪造、变造的人民币。如有违反,依照《中国人民银行法》的有关规定予以处罚;其中,违反"禁止伪造、变造人民币。禁止出售、购买伪造、变造的人民币。禁止走私、运输、持有、使用伪造、变造的人民币"的规定,构成犯罪的,依法追究刑事责任。

第三节 人民币发行原则和发行程序的规定

一、人民币的发行原则

根据《中国人民银行法》和《人民币管理条例》,中国人民银行是国家管理人民币的主管机关。《中国人民银行法》规定人民币由中国人民银行统一印制、发行。中国人民银行发行新版人民币,应当将发行时间、面额、图案、式样、规格予以公告。

我国人民币发行历来坚持的基本原则[①]是:(1)集中统一发行原则;(2)计

---

① 参见周正庆:《中国货币政策研究》,中国金融出版社1993年版,第63—80页。

划发行原则；(3) 经济发行原则。集中统一发行原则意味着中国人民银行是我国唯一的货币发行机构，集中管理货币发行基金。无论纸币还是硬币，无论主币还是辅币，均统一集中由中国人民银行发行，中国人民银行具有垄断的货币发行权。除此之外，财政部、其他金融机构以及任何单位和个人均无权发行货币和代用货币。计划发行原则就是货币的发行必须纳入整个国家的计划体系之中，按计划办理，以保证币值和物价的稳定。具体由中国人民银行总行提出货币发行计划，报国务院批准后实施。经济发行原则，就是根据国民经济发展情况，按照商品流通的实际需要，通过银行信贷的渠道来发行。

坚持货币发行的三个基本原则反映在法律上就是要正确运用和实行货币发行权、控制权、决定权。

(1) 发行权。国家授权中国人民银行统一掌管人民币的发行。《中国人民银行法》规定发行人民币、管理人民币流通是中国人民银行的重要职责之一。在我国，人民币的发行权属于国家，中国人民银行统一掌管人民币的发行，中国人民银行对人民币的发行具有垄断性、排他性。包括研究拟定国家货币政策；负责人民币票券的设计、印刷以及人民币的储备；编制和实施货币的发行、流通的宏观调控的方案和指标，确定货币供给增长率指标，报经国家批准后组织实施。其他任何地区、任何部门、任何单位都无权发行货币。国务院授权中国人民银行统一掌管人民币的发行，人民币的发行权集中在中央，这是完全必要的。因为只有集中统一发行货币才能稳定货币；只有集中统一发行货币才能实现计划发行；只有集中统一发行货币才能适应货币流通规律。为了搞好人民币的发行工作，在中国人民银行中专门成立了发行库。总行设总发行库，各地方人民银行分别设分库、中心支库和支库。国家授权中国人民银行发行货币，既是符合我国货币管理实践需要的正确选择，也是借鉴吸收其他国家的先进经验并与世界接轨的措施；所有中央银行都掌管货币发行权。例如《瑞典国家银行法》规定：瑞典国家银行是唯一授权发行钞票的机构。《法兰西银行法》规定：法兰西银行独享货币发行权。

(2) 控制权。货币发行多少，何时投放与收回，按照什么放松或紧缩银根，都要注意货币流通规律，也就是说对货币发行进行法律规定，绝不是随心所欲的，也绝不是违背客观规律的。国家权力完全可以将任意面额的票券和任意数量的货币投放市场，也完全可以通过合法的程序使这种投放合法化，但是这些货币一旦投入流通领域，就离开了国家意志、国家权力，而要受货币流通在内的规律所制约。如果不顾这种情况随意发行、投放货币，就要遭到客观规律的报复。所以，在运用法律决定货币发行时，一定要掌握货币流通规律对货币立法的影响。所谓货币流通规律，是指商品流通过程中货币需要量的规律。现代货币流通规律可以用两个公式来表示：① 流通中全部纸币所代表的价值量＝流通中货币的必要量。② 单位纸币所代表的价值量 = $\frac{流通中货币的必要量}{纸币发行总量}$。如果违背了这两个公式，就要发生货币贬值。货币发行量的控制权最终属于国务院。按照《中国人民银行法》的规定，中国人民银行就年度货币供应量报国务院批准后执行，并就货币政策情况向全国人大常委会报告。以上都说明了国务院对货币具有调控权，并接受国家权力机关的监督。

（3）决定权。人民币票券、铸币的种类和票面式样由中国人民银行设计，并由中国人民银行统一印制、发行，同时对人民币发行的时间、面额、图案、式样、规格予以公告。严格禁止模仿人民币式样印制内部票券。

二、人民币的发行程序

人民币的发行程序是指人民币发行的步骤和方法，属于人民币发行制度的重要组成部分。按照国家历来的规定，特别是《中国人民银行法》和《人民币管理条例》等的规定，我国人民币的发行程序大致分为四步：

第一步：提出和审批人民币的发行计划。

每年由中国人民银行总行根据国家的经济和社会发展计划，编制货币供应和货币发行计划（包括发行额度），报经国务院审批后，具体组织实施。包括负责票币设计、印制和储备。

第二步：通过在中央银行内设置的发行库办理发行业务和保管调拨发行基金。

发行库是中国人民银行为国家保管发行基金的金库，简称发行库。发行库是中国人民银行的一个重要组成部分，由中国人民银行根据经济发展和业务需要决定设置。中央银行设立人民币发行库，在其分支机构设立分支库，负责保管人民币发行基金。各级人民币发行库主任由同级中央银行行长担任。发行库的具体任务是：(1) 按照国务院批准的货币发行额度，统一调度货币发行基金。(2) 按照国务院批准的中国人民银行发行货币的决定，具体办理货币发行工作和损伤票币的回收销毁工作。(3) 统一保管、调运发行基金，调剂市场各种票币的流通比例。(4) 办理全国发行业务的会计核算，正确全面地反映市场货币投放与回收情况。人民币发行基金是中国人民银行人民币发行库保存的未进入流通的人民币，是由中国人民银行发行的货币，是调节市场货币流通的准备基金，因此，发行基金不是现金。发行基金的动用权属于总库，各地分支库所保管的发行基金，只是总库的一部分。下级发行库的发行基金出库或调拨必须凭上级发行库核定的出库限额或出库命令办理，没有上级发行库的出库命令，任何人不得擅自动用。发行库对所保管的发行基金实行严格的管理制度。《中国人民银行法》把这一规定提到了法律的高度，即规定为：中国人民银行设立人民币发行库，在其分支机构设立分支库。分支库调拨人民币发行基金，应当按照上级库的调拨命令办理。任何单位和个人不得违反规定，动用发行基金。《人民币管理条例》也有相关规定，即人民币发行基金的调拨，应当按照中国人民银行的规定办理。任何单位和个人不得违反规定动用人民币发行基金，不得干扰、阻碍人民币发行基金的调拨。这些规定具有重大的政治经济意义。

第三步：通过行内设置的业务库办理日常现金收付业务（见"货币投放与回笼的渠道"图）。

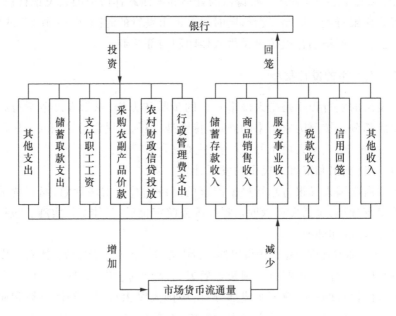

图 14-1 货币投放与回笼的渠道

业务库是指各类商业银行、政策性银行对外营业的基层行处，是为办理日常的现金收付而设置的现金库存。业务库与发行库是不同的，发行库保存的是发行准备基金，由总行统一管理，而业务库的现金是日常周转金，是属流通中货币的一部分，在实际货币发行中必须严格区分发行库与业务库的界限。各级行处业务库保留的现金，必须核定库存限额。在营业过程中，如果业务库现金不足，发行库应根据上级发行库的出库命令，将出库限额之内的发行基金拨入各行处业务库，这就是货币投放。业务库超过库存限额时，必须及时交回发行库，这就是货币回笼。发行库与业务库调拨关系见"货币流通示意"图，人民币发行业务便是通过这两库往来调拨完成的。

第四步：按照货币的流通情况和人民币币制改革的需要，还要注意不断组织新版人民币的印制、发行并负责对损伤的人民币票券、铸币进行回收和销毁。

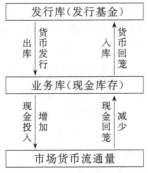

图 14-2 货币流通示意

总之,我国现在货币发行的顺序是按照《中国人民银行法》和国务院批准的发行计划,由中国人民银行通过发行库把发行基金投入各行处业务库,使一部分货币进入流通领域。

第四节 人民币国际化的历程和成为世界货币后的发展

一、人民币国际化的含义

人民币国际化是指人民币能够跨越国界,在境外流通,成为国际上普遍认可的计价、结算及储备货币的过程。其最终目标是扩大人民币境外流通范围,使其成为世界货币。

人民币国际化的含义包括三个方面:第一,是人民币现金在境外享有一定的流通度;第二,也是最重要的,是以人民币计价的金融产品成为国际各主要金融机构包括中央银行的投资工具,为此,以人民币计价的金融市场规模不断扩大;第三,是国际贸易中以人民币结算的交易要达到一定的比重。这是衡量货币包括人民币国际化的通用标准,其中最主要的是后两点。当前国家间经济竞争的最高表现形式就是货币竞争。人民币国际化,体现了人民币在各币种中的国际地位,其程度主要由人民币的国际使用予以体现。

人民币国际化是在我国综合国力不断增强,对外贸易、投资、金融等领域交流合作不断加深,外汇储备积累,人民币长期保持坚挺,国际信誉不断增强,同时国际货币体系面临改革等多重背景下逐步推进的。人民币国际化对于提高我国国际地位、便利我国企业对外贸易与投资、提高跨境资本流动监管能力、增强经济影响力等诸多方面都有积极意义。

二、人民币国际化的历程

2008年的世界性经济危机中,西方各国的经济都遭到重创,我国经济保持了较好的稳定与发展势头。随着我国企业在世界经济交往中日益频繁、中国市场对各国企业更加重要,人民币国际化正当其时。从国际贸易中的双边本币互换、跨境人民币结算开始,我国在2009年就开始了人民币国际化的实践历程。但是,我国官方是在2014年由中国人民银行首次使用"人民币国际化"的表述。这个过程,是人民币国际化程度日益提高、人民币国际地位日益凸显的过程。

(一)人民币国际化的初始阶段(2009—2010)

这个阶段,主要特点为人民币国际化程度相对较低,以本币互换、跨境结算等为主。例如:我国相关国家签署双边本币互换协议,以平衡人民币与相关货币的供需,稳定汇率,促进双边贸易和投资,维护金融稳定;开启跨境贸易人民币结算试点,并落实境外人民币清算,提升我国企业国际贸易效率和人民币的使用范围;开启人民币与外国货币的直接交易,提高人民币国际地位和使用频率。通过上述举措加速货币区域化,更好地实现人民币国际化。

(二)人民币国际化的发展阶段(2011—2013)

这个阶段,主要特点为:继续巩固前一阶段人民币国际化的成果;扩大双边本币互换协议的签署并进一步扩大协议额度;人民币跨境结算适用企业扩展至全国范围;开启并逐步扩展人民币汇率挂牌交易;境外人民币清算进一步扩大。

(三)人民币国际化的重大突破阶段(2014—2016)

这个阶段最主要的特点为:人民币国际化取得重大突破,人民币国际使用范围进一步扩大;人民币经国际货币基金组织批准,加入特别提款权(SDR)货币篮子,成为继美元、欧元、英镑和日元之后加入(SDR)货币篮子的第五种货币,标志着人民币正式成为国际货币。

同期,随着沪港股票市场交易互联互通机制(沪港通)的顺利推出,资本项目可兑换改革稳步推进;利率市场化改革继续推进,在放松利率管制、加强机制建设和推进产品创新等多方面都取得了重要进展;人民币汇率改革取得突破性进展,在确保人民币汇率在合理均衡水平上基本稳定的同时,建立以市场供求为基础、有管理的浮动汇率制度。

(四)人民币国际化的展望(2016—   )

随着我国经济实力的增强和经济总量的进一步增加,我国在世界范围内的经济、金融话语权也将随之强大;亚投行、金砖国家银行、"一带一路"倡议的实施将激发更多市场需求,人民币资本项目可兑换有序推进,我国人民币在国际经济交往和金融实践中的地位必将进一步提升,即使存在一些问题和困难,人民币国际化的步伐将更加坚实,人民币国际使用的范围和规模有望继续稳步发展。

三、人民币国际化的实施

人民币国际化的实施,一方面与人民币的国际地位、影响力密切关联,另一方面也与我国经济主体在国际经济交往、国际金融活动中的竞争实力和影响力有着十分重要的关系。人民币国际化的实施，要以政府专门职能部门制定相关从政策措施积极推进为主,我国企业在经济交往和金融活动中增强实力、争取货币使用的建议权和决定权为辅,在法治原则指引下扩大国际交往,逐步提高人民币国际化水平。

（一）与相关国家签署双边本币互换协议

为强化人民币的国际合作,平衡人民币与相关国家货币的供需关系,稳定汇率,一定程度上避免金融危机,促进双边贸易和投资,维护金融稳定,我国自2009年起,从与香港金融局签署双边本币互换协议开始,截至2015年5月末,中国人民银行与32个国家和地区的中央银行或货币当局签署了双边本币互换协议,协议总规模约3.1万亿元人民币,本币互换协议的实质性动用明显增加。

（二）开展人民币跨境结算,并完善各项配套制度和设施

2009年,与香港金融管理局就内地与香港跨境贸易人民币结算签署协议开始,并进一步建立以中国银行、中国工商银行的境外分支机构为主体的人民币清算安排,截止到2015年5月,已经与15个国家和地区建立了人民币清算安排,覆盖东南亚、西欧、中东、北美、南美和大洋洲等地,支持人民币成为区域计价结算货币,为人民币进一步国际化积累了很好的经验、奠定了很好的基础。随着跨境支付系统（CIPS）的建设和上线,我国人民币、金融国际化的设施更加迅捷,人民币跨境结算更加高效便捷,有利于进一步扩大人民币在国际经济活动的使用。

（三）开展人民币国际金融活动

一是境内银行金融机构开展境外项目人民币融资；二是境内企业到离岸市场发行人民币债券,丰富离岸人民币市场的投资工具；将得到进一步丰富；三是沪港股票市场交易互联互通机制（沪港通）下,境外机构在境内发行人民币债券；四是境外央行、国际金融组织、主权财富基金三类机构进入中国银行间债券市场,投资领域包括现券交易、债券回购扩展到债券借贷、债券远期以及利率互换等衍生品种等。

（四）人民币加入SDR,成为世界性货币

2015年11月30日,国际货币基金组织（IMF）宣布将人民币纳入特别提款权（SDR）货币篮子,2016年10月1日正式生效。人民币成为继美元、欧元、日元、英镑之后第五种加入SDR的货币。人民币在SDR的比重为10.92%,超过日元和英镑,位列第三。

这是国际社会对中国近年来市场化经济改革成果和人民币国际化程度显著提高的认可,也有助于增强SDR的代表性和吸引力,完善现行国际货币体系,是中国与全球金融体系融合过程中的一个重要里程碑。

四、人民币国际化的趋势展望

自 2009 年 7 月跨境贸易人民币结算试点以来,跨境人民币业务从无到有,规模从小到大,受到了市场主体的普遍欢迎。各项跨境人民币业务政策均坚持本币优先的基本原则,采取市场化管理方式,企业和银行的业务操作不断简化,企业用本币计价结算节约了汇兑成本、降低了汇率风险,得到了实实在在的好处。随着中国改革开放的进一步深化,未来人民币国际使用将在跨境贸易、投融资和资产负债管理等方面为我国各类市场主体带来更多的便利和机遇。

(一)人民币国际化的基础设施将进一步完善

随着人民币跨境支付系统(CIPS)的建设上线,涉外经济统计、核算、管理中采用人民币作为主要计价货币,进一步便利市场主体使用人民币计价结算。继续完善人民币跨境收付信息管理系统(RCPMIS)建设。

(二)经常项目人民币跨境使用将进一步扩大

境内市场主体在国际贸易中使用人民币计价结算,没有货币错配和汇率风险,可节省汇兑成本,提高资金使用效率。越来越多的境内市场主体开始使用人民币作为计价结算货币,境内中外资银行跨境人民币业务平稳较快发展,经常项目人民币跨境收支占本外币跨境收支的比重有望进一步提高。

(三)人民币跨境投融资渠道将进一步拓宽

支持境外机构境内发行人民币债券。在宏观审慎和微观审慎原则框架下,稳妥扩大境内企业境外借用人民币试点范围。简化管理程序,逐步丰富境外机构投资境内银行间债券市场主体类型,稳步扩大投资规模。支持人民币计价结算的国际原油期货尽快上线。逐步放宽境内机构境外发行人民币债券限制。

(四)双边货币合作将继续稳步开展

加强与相关中央银行的沟通和协调,扩大货币互换规模和范围,在保障互换资金安全的前提下,继续推动互换资金用于支持跨境贸易和投资等用途,提高互换资金的使用效率。

(五)人民币作为储备货币规模将进一步增加

随着人民币加入特别提款权(SDR)货币篮子,人民币作为储备货币的功能将进一步增强,国家积极支持境外央行类机构将人民币资产纳入其外汇储备。研究取消境外央行类机构投资境内银行间债券市场的额度限制,允许境外央行类机构自主选择人民银行或银行间市场结算代理人代理其投资银行间债券市场。

思考题

1. 货币的职能是什么?

2. 简述我国人民币的法律地位。
3. 如何确保人民币作为我国境内唯一合法的货币？
4. 人民币的发行原则是什么？为什么特别强调坚持经济发行的原则而不实行财政发行？
5. 何谓人民币发行库、业务库、金库？
6. 人民币的投放和回笼的渠道有哪些？
7. 什么是人民币国际化？有何意义？

第十五章　人民币流通和管理的法律规定

第一节　人民币的现金流通及其管理

一、货币的流通规律及其流通领域

遵守货币流通规律，是做好人民币管理的前提。我国人民币主要在两大领域进行流通：一是现金领域，二是非现金领域。

现金流通，是指用现款直接进行收付的货币运动。非现金流通，是指通过银行转账结算，银行将款项从付款单位账户上划转到收款单位账户上的货币运动。

现金流通的重要性就在于及时结清货款，加快商品流转。但现金的投放和居民手中所掌握的现金不能过多过滥，否则会造成市场物价的不稳定，造成货币不安全。相反，现金投放和居民手中所掌握的货币太少，就会造成生活不方便，商品流转受到阻碍。

非现金流通的重要性就在于对大宗的商品、货物交易，采取银行转账结算的办法，一方面可以节省货币的投放和使用，保护货币的安全；另一方面促进商品交易的进行和市场的繁荣，以及物价的稳定，有利于货币政策的实施。

二、现金投放、流通管理的规定

为了加强对现金投放、流通的管理，我国政府历年来对人民币现金采取了一系列的管理措施。现金管理是指对流通中的货币所进行的管理。这是货币管理的重要内容之一。通过现金管理严格控制货币发行，有计划地调节货币流通，促进商品生产和商品交换，加强对社会经济活动的监督。

《现金管理暂行条例》是我国现金管理的基本法规，其主要内容是：

（1）人民币现金管理的对象。该《条例》在第 2 条第 1 款规定："凡在银行和其他金融机构（以下简称开户单位）开立账户的机关、团体、部队、企业、事业单位和其他单位（以下简称开户单位），必须依照本条例的规定收支和使用现金，接受开户银行的监督。"

（2）现金管理的主管机关是各级人民银行。各级人民银行应当严格履行金融主管机关的职责，负责对开户银行的现金管理进行监督和稽核。

开户银行依照条例和中国人民银行的规定，负责现金管理的具体实施，对开户单位收支、使用现金进行监督管理。

(3) 现金使用的范围。主要包括：职工工资、津贴；个人劳务报酬；根据国家规定颁发给个人的科学技术、文化艺术、体育等各种奖金；各种劳保、福利费用以及国家规定的对个人的其他支出；向个人收购农副产品和其他物资的价款；出差人员必须随身携带的差旅费；结算起点在 1000 元以下的零星支出；中国人民银行确定需要支付现金的其他支出。

(4) 鼓励和保护非现金结算。国家鼓励开户单位和个人在经济活动中采取转账方式进行结算，减少使用现金。

开户单位之间的经济往来，除按规定的范围可以使用现金外，应当通过开户银行进行转账结算。

开户单位支付给个人的款项，超过使用现金限额的部分，应当以支票或者银行支票支付。

机关、团体、部队、全民所有制和集体所有制企业事业单位购置国家规定的专项控制商品，必须采取转账结算方式，不得使用现金。

转账结算凭证在经济往来中，具有同现金相同的支付能力。

开户单位在销售活动中，不得对现金结算给予比转账结算优惠的待遇；不得拒收支票、银行汇票和银行本票。

(5) 开户单位库存现金的限额：开户银行应当根据实际需要，核定开户单位 3 天至 5 天的日常零用开支所需的库存现金限额。

边远地区和交通不便地区的开户单位的库存现金限额，可以多于 5 天，但不得超过 15 天的日常零星开支。

经核定的库存现金限额，开户单位必须严格遵守。需要增加或者减少库存现金限额的，应当向开户银行提出申请，由开户银行核定。

(6) 对开户单位现金收支的规定和控制坐支的办法：第一，开户单位现金收入应当于当日送存开户银行。当日送存确有困难的，由开户银行确定送存时间。第二，开户单位支付现金，可以从本单位库存现金限额中支付或者从开户银行提取，不得从本单位的现金收入直接支付（即坐支）。因特殊情况需要坐支现金的，应当事先报经开户银行审查批准，由开户银行核定坐支范围和限额。坐支单位应当定期向开户银行报送坐支金额和使用情况。第三，开户单位根据规定，从开户银行提取现金，应当写明用途，由本单位财会部门负责人签字盖章，经开户银行审核后，予以支付现金。第四，因采购地点不固定、交通不便、生产或者市场急需、抢险救灾以及其他特殊情况必须使用现金的，开户单位应当向开户银行提出申请，由本单位财会部门负责人签字盖章，经开户银行审核后，予以支付现金。

(7) 对个体工商户、农村承包户发放贷款与异地采购所需货款，应当以转账方式或银行汇兑方式支付。

(8) 对一个单位在几家银行开户的，规定了由一家开户银行负责现金管理工作,核定开户单位库存现金限额。

在现金流通中,企事业单位常常不同程度地存在着违反现金管理规定的情况,如:现金库存数额较大;私设"小金库",坐支现金;不按规定办理转账结算;白条抵库和超范围使用现金;公款私存严重;企业多头开户、套取现金等。究其原因,主要是以下几个方面:第一,是在认识上错误地认为"现金管理是计划经济的产物,在市场经济条件下,没有必要再进行现金管理"而导致行为的越轨。第二,是由于企业经营方式多样化,无形中扩大了现金的体外循环。第三,是金融工具太少而且单一,无法适应经济发展的需要,这是导致现金投放增多的重要原因。第四,是银行结算梗阻使企业产生对现金结算的偏好。第五,是亏损企业为躲避银行债务而采取的违法行为,如搞体外循环以逃避银行的监督管理。第六,是对现金监管不力,缺乏强有力的措施。

为此,应当根据实际情况适当地放宽支付现金的额度,简化支取手续,为企业提供一个良好的金融环境。并且,各级金融机构要深化金融体制改革,进一步改革结算方式,加速电子化进程,加快资金运转速度,严格遵守结算纪律,确保结算渠道畅通。同时,要监督企业事业单位认真执行"只准在一家银行开设一个基本账户,用于支付现金,不准在其他账户套取现金"的规定,不得在基本账户以外套取现金。并应严格查处各单位私设的"小金库"等问题。总之,中央银行要组织各家银行认真执行现金投放、回笼计划,要制定大额提取现金标准,明确对现金投放的审批权限和审批程序,并督促各家银行及其他金融机构严格执行。

三、现金流通的趋势和对"无现金社会"概念的评述

众所周知,由于金融科技的发展,非现金支付的手段越来越多。支付宝、微信支付、百度钱包等方式可以使用户不带现金就能轻松购物和消费并加快账户结算进程。这些现象据说已经达到几亿人之多,并占交易总额的30%—40%。于是"无现金社会"概念随之出现。我们认为,现金的使用和流通肯定会减少,但不会取消和消灭。原因有四点:

(1)从货币的产生来源看,货币是商品生产、商品交换、商品流通的产物,是市场交易的媒介和载体。在一些特殊交易和支付领域,有些特殊人群对现金的占有和使用是必不可少的。例如在60岁以上的老年人中,有些人因为视力或记忆力不好,对支付宝这种先进的支付方式深感不方便,仍愿意使用人民币现金,而且还希望多一些人民币辅币的流通。

(2)从货币的职能看,即使是货币支付手段的职能作用范围减少,但它的基础职能即价值尺度和流通手段仍然存在,人民币入篮成为世界货币,为各国人民所喜爱。别的且不说,储藏人民币的现象也会越来越多。货币储藏不是货币取消,而是特殊形式的货币流通。

（3）从人民币的特点和法律地位看，我国人民币是主权货币、独立货币、信用货币[①]，是在法律地位上唯一合法的货币，绝对不能因为支付手段的更新而拒绝使用。《中国人民银行法》明确规定，中华人民共和国的法定货币是人民币，以人民币支付中华人民共和国境内的一切公共的和私人的债务，任何单位和个人不得拒收。这就为在任何情况下，总有一些领域和人群需要用人民币现金支付提供了法令依据。

（4）从我国长期处于社会主义初级阶段的社会形态看，人民币现金不但不能完全取消，而且要提高其含金量和受尊重度。因为社会总生产和总需求的供求规律、价值规律以及正确处理政府与市场的关系而稳中求进的规律等是我国社会主义市场经济的基本规律。反映在银行金融层面就是货币流通规律。所谓货币流通规律也就是货币的流通量与商品流通中需要的货币量是相一致、相适应的，而现金流通的份额又与货币流通量休戚相关。

第二节 反假币斗争和对非法集资的处置

反假币和反非法集资是同一个问题的两个方面。反假币主要是从货币发行角度讲的，当然制造假币的目的也是为了流通。反非法集资主要是从投融资角度来讲的，当然也涉及货币的制造、使用、流通问题。

一、反假币斗争

人民币是我国唯一的法定货币，大家都要接触它、使用它，它和每个人的生活都有密切的关系。假币犯罪严重干扰了货币流通的正常秩序，造成了人民群众的财产损失，破坏了人民币的信誉。所以反假币工作有利于保护人民币的合法地位，有利于稳定货币流通的正常秩序，有利于保护国家、集体和广大人民群众的切身利益。

为此，要在全社会开展反假币斗争，以维护人民币的法律地位和人民群众的切身利益，维护金融稳定和金融安全。始终坚持"打防并举，标本兼治"的指导思想，深入开展反假币工作，加大反假币力度。坚持"城市不放松，农村是重点"的原则，依托农村、城市反假币宣传网络，逐步完善反假币宣传的长效机制，实行综合治理。各金融机构、特别是商业银行要严格依照《中国人民银行假币收缴、鉴定管理办法》规范反假币工作。及时分析反假币的新情况、新动态，逐步形成反假币队伍的良好梯队。金融机构在办理业务时发现假币的，由该金融机构两名

[①] 信用货币，它直接代表的是中国人民银行的信用，最终代表的是中华人民共和国的国家信用。见刘少军：《国际化背景下人民币基础法规完善研究》，载《北方法学》2015年5月。

以上业务人员当面予以收缴。对假人民币纸币,应当面加盖"假币"字样的戳记;对假外币纸币及各种假硬币,应当面以统一格式的专用袋加封,封口处加盖"假币"字样戳记,并在专用袋上标明币种、券别、面额、张(枚)数、冠字号码、收缴人、复核人名章等细项。收缴假币的金融机构(以下简称"收缴单位")向持有人出具中国人民银行统一印制的《假币收缴凭证》,并告知持有人如对被收缴的货币真伪有异议,可向中国人民银行当地分支机构或中国人民银行授权的当地鉴定机构申请鉴定。收缴的假币,不得再交予持有人。金融机构在收缴假币过程中有下列情形之一的,应当立即报告当地公安机关,提供有关线索:一次性发现假人民币20张(枚)(含20张、枚)以上、假外币10张(含10张、枚)以上的;属于利用新的造假手段制造假币的;有制造贩卖假币线索的;持有人不配合金融机构收缴行为的。

此外,在反假币措施方面,一方面要继续强化以"反假币宣传活动月"等方式开展进基层、进小区、进农村的宣传教育活动,为群众提供反假币咨询服务,营造反假币的社会氛围;另一方面,要充分利用现代科技手段和设施,更新假币鉴别工具,实行冠字号收录及查询。同时,金融机构要组织业务人员积极参加反假币培训,提高其反假技能和素质,并帮助群众快速准确地掌握人民币防伪知识,提高对人民币的识别能力。

二、反非法集资与《处置非法集资条例》的规定

反非法集资的斗争由来已久,2017年中共中央一号文件首次提出"严厉打击农村非法集资和金融诈骗"。2017年8月国务院颁布《处置非法集资条例(征求意见稿)》,主要内容如下:

(一)非法集资的定义、当事人、行政主管机关

(1)非法集资的定义

所谓非法集资,除另有规定外,一般是指未经依法许可或者违反国家有关规定,向不特定对象或者超过规定人数的特定对象筹集资金,并承诺还本付息或者给付回报的行为。

(2)非法集资的当事人

非法集资的当事人主要包括非法集资人、非法集资协助人及非法集资参与人。非法集资人,是指发起、主导或者组织实施非法集资的单位和个人。非法集资协助人,是指为非法集资提供推介、营销等帮助的其他单位和个人。非法集资人、非法集资协助人应当依照有关法律规定和本条例的规定,对其违法行为承担责任。

非法集资参与人,是指为非法集资投入资金的单位和个人。非法集资参与人应当自行承担因参与非法集资受到的损失。

(3) 非法集资的行政主管机关

行政主管机关应当设立三级行政管理组织并进行职责分工。首先，国务院建立处置非法集资部联席会议（以下简称联席会议），负责指导、协调、督促联席会议成员单位和省、自治区、直辖市人民政府开展处置非法集资工作。其次，省级人民政府全面负责本行政区域内处置非法集资工作，全面履行职责。再次，县级以上地方人民政府确定的处置非法集资职能部门履行非法集资预防监测、行政调查处理和行政处罚等职责；其他部门如工商行政管理部门、互联网管理部门、金融管理部门等应按照职责分工配合做好处置非法集资的相关工作。

(二) 非法集资的预防监测、行政调查和行政处理的有关具体规定

1. 预防监测

预防监测是反对非法集资的第一道防线。县级以上地方人民政府、联席会议成员单位应当加强防范非法集资宣传工作，教育社会公众认识非法集资的违法性和危害性，提高其对非法集资的识别能力和防范意识。

联席会议应当指导、协调联席会议成员单位和省、自治区、直辖市人民政府加强非法集资信息共享，及时发现、通报相关线索。联席会议成员单位应当加强日常管理，预防监测所管理行业领域的非法集资风险，并指导督促地方人民政府相关部门开展非法集资监测工作。

县级以上地方人民政府应当建立非法集资监测机制，加强信息共享，识别、监测、控制和化解非法集资风险。此外，县级以上地方人民政府还应当建立举报奖励制度，鼓励社会公众举报涉嫌非法集资行为；其处置非法集资职能部门对监测发现、群众举报和有关部门依法移送的涉嫌非法集资线索，应当及时甄别处理，并协同有关部门采取相应措施。

2. 行政调查

通过预防监测把非法集资堵塞在可能产生的源头，但对可疑问题、疑难问题还必须及时采取行政手段进行专门调查。县级以上地方人民政府的处置非法集资职能部门负责组织实施本行政区域内非法集资行政调查工作。非法集资行为跨行政区域的，由集资人注册地处置非法集资职能部门牵头调查；没有注册地的，由集资人经常居住地处置非法集资职能部门牵头调查。对于牵头调查职责存在争议的，由上级处置非法集资职能部门协调确定；对于跨省级牵头调查职责存在争议的，报请联席会议协调确定。联席会议成员单位应当指导和配合地方人民政府处置非法集资职能部门开展非法集资行政调查工作。

处置非法集资职能部门发现未经依法许可或者违反国家有关规定筹集资金的行为，有如下情形之一的，应当进行非法集资行政调查，其他有关部门应当予以配合：设立互联网金融企业、资产管理类公司、投资咨询类公司、各类交易场所或者平台，农民专业合作社、资金互助组织以及其他组织筹集资金的；以发行或

者转让股权、募集基金、销售保险,或者以从事理财及其他资产管理类活动、融资租赁、信用合作、资金互助等名义筹集资金的;以销售商品、提供服务、种植养殖、项目投资、售后返租等名义筹集资金的;无实质性生产经营活动或者虚构资金用途筹集资金的;以承诺给付货币、实物、股权等高额回报的形式筹集资金的;通过报刊、电视、电台、互联网、现场推介、户外广告、传单、电话、即时通信工具等方式传播筹集资金信息的;等等。

处置非法集资职能部门应当对涉嫌非法集资线索及时开展调查。每次调查时,调查人员不得少于2人,并应当向被调查单位和个人出示执法证件。非法集资行政调查可以采取现场检查和非现场核查等方式,依法收集、固定相关证据并建立调查档案,具体可以采取下列措施:询问相关单位和个人,要求其对有关事项作出说明;进入相关经营活动场所进行现场检查;查阅、复制、封存相关文件、资料;查询相关账户信息;查封相关经营活动场所、查封和扣押相关财物;依法可以采取的其他措施等。

涉嫌非法集资的相关单位和个人应当配合处置非法集资职能部门进行调查,不得拒绝提供相关资料和信息。在非法集资行政调查程序启动后,处置非法集资职能部门应当通知工商行政管理部门停止为涉嫌非法集资的相关单位办理变更名称、股东、注册地、经营范围等工商登记事项。

3. 行政处理

对于经调查认定为非法集资的行为,处置非法集资职能部门应当责令非法集资人立即停止集资行为,并依照法律法规和本条例的规定处理。

对不停止集资行为的,处置非法集资职能部门有权依法采取措施,包括:查封、扣押相关财物、文件、资料,申请司法机关冻结相关资金;限制其转让财产或者在财产上设定其他权利;通知出入境管理机构阻止非法集资个人或者非法集资单位的董事、监事、高级管理人员和其他直接责任人员出境;依法可以采取的其他措施。

同时认定为非法集资的,非法集资人、非法集资协助人应当向非法集资参与人退还资金。非法集资人和非法集资参与人就资金清退方案达成一致意见的,由非法集资人自行清退;未就资金清退方案达成一致意见的,由处置非法集资职能部门负责协调组织资金清退工作。条例对应当作为清退资金来源的资产同时作出规定,具体包括:非法集资的资金余额;非法集资资金的收益、转换的其他资产及其收益;非法集资人藏匿或者向关联方转移的资产;非法集资人的出资人、主要管理人、其他直接责任人从非法集资中获取的经济利益;非法集资协助人为非法集资提供帮助而获得的收入,包括咨询费、广告费、代言费、代理费、佣金、提成等;依法应当纳入清退资金来源的其他资产。

处置非法集资职能部门应当对清退资金实行专户管理。向非法集资参与人清退资金时,其因参与非法集资获得的实物和货币回报,应当予以扣除。非法集资行为涉嫌犯罪的,应当移送公安机关。

(三)法律责任

(1)单位发起、主导或者组织实施非法集资的,责令限期改正并予以警告,可以处20万元以上200万元以下的罚款;逾期不改正或者情节严重的,责令停产停业,由原发证机关吊销许可证或者营业执照,并处集资金额1倍以上5倍以下的罚款。对直接负责的主管人员和其他直接责任人员处10万元以上100万元以下的罚款,根据情节轻重可以禁止其一定期限内直至终身担任公司、企业的董事、监事、高级管理人员或者其他组织的高级管理人员。

(2)个人发起、主导或者组织实施非法集资的,责令限期改正并予以警告,可以处10万元以上100万元以下的罚款;逾期不改正或者情节严重的,处集资金额1倍以上5倍以下的罚款,根据情节轻重可以禁止其一定期限内直至终身担任公司、企业的董事、监事、高级管理人员或者其他组织的高级管理人员。协助非法集资的,责令限期改正并予以警告;逾期不改正或者情节严重的,处5万元以上50万元以下的罚款。

(3)金融机构、非银行支付机构因管理失职导致经营场所、销售渠道被非法集资人利用进行非法集资的,由金融管理部门没收违法所得,并处违法所得1倍以上5倍以下的罚款;对直接负责的主管人员和其他直接责任人员予以警告,处5万元以上50万元以下的罚款,取消其任职资格或者禁止其一定期限内从事相关金融行业工作。

除金融机构、非银行支付机构以外的其他机构因管理失职导致经营场所、渠道、平台被非法集资人利用进行非法集资的,没收违法所得,并处违法所得1倍以上3倍以下的罚款;对直接负责的主管人员和其他直接责任人员予以警告,处2万元以上20万元以下的罚款。

(4)广告经营者、广告发布者违反条例第9条第2款"应当查验有关金融业务资质或者证明文件,核对广告内容"的规定,未履行查验、核对义务的,由工商行政管理部门责令改正,可以处5万元以下的罚款。

(5)涉嫌非法集资的单位和个人,在行政调查中拒绝提供相关文件、资料或者提供虚假文件、资料的,处5万元以上50万元以下的罚款。拒绝、阻碍执法人员查处非法集资的,依法给予治安管理处罚;构成犯罪的,依法追究刑事责任。

(6)国家机关工作人员有违反该条例规定的情形,如查处非法集资中滥用职权、玩忽职守、徇私舞弊或者通过职务行为或者利用职务影响,支持、帮助、纵容非法集资的,应依法给予处分;构成犯罪的,依法追究刑事责任。

(7)司法机关在处理非法集资刑事案件中,涉及需要行政处理的事项,移交处置非法集资职能部门依照该条例有关规定处理。

第三节　非现金结算的主要形式和管理制度

非现金结算,即现金结算的对称,又叫转账结算,是指不使用现金,通过银行将款项从付款单位(或个人)的银行账户直接划转到收款单位(或个人)的银行账户的货币资金结算方式。这里的"账",指的是各单位在银行开设的存款账户。银行接受客户委托代收代付,即从付款单位存款账户划出款项,转入收款单位存款账户,以此完成经济单位之间债权债务的清算或资金的调拨。转账结算方式是货币收付的程序和方法,即办理结算业务的具体组织形式。随着《票据法》的颁布实施,除了一般的转账结算之外,票据结算日益普遍。我国目前的结算以汇票、支票、本票为主体,增强了结算方式的通用性、灵活性、安全性。

一、银行转账结算的概念和原则

(一)银行转账结算的概念

货币的体现一般是通过商品交易、劳务供应之间的资金调拨进行的,这种货币的收付行为叫结算。也就是说,各单位或个人相互之间因商品交易、劳务供应等发生债务的了结和清算,称为结算。结算分现金结算和非现金结算。银行是结算的中心,现金结算也就是一手交钱,一手交货,用现金支付债款、了结债务。转账结算是通过银行汇款的方式结算,各单位间的经济往来,除了按现金管理规定办法的外,均必须通过银行转账或银行划拨。在我国各单位或个人相互之间所产生的债务绝大多数是通过非现金结算的方式进行的。因此,转账结算是银行经常业务之一,银行运用结算这一经济杠杆,可以促进商品经济的发展,支持社会主义建设。在我国,国家鼓励开户单位和个人在经济活动中,采取转账方式进行结算,减少使用现金。按照《人民币银行结算账户管理办法》的规定,除了《现金管理暂行条例》规定的可以使用现金结算的业务以外,所有企业、事业单位和机关、团体、部队等相互之间发生的商品交易、劳务供应、资金调拨、信用往来等均应按照银行结算办法的规定,通过银行实行转账结算。

(二)结算的原则和结算关系中各方的权利义务

1. 结算的原则。

结算的原则主要有:(1)钱货两清原则;(2)维护收付款双方正当权益的原则;(3)银行不予垫款的原则。

2. 结算关系中各方的权利和义务。

结算关系通常有付款人、收款人和银行(信用社)三方面当事人参加。它们有各自不同的权利和义务。

（1）从收款单位来说，有权在按经济合同发货或提供劳务后，委托银行代收款项；托收的款项必须同交付的货物或提供的劳务量相当。

（2）从付款单位来说，接到银行付款通知后，在规定期限内进行审核，并表示承付或拒付；其账户资金数如不足支付货款或劳务费，不足部分作延期付款处理。发现托收的款数和交付的货物（或劳务费）与经济合同规定不符时，有权向银行提出部分或全部拒付；对拒付商品除鲜、活、易腐物品外，付款单位不得动用，并要妥善保管。

（3）从银行方面来说：① 应依法积极而正确地为结算单位服务，当发生差错时，银行应负责查明和更正，并赔偿有关单位的利息损失；② 银行受托以后，应及时通知付款单位进行核实（验货或验单）和准备付款；③ 到期付款单位未表示拒付者，银行即认为承付，银行从应付款单位账户中划转款项给收款单位，对合理拒付应该支持，对无理拒付的，应按扣款顺序规定，从付款单位的账户中扣收货款，并扣收延付款的赔偿金转入收款单位账户；④ 发现付款单位动用拒付款的货物，银行有权从付款单位账户扣收全部货款和延付赔偿金，划转收款单位；⑤ 对违反结算制度的单位，银行可以拒绝代收支付，并有权改变结算方式，有权给予经济制裁；情节严重者可向人民法院起诉；⑥ 银行办理结算，必须维护收付双方的正当权益。

二、转账结算的方式和纪律

（一）异地结算及其方式

异地结算亦称"外埠结算""埠际结算"，是不在同一城镇或地区各单位相互间划转款项的收付行为。异地结算办法由银行总行统一制定，其分支机构必须严格执行。

异地结算方式有：托收承付、信用证、汇兑结算、委托收款四种。

异地托收承付适用于商品交易和与商品有关的劳务供应，原则性比较强。异地托收承付的结算方式必须双方签订合同，没有合同的银行不予办理，而是视同协议书、上级调拨令、调拨函。收款单位发货后，委托银行向异地付款单位收取款项，由双方协商，承认这种结算办理方式。异地托收承付要具备的条件有：（1）收付双方要订有符合经济合同法规定的经济合同。（2）收付双方信用好，都能遵守合同。（3）有货运发运信件。（4）托收承付要一笔一清。异地托收承付分电托和邮托两种。这种方式也适用于同城结算（见异地托收承付结算程序图）。

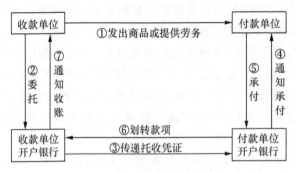

图 15-1 异地托收承付结算程序

异地信用证是付款单位事先将款项交银行,委托银行开信用证,向异地发货,由银行收款,转账由双方协定。主要适用于商品交易。

异地汇兑结算是由付款单位和个人将款项汇给异地单位,是银行和个人的付款方式,分信汇、电汇、票汇三种,没有金额起点的限制。但信汇自带以后,自己不能带回来,必须由银行转带回来。票汇的期限是4年,根据申请单位填送的票汇委托书办理。银行票汇的第二联是汇票联。第三联是结算通知书,汇入银行必须通过汇单和结付通知书方能办理手续。票汇与信汇、电汇相比有更多的优点,持票人可根据自己的情况自行汇款,这样就减少资金在途时间,或直接交给销货单位。汇票不得转让、涂改,有效期为1个月,过期的汇票银行不受理。

异地委托收款是由收款单位依收款依据,委托银行把款收回。办理这种结算比托收承付的优越性强。这种方式比较简单,付款日期为3—4天,银行不审核合同,发生问题双方自行解决。异地委托收款分电划和邮划。银行不审核经济合同,不受金额起点的限制,可以拖欠。如果单位资金不足,在承付期内解决不了的,可推迟5天。

(二)同城结算及其方式

同城结算亦称"本埠结算",是同一城镇范围内各单位之间的转账结算。同城结算方式不能用于异地。参加同城结算的双方行、处,必须能够同日记账。同城结算方式均规定金额起点,不足起点的收付,由单位使用现金结算。但对电话费、水电费等经常低于起点的个别结算,可根据情况适当降低起点。对各级财政部门,从财政金库拨付款项签发的支票凭证,可不受金额起点的限制。

同城结算方式有:托收承付、托收无承付、支票结算、委托银行付款、限额支票等。

托收无承付适用于公用事业,是无条件付款,没有承付金,没有商量余地,由单位签订合同。

支票结算分现金支票和转账支票。现金支票可以代替转账支票,但转账支票不能提取现金,适用范围是商品贸易、劳务供应、资金调拨。转账支票结算的起点一般是100元,用于缴税、清算时,不设起点。有效期为10天。支票必须有印鉴。支票容易出的问题是逾期支票和因保管不当被盗。

委托银行付款就是付款单位委托银行将其账户中的款转到收款单位。

限额支票是付款单位从自己的账户中将款取出来。限额支票由银行开。

(三)结算纪律

目前一些银行违反结算制度规定的情况比较严重。为此,要加强结算管理,保障结算资金的安全可靠。结算各方当事人应该严格按照规定,遵守结算纪律。(1)对款项收付单位来说,在办理转账过程中,不准出租、出借银行账号,不准签发空头支票和远期支票,不准套取银行信用。(2)办理结算的银行,应该遵守以下规定:第一,严格遵守"八不准",即:不准以任何理由压票,任意退票、截留、挪用用户和他行的资金;不准无理由拒绝支付应由银行支付的票据款项;不准受理无理拒付,不扣少扣滞纳金;不准签发空头银行汇票,银行本票和办理空头汇款;不准在支付结算制度之外规定附加条件,影响汇路畅通;不准违反规定为单位和个人开立账户;不准拒绝受理、代理他行正常结算业务;不准放弃对违反结算纪律的制裁。第二,凡银行向外发出的结算凭证,必须于当天及时发出,最迟不得迟于次日下午发出。第三,汇入银行收到结算凭证,必须及时将款项支付给客户,提高当天的进账率。第四,汇出、转汇和汇入银行都要按照客户的委托办理结算,保证将款项支付给确定的收款人。第五,要树立全局和服务观点,加强各行之间的配合和支持,改进结算服务。第六,凡银行违反结算制度规定和延压、挪用、截留客户的结算资金,要按照每天3‰赔偿利息。情节严重的要追究当事人、有关领导的经济和行政责任。

1991年7月国务院在发布的《关于整顿商品交易秩序严格结算纪律的通知》中,又再一次强调指出托收承付结算拖欠款扣罚滞纳金措施的实施,使一些地区和企业的资金调转和货款回收速度明显加快。1994年10月全国银行结算工作会议上,进一步强调了在市场竞争的形势下,严格结算纪律、整顿结算秩序的各项措施和要求,为实现银行结算的根本好转而努力。

三、结算制度的改革——"三票一卡"制度的使用

(一)结算制度改革的必要性

银行结算是商品交换的媒介,是联结资金和经济活动的纽带。它对减少现金使用、促进商品流通、保证经济的正常活动和健康发展具有重要作用。为了克服在银行结算上存在的商品交易大量使用现金、"腰缠万贯"进行采购、结算在途时间长、资金占压多的状况,纠正结算制度中存在的结算方法不方便、不灵活,结算方式过多,结算手段落后、效率低,行政干预过多,管理薄弱的现象,国家按照

银行结算必须方便、通用、迅速、安全的要求,对现有结算制度和管理办法进行了改革。通过改革力求使我国结算制度简化手续和结算方式,减少限制条件,发展"三票一卡"的信用制度,使结算与银行信用、融通资金相结合;同时采用先进手段,加快结算制度,加强结算管理,保证结算资金的安全可靠,保障结算的更好运用,更好地为社会主义商品经济发展服务。

(二) 结算制度改革的主要内容

我国结算制度改革的主要内容有以下几个方面:

(1) 放宽开户条件。为方便、引导多种经济成分的单位和个人开户、办理转账结算,凡个体工商户、城镇承包单位和农村承包户、专业户持有营业执照或承包协议或有关单位出具的证明,银行或信用社都要允许开立账户,并下放审批权限,简化手续,为开立的账户服务和保密。

(2) 发展信用支付工具,大力推行使用票据。票据包括汇票、支票、本票,其中汇票又包括银行汇票和商业汇票。首先,要改进银行汇票。所谓银行汇票是银行向客户收妥款项后签发给其持往异地办理转账或支取现金的票据。其次,全面推广商业汇票。所谓商业汇票是收款人或付款人签发,由承兑人承兑,并于到期日向收款人或执票人支付款项的票据。复次,试办银行本票。所谓银行本票是银行向客户收妥款项后签发给其凭以办理结算的票据。再次,扩大支票使用范围。支票是银行的存款人签发给收款人办理结算或委托开户银行将款项支付给收款人的票据。最后,在经济发达、条件较好的城市试办信用卡。所谓信用卡,是指非现金结算的一种支付工具,是由银行发行的、专供消费者购买商品和支付费用的一种信用凭证。

(3) 废止不适当的结算方式,对保留的结算方式进行改进,对托收承付、现行的国内信用证(国际信用证除外)、付款委托书、托收无承付、保付支票和省内限额结算等六种结算方式予以取消。为便利企业单位、个体工商户主动付款和主动收款,保留、改进汇兑和委托收款两种结算方式。汇兑,保留电汇、信汇,取消信汇自带,委托收款,扩大适用范围,既可以用于异地,也可以用于同城。凡在银行或信用社开户的单位和个体工商户的各种款项都可以使用这种方式。

(4) 建立清算中心,加速结算手段电子化进程。

(5) 完善银行结算管理体制,实行集中统一和分级管理相结合,并适当调高银行办理结算的收费标准。

(6) 减少行政性干预与监督,加强法制管理。为保证客户开户和转账结算的正常进行,银行要为客户保密,维护客户资金的自主支配权利。除国家法律规定和国务院授权银行的监督项目以外,其他部门和地方政府委托监督的事项,各银行不予受理,既不代任何单位查询、扣款,也不得停止单位、个人存款的正常支付,坚持依法管理,保证票据的正常使用和流通。

四、贯彻《票据法》,加强结算管理

1988年实行的银行结算改革,其初衷是建立以票据为主体的结算制度,要求改进银行汇票,全国推广商业汇票,试办银行本票,扩大支票使用范围,但几年来的实践结果并不理想,各种票据结算业务特别是商业汇票,不很受欢迎。究其原因,同我国传统的经济管理体制有关,也同这个时期内票据行为还不规范有关,使得票据债权人权益没有保障,债务人责任不受约束。

我国《票据法》规范了票据的行为,把结算管理制度上升到法律高度,使结算改革向法制化迈进,并使结算原则及有关规定有了法律保障,从而使结算的主要原则如"恪守信用,履约付款"不再是一句空话。因为《票据法》就是以法律形式确立的信用制度,该法的实施有利于增强人们的信用观念,克服信用观念淡薄和纠正信用行为不受约束的状况。同时,实施《票据法》也有利于银行提高资产质量,促进稳健经营,有利于企业搞活资金。在企业资金流动经常遇到堵塞的情况下,只有贯彻《票据法》,依靠法律才能更好地解决存在的问题。

汇票、本票、支票三种票据的使用范围广,涉及面宽,并关系到机关、团体、企事业单位以及部分个人。而在过去的结算工作中,由于支票退票多,票据交换入账时间长等原因,人们对票据的印象并不好。通过贯彻《票据法》,一方面要普及票据知识,另一方面还要转变信用观念,增强信用意识,使每个人、每个单位都要以信用来约束自己,并转变过去"没有钱找银行"的旧观念,树立起"向信用要资金"的新观念。

商业银行应当按照中央银行提出的建立票据服务体系的要求,加强票据结算服务,并把积极推广票据业务特别是商业汇票作为结算服务的重要内容,以加速单位资金周转和增加银行存款。同时,其他金融机构也应改进工作,加速票据周转,增强责任心,做到不压票、不延误,并研究改进票据交换的方法。银行在加强结算服务的同时,也不应放松审查和监督,特别是严防假票、变造票据等犯罪行为,以确保国家财产安全。

随着《票据法》的深入实施,票据的便捷、高效、安全已经得到普遍的认同,票据特有的兼具支付、流通、信用与融资的复合功能使得其越来越受到企业的重视。目前,票据已经成为经济交往中最为普遍的结算手段和方式。

五、信用证结算方式的运用

(一)信用证结算概述

在我国银行结算制度的重大改革中,强调了"发展信用支付工具,逐步实现票据化"的重要内容。也就是说突出了信用证的结算形式。

信用证结算,是异地转账结算的方式之一。从国内来说,它是购货单位将款项预先交存银行专户存储作为保证金,委托银行开出信用证委托书,通知异地销货单位的开户银行转告销货单位,销货单位按照合同或信用协议的规定发货,由销货单位开户银行代购货单位支付货款的一种结算方式。一般程序见"国内贸易信用证结算程序图"。

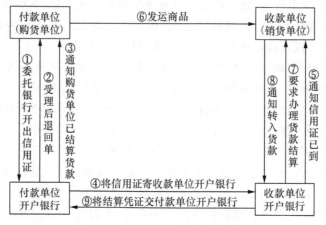

图 15-2　国内贸易信用证结算程序

信用证结算方式的基本要求是:购销双方必须签订合同;信用证存款专户存储,不计利息;每份信用证只准对一个收款单位办理结算,购货单位不得中途改变收款单位;信用证的有效期最长不得超过 60 天;销货单位必须根据合同向购货单位发货或由其自行提货后,银行才能付款;信用证只能付款结算不能支取现金;信用证规定有效期满后,应办理信用证结束手续,经购销双方同意也可提前撤销信用证。

信用证结算的基本流程为:

(1) 开证。开证行决定受理开证业务时,应向申请人收取不低于开证金额 20% 的保证金,并可根据申请人资信情况要求其提供抵押、质押或由其他金融机构出具保函。(2) 通知。通知行收到信用证审核无误后,应填制信用证通知书,连同信用证交付受益人。(3) 议付。指信用证指定的议付行在单证相符条件下,扣除议付利息后向受益人给付对价的行为。议付行必须是开证行指定的受益人开户行。议付仅限于延期付款信用证。议付行议付后,应将单据寄开证行索偿资金。议付行议付信用证后,对受益人具有追索权。到期不获付款的,议付行可从受益人账户收取议付金额。(4) 付款。开证行对议付行寄交的凭证、单据等审核无误后,对即期付款信用证,从申请人账户收取款项支付给受益人;对延期付款信用证,应向议付行或受益人发出到期付款确认书,并于到期日从申请人账户收取款项支付给议付行或受益人。

申请人交存的保证金和其存款账户余额不足支付的,开证行仍应在规定的付款时间内进行付款。对不足支付的部分作逾期贷款处理。

这种信用证结算方式,能保证收款单位及时收到货款,有利于防止付款单位拖欠。但由于需要事先向银行交存不计利息的保证金,因而增加了企业的占压资金,影响企业流动资金的充分利用和周转,同时手续也比较烦琐。

(二)信用证结算是我国对外结算的主要方式

国际结算的主要工具是票据,在西方国家中,国内结算和国际结算都使用票据。在国内结算中,以支票形式为主,汇票、本票所占比重不大。在国际结算中,以汇票形式为主,本票和支票退居第二位。国际间进行贸易和非贸易往来而发生的债权债务,要以一定的形式和条件来实现不同国家的企业、团体和个人间的货币收付,这就叫国际结算方式。国际上使用的结算方式和结算工具往往联系在一起,大体上可以分为两类:一类是采取汇款和托收的形式,使收付双方不由银行提供信用,而通过银行办理结算;一类是采用信用证的形式,由银行提供信用,使收付双方得到银行信用保证和资金周转上的便利的结算。此外,还有支付协定的结算方式。

信用证是国际贸易中银行用来保证本国进口商有支付能力的凭证。利用信用证结算是当前国际贸易结算的主要方式。

我国进出口贸易结算是我国对外结算的主要组成部分,其结算方式有汇款结算、托收结算和信用证结算。其中的主要方式是信用证结算。

从进口贸易方面来说,我国进口业务大部分采用信用证方式进行结算,中国银行办理进口信用证结算工作主要包括以下五个环节:(1)开证;(2)修改;(3)审单;(4)付款或承兑;(5)进口结汇。进口贸易采取信用证结算的好处是因为我国外贸公司通过开证,不需预交押金,手续简便,国外出口商接到信用证也便于取得当地银行资金融通。

从出口贸易方面来说:我国出口业务也主要采取信用证的方式进行结算。中国银行办理出口信用证工作要经过以下六个环节:(1)接受申请和寄交信用证;(2)审核信用证;(3)审单议付;(4)索汇寄单;(5)出口结汇;(6)收汇考核。信用证在出口业务中得到特别重视,因为有银行提供的信用作保证,不仅减少风险,而且还获得银行的贷款,加速资金周转,国外进口商也可以在付款后确定获得代表货物的单据和掌握我出口方面的交货日期和单据情况等。

总之,利用信用证结算之所以成为当今国际贸易结算的主要方式,是因为这种结算方式同其他结算方式比较起来有两个基本特征:第一,开出信用证的银行(简称开证行)负有第一性付款责任,用银行信用来保证商业信用,最大限度减少购销双方的风险。第二,信用证是一项独立文件,不依附于贸易合同。对信用证业务的处理又是以单据而不是以货物为准的,因而手续相当简便。这种风险少、手续简便的结算方式,在促进平等互利、相互竞争的国际贸易中具有积极的作用和广阔的应用前景。

信用证结算的主要当事人有:出口商、进口商、开证银行、通知银行和议付银行。

国际贸易信用结算方式程序图(见图 15-3)中对国际贸易信用证结算方式的基本程序如下:① 进出口商签订国际贸易合同产生债权债务关系,运用信用证进行转账结算;② 由进口商向开证银行申请开立信用证,并预交部分或全部货款作为保证金,或者提供保证人;③④ 开证银行根据进口商的申请开立信用证,寄给国外代理银行并由其转告出口商;⑤ 出口商核对信用证条款,认为符合后,即装货和准备各种必要的单据;⑥ 把各种必要的单据和信用证交其往来银行议付,或交开证行指定的代付、议付或保兑银行要求付款;⑦ 议付、代付或保兑银行经过审查即予垫款或付款;⑧ 议付、代付或保兑银行将单据寄送开证行,要求偿还垫付或代付的款项;⑨ 开证行在核对单据无误后,即偿还上述垫付或代付的款项;⑩ 通知进口商备款赎单;⑪ 进口商到目的港提货。

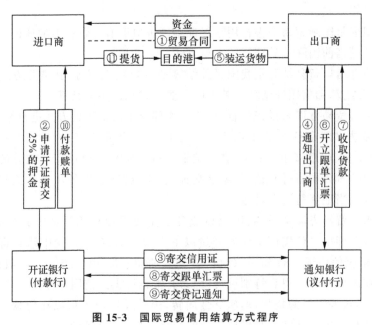

图 15-3　国际贸易信用结算方式程序

第四节　银行卡业务管理及其立法的提升

为加强银行卡业务的管理,防范银行卡业务风险,维护商业银行、持卡人、特约单位及其他当事人的合法权益,中国人民银行于 1999 年 1 月发布了《银行卡业务管理办法》，该办法共9章67条，从1999年3月1日起施行。

一、银行卡的概念和分类

（一）银行卡的概念

所谓银行卡，是指由商业银行（含邮政金融机构）经中国人民银行批准向社会发行的具有消费信用、转账结算、存取现金等全部或部分功能的信用支付工具。

（二）银行卡的分类

银行卡包括信用卡和借记卡，按币种不同分为人民币卡、外币卡；按发行对象不同分为单位卡（商务卡）、个人卡；按信息载体不同分为磁条卡、芯片（IC）卡。

信用卡按是否向发卡银行交存备用金分为贷记卡、准贷记卡两类。贷记卡是指发卡银行给予持卡人一定的信用额度，持卡人可在信用额度内先消费、后还款的信用卡。准贷记卡是指持卡人须先按发卡银行要求交存一定金额的备用金，当备用金账户余额不足支付时，可在发卡银行规定的信用额度内透支的信用卡。

借记卡按功能不同分为转账卡（含储蓄卡）、专用卡、储值卡。借记卡不具备透支功能。转账卡是实时扣账的借记卡，具有转账结算、存取现金和消费功能。专用卡是具有专门用途、在特定区域内使用的借记卡，具有转账结算、存取现金功能。储值卡是发卡银行根据持卡人要求将其资金转至卡内储存，交易时直接从卡内扣款的预付钱包式借记卡。

二、银行卡业务审批和计息收费标准的规定

（一）商业银行开办银行卡业务应具备的条件

开业3年以上，具有办理零售业务的良好业务基础；符合中国人民银行颁布的资产负债比例管理监控指标，经营状况良好；已就该项业务建立了科学完善的内部控制制度，有明确的内部授权审批程序；合格的管理人员和技术人员、相应的管理机构；安全、高效的计算机处理系统；发行外币卡还须具备经营外汇业务的资格和相应的外汇业务经营管理水平；中国人民银行规定的其他条件。

符合条件的商业银行，必须向中国人民银行提交有关材料，以及在银行卡章程上载明法定事项。

（二）商业银行开办银行卡业务的管理权限和审批程序

商业银行开办各类银行卡业务，应当按照中国人民银行有关加强内部控制和授权授信管理的规定，分别制定统一章程或业务管理办法，报中国人民银行总行批准；已开办信用卡或转账卡业务的商业银行可向中国人民银行申请发行联名/认同卡、专用卡、储值卡；已开办人民币信用卡业务的商业银行可向中国人民

银行申请发行外币信用卡;商业银行发行全国使用的联名卡、IC卡、储值卡应当报中国人民银行总行审批;商业银行分支机构办理经中国人民银行总行批准的银行卡业务应当持中国人民银行批准文件及总行授权文件向中国人民银行当地行备案;商业银行变更银行卡名称、修改银行卡章程应当报中国人民银行审批。

外资金融机构经营银行卡收单业务应当报中国人民银行总行审批。银行卡收单业务是指签约银行向商户提供的本外币资金结算服务。

(三)银行卡计息和收费标准规定

银行卡的计息包括计收利息和计付利息,均按照《金融保险企业财务制度》的规定进行核算。发卡银行对准贷记卡及借记卡(不含储值卡)账户内的存款,按照中国人民银行规定的同期同档次存款利率及计息办法计付利息。发卡银行对贷记卡账户的存款、储值卡(含IC卡的电子钱包)内的币值不计付利息。贷记卡持卡人进行非现金交易可享受有关的优惠条件。

商业银行办理银行卡收单业务应当按下列标准向商户收取结算手续费:宾馆、餐饮、娱乐、旅游等行业不得低于交易金额的2%;其他行业不得低于交易金额的1%。

三、银行卡账户交易管理和风险管理

(一)账户管理

单位人民币卡账户的资金一律从其基本存款账户转账存入,不得存取现金,不得将销货收入存入单位卡账户。个人人民币卡账户的资金以其持有的现金存入或以其工资款项、属于个人的合法的劳务报酬、投资回报等收入转账存入。

(二)交易管理

单位人民币卡可办理商品交易和劳务供应款项的结算,但不得透支;超过中国人民银行规定起点的,应当经中国人民银行当地分行办理转汇。发卡银行对贷记卡的取现应当每笔授权,每卡日累计取现不得超过一定金额。

(三)风险管理

发卡银行应当认真审查信用卡申请人的资信状况,根据申请人的资信状况确定有限担保及担保方式。发卡银行应当对信用卡持卡人的资信状况进行定期复查,并应当根据资信状况的变化调整其信用额度。发卡银行应当建立授权审批制度,明确对不同级别内部工作人员的授权权限和授权限额。发卡银行应当加强止付名单的管理,及时接收和发送止付名单。通过借记卡办理各项代理业务,发卡银行不得为持卡人或委托单位垫付资金。

发卡银行应当遵守下列信用卡业务风险控制指标:同一持卡人单笔透支发生额个人卡不超过2万元,单位卡不得超过5万元;同一账户月透支余额不得超过5万元,单位卡不得超过发卡银行对该单位综合授信额度的3%。无综合授

信额度单位,不得超过10万元(上述指标均含等值外币);外币卡的透支额度不得超过持卡人保证金的80%。

准贷记卡的透支期限最长为60天。贷记卡的首月最低还款额不得低于其当月透支余额的10%。

发卡银行通过下列途径追索款项和诈骗款项:扣减持卡人保证金;依法处理抵押物和质物;向保证人追索透支款项;通过司法机关的诉讼程序进行追偿。

(四) 切实做好银行卡联网通用工作

2001年9月19日,中国人民银行对外公布全国统一的"银联"标志卡,从而在国内创建了统一的"银联"标志卡,对于整合现有银行卡市场资源,建立和完善统一的银行卡受理环境,提高银行卡业务服务质量和水平,普及银行卡应用,为广大消费者提供方便、快捷、安全的金融服务具有重要作用。

四、银行卡当事人之间的职责和有关法律责任的规定

(一) 发卡银行的权利和义务

发卡银行的权利:发卡银行有权审查申请人的资信状况、索取申请人的个人资料,并有权决定是否向申请人发卡及确定信用卡持卡人的透支额度;发卡银行对持卡人透支有追偿权,对持卡人不在规定期限内归还透支款项的,发卡银行有权申请法律保护并依法追究持卡人或有关当事人的法律责任;发卡银行对不遵守其章程规定的持卡人,有权取消其持卡人资格,并可授权有关单位收回其银行卡;发卡银行对储值卡和IC卡内的电子钱包可不予挂失。

发卡银行的义务:发卡银行应当向银行卡申请人提供有关银行卡的使用说明资料;发卡银行应当设立针对银行卡服务的公平、有效的投诉制度,并公开投诉程序和投诉电话,发卡银行对持卡人关于账务情况的查询和改正要求在30天内给予答复;发卡银行应当向持卡人提供对账服务,按月向持卡人提供账户结单。发卡银行向持卡人提供的银行卡对账单应列出以下内容:(1) 交易金额。(2) 账户余额。(3) 交易金额记入有关账户或自有关账户扣除的日期。(4) 交易日期与类别。(5) 交易记录号码。(6) 作为支付对象的商户名称或代号。(7) 查询或报告不符账务的地址或电话号码;发卡银行应当向持卡人提供银行卡挂失服务;发卡银行应当在有关卡的章程或使用说明中向持卡人说明密码的重要性及丢失的责任;发卡银行对持卡人的资信资料有保密的责任。

(二) 持卡人的权利和义务

持卡人的权利:持卡人享有发卡银行对其银行卡所承诺的各项服务的权利,有权监督服务质量并对不符服务质量的情况进行投诉;申请人、持卡人有权知悉其选用的银行卡功能、使用办法、收费项目、收费标准、适用利率及有关的计算公式;持卡人有权在规定时间内向发卡银行索取对账单并有权要求对不符账务内容进行查询和改正;借记卡的挂失手续办妥后,持卡人不再承担相应账户资金变动的责任,司法机关、仲裁机关另有判决的除外;持卡人有权索取信用卡领用合约,并妥善保管。

持卡人的义务:申请人应当向发卡银行提供真实的申请资料并按照发卡银行规定向其提供符合条件的担保;持卡人应当遵守发卡银行的章程及《领用合约》的有关条款;持卡人向发卡银行支付账户管理费和年费[①];银行客户账户中(不含信用卡)没有享受免收账户管理费(含小额账户管理费)和年费的,商业银行应根据客户申请,为其提供一个免收账户管理费(含小额账户管理费)和年费的账户(不含信用卡、贵宾账户)。持卡人或保证人的通信地址、职业等发生变化应当及时书面通知发卡银行;持卡人不得以和商户发生纠纷为由拒绝支付所欠银行款项。

(三)法律责任

持卡人出租或转借其信用卡及账户的,发卡银行应当责令其改正,并对其处以1000元人民币以内的罚款。持卡人将单位的现金存入单位卡账户或将单位的款项存入个人卡账户的,中国人民银行应责令改正,并对单位卡所属单位及个人卡持卡人处以1000元以内的罚款。

任何单位和个人有下列情形之一的,根据我国《刑法》及相关法规进行处理:骗领、冒用信用卡的;伪造、变造银行卡的;恶意透支的;利用银行卡及其机具诈骗银行资金的。

商业银行有下列情形之一者,中国人民银行应责令改正,有违法所得的,没收违法所得,并处以违法所得1倍以上3倍以下的罚款;没有违法所得的,按有关法律、规章处以罚款;情节严重的,应当追究直接负责的主管人员和有关直接责任人员的行政责任。情节严重的追究有关领导人的责任:擅自发行银行卡或在申请开办银行卡业务过程中弄虚作假的;违反本办法规定的计息办法和收费标准的;违反本办法规定的银行卡账户及交易管理规定的。

五、信用卡及信用卡产业的发展

(一)信用卡的基本情况和作用

从1985年我国第一张信用卡诞生以来,信用卡产业在"金卡工程"等国家政策的推动下,得到了长足发展。截至2015年年底,全国信用卡在用发卡数量共计3.9亿张,信用卡期末应偿信贷余额为3.1万亿元,占国内居民人民币短期消

---

① 2014年2月,国家发改委、中国银监会《关于印发商业银行服务政府指导价政府定价目录的通知》(发改价格[2014]268号),规定对于银行客户账户中(不含信用卡)没有享受免收账户管理费(含小额账户管理费)和年费的,商业银行应根据客户申请,为其提供一个免收账户管理费(含小额账户管理费)和年费的账户(不含信用卡、贵宾账户)。

费贷款比重约75%，对扩大消费、便利居民日常生活和支持社会经济发展发挥了重要作用。信用卡作为金融产品之一，是属于一种新型的综合性金融支付工具，是传统金融业务与现代信息技术结合的产物。信用卡产业的发展，可以加速结算，减少现金流通，改善银行业务结构，降低交易成本，促进消费，带动信息化相关产业发展，增加税收，对于加快我国金融改革、经济发展和社会进步具有十分重要的意义。

（二）我国信用卡市场存在的主要问题及对策

一是国内一些发卡银行采取非理性竞争策略，发卡重数量轻质量；信用额度核定过高，信用卡不良率攀升，大部分发卡银行信用卡业务长期亏损。二是消费环境不配套，社会信用体系尚未建立，持卡人利用信用卡投机套现的现象比较严重。三是信用卡法制建设不健全，监管体制不完善，信用卡的分类、计息、收费标准存在明显漏洞，信用卡相关人之间的权利义务关系不协调。四是各种形式的信用卡犯罪不断出现。等等。

特别是美国次贷危机以来，金融危机带来的风险在信用卡市场不断蔓延，对我国信用卡市场同样带来强大冲击。2008年年底以来，我国多家银行信用卡业务呆坏账激增，信用卡不良率普遍上升，同时在发卡、使用、最后预期还款等环节出现了不少新问题。

首先，要创造信用卡产业发展的良好环境。一是认真落实国家的宏观经济调控目标；二是针对我国金融市场的突出问题，加快推进金融改革和创新；三是实施有效地扩大内需、促进经济增长政策，通过扩大经济活动总量、提高居民收入水平和消费能力等，提高信用卡的用卡次数和借贷总额。

其次，要完善信用卡相关法律制度。一是抓紧制定银行卡条例，就发卡银行条件、权限和程序，信用卡发行人、使用人、受理人的法律关系，信用卡交易管理、风险管理和法律责任等进行明确规范，为信用卡产业发展提供基本法律保障。二是完善打击信用卡犯罪的相关法律法规。三是修订完善已不能满足市场发展需要和风险监管需要的规章制度。

最后，要加强和完善信用卡的监管机制。一是构建由人民银行和银监会分工负责、互相配合的信用卡监管体制。人民银行负责信用卡产业发展规划、信用卡业务的审批以及信用卡支付结算系统和清算系统的安全性、完整性；银监会负责信用卡业务的日常监督管理，防范和化解使用信用卡所引发的系统性风险。二是恢复对银联公司及其子公司的监管。由监管部门对银联公司业务实施持续的非现场监测和现场检查，对银联董事会和高管人员的任职资格实行市场准入管理。三是建立涵盖信用卡业务事前、事中和事后风险防范的监督协调机制，由人民银行、银监会、司法机关和各发卡银行共同参加，分工负责、相互协作，对信用卡发行、使用和管理的全过程实施有效监控。四是建立健全信用卡风险监管指标体系,包括统一和规范各发卡机构的信用卡风险标准;建立健全信用卡风险监管指标体系和定期报告制度;制定并实施发卡机构经营风险的预警和应急处理机制;推行信用卡业务风险评估的"大数法则"。

(三) 信用卡市场的新问题及规制改革

近年来,随着社会经济快速发展,信用卡市场出现了一些新情况、新问题,有必要从制度上进行改革、引导和规范。一是现有监管制度对信用卡利率、免息还款期最长期限、最低还款额和滞纳金等信用卡产品的核心内容规定过于细致和固化,不利于信用卡产品和服务的多元化发展,不利于激发信用卡市场活力;二是随着消费金融创新升级和个人经济活动的日益丰富,持卡人对信用卡透支消费、预借现金等服务提出了更加个性化和多样化需求;三是近年来,持卡人纠纷和信用卡息费争议时有发生,持卡人权益保障制度亟须完善。

中国人民银行高度重视信用卡产业发展,结合当前信用卡市场的新形势,以改进信用卡服务和保障消费者合法权益为核心,科学把握、统筹兼顾业务创新需求和防范市场风险,在充分听取各方意见的基础上,研究制定了中国人民银行《关于信用卡业务有关事项的通知》(以下简称《通知》),以引导发卡机构建立健全差异化经营战略,促进信用卡产业转型升级。《通知》自 2017 年 1 月 1 日起实施。

本次改革主要在以下几个方面展开:(1) 实行信用卡利率市场化;(2) 取消对免息还款期及最低还款额的限制,由发卡机构根据自身经营策略和持卡人风险等级灵活组合免息还款期和最低还款额待遇,为持卡人提供多样化选择,形成错位竞争、优势互补的市场格局;(3) 引入"违约金"取代"滞纳金",并禁止收取超限费;(4) 规范了信用卡预借现金业务,一是明确界定信用卡预借现金业务类型,二是完善预借现金业务限额制度,三是提出风险管理要求;(5) 持卡人选择更加多样化,银行提供个性化、差异化服务,丰富持卡人选择,改进信用卡的功能,提升用卡体验;(6) 充分保障持卡人的各项权利,一是保障持卡人知情权,二是尊重持卡人选择权,三是保护持卡人资金安全。

思考题

1. 我国人民币流通的两大领域是什么?
2. 为什么要加强对人民币的现金管理和工资基金管理?
3. 为什么要强调人民币流通的非现金结算?
4. 何谓假币?开展反假币斗争的形式和意义是什么?
5. 《双边货币互换协定》的意义是什么?
6. 何谓结算?结算的两种形式是什么?
7. 现金结算的原则和方式是什么?

8. 票据结算的地位和作用是什么？
9. 票据的三种形式是什么？
10. 何谓信用证结算？
11. 何谓银行卡？银行卡包括哪几类？
12. 对银行卡的作用和安全保障进行思考。

第十六章 外汇管理的法律规定

第一节 外汇管理概述

一、外汇、汇价、外汇交易

外汇通常是指以外国货币表示的,用于国际结算的信用凭证和支付凭证,包括银行支票、汇票、期票、息票、中签或到期的外国债券和其他可以在国外兑现的凭证。

汇价又称汇率,就是两种货币之间的比价,也可以说是一种货币表示的另一种货币的价格。现在,国际结算通常采用国际汇兑方式进行,也就是说债务人通过银行将一国的货币兑换成国际上通用的货币,签发国际上通用的支付凭证,付给债权人。

外汇交易,即外汇买卖。国际间债权债务的清算一般是通过经营外汇业务的银行买卖外汇来办理。外汇交易可分为现汇外汇交易和期货外汇交易两种。现汇外汇交易又称即期外汇交易。它是指外汇买卖成交后,双方必须将买卖的两种货币按成交的汇价折算,一方立即支付外汇,另一方立即支付本币,同时交付结清。国际间即期外汇买卖一般须在 2 个工作日内将买卖的货币同时交清。期货外汇交易又称远期外汇交易,指预约买卖外汇,买卖双方预先签订一项买卖外汇的合约,订明两种货币兑换的价格和交付日期,到双方约定的日期办理两种货币的实际交付,实际交付的期限称为交割期,一般是按月计算,有 1 个月、2 个月、3 个月或 6 个月,最长达 12 个月。

二、外汇管理及外汇法

(一) 外汇管理

1. 外汇管理

外汇管理,是指一国政府授权国家货币金融管理当局或其他国家机关,对外汇的收支、买卖、借贷、转移以及国际间结算、外汇汇率和外汇市场等实行的管制措施。

我国《外汇管理条例》所称外汇,是指下列以外币表示的可以用作国际清偿的支付手段和资产:(1)外币现钞,包括纸币、铸币;(2)外币支付凭证或者支付工具,包括票据、银行存款凭证、银行卡等;(3)外币有价证券,包括债券、股票等;(4)特别提款权;(5)其他外汇资产。

2. 外汇管理目标

外汇资源短缺曾经是长期制约我国经济发展的瓶颈之一。与之相适应,外汇管理的主要目标即是保障国家对这种稀缺资源的计划和支配,在管理理念和制度安排上奉行"宽进严出"原则。告别外汇短缺时代后,我国外汇管理进入了一个新的历史时期,主要目标转变为通过对外汇资金流入和流出的均衡管理,促进国际收支平衡、维护国家金融安全和服务经济发展。

(1) 促进国际收支平衡

国际收支平衡也称外部平衡,其基本含义是国际收入等于国际支出。如国际支出大于收入,即为逆差;收入大于支出,即为顺差。一国的国际收支状况不论是从一个时期来看还是从某一时刻来看,总是处于不平衡状态,不平衡是经常的、绝对的,平衡则是偶然的、相对的。

国际收支持续不平衡会对一国经济会产生不利影响。持续的、大规模的逆差会导致外汇储备大量流失,本币汇率下跌,国际资本大量外逃,引发货币危机。持续逆差还会导致获取外汇的能力减弱,影响经济发展所需生产资料的进口,抑制国民经济增长,影响充分就业。持续的、大规模的顺差给货币供给量带来压力,管理不善可能为通货膨胀和资产泡沫制造温床。较大顺差是汇率升值预期的重要原因之一,套利资金可能大量流入,使国际收支顺差进一步扩大。大进往往孕育着大出,将来形势稍有波动,可能出现资金的集中流出。顺差也意味着没有充分合理地利用经济资源,大量资金没有用于国内投资和消费,而用于出口部门,不利于产业结构优化和动态调整。

外汇管理是调节国际收支平衡的重要措施。面对国际收支较大规模的不平衡,外汇管理可以通过严格审核国际收支交易的真实性来防范虚假外汇资金的流出流入,可以通过调整外债、证券投资等资本项目收结汇、购付汇等政策,以及建立健全跨境资金流动监测监管体系,防控异常资金流入和流出,促进国际收支平衡。应当说明的是,国际收支平衡状况是国民经济,特别是对外经济整体运行的结果,要保持国际收支相对平衡,优化经济结构是根本。

(2) 维护金融安全

一个国家开放程度越高,维护金融安全的责任和压力就越大。跨境资本异常流动是一国金融安全的重大隐患。外汇管理可以通过如下方式,防范跨境资金异常流动,维护金融安全。

其一,外汇管理如同"筛子"。通过各种制度安排,筛出那些没有真实交易背景以及尚未放开的资本项目外汇资金的异常流入流出。1999年年初,我国正式实施了进口报关单联网核查制度,要求所有进口项下对外付汇均必须有真实交易背景,基本堵住了货到付款项下假报关单进口骗汇的漏洞。近些年来,外汇管理部门还加大了资本流入管理,防控出口多收汇,发挥了外汇管理筛出异常资金流入的功能。

其二,外汇管理如同"防火墙"。外汇管理可在境内和境外资本之间筑起流出入和汇兑转换的"防火墙",有助于为国内经济结构调整及各项改革顺利推进创造条件。国际经验也表明,小型新兴市场经济国家频频发生的金融危机,在不同程度上都与本国资本项目的无序开放有关。防范和化解全球化风险,需适应经济发展阶段和金融监管水平,发挥外汇管理隔离风险的"防火墙"作用。

其三,外汇管理如同"蓄水池"。外汇管理可以根据国内外经济金融情况,收紧或放宽境内机构和居民保留或自由支配外汇的比例或额度,间接调控外汇资源在国家和民间的持有比例。例如,当面临资本外逃或大规模资本流出时,外汇管理可以要求境内机构和个人及时调回境外外汇,抑制资本外流,做大国家外汇储备资金池,威慑或防卫投机性资本攻击。

(3) 服务经济发展

服务经济发展始终是外汇管理的出发点和归宿。外汇管理部门适应对外经济发展的需要,不断改进进出口核销手段,在满足监管需求的前提下,最大可能地便利企业经营,支持企业提升国际竞争力。

(二) 外汇法

外汇法,即外汇管理法,简单地说就是国家通过法律、法规、规章对外汇的收支存兑进行管理的法律规定,以便对在本国境内和管辖范围的本国人、外国人、本国单位、外国单位的一切外汇支付活动实行有效的管制。换句话说,就是国家根据自己的意志和本国的经济、金融状况制定颁布的有关国家管理外汇的机构、方针、对象、范围和奖惩办法等法律规范的总称。

三、世界各国外汇管理的概况和我国外汇管理体制改革

(一) 世界各国外汇管理的概况

外汇管理是从第一次世界大战期间开始的。在第一次世界大战期间,英、法、德、意等资本主义国家为了动员外汇资源,防止资金外流,减缓汇率波动,弥补国际收支逆差,以及筹集外汇、黄金进行帝国主义战争,对钞票实行强制性的兑换率,停止金币自由流通和外汇自由买卖,对外汇收支实行管制。到第二次世界大战时,由于资本主义经济危机的频繁发生,通货膨胀严重,国际收支不平衡,英国、法国、德国、日本、意大利进一步加强了外汇管制。20世纪50年代后,这些国家又逐渐出现了管理松弛的情况。

目前按各国外汇管理的宽严程度划分,外汇管理大致有三种类型:

一是实行严格的外汇管理制度。无论贸易外汇、非贸易外汇收支都有限制。大多数发展中国家实行这种制度。

二是实行部分外汇管理制度。"公民"的外汇收支受限制,"非公民"的外汇收支不受限制,准许自由兑换和汇出国外,而资本性的外汇收支则受限制,法国、意大利等某些发达国家就属于这种类型。

三是外汇准予自由兑换,限制极少。对"居民"和"非居民"经常性和资本性的外汇收支均无限制。如美国、英国、德国、瑞士等国属于此类型。

(二) 我国外汇管理体制改革

改革开放前,我国实行严格的外汇集中计划管理,国家对外贸和外汇实行统一经营,外汇收支实行指令性计划管理。所有外汇收入必须售给国家,用汇实行计划分配;对外基本不举借外债,不接受外国来华投资;人民币汇率仅作为核算工具。改革开放后,我国外汇管理体制根据经济社会发展和经济体制改革的根本要求,沿着逐步缩小指令性计划、不断培育和增强市场机制在配置外汇资源中的基础性作用的方向转变,逐步建立起了适应社会主义市场经济要求的外汇管理体制。1978年以来,外汇管理体制改革大致经历三个重要阶段。

第一阶段(1978—1993),外汇管理体制改革起步。这一阶段以增强企业外汇自主权、实行汇率双轨制为特征。1978年召开的党的十一届三中全会正式宣布我国开始实行改革开放的总方针。在涉外经济领域,过去外汇统收统支的体制逐步松动,出口企业开始拥有一定的外汇自主权。为调动出口企业创汇的积极性,确保有限的外汇资源集中用于国民经济建设,从1979年开始实行外汇留成办法,在外汇集中管理、统一平衡、保证重点的同时,适当留给创汇的地方和企业一定比例的外汇,并允许持有留成外汇的单位把多余的外汇额度转让给缺汇的单位,官方汇率与调剂市场汇率双重汇率制度并存。总的来看,这一阶段,外汇管理体制处于由计划体制开始向市场调节的转变过程,计划配置外汇资源仍居于主导地位,但市场机制萌生和不断发育,对于促进吸引外资、鼓励出口创汇、支持国内经济建设发挥了积极作用。

第二阶段(1994—2000),社会主义市场经济条件下的外汇管理体制框架初步确定。1994年年初,国家对外汇体制进行了重大改革,取消外汇留成制度,实行银行结售汇制度,实行以市场供求为基础的、单一的、有管理的浮动汇率制度,建立统一规范的外汇市场。此后,进一步改进外汇管理体制,1996年全部取消了所有经常性国际支付和转移的限制,实现人民币经常项目可兑换。1997年,亚洲金融危机爆发,给中国经济发展与金融稳定造成严重冲击。为防止危机进一步蔓延,保持国民经济持续发展,我国作出人民币不贬值的承诺,并重点加强资本流出的管制,成功抵御了亚洲金融危机的冲击。总体来看,这一阶段,我国初步确立了适合国情、与社会主义市场经济体制相适应的外汇管理制度框架,外汇供求的市场基础不断扩大,奠定了市场机制配置外汇资源的基础性地位。

第三阶段(2001年以来),以市场调节为主的外汇管理体制进一步完善。

2001年年底加入世界贸易组织以来,我国加速融入全球经济,对外开放进一步扩大,国际收支持续大额顺差,对国民经济影响日益增强。适应新形势新挑战,外汇管理体制改革向纵深推进,积极促进贸易投资便利化,稳步推进资本项目可兑换,加强跨境资金流动管理,健全国际收支统计监测,完善外汇储备经营管理。伴随着入世后外汇储备规模的较快增长,2001年,外汇储备经营以规范化、专业化和国际化为目标,建立了投资基准经营管理模式和风险管理框架,完善了大规模外汇储备经营管理的体制机制。2005年7月启动的人民币汇率形成机制改革为深化外汇管理体制改革注入了新的活力。企业和个人持有和使用外汇的政策更加便利,外汇市场加快发展。与此同时,外汇管理方式加快从重点管外汇流出转为流出入均衡管理,逐步建立起资本流动双向均衡管理的制度框架,2008年修订的《外汇管理条例》确立了均衡监管思路,并在行政法规层面明确取消了强制结售汇制度。2008年国际金融危机全面爆发以来,我国及时启动应急机制,做好国际收支逆转的应急预案,积极防范金融风险,确保了外汇储备资产的总体安全,顶住了国际金融危机的冲击。2009年以来,针对跨境资金流向复杂和规模增大、市场主体便利化需求不断增长的现实,外汇管理加快了理念和方式的"五个转变",即从重审批转变为重监测分析、从重事前监管转变为强调事后管理、从重行为管理转变为更加强调主体管理、从"有罪假设"转变到"无罪假设"、从"正面清单"(法无明文授权不可为)转变到"负面清单"(法无明文禁止即可为)。

截至2014年年末,外汇管理五个转变取得阶段性成果。一是简政放权和依法行政取得重要进展。外汇管理行政审批事项累计下降80%,行政审批项目减至17项,极大地促进了贸易投资便利化。二是重大领域改革取得实质性突破。货物和服务贸易外汇管理改革平稳推进,允许出口收汇存放境外并实现意愿结售汇,跨国公司外汇资金集中运营试点、直接投资资本金意愿结汇等资本项目改革已全国推广,人民币可兑换程度进一步提升。三是外汇管理方式产生重大转变。随着逐笔匹配核销等传统管理手段退出历史舞台,外汇管理事前审批大幅减少,监管重心转向事中事后管理,跨境资本流动监测预警能力不断强化,逐步构建宏观审慎管理框架下的外债和资本流动管理体系。随着外汇管理的理念和方式转变到位,外汇管理服务实体经济和防范风险冲击的能力进一步增强。

四、我国外汇储备增长历程和原因分析

(一)我国外汇储备的发展变化

中国的外汇储备至2009年6月末已昂首跨上2万亿美元的台阶,超过日本居世界第一,其发展变化分三个阶段:(1)改革开放之初,我国外汇储备增加缓慢,1978年到1989年的12年间,除1989年为56亿美元外,其余各年的外汇储

备额均没有超过50亿美元,时至1996年11月我国的外汇储备首次突破1000亿美元。(2)进入21世纪初,我国外汇储备增速开始加快。2006年10月我国外汇储备突破1万亿美元,2007年达1.53万亿美元,2008年达1.95万美元。(3)2008年第四季度起至2009年第二季度止,由于受国际金融危机的严重冲击和挑战,以及我国政府积极应对金融危机的政策和措施的成功,我国外汇储备呈现波浪式的发展变化。2008年四季度起我国外汇储备增速开始减缓,个别月份出现负增长。2009年第二季度起,我国外汇储备再度呈现快速增长局面,截止到2015年年末,外汇储备余额达到3.3万亿美元。

(二)我国外汇储备增长的主要原因

(1)我国外汇储备经营始终坚持安全、流动和保值增值的原则。(2)坚持长期投资理念和多元化投资策略,以及严格审慎的风险管理,在这方面颁布了一系列的法规和规章制度。(3)我国贸易保持一定规模的顺差和利用外资不断上规模。贸易和投资推动了我国外汇储备不断走向新台阶。

(三)坚持外汇改革和外汇的法治建设

目前,我国已经形成了包括《外汇管理条例》在内的涵盖外汇管理综合、经常项目、资本项目、金融机构外汇业务、人民币汇率与外汇市场、国际收支与外汇统计、外汇检查与法规适用、外汇科技等八大类外汇管理的法规体系,总数达200多件。不足之处在于,法规层次较低,多以部门规章和决定等为主,与外汇管理法治建设还有一定的差距。

(四)我国外汇储备增长的意义

我们认为充足的外汇储备类似信用证,有利于增强国际清偿能力,提高国内外对我国经济形势和货币政策的信心,也类似稳定器,有利于应对突发性事件,防范金融风险。例如,面对2008年的国际金融危机,我国的外汇储备对支持我国经济企稳好转、尽快走向复苏,对加强国际金融合作、支持货币基金组织和世界银行的改革,以及支援贫困国家都发挥了重要作用。

第二节 我国《外汇管理条例》和外汇市场的规定

一、我国外汇管理的方针、原则和意义

在1994年外汇体制改革的基础上,为了加强外汇管理,保持国际收支平衡,促进国民经济健康发展,国务院于1996年1月29日发布了《外汇管理条例》。此后该条例于1997年进行了修正,并于2008年再次修订。这进一步便利了贸易投资活动,完善了人民币汇率形成机制及金融机构外汇业务管理制度,建立了

国际收支应急保障制度,强化了跨境资金流动监测,健全了外汇监管手段和措施,并相应明确了有关法律责任。

《外汇管理条例》所称外汇,是指以外币表示的可以用作国际清偿的支付手段和资产。具体包括:(1)外国货币,包括纸币、铸币;(2)外币支付凭证,包括票据、银行存款凭证、邮政储蓄凭证等;(3)外币有价证券,包括政府债券、公司债券、股票等;(4)特别提款权、欧洲货币单位;(5)其他外汇资产。

我国外汇管理的方针是实行间接管理、分散经营的外汇管理体制和外汇经营体制。具体是指:经常项目外汇实行银行结售汇制,取消外汇留成,实行经常项目下人民币有条件可兑换,建立了银行间外汇市场,人民币汇率实行以市场供求为基础的、单一的、有管理的浮动汇率制。资本项目下外汇建立了外汇账户制度,严格外债管理,加强国际收支统计申报制度等。目前,我国大部分银行都经营外币业务,改变了原来中国银行独家经营外汇业务的局面。

我国现阶段外汇管理的原则主要表现在外汇管理制度从严格控制到逐渐放宽的过程,以及在管理方式上从直接管理为主到间接管理为主的转变过程。国家外汇管理局是直属国务院的副部级单位,主管国家外汇行政管理工作,制定一些政策,进行审批。业务上受中国人民银行指导。外汇管理局的基本职能包括:(1)研究提出外汇管理体制改革和防范国际收支风险、促进国际收支平衡的政策建议,研究落实逐步推进人民币资本项目可兑换、培育和发展外汇市场的政策措施,向中国人民银行提供制定人民币汇率政策的建议和依据;(2)参与起草外汇管理有关法律法规和部门规章草案,发布与履行职责有关的规范性文件;(3)负责国际收支、对外债权债务的统计和监测,按规定发布相关信息,承担跨境资金流动监测的有关工作;(4)负责全国外汇市场的监督管理工作,承担结售汇业务监督管理的责任,培育和发展外汇市场;(5)负责依法监督检查经常项目外汇收支的真实性、合法性,负责依法实施资本项目外汇管理,并根据人民币资本项目可兑换进程不断完善管理工作,规范境内外外汇账户管理;(6)负责依法实施外汇监督检查,对违反外汇管理的行为进行处罚;(7)承担国家外汇储备、黄金储备和其他外汇资产经营管理的责任;(8)拟定外汇管理信息化发展规划和标准、规范并组织实施,依法与相关管理部门实施监管信息共享;(9)参与有关国际金融活动;(10)承办国务院及中国人民银行交办的其他事宜。其中,外汇储备管理是我国外汇管理部门的重要职责。外汇储备经营始终坚持"安全、流动、保值增值"的原则,进行审慎、规范、积极的投资运作。按照上述原则,外汇储备管理综合考虑多种因素,进行多元化货币、资产配置。目前,我国外汇储备资产中包括美元、欧元、日元等多种货币,投资于各主要发达经济体和新兴经济体的政府类、机构类、公司类等多种金融产品。多元化投资组合中,不同货币、不同资产类别之间此消彼长、互补平衡的效果明显。

外汇管理是国家金融管理的重要组成部分,是国家宏观调控的一个重要手段,因此外汇管理必须具有统一性和稳定性。

国家外汇管理局组织机构:

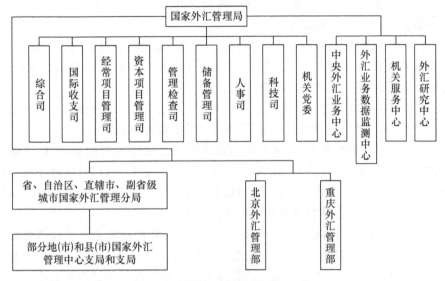

图 16-1 国家外汇管理局组织机构

二、经常项目和资本项目的外汇管理

根据《外汇管理条例》《个人外汇管理办法》及其实施细则等规定,经常项目和资本项目的外汇管理应该遵守如下之规定:

(一)经常项目外汇管理

从整体看,经过多年的改革,经常项目已实现完全可兑换,企业可自行保留经常项目外汇收入,个人的外汇需求基本得到满足,对外汇资金流入流出实施均衡管理。

1. 对境内机构外汇收支的管理

国家对境内机构外汇收支实行均衡管理,具体要求为:

(1) 经常项目外汇收支应当具有真实、合法的交易基础。经营结汇、售汇业务的金融机构应当按照国务院外汇管理部门的规定,对交易单证的真实性及其与外汇收支的一致性进行合理审查。外汇管理机关有权对上述规定事项进行监督检查。

(2) 经常项目外汇收入,可以按照国家有关规定保留或者卖给经营结汇、售汇业务的金融机构。

(3) 经常项目外汇支出,应当按照国务院外汇管理部门关于付汇与购汇的管理规定,凭有效单证以自有外汇支付或者向经营结汇、售汇业务的金融机构购汇支付。

2. 对个人外汇收支的管理

为了加强对外汇的管理,对于在中国境内的一切自然人的外汇收支,《外汇管理条例》作出了一定的限制:

(1) 个人因私用汇,应在规定限额以内购汇,超过规定限额的,应当向外汇管理机关申请;个人携带外汇出境,应当向海关办理申报手续;携带外汇出境,超过规定限额的,还应当向海关出具有效凭证;

(2) 居住在境内的中国公民持有的外币支付凭证、外币有价证券等形式的外汇资产,未经外汇管理机关批准,不得携带或者邮寄出境;

(3) 外国驻华外交机构、领事机构收取的以人民币支付的签证费、认证费等,需汇出境外的,可以持有关证明材料向外汇指定银行兑付;其他驻华机构的合法人民币收入,需汇出境外的,应当持有关证明材料向外汇管理机关申请,凭外汇管理机关的售汇通知书到外汇指定银行兑付;

(4) 应聘在境内机构工作的外籍专家、应聘在外商投资企业工作的外籍人员的人民币工资及其他合法收入,依法纳税后,前者可以向外汇指定银行直接购汇汇出或携带出境,后者可以持外汇管理机关规定的有效凭证向外汇指定银行购汇汇出或携带出境;应聘在外商投资企业工作的外籍人员的外汇工资及其他合法收入,依法纳税后,可以直接汇出或携带出境。

此外,《外汇管理条例》还规定,属于个人所有的外汇,可以自行持有,也可以存入银行或者卖给外汇指定银行。个人的外汇储蓄存款,实行存款自愿、取款自由、存款有息、为储户保密的原则。驻华机构和来华人员由境外汇入或者携带入境的外汇,可以自行保存,可以存入银行或者卖给外汇指定银行,也可以持有效凭证汇出或者携带出境。

(二) 资本项目外汇管理

改革中,在逐步放松经常项目外汇管理的同时,严格管理资本项目的外汇收支,既符合国际上的做法,又同我国目前的实际情况相适应。我国目前的情况是国家宏观调控的能力还有待提高,管理手段也比较落后,微观主体的自我管理能力也有待加强。因此在放松经常项目的同时,如不严格资本项目的外汇管理,就可能造成资本项目下的外汇混入经常项目下的外汇收支,从而造成资本的大量流出流进,冲击国内市场,影响整个经济的稳健发展,因此要对资本项目的外汇收入实行严格管理的原则。

1. 外汇收入方面

资本项目外汇收入保留或者卖给经营结汇、售汇业务的金融机构,应当经外汇管理机关批准,但国家规定无须批准的除外。

2. 外汇支出方面

(1) 境外机构、境外个人在境内直接投资,经有关主管部门批准后,应当到外汇管理机关办理登记。境外机构、境外个人在境内从事有价证券或者衍生产品发行、交易,应当遵守国家关于市场准入的规定,并按照国务院外汇管理部门的规定办理登记。

(2) 境内机构、境内个人向境外直接投资或者从事境外有价证券、衍生产品发行、交易,应当按照国务院外汇管理部门的规定办理登记。国家规定需要事先经有关主管部门批准或者备案的,应当在外汇登记前办理批准或者备案手续。

(3) 提供对外担保,应当向外汇管理机关提出申请,由外汇管理机关根据申请人的资产负债等情况作出批准或者不批准的决定;国家规定其经营范围需经有关主管部门批准的,应当在向外汇管理机关提出申请前办理批准手续。申请人签订对外担保合同后,应当到外汇管理机关办理对外担保登记。

经国务院批准为使用外国政府或者国际金融组织贷款进行转贷提供对外担保的,不适用上述规定。

(4) 银行业金融机构在经批准的经营范围内可以直接向境外提供商业贷款。其他境内机构向境外提供商业贷款,应当向外汇管理机关提出申请,外汇管理机关根据申请人的资产负债等情况作出批准或者不批准的决定;国家规定其经营范围需经有关主管部门批准的,应当在向外汇管理机关提出申请前办理批准手续。

(5) 向境外提供商业贷款,应当按照国务院外汇管理部门的规定办理登记。资本项目外汇支出,应当按照国务院外汇管理部门关于付汇与购汇的管理规定,凭有效单证以自有外汇支付或者向经营结汇、售汇业务的金融机构购汇支付。国家规定应当经外汇管理机关批准的,应当在外汇支付前办理批准手续。

依法终止的外商投资企业,按照国家有关规定进行清算、纳税后,属于外方投资者所有的人民币,可以向经营结汇、售汇业务的金融机构购汇汇出。

3. 其他关于资本项目外汇管理的规定

(1) 国家对外债实行登记制度;境内机构应当按照国务院关于外债统计监测的规定办理外债统计与监测,并定期公布外债情况。

(2) 资本项目外汇及结汇资金,应当按照有关主管部门及外汇管理机关批准的用途使用。外汇管理机关有权对资本项目外汇及结汇资金使用和账户变动情况进行监督检查。

三、外汇市场和金融机构的外汇业务

(一) 外汇市场

外汇市场,是指为解决本国货币与外国货币的兑换而由所有买卖外汇的商业银行、专营外汇业务的银行、外汇经纪人、进出口商,以及外汇市场供求者组成的外汇供求和流通体系。

1994年年初,外汇管理体制改革后,逐步取消了外汇留成和上缴,代之以银行结售付汇制,在国内形成了外汇买卖的市场(外汇市场交易遵循公开、公平、公正和诚实信用原则)。根据《外汇管理条例》的规定,人民币汇率和外汇市场须遵守如下规定:

(1) 人民币汇率实行以市场供求为基础的、有管理的浮动汇率制度。

(2) 经营结汇、售汇业务的金融机构和符合国务院外汇管理部门规定条件的其他机构,可以按照国务院外汇管理部门的规定在银行间外汇市场进行外汇交易。

(3) 外汇市场交易应当遵循公开、公平、公正和诚实信用的原则。

(4) 外汇市场交易的币种和形式由国务院外汇管理部门规定。

(5) 国务院外汇管理部门依法监督管理全国的外汇市场。

(6) 国务院外汇管理部门可以根据外汇市场的变化和货币政策的要求,依法对外汇市场进行调节。

(二) 金融机构的外汇业务

根据《外汇管理条例》的规定,金融机构的外汇业务须遵守如下规定:

(1) 金融机构经营或者终止经营结汇、售汇业务,应当经外汇管理机关批准;经营或者终止经营其他外汇业务,应当按照职责分工经外汇管理机关或者金融业监督管理机构批准。

(2) 外汇管理机关对金融机构外汇业务实行综合头寸管理,具体办法由国务院外汇管理部门制定。

(3) 金融机构的资本金、利润以及因本外币资产不匹配需要进行人民币与外币间转换的,应当经外汇管理机关批准。

四、外汇管理机构的依法监管

我国现行《外汇管理条例》特别强化健全外汇监管手段和措施。为保障外汇管理机关依法、有效地履行职责,增加规定了外汇管理机关的监管手段和措施,同时规定了外汇管理机关进行监督检查的程序。

1. 外汇管理机关依法履行职责,有权采取下列措施:

(1) 对经营外汇业务的金融机构进行现场检查;

(2) 进入涉嫌外汇违法行为发生场所调查取证;

(3) 询问有外汇收支或者外汇经营活动的机构和个人,要求其对与被调查外汇违法事件直接有关的事项作出说明;

(4) 查阅、复制与被调查外汇违法事件直接有关的交易单证等资料;

(5) 查阅、复制被调查外汇违法事件的当事人和直接有关的单位、个人的财务会计资料及相关文件,对可能被转移、隐匿或者毁损的文件和资料,可以予以封存;

(6) 经国务院外汇管理部门或者省级外汇管理机关负责人批准,查询被调查外汇违法事件的当事人和直接有关的单位、个人的账户,但个人储蓄存款账户除外;

(7) 对有证据证明已经或者可能转移、隐匿违法资金等涉案财产或者隐匿、伪造、毁损重要证据的,可以申请人民法院冻结或者查封。

有关单位和个人应当配合外汇管理机关的监督检查,如实说明有关情况并提供有关文件、资料,不得拒绝、阻碍和隐瞒。

2. 外汇管理机关依法进行监督检查或者调查的程序要求:监督检查或者调查的人员不得少于 2 人,并应当出示证件。监督检查、调查的人员少于 2 人或者未出示证件的,被监督检查、调查的单位和个人有权拒绝。

3. 有外汇经营活动的境内机构、金融机构的义务:有外汇经营活动的境内机构,应当按照国务院外汇管理部门的规定报送财务会计报告、统计报表等资料;经营外汇业务的金融机构发现客户有外汇违法行为的,应当及时向外汇管理机关报告。

4. 外汇管理中的协助执法:国务院外汇管理部门为履行外汇管理职责,可以从国务院有关部门、机构获取所必需的信息,国务院有关部门、机构应当提供;国务院外汇管理部门应当向国务院有关部门、机构通报外汇管理工作情况。

5. 外汇管理中的社会监督:任何单位和个人都有权举报外汇违法行为;外汇管理机关应当为举报人保密,并按照规定对举报人或者协助查处外汇违法行为有功的单位和个人给予奖励。

五、法律责任

为了使违反外汇管理的行为得到应有的惩治,《外汇管理条例》中设专章对逃汇、套汇,未经外汇管理机关批准而擅自经营外汇业务,外汇指定银行未按照国家规定办理结汇、售汇业务,经营外汇业务的金融机构违反人民币汇率管理、外汇存贷款利率管理或者外汇交易市场管理等一系列违反外汇管理的行为作出了规定,并给予了相应的处罚。

(一) 逃汇行为及其处罚

1. 有违反规定将境内外汇转移境外,或者以欺骗手段将境内资本转移境外等逃汇行为的,由外汇管理机关责令限期调回外汇,处逃汇金额 30% 以下的罚款;情节严重的,处逃汇金额 30% 以上等值以下的罚款;构成犯罪的,依法追究刑事责任。

2. 违反规定携带外汇出入境的,由外汇管理机关给予警告,可以处违法金额20%以下的罚款。法律、行政法规规定由海关予以处罚的,从其规定。

(二) 套汇行为及其制裁

有违反规定以外汇收付应当以人民币收付的款项,或者以虚假、无效的交易单证等向经营结汇、售汇业务的金融机构骗购外汇等非法套汇行为的,由外汇管理机关责令对非法套汇资金予以回兑,处非法套汇金额30%以下的罚款;情节严重的,处非法套汇金额30%以上等值以下的罚款;构成犯罪的,依法追究刑事责任。

(三) 对于境内机构违反外汇管理的规定及处罚

1. 有擅自对外借款、在境外发行债券或者提供对外担保等违反外债管理行为的,由外汇管理机关给予警告,处违法金额30%以下的罚款。

2. 违反规定,擅自改变外汇或者结汇资金用途的,由外汇管理机关责令改正,没收违法所得,处违法金额30%以下的罚款;情节严重的,处违法金额30%以上等值以下的罚款。有违反规定以外币在境内计价结算或者划转外汇等非法使用外汇行为的,由外汇管理机关责令改正,给予警告,可以处违法金额30%以下的罚款。

3. 私自买卖外汇、变相买卖外汇、倒买倒卖外汇或者非法介绍买卖外汇,数额较大的,由外汇管理机关给予警告,没收违法所得,处违法金额30%以下的罚款;情节严重的,处违法金额30%以上等值以下的罚款;构成犯罪的,依法追究刑事责任。

4. 未经批准擅自经营结汇、售汇业务的,由外汇管理机关责令改正,有违法所得的,没收违法所得,违法所得50万元以上的,并处违法所得1倍以上5倍以下的罚款;没有违法所得或者违法所得不足50万元的,处50万元以上200万元以下的罚款;情节严重的,由有关主管部门责令停业整顿或者吊销业务许可证;构成犯罪的,依法追究刑事责任。

未经批准经营结汇、售汇业务以外的其他外汇业务的,由外汇管理机关或者金融业监督管理机构依照前款规定予以处罚。

5. 境内机构违反外汇管理规定的,除依照本条例给予处罚外,对直接负责的主管人员和其他直接责任人员,应当给予处分;对金融机构负有直接责任的董事、监事、高级管理人员和其他直接责任人员给予警告,处5万元以上50万元以下的罚款;构成犯罪的,依法追究刑事责任。

(四) 对于经营外汇业务的金融机构违反外汇管理的规定及处罚

金融机构有下列情形之一的,由外汇管理机关责令限期改正,没收违法所得,并处20万元以上100万元以下的罚款;情节严重或者逾期不改正的,由外汇管理机关责令停止经营相关业务:

(1) 办理经常项目资金收付,未对交易单证的真实性及其与外汇收支的一致性进行合理审查的;

(2) 违反规定办理资本项目资金收付的;

(3) 违反规定办理结汇、售汇业务的;

(4) 违反外汇业务综合头寸管理的;

(5) 违反外汇市场交易管理的。

(五) 其他有关规定及处罚

1. 违反规定将外汇汇入境内的,由外汇管理机关责令改正,处违法金额30%以下的罚款;情节严重的,处违法金额30%以上等值以下的罚款。非法结汇的,由外汇管理机关责令对非法结汇资金予以回兑,处违法金额30%以下的罚款。

2. 有下列情形之一的,由外汇管理机关责令改正,给予警告,对机构可以处30万元以下的罚款,对个人可以处5万元以下的罚款:

(1) 未按照规定进行国际收支统计申报的;

(2) 未按照规定报送财务会计报告、统计报表等资料的;

(3) 未按照规定提交有效单证或者提交的单证不真实的;

(4) 违反外汇账户管理规定的;

(5) 违反外汇登记管理规定的;

(6) 拒绝、阻碍外汇管理机关依法进行监督检查或者调查的。

3. 外汇管理机关工作人员徇私舞弊、滥用职权、玩忽职守,构成犯罪的,依法追究刑事责任;尚不构成犯罪的,依法给予处分。

1998年12月,国务院提请第九届全国人大常委会第六次会议通过了《关于惩治骗购外汇、逃汇和非法买卖外汇犯罪的决定》,明确规定骗购外汇是指伪造、变造,使用伪造、变造的,或重复使用海关签发的报关单、进口证明、外汇管理部门核准件等凭证和单据,而购买外汇的行为。明确指出非法买卖外汇是指在国家规定的交易场所以外进行外汇交易的行为。通称私自买卖外汇、黑市倒买倒卖外汇。第九届全国人大常委会第六次会议的这个决定对增强国家外汇监管力度,努力创汇、储汇有着重要的意义。总之,加强外汇收支管理,严格结、售汇制,禁止非法外汇交易,严厉打击各种骗汇、逃汇、套汇行为,对保持人民币汇率的稳定和国际收支平衡以及外汇储备和规模的稳定有重要意义。

《外汇管理条例》是我国外汇体制改革的产物,我国外汇体制改革的总目标是由实现人民币经常项目下的可兑换,过渡到资本项目下人民币的可兑换即最终实现人民币可自由兑换,使人民币成为自由兑换货币,也就是世界货币。

六、外商直接投资外汇管理规定

为促进和便利外国投资者境内直接投资,规范外国投资者境内直接投资外汇管理,2013年5月,国家外汇管理局制定了《外国投资者境内直接投资外汇管理规定》及配套文件,并废止了与其不一致的规定。该规定包括:总则,登记、账户及结售汇管理,监督管理和附则等,一共4章20条。

根据《外国投资者境内直接投资外汇管理规定》,外国投资者境内直接投资(以下简称境内直接投资),是指外国投资者(包括境外机构和个人)通过新设、并购等方式在境内设立外商投资企业或项目(以下简称外商投资企业),并取得所有权、控制权、经营管理权等权益的行为。国家对境内直接投资实行登记管理。境内直接投资活动所涉机构与个人应在国家外汇管理局及其分支机构(以下简称外汇局)办理登记。银行应依据外汇局登记信息办理境内直接投资相关业务。外汇局对境内直接投资登记、账户开立与变动、资金收付及结售汇等实施监督管理。

(一)外商直接投资的外汇登记、账户及结售汇管理

(1)外国投资者为筹建外商投资企业需汇入前期费用等相关资金的,应在外汇局办理登记。

(2)外商投资企业依法设立后,应在外汇局办理登记。外国投资者以货币资金、股权、实物资产、无形资产等(含境内合法所得)向外商投资企业出资,或者收购境内企业中方股权支付对价,外商投资企业应就外国投资者出资及权益情况在外汇局办理登记。外商投资企业后续发生增资、减资、股权转让等资本变动事项的,应在外汇局办理登记变更。外商投资企业注销或转为非外商投资企业的,应在外汇局办理登记注销。

(3)境内外机构及个人需办理境内直接投资所涉的股权转让、境内再投资等其他相关业务的,应在外汇局办理登记。

(4)境内直接投资所涉主体办理登记后,可根据实际需要到银行开立前期费用账户、资本金账户及资产变现账户等境内直接投资账户。境内直接投资账户内资金使用完毕后,银行可为开户主体办理关户。

(5)外商投资企业资本金结汇及使用应符合外汇管理相关规定。外商投资企业外汇资本金及其结汇所得人民币资金,应在企业经营范围内使用,并符合真实自用原则。前期费用账户等其他境内直接投资账户资金结汇参照资本金结汇有关规定办理。

(6)因减资、清算、先行回收投资、利润分配等需向境外汇出资金的,外商投资企业在办理相应登记后,可在银行办理购汇及对外支付。因受让外国投资者所持外商投资企业股权需向境外汇出资金的,境内股权受让方在外商投资企业

办理相应登记后,可在银行办理购汇及对外支付。

(7) 外汇局根据国家相关规定对外商投资企业实行年检。

(二) 对外商直接投资的外汇行为的监督管理

(1) 银行为境内直接投资所涉主体办理账户开立、资金入账、结售汇、境内划转以及对外支付等业务前,应确认其已按本规定在外汇局办理相应登记。

银行应按外汇管理规定对境内直接投资所涉主体提交的材料进行真实性、一致性审核,并通过外汇局指定业务系统办理相关业务。

银行应按外汇管理规定为境内直接投资所涉主体开立相应账户,并将账户开立与变动、资金收付及结售汇等信息按规定及时、完整、准确地向外汇局报送。

(2) 境内直接投资应按照有关规定办理国际收支统计申报。

(3) 外汇局通过登记、银行报送、年检及抽样调查等方式对境内直接投资所涉跨境收支、结售汇以及外国投资者权益变动等情况进行统计监测。

(4) 外汇局对银行办理境内直接投资业务的合规性及相关信息的报送情况实施核查或检查;对境内直接投资中存在异常或可疑情况的机构或个人实施核查或检查。

核查包括非现场核查和现场核查。现场核查的方式包括但不限于:要求被核查主体提交相关书面材料;约见被核查主体法定代表人、负责人或其授权人;现场查阅、复制被核查主体相关资料等。

相关主体应当配合外汇局的监督检查,如实说明情况,提供有关文件、资料,不得拒绝、阻碍和隐瞒。

(5) 境内直接投资所涉主体违反《外国投资者境内直接投资外汇管理规定》的,外汇局根据《中华人民共和国外汇管理条例》及相关规定进行处罚。

(三) 其他规定

(1) 外国投资者通过新设、并购等方式在境内设立金融机构的,参照《外国投资者境内直接投资外汇管理规定》办理登记。

(2) 香港特别行政区、澳门特别行政区和台湾地区的投资者境内直接投资参照《外国投资者境内直接投资外汇管理规定》管理。

第三节 深化汇率改革和个人用汇改革

一、深化汇率改革

党的十九大报告指出,要健全货币政策和宏观审慎政策双支柱调控框架,深化利率和汇率市场化改革。强调利率和汇率市场化改革并举,说明党和国家将深化汇率市场化改革与深化利率市场化改革置于同样的重要地位。

(一) 汇率改革的原则

总结过去的经验和根据目前的国际、国内形势发展,我国人民币汇率的深化改革必须坚持以下几个原则:

1. 主权原则

每个国家都有权选择适合本国国情的汇率制度和汇率政策,这是国际上的共识。20世纪90年代初,我国就确定了人民币汇率制度改革的目标和任务,这就是,逐步形成以市场供求为基础、有管理的浮动汇率制度,保持人民币汇率在合理、均衡水平上的基本稳定。二十多年来,我们在人民币汇率改革上做了大量工作,迈出了重要的步伐。

2. 合理、均衡、基本稳定原则

保持人民币汇率在合理、均衡水平上的基本稳定,有利于中国经济的发展,有利于周边国家和地区经济的发展,有利于国际金融稳定和贸易发展。在1997年的亚洲金融危机中,人民币汇率保持稳定使周边国家和地区减少了损失,也对亚洲和世界经济金融的稳定和发展起到了积极作用,这就是一个好的证明。

3. 主动性、可控性、渐进性原则

人民币汇率改革必须坚持主动性、可控性和渐进性的原则。主动性,就是根据我国自身改革和发展的需要,决定汇率改革的方式、内容和时机。汇率改革要充分考虑对宏观经济稳定、经济增长和就业的影响,考虑金融体系完善和金融监管水平,考虑企业承受能力和对外贸易等因素,还要考虑对周边国家、地区以及世界经济金融的影响。可控性,就是人民币汇率的变化在宏观管理上能够控制得住,既要推进改革,又不能失去控制,避免出现金融市场动荡和大的经济波动。渐进性,就是有步骤地推进改革,不仅要考虑当前的需要,而且要考虑长远的发展,不能急于求成。

(二) 改革开放以来我国人民币汇率制度发展历程

1. 双重汇率时期(1981—1993)

2. 官方汇率与贸易外汇内部结算价并存时期(1981—1984)

这个阶段试行双重汇率制,一种是适用于贸易外汇收支的贸易外汇内部结算汇率,这是内部调解进出口贸易的平衡价;另一种是适用于非贸易外汇收支的汇价,按官方公布的汇价办法计算。这个时期汇率制度的特点为:典型的双重汇率;性质上属于贸易性汇率,为出口创汇服务;人民币处于高估状态,难以很好地发挥经济杠杆的作用。

3. 官方汇率与外汇调剂价格并存时期(1985—1993)

我国于1980年恢复了在国际货币基金组织中的合法地位,按其规定应该缩短向单一汇率过渡的时间,1985年我国恢复实行以贸易汇价为基础的单一汇率;1980年国家创办了外汇调剂市场,规定外汇调剂价格是在官方汇率之上加10%,随着留成外汇的增加,调剂外汇的交易量日益增加。我国实际上形成了官方汇率与外汇调剂价格并存的局面。

4. 以市场供求为基础的、单一的、有管理的浮动汇率制(1994—2004)

1993年,人民银行颁布了《关于进一步改革外汇管理体制的公告》,我国外汇体制改革正式起步,包括:实行浮动汇率制度,外汇调剂市场和人民币官方汇率并轨;放开人民币兑换,取消人民币额度管理,取消各类外汇留成;成立银行间外汇市场,原外汇调剂中心保留、服务于外商投资企业的外汇交易;境内不允许外币流通,不允许通过任何非法途径进行外汇买卖,暂停原来外汇券的发行。公告还对外资外债管理、强化外汇宏观管理及强化国际收支统管等进行了规定。

5. 一篮子货币的、有管理的人民币浮动汇率制(2005—2014)

中国人民银行在2005年7月推出了人民币汇率形成机制的改革方案,其核心内容是人民币汇率不再仅考虑与美元间的汇率,而是有条件地选择若干币种,按照相应的权重决定人民币的浮动汇率,即参考一篮子货币,计算人民币多边汇率指数的变化,出台人民币汇率。同时,政府对人民币汇率进行管理和调节,维护人民币币值的稳定。

(三)人民币汇率制度改革的最新动向

2015年8月11日,中国人民银行宣布完善人民币汇率中间价形成机制,做市商在每日银行间外汇市场开盘前,参考上日银行间外汇市场收盘汇率,综合考虑外汇供求情况以及国际主要货币汇率变化向中国外汇交易中心提供中间价报价(简称"8.11汇改")。2015年12月11日,中国外汇交易中心(英文缩写为CFETS)在中国货币网正式发布CFETS人民币汇率指数,参考CFETS货币篮子,具体包括中国外汇交易中心挂牌的各人民币对外汇交易币种,样本货币权重采用考虑转口贸易因素的贸易权重法计算而得。

完善人民币汇率中间价形成机制是对中间价和市场汇率偏离的一次性纠偏,提高了汇率市场化程度,中间价的基准作用明显增强。CFETS人民币汇率指数是继"8.11汇改"之后,人民币与美元进一步脱钩迈出的重要一步。这将全面准确反映市场变化情况,有效地将汇率预期引导至中国经济走势,央行汇率操作空间和透明度相应提高。同时作为SDR货币,人民币应该有较为独立的参考汇率。在向"清洁汇率"过渡期间,CFETS人民币汇率指数在央行汇率管理中的地位将逐渐凸显。

二、个人用汇改革

为便利个人外汇收支,简化业务手续,规范外汇管理,国家对个人用汇制度进行了改革,废止了部分不适应个人用汇发展的制度。2006年、2007年,中国人民银行和国家外汇管理局分别颁布了《个人外汇管理办法》(以下简称《办法》)和《个人外汇管理办法实施细则》(以下简称《细则》),成为规范我国个人用汇的基本制度。

(一) 基本制度

根据《办法》和《细则》的规定,个人外汇业务按照交易主体区分境内与境外个人外汇业务,按照交易性质区分经常项目和资本项目个人外汇业务。按上述分类对个人外汇业务进行管理。经常项目项下的个人外汇业务按照可兑换原则管理,资本项目项下的个人外汇业务按照可兑换进程管理。个人应当按照《办法》规定办理有关外汇业务。银行应当按照《办法》规定为个人办理外汇收付、结售汇及开立外汇账户等业务,对个人提交的有效身份证件及相关证明材料的真实性进行审核。汇款机构及外币兑换机构(含代兑点)按照《办法》规定为个人办理个人外汇业务。个人跨境收支,应当按照国际收支统计申报的有关规定办理国际收支统计申报手续。对个人结汇和境内个人购汇实行年度总额管理。年度总额内的,凭本人有效身份证件在银行办理;超过年度总额的,经常项目项下凭本人有效身份证件和有交易额的相关证明等材料在银行办理,资本项目项下按照有关规定办理。

国家外汇管理局及其分支机构(以下简称外汇局)按照《办法》规定,对个人在境内及跨境外汇业务进行监督和管理。银行应通过外汇局指定的管理信息系统办理个人购汇和结汇业务,真实、准确录入相关信息,并将办理个人业务的相关材料至少保存 5 年备查。银行和个人在办理个人外汇业务时,应当遵守《办法》的相关规定,不得以分拆等方式逃避限额监管,也不得使用虚假商业单据或者凭证逃避真实性管理。

(二) 个人用汇额度

对个人结汇和境内个人购汇实行年度总额管理。年度总额分别为每人每年等值 5 万美元。国家外汇管理局可根据国际收支状况,对年度总额进行调整。

(三) 个人用汇范围

(1) 个人经常项目项下外汇收支分为经营性外汇收支和非经营性外汇收支。

(2) 境内个人对外直接投资、金融投资、外汇保险等资本项目的个人用汇。

(3) 境外个人在境内买卖商品房及通过股权转让等并购境内房地产企业的外汇支付、投资购买境内 B 股及其他金融产品等。

(4) 个人外汇汇结算账户与外汇储蓄账户、外币现钞提取等。

随着社会经济活动的日益丰富,人民币国际化程度日益提升,个人用汇的范围必将进一步扩大。

思考题

1. 何谓外汇、汇价、外汇管理法？
2. 什么是经常项目的外汇管理和资本项目的外汇管理？
3. 何谓结汇售汇制？
4. 何谓双率并轨？
5. 何谓逃汇？何谓套汇？
6. 何谓骗购外汇？
7. 何谓非法买卖外汇？
8. 简述人民币汇率制度改革。
9. 如何认识个人用汇制度？

第十七章　金银管理的规定

第一节　金银管理概述

在当代各国中,金银作为一般等价物(金币、银币)虽然早已停止流通,但金银仍然是国家的贵重物资,既可当作货币资本进行存放(即黄金储备),又是现代工业和现代技术的重要材料,还可当作国际支付手段,可以说金银是"百金之王"。金银法,也就是金银管理法,是国家对金银生产、经营、收购、配售、价格、进出国境等方面进行管理的法律规定。

当代世界各国对金银的管理如同外汇管理一样,有的实行严格管理,有的实行部分管理,有的实行自由流通和兑换,情况不一,但各国都由中央银行实行黄金储备,则是共同的。在社会主义国家,一般都对金银实行严格管理。我国对金银一直实行严格的管理制度。中华人民共和国成立初期,各大行政区曾分别颁布由银行内部掌握执行的《金银管理办法(试行)》。在新的历史时期,为了加强对金银的管理,保证国家经济建设对金银的需要,取缔金银走私和投机倒把活动,1983年6月15日,国务院发布了《中华人民共和国金银管理条例》(以下简称《金银管理条例》),这是我国金银管理的基本法规。同年12月,中国人民银行公布了《金银管理条例施行细则》。1984年2月,中国人民银行和海关总署发布了《对金银进出国境的管理办法》,1987年6月,中国人民保险总公司发出禁止为非法采矿者提供保险的通知。1988年10月30日,国务院发布《关于对黄金矿产实行保护性开采的通知》。1988年成立了国家黄金管理局。1990年国家决定开辟黄金市场,黄金价格也大为提高。2011年1月8日,根据国务院《关于废止和修改部分行政法规的决定》,我国对《金银管理条例》进行了修订,对发展黄金工业也作了一些新的规定。这些条例、办法和规定,标志着我国黄金工业和金银法制管理进一步向前发展。

第二节　我国《金银管理条例》的主要规定

《金银管理条例》共7章35条,主要包括四个方面的内容:

一、关于金银管理的范围、政策和主管机关的规定

《金银管理条例》所称金银,包括:(1)矿藏生产金银和冶炼副产金银;

(2)金银条、块、锭、粉;(3)金银铸币;(4)金银制品和金基、银基合金制品;(5)化工产品中含的金银;(6)金银边角余料以及废渣、废液、废料中含的金银。铂(即白金),按照国家有关规定管理。属于金银质地的文物,按照《中华人民共和国文物保护法》的规定管理。

《金银管理条例》规定:国家对金银实行统一管理、统购统配的政策。之所以要实行此种政策,是因为金银是稀有金属,用途很广,但其产量有限,为了满足国家工农业生产的需要,保障国家的黄金储备,必须严格管理。中华人民共和国境内机构的一切金银收入和支出,都必须纳入国家金银收支计划。境内机构所持的金银,除经中国人民银行许可留用的原材料、设备、器皿、纪念品外,必须全部交售给中国人民银行,不得自行处理、占有。国家保护个人持有合法所得的金银。在我国境内,一切单位和个人不得计价使用金银,禁止私自买卖、借贷和抵押金银。

国家管理金银的主管机关是中国人民银行。国家授权中国人民银行对金银的生产储备、收购、配售和进出国境实行统一管理。其职权包括:(1)负责管理黄金和黄金储备市场、国家金银储备;(2)负责金银的收购和配售;(3)会同国家物价主管机关制定和管理金银收购与配售价格;(4)会同国家有关主管机关审批经营单位,管理和检查金银市场,监督《金银管理条例》的实施。

二、关于金银的收购和配售的规定

收购金银是加强国家黄金储备的重要手段。按规定,金银的收购统一由中国人民银行办理。除经中国人民银行许可、委托者外,任何单位和个人不得收购金银。

从事金银生产(包括矿藏生产和冶炼副产)的厂矿企业、农村社队、部队和个人所采炼的金银,必须全部交售给中国人民银行,不得自行销售、交换和留用。这些生产单位对生产过程中的金银成品和半成品,必须按照有关规定加强管理,不得私自销售和处理。国家鼓励经营单位和使用金银的单位,从伴生金银的矿种和含金银的废渣、废液、废料中回收金银。这些单位也必须将回收的金银交售给中国人民银行,不得自行销售、交换和留用。境内机构从国外进口的金银和矿产品中采炼的副产金银,也一律交售给中国人民银行,不得自行销售、交换和留用,经中国人民银行允许留用的或者按照规定用于进料加工复制出口的金银除外。个人出售金银,必须卖给中国人民银行。一切出土无主金银,均为国家所有,任何单位和个人不得熔化、销毁或占有。单位和个人发现的出土无主金银,经当地文化行政管理部门鉴定,除有历史文物价值的按照《中华人民共和国文物保护法》的规定办理外,必须交给中国人民银行收兑,价款上缴国库。公安、司法、海关、工商行政管理、税务等国家机关依法没收的金银,一律交售给中国人民银行，不得自行处理或者以其他实物顶替。

关于金银配售（包括分配、售给）的管理，《金银管理条例》规定：凡需用金银的单位，必须按照规定程序向中国人民银行提出申请使用金银的计划，由中国人民银行审批、供应。中国人民银行应当按照批准的计划供应，不得随意减售或拖延。中华人民共和国境内的外资企业、中外合资企业以及外商，订购金银制品或者加工其他含金银产品，要求在国内供应金银者，必须按照规定程序提出申请，由中国人民银行审批予以供应。使用金银的单位，必须建立使用制度，严格做到专项使用、结余交回。未经中国人民银行许可，不得把金银原料（包括半成品）转让或者移作他用。在规定的范围内，中国人民银行有权对使用金银的单位进行监督和检查。使用金银的单位应当向中国人民银行据实提供有关使用金银的情况和资料。

三、对经营单位和个体银匠的管理的规定

申请经营（包括加工、销售）金银制品、含金银化工产品以及从含金银的废渣、废液、废料中回收金银的单位，必须按照国家有关规定和审批程序，经中国人民银行和有关主管机关审查批准，在工商行政管理机关登记发给营业执照后，始得营业。经营单位必须按照批准的金银业务范围从事经营，不得擅自改变经营范围，不得在经营中克扣、挪用和套购金银。金银质地纪念币的铸造、发行由中国人民银行办理，其他任何单位不得铸造、仿造和发行。金银质地纪念章（牌）的出口经营，由中国人民银行和原中华人民共和国对外经济贸易部分别办理。委托、寄售商店，不得收购或者寄售金银制品、金银器材。珠宝商店可以收购供出口销售的带有金银镶嵌的珠宝饰品，但是不得收购、销售金银制品和金银器材。金银制品由中国人民银行收购并负责供应外贸出口。边疆少数民族地区和沿海侨眷比较集中地区的个体银匠，经县或者县级以上中国人民银行以及工商行政管理机关批准，可以从事代客加工和修理金银制品的业务，但不得收购和销售金银制品。国家允许个人邮寄金银饰品，具体管理办法由中国人民银行会同邮电部制定。

四、对金银进出国境的管理

携带金银进入中华人民共和国国境，数量不受限制，但是必须向入境地中华人民共和国海关申报登记。携带或者复带金银出境，中华人民共和国海关凭中国人民银行出具的证明或者原入境时的申报单登记的数量查验放行；不能提供证明的或者超过原入境时申报登记数量的，不许出境。携带在中华人民共和国境内供应旅游者购买的金银饰品（包括镶嵌饰品、工艺品、器皿等）出境的，中华人民共和国海关凭国内经营金银制品的单位开具的特种发货票查验放行。无凭

据的,不许出境。在中华人民共和国境内的中国人、外国侨民和无国籍人出境定居,每人携带金银的限额为:黄金饰品1市两(31.25克),白银饰品10市两(312.50克),银质器皿20市两(625克)。经中华人民共和国海关查验符合规定限额的放行。中华人民共和国境内的外资企业、中外合资企业,从国外进口金银作产品原料的,其数量不限;出口含金银量较高的产品,须经中国人民银行核准后放行。未经核准或者超过核准出口数量的,不许出境。

五、奖励与惩罚的规定

凡有下列事迹的单位或个人,国家给予表彰或适当的物质奖励:(1)认真执行国家金银政策法令,在金银回收或者管理工作中做出显著成绩的;(2)为保护国家金银与走私、投机倒把等违法犯罪行为坚决斗争,事迹突出的;(3)发现出土无主金银及时上报或者上交,对国家有贡献的;(4)将个人收藏的金银捐献给国家的。

凡违反《金银管理条例》的下列行为,根据情节轻重,分别由中国人民银行、工商行政管理机关和海关按照各自的职责权限给予以下处罚:(1)违反关于金银收购的管理规定,擅自收购、销售、交换和留用金银的,由中国人民银行或者工商行政管理机关予以强制收购或者贬值收购。情节严重的,工商行政管理机关可并处以罚款,或者单处以没收。同时,工商行政管理机关对违反关于金银收购管理规定的可另处以吊销营业执照。(2)对一切出土无主金银,不交归国家所有,而私自熔化、销毁、占有的,不论单位或个人,由中国人民银行追回实物或者由工商行政管理机关处以罚款。(3)违反关于金银使用的规定,擅自改变使用用途或转让金银原材料的,由中国人民银行予以警告,或者追回已配售的金银。情节严重的,处以罚款直至停止供应。(4)违反关于对经营单位和个体银匠管理的规定,未经批准私自经营的,或者擅自改变经营范围,或者套购、挪用、克扣金银的,由工商行政管理机关处以罚款或者没收。情节严重的,可并处吊销营业执照,责令停业。(5)违反国家规定,在我国境内,无论单位或个人,将金银计价使用,私相买卖、借贷抵押的,由中国人民银行或者工商行政管理机关予以强制收购或者贬值收购。情节严重的,由工商行政管理机关处以罚款或者没收。(6)违反有关金银进出国境管理规定或者用各种方法偷运金银出境的,由海关依据《金银管理条例》和国家海关法规处理。

凡违反《金银管理条例》的规定,已构成犯罪行为的,由司法机关依法追究刑事责任。

第三节　国家对开采金矿和发展黄金工业政策的规定

一、国家对开采金矿的规定

黄金矿产是国家极其宝贵的资源,对国民经济具有重要价值。但是,一个时期大量的个体采矿者涌入黄金矿山和勘察矿区乱采滥挖,严重影响、干扰了金矿企业的生产和勘察矿区的正常工作,不仅污染环境、破坏资源和生态平衡,而且扰乱社会秩序,助长走私和倒卖黄金等非法行为,有的甚至酿成了重大人身伤亡事故,使国家和人民的利益受到侵害。为了加强对开采黄金矿产的管理,保护国家的宝贵资源,国务院于 1988 年 10 月 30 日发布了《关于对黄金矿产实行保护性开采的通知》。其主要规定如下:

(1) 国务院决定将黄金矿产列为实行保护性开采的特定矿种,实行有计划的开采,未经国家黄金管理局批准,任何单位和个人不得开采;自通知发出之日起,停止审批个体采金,不得再向个体发放黄金矿产采矿许可证。

(2) 对现在从事黄金矿产开采的个体采矿者,应当停采清理;对无证开采的,要依法处罚;对持有黄金矿产采矿许可证的,由原发证机关负责限期收回。

(3) 取缔个体选冶、加工黄金及倒卖黄金矿石等非法活动,查封所有浪费资源、污染环境的小氰化池、小汞板和溜槽等黄金选冶点,对疏于管理、秩序混乱的矿区也要进行清理整顿。

(4) 各级人民政府和有关部门要对以上各条立即制定实施办法,认真贯彻执行。

二、国家对发展黄金工业的主要政策

为了促进国民经济的快速健康发展,增强国力,提高我国在国际交往中的资信,以及满足广大居民对黄金市场的需求,加快发展黄金矿产的任务比任何时候都要紧迫。我国黄金生产发展现状,无论与国家投入和所期望达到的程度,还是与世界其他产金大国发展相比,都有不小的差距,一些国家增长速度明显超过我国。因此,国家必须加快发展黄金工业。

为了加快发展黄金工业,国家的主要政策措施是:(1) 对黄金生产采取重点倾斜政策。从 1990 年起每年的投资规模比上年递增 10% 左右;国家银行对黄金行业增加贴息贷款;黄金生产建设所需物资国家也采取特殊手段进行保证。(2) 国务院成立国家黄金管理局,加强对黄金生产与经营的管理,并把黄金矿产列为实行保护性开采的特定矿种。加强地质资源勘探,力争在较短时间改变地质勘探落后于生产建设的被动局面;同时提高资源综合利用率,防止顾此失彼和

短期行为。(3) 从 1989 年起我国黄金收购价已有较大幅度提高,按照汇率计算,收购价已接近国际市场金价。

第四节　金银市场的开放与规范

经济的发展愈来愈证实,在国家层面,金银是国际贸易的主要清算手段和国家的重要外汇储备。对市场主体和一般百姓而言,金银也是商品,可以作为投资手段加以储藏和流通。金银市场在保持其自身特点的基础上,应该顺应时代需求,逐步扩开放。

一、我国金银市场开放的历程

(一) 金银市场初步开放(1982—2001)

1982 年中国人民银行开始发行熊猫金币以及在国内恢复出售黄金饰品,我国迈出中国开放金银市场的第一步。

这个阶段,我国出台了一系列关于金银管理、金银市场的制度规范,为金银市场的开放打好了制度基础。主要有:《中华人民共和国金银管理条例》《中华人民共和国金银管理条例实施细则》《对金银进出国境的管理办法》《关于人民银行配售白银征税问题的通知》《中国人民银行关于调整白银经济政策问题的通知》《白银进口管理暂行办法》等。

同时,在生产经营改革与发展方面也取得了很好的成就,为金银市场开放做好了物质准备。1983 年中国有色金属工业总公司成立后,对全国白银和伴生金的生产实行归口管理,成立了金银工作领导小组,强化对全国有色金银生产建设的领导。同时,向国家争取到了有色系统伴生金银发展的一系列优惠政策——金银开发基金、外汇分成、专项贷款、地勘基金以及免缴部分税种等,使有色的金银生产和建设取得了较大成绩:利用白银地勘基金勘探了 36 个主要银矿床、利用金银专项资金建设了 20 多个以银为主的矿山、利用金银开发基金和专项贷款进行了 417 个新建和技改项目,到 1997 年年底独立银矿年生产能力为 380 吨/年,满足了国内需求。20 世纪 90 年代初开始我国不需再进口白银。同时白银生产也从过去主要靠铅锌铜锡金等副产变成副产、矿产共存的局面。

经国务院批准,中国人民银行发出了《关于白银管理改革有关问题的通知》,宣布解除白银管制,开放白银市场。当时的对外贸易经济合作部发布了《白银出口管理暂行办法》,对白银出口实行出口配额管理制。

1999 年 12 月 28 日,上海华通有色金属现货中心批发市场成为我国唯一的白银现货交易市场。白银的放开视为黄金市场开放的"预演"。2000 年 1 月 1 日,放开白银市场。允许白银生产企业与用银单位产销直接见面,征收 17% 增值税；取消对白银制品加工、批发、零售业务的许可证管理制度（银币除外），对白银生产经营活动按照一般商品的有关规定管理；国家对白银出口实行配额管理。

2000年8月，上海老凤祥型材礼品公司获得中国人民银行上海分行批准，开始经营旧金饰品收兑业务，成为国内首家试点黄金自由兑换业务的商业企业。2001年4月，中国人民银行行长戴相龙宣布取消黄金"统购统配"的计划管理体制，在上海组建黄金交易所。2001年6月中央银行启动黄金价格周报价制度，根据国际市场价格变动兑换国内金价进行调整。2001年8月，足金饰品、金精矿、金块矿和金银产品价格放开。2001年11月，黄金交易所模拟试运行，黄金走过了一条从管制到开放的漫长历程。

（二）黄金市场进一步开放（2002—   ）

2002年10月30日上海黄金交易所开业，中国黄金市场走向全面开放，至此国家废除了持续50年的金银统购统配制度。2003年4月，中国人民银行取消了有关黄金行业的26项行政审批项目，其中包括取消黄金收购许可，黄金制品生产、加工、批发业务审批，黄金供应，黄金制品零售业务核准等4个项目。这些审批项目取消后，世界各地的公司只需在中国当地市场购买黄金，就可以自由在中国投资黄金珠宝生产、批发和零售，而无须得到中国政府的批准。但进出口黄金仍需要申请。2004年6月，高赛尔金条推出，国内首次出现按国际市场价格出售与回购的投资型金条；7月中金黄金与其他公司合作分别成立郑州黄金交易中心、大连黄金交易中心。2004年8月，上海黄金交易所推出AU（T+D）现货延迟交收业务。2004年9月中国人民银行行长周小川在伦敦金银市场协会（LBBA）上海年会上表示，中国黄金市场应该从以商品交易为主向金融交易为主转变，由现货交易为主向期货交易为主转变，由国内市场向融入国际市场转变。2005年1月，山东黄金集团宣布出资5000万元成立山东黄金交易中心。2005年7月，上海黄金交易所与工行上海分行联合推出"金行家"业务，这是上海黄金交易所首次推出的面向个人的黄金投资产品。2005年8月，山东招金黄金集团投资设立的山东招金黄金交易中心正式开业。2007年9月，中国证监会批准上海期货交易所上市黄金期货，中国黄金市场开放进入新阶段。

2008年，中国黄金集团公司、山东黄金集团有限公司、紫金矿业股份公司、山东招金集团公司、灵宝黄金股份等10家大型企业产金109吨，占黄金行业矿产金产量的46.8%，实现利润85亿元，占全行业的68.5%，保有黄金资源储量3200吨左右，占全国的60%以上。2008年12月，天津贵金属交易所注册成立。

二、我国金银市场的规范

首先，严格执行《金银管理条例》。虽然《金银管理条例》对金银实行"统配统售"，看起来与金银市场开放不相一致，但是，金银市场开放却是在金银管理的一般规范之下逐步进展的。《金银管理条例》是规范金银活动的最基本法律依据,因而,在金银市场逐步开放过程中,要严格执行该条例。

其次,应制定《集团、个体金银店规范》,保护合法经营,打击、取缔非法经营。对乡、村、集体、个体生产者和从事商业性经营者应向主管机关如实填制报表,主管部门对报表经审查、汇总逐级上报,以使国家准确掌握金银生产量、流通量,为宏观决策服务。对制售假冒伪劣金银制品,骗买骗卖和商业活动中的其他欺诈行为,如垄断资源、欺行霸市、哄抬金价扰乱金银市场,或为这些行为提供方便的,应严肃处理,构成犯罪的,依法追究刑事责任。

最后,对黄金体制的改革开放,要考虑价格风险,建立黄金交易所,商业银行提供多环节服务,允许多商合资和独资企业零售,鼓励投资与加强监管相结合。

在全球黄金需求不断增长和我国黄金年产量不断增加的形势下,在金融市场不断发育和成熟以及扩大内需、拉动消费的推动下,我国的金银体制改革不断取得重要进展,原有的"统配统售"的金银管理体制,将被金银市场所替代。

2001年11月,我国上海黄金交易所开始模拟运行,这标志着我国的黄金业生产经营和管理由国家垄断走向自由交易、由封闭走向开放。中国银行成为上海黄金交易所指定清算银行及黄金交割库承办行,中国建设银行也已正式加入上海黄金交易所组织,成为上海黄金交易所第一批金融类会员,作为上海黄金交易所指定的黄金实物托管银行之一。随后,郑州黄金交易中心、大连黄金交易中心、山东黄金交易中心、山东招金黄金交易中心、上海期货交易所上市黄金期货、天津贵金属交易所相继成立,体现了我国金银市场的进一步开放的态势。黄金市场开放后,黄金作为金融商品交易,如何回避和分散价格风险,如何适应全国性、银行间、区域性黄金交易市场和黄金零售市场等多种市场的各种形态,如何创造一个信用度较高的市场环境,以及如何做好优质服务等,都要做好规范工作。

思考题

1. 我国金银管理的主管机关是哪个部门?其职权包括哪些?
2. 何谓金银收购和配售?
3. 我国对开采金矿和发展黄金产业的政策是什么?
4. 为何要开放金银市场?谈谈如何规范金银市场?

第四编 证券业、基金业、信托业等非银行金融机构管理法律制度

第十八章 证券业的法律规定

第一节 证券业的基本概念和证券业的兴起与发展

一、证券、证券市场

证券是以证明或设定权为目的而做成的凭证，它表示一种金融资产，也是财产权的凭证。我国《证券法》第 2 条规定了证券的范围包括"股票、公司债券、存托凭证和国务院依法认定的其他证券""政府债券、证券投资基金份额""资产支持证券、资产管理产品""证券衍生品种"。随着我国以股票债券为基本证券形式而演化的金融衍生产品的新发展，现有立法中的证券概念较为狭窄，不利于法律对金融实践进行规制。世界主要发达国家根据金融市场发展实践，依据功能性标准进一步扩展证券的含义和范围，如美国采用不完全列举规定"证券"，同时由法院根据是否属于"投资合同"来判断；日本 2006 年对《证券交易法》进行了重大修改，制定了《金融商品交易法》，其中的"证券"概念扩大为"金融商品"，并以"集合投资计划"来涵盖各种基金实践需要。因此，我国学者提出，未来《证券法》修改应准确地揭示证券的内涵，证券的范围应该涵盖同类性质的证券产品，充分发挥《证券法》作为资本市场基础性法律的统领作用。通常所称证券是指代表特定的财产权益，可均分且可转让或交易的凭证或投资性合同。

证券市场是指以证券交易所作媒介，对有价证券进行转让行为的场所。

二、证券市场的兴起与发展

证券市场的形成和发展是与股份公司的出现及其信用制度的建立分不开

的。证券市场最早是从英国、美国以及后来的日本等国发展起来的。20世纪初,这些国家制定了证券法和证券交易法,设置了证券的管理机构。第二次世界大战后,证券市场走上了国际化、电脑化的道路,并出现了当代世界四大证券市场——美国纽约、英国伦敦、日本东京、中国香港。中华人民共和国成立后,我国的证券发行和交易经历了从1979年到1985年的准备阶段,1986年、1987年到1992年的试点起步阶段,特别是从1995年以后,证券市场逐步进入了规范化阶段。

第二节 我国证券业立法的发展

证券法是以规范证券发行和证券交易行为、保护投资者的合法权益、维护社会经营秩序和社会公共利益,促进社会主义市场经济发展为目的的立法。

证券法有广义和狭义之分。广义的证券法是指调整证券发行、交易和证券监督过程中发生的各种社会关系的法律规范的总称。狭义的证券法就是以证券法命名的立法——《中华人民共和国证券法》。我国证券法的产生与发展,源于证券市场的发育和发展,并随着证券市场的不断发展而走向成熟。

一、证券业立法的雏形期

1978年,中国经济体制改革全面启动后,伴随股份制经济的发展,中国资本市场开始萌生。1990年3月,中国政府允许上海、深圳两地试点公开发行股票。1990年11月,上海市政府发布《上海市证券交易管理办法》;1991年5月,深圳市政府发布《深圳市股票发行与交易管理暂行办法》;1992年1月,深圳市政府发布《深圳市股份有限公司暂行规定》。这是我国股票市场的试点阶段,这一时期证券立法呈现出从试点到规范、地方立法为主的阶段性特点。

二、证券业立法的发展期

1993—1998年,以中国证监会的成立为标志,资本市场纳入统一监管由区域性试点推向全国,全国性资本市场开始形成并逐步发展。1996年国务院颁布了《股票发行与交易管理暂行条例》。1998年12月29日第九届全国人民代表大会常务委员会第六次会议审议通过《中华人民共和国证券法》,标志着我国证券市场及其管理发展到了新的阶段。该法共12章、214条。其基本结构是:总则、证券发行、证券交易、上市公司收购、证券交易所、证券公司、证券登记结算机构、证券交易服务机构、证券业协会、证券监督管理机构、法律责任和附则。

这一部《证券法》是从1999年7月1日起施行的。施行以来,又颁布了一系列有关证券法的实施配套的法规和规章。在这一系列法规和规章中,首先,加强了证券公司监管、质押担保、证券经营机构的充实和完备。其次,对证券发行的制度、种类、方式作了进一步完善。最后,对二级市场即交易市场的投资者配售新股作了明确规定,对证券公司进入银行间同业拆借市场进行开放,使证券市场更加活跃。所有这些,对促进证券法的实施和证券市场的繁荣起了积极作用,使证券市场向着"法律、监管、自律、规范"的方向发展。

随着证券市场的发展,1998年《证券法》已不能完全适应新形势发展的客观需要,在总结经验的基础上,2004年、2005年、2013年、2014年全国人大常务委员会对《证券法》进行了修订。

三、证券业立法的未来趋势

2005年修改的《证券法》已经实施十年,其间资本市场发展迅速,我国证券市场的发展又暴露出新的问题。2013年、2014年《证券法》分别进行了个别条款的修改。2014年《证券法》修改的内容主要包括:(1)删去了"报送上市公司收购报告书"等内容,将第89条第1款中的"事先向国务院证券监督管理机构报送"修改为"公告";(2)将第90条中"收购人在依照前条规定报送上市公司收购报告书之日起15日后,公告其收购要约。在上述期限内,国务院证券监督管理机构发现上市公司收购报告书不符合法律、行政法规规定的,应当及时告知收购人,收购人不得公告其收购要约"的内容彻底删除,只保留了要约收购的有效约定期限;(3)将第91条"在收购要约确定的承诺期限内,收购人不得撤销其收购要约。收购人需要变更收购要约的,必须事先向国务院证券监督管理机构及证券交易所提出报告,经批准后,予以公告"修改为"在收购要约确定的承诺期限内,收购人不得撤销其收购要约。收购人需要变更收购要约的,必须及时公告,载明具体变更事项"。总之,本次修正删除了证监会事前审批的事项,采用公告信息披露的方式,使证监会的职责从事前行政审批走向事中和事后监管,表明了减少行政干预、强化上市公司市场化收购的制度化变革趋势。

2015年4月全国人大法律委员会公布《中华人民共和国证券法(修订草案)》,针对我国证券市场存在的证券发行管制过多过严、证券范围过窄、市场层次单一、市场约束机制不健全、对投资者保护不力等情形,进一步修改完善《证券法》。这次《证券法》修改着力满足股票发行注册制改革的立法需求,进一步加强投资者合法权益保护,推动证券行业创新,简政放权,强化事中事后监管,以促进多层次资本市场健康发展。对草案内容经过近五年的商讨,终于在2019年12月28日第十三届全国人大常务委员会第十五次会议通过了对我国证券法修订的决议,并于2020年3月1日起实施。

第三节 我国证券法的主要内容[①]

一、我国证券法的结构

我国现行《证券法》共 12 章 240 条,内容包括总则、证券发行、证券交易、上市公司的收购、证券交易所、证券公司、证券登记结算机构、证券服务机构、证券业协会、证券监督管理机构、法律责任、附则。

二、证券发行的规定

(一) 证券发行的条件

(1)《证券法》第 10 条第 1 款中规定,公开发行证券,必须符合法律、行政法规定的条件。这里主要是指新股发行的条件。新股发行是股份有限公司成立后,为了增加公司资本总额而发行股票的行为。条件是:前一次发行的股份已经募足,并间隔 1 年以上;公司在最近 3 年内连续赢利,并可向股东支付股利;公司在最近 3 年内财务会计文件无虚假记载;公司预期收益可达同期存款利率。《证券法》还规定上市公司对发行股票所募资金,必须按招股说明书所列资金用途使用。

(2) 按照《证券法》第 16 条第 1 款的规定,公开发行公司债券,必须符合下列条件,其主体条件是:债券的发行主体是股份有限公司、有限责任公司。其发行条件是:股份有限公司的净资产不低于人民币 3000 万元,有限责任公司的净资产不低于人民币 6000 万元;公司有已经发行而未偿还的债券的,其累计余额不超过公司净资产额的 40%;公司最近 3 年平均可分配利润足以支付公司债券 1 年的利息;筹集的资金投向符合国家产业政策;债券的利率不超过国务院限定的利率水平。第 2 款规定,公开发行公司债券筹集的资金,必须用于核准的用途,不得用于弥补亏损和非生产性支出。第 3 款规定,上市公司发行可转换为股票的公司债券,除应当符合第 1 款规定的条件外,还应当符合该法关于公开发行股票的条件,并报国务院证券监督管理机构核准。

(二) 证券发行的基本制度

1. 核准、审批发行制度

(1) 核准、审批

我国《证券法》第 10 条第 2 款规定:"有下列情形之一的,为公开发行:(一)向不特定对象发行证券的;(二)向特定对象发行证券累计超过 200 人的;(三)法律、行政法规规定的其他发行行为。"

[①] 本节的主要内容务必与 2020 年 3 月 1 日起实施的新修订的我国证券法进行比较学习研究。

申请公开发行证券,发行人向国务院证券监督管理机构或者国务院授权的部门报送的证券发行申请文件,必须真实、准确、完整。

为证券发行出具有关文件的证券服务机构和人员,必须严格履行法定职责,保证其所出具文件的真实性、准确性和完整性。

(2) 发行保荐

保荐人制度,是指由保荐机构及其保荐代表负责发行人的辅导、发行、上市推荐,对发行文件和上市文件中所载资料的真实性、准确性和完整性进行核实,协助发行人建立严格的信息披露制度,并承担风险防范责任的一种制度。发行人申请公开发行股票、可转换为股票的公司债券,依法采取承销方式的,或者公开发行法律、行政法规规定实行保荐制度的其他证券的,应当聘请具有保荐资格的机构担任保荐人。保荐人应当遵守业务规则和行业规范,诚实守信,勤勉尽责,对发行人的申请文件和信息披露资料进行审慎核查,督导发行人规范运作。保荐人的资格及其管理办法由国务院证券监督管理机构规定。

(3) 审核机构

国务院证券监督管理机构依法定条件负责核准股票发行申请;国务院授权的部门依法定条件对公司债券发行申请进行审批。核准、审批程序应当公开,并依法接受监督。

国务院证券监督管理机构下设发行审核委员会,依法审核股票发行申请,提出审核意见。

(4) 核准决定及公告募集文件

国务院证券监督管理机构或者国务院授权的部门应当自受理证券发行申请文件之日起 3 个月内作出决定;不予核准或审批的,应当作出说明。证券发行申请经核准或者审批,发行人在证券公开发行前,应当公告公开发行募集文件,并将该文件置备于指定场所供公众查阅,发行人不得在公告此文件之前发行证券。发行证券的信息依法公开前,任何知情人不得公开或者泄露该信息。

2015 年 12 月 27 日第十二届全国人民代表大会常务委员会第十八次会议通过《关于授权国务院在实施股票发行注册制改革中调整适用〈中华人民共和国证券法〉有关规定的决定》:授权国务院对拟在上海证券交易所、深圳证券交易所上市交易的股票的公开发行,调整适用《中华人民共和国证券法》关于股票公开发行核准制度的有关规定,实行注册制度,具体实施方案由国务院作出规定,报全国人民代表大会常务委员会备案。该决定的实施期限为 2 年。

2. 承销发行制度

(1) 承销方式

证券公司依法负责承销发行人向社会公开发行的证券。发行人不得直接将证券销售给投资者,承销采取代销、包销、承销团承销方式。

证券代销是指证券公司代发行人发售证券,在承销期结束时,将未售出的证券全部退还给发行人的承销方式。

证券包销是指证券公司将发行人的证券按协议全部购入或者在承销结束时将售后剩余证券全部自行购入的承销方式。

承销团承销是指向社会公开发行的证券票面总值超过5000万元的,应当由承销团承销。承销团应由主承销和参与承销的证券公司组成。

(2) 承销责任

证券公司承销证券,应当对公开发行募集文件的真实性、准确性、完整性进行核查;发现有虚假记载、误导性陈述或有重大遗漏的,不得进行销售活动,已经销售的,必须立即停止销售,并采取纠正措施。股票发行采用代销方式,代销期限届满,向投资者出售的股票数量未达到拟公开发行股票数量70%的,为发行失败。发行人应当按照发行价并加算银行同期存款利息返还股票认购人。

(3) 承销期限

证券的代销、包销期最长不得超过90日。证券公司在代销、包销期内,对所代销、包销的证券应当保证优先出售给认购人,证券公司不得为本公司事先预留所代销的证券和预先购入并留存所包销的证券。

(三) 证券公司增资扩股有关问题的规定

为增强证券公司的资本实力,提高证券公司的抗风险能力,2001年11月23日中国证监会发布了《关于证券公司增资扩股有关问题的通知》(以下简称《通知》)。该《通知》对证券公司增资扩股的条件、审核程序和报批文件等作了新的规定。从这些规定的内容来看,《通知》取消了1993年3月中国证监会制定的《关于进一步加强证券公司监管的若干意见》中对证券公司增资扩股的限制性政策,放宽了条件,把原有证券公司增资扩股两步审核的程序,简化为一步审核的程序。对公司增资扩股的申报文件和审核程序增加了透明度,这对证券公司的健康发展将带来积极、深远的影响。

三、证券交易制度的规定

(一) 证券交易的一般规定

证券交易,是指交易当事人依法买卖的依法发行并已实际交付的证券。非依法发行的证券,不得买卖;法律对证券转让期有限制性规定的,在限定期限内,不得买卖。经依法核准上市交易的股票,公司债券及其他证券,应当在依法设立的证券交易所上市交易或者在国务院批准的其他证券交易场所转让。证券在证券交易所上市交易,应当采用公开的集中交易方式或者国务院证券监督管理机构批准的其他方式。

(二) 股票、债券上市与退市的具体规定

1. 股票的上市与退市

股份有限公司申请其股票上市交易,首先要符合公司法关于上市公司的条件。其次上市公司必须报经国务院证券监督机构核准。核准后应当将核准文件提交证券交易所,证券交易所应当在收到核准文件之日起6个月内安排股票上市。上市公司应在上市交易的5日前公告该核准上市的有关文件。

上市公司丧失公司法规定的上市条件的,其股票依法暂停上市或终止上市,这两种情形属于证券退市机制。上市公司有下列情形之一的,由证券交易所决定暂停其股票上市交易:(1) 公司股本总额、股权分布等发生变化不再具备上市条件;(2) 公司不按照规定公开其财务状况,或者对财务会计报告作虚假记载,可能误导投资者;(3) 公司有重大违法行为;(4) 公司最近三年连续亏损;(5) 证券交易所上市规则规定的其他情形。上市公司有下列情形之一的,由证券交易所决定终止其股票上市交易:(1) 公司股本总额、股权分布等发生变化不再具备上市条件,在证券交易所规定的期限内仍不能达到上市条件;(2) 公司不按照规定公开其财务状况,或者对财务会计报告作虚假记载,且拒绝纠正;(3) 公司最近三年连续亏损,在其后一个年度内未能恢复盈利;(4) 公司解散或者被宣告破产;(5) 证券交易所上市规则规定的其他情形。

2. 债券的上市与退市

债券上市交易要符合法定条件:公司债券期限应当为1年以上;公司债券实际发行额不少于5000万元;公司申请其债券上市时符合公司法规定的公司债券发行条件。公司债券上市交易,必须报经国务院证券监督管理机构核准,核准后发行人应向证券交易所提交核准文件和相关文件。证券交易所应在收到该文件后3个月内安排债券上市交易,发行人应在上市交易的5日前公告债券上市报告、核准文件等相关文件。

《证券法》第60条规定:"公司债券上市交易后,公司有下列情形之一的,由证券交易所决定暂停其公司债券上市交易:(一) 公司有重大违法行为;(二) 公司情况发生重大变化不符合公司债券上市条件;(三) 发行公司债券所募集的资金不按照核准的用途使用;(四) 未按照公司债券募集办法履行义务;(五) 公司最近二年连续亏损。"第61条规定:"公司有前条第(一)项、第(四)项所列情形之一经查实后果严重的,或者有前条第(二)项、第(三)项、第(五)项所列情形之一,在限期内未能消除的,由证券交易所决定终止其公司债券上市交易。公司解散或者被宣告破产的,由证券交易所终止其公司债券上市交易。"

四、证券信息公开制度的规定

证券的信息公开制度也称为信息披露制度,是指证券发行人、证券公司以及其他依据法律、法规所规定的主体,依照证券法所规定的方式,将与证券发行和交易有关的重大信息予以公开的法律制度。要求公告的各种文件必须真实、准确、完整,不得有虚假记载、误导性陈述或重大遗漏。具体包括:

(一)预披露制度

《证券法》第21条规定,发行人申请首次公开发行股票的,在提交申请文件后,应当按照国务院证券监督管理机构的规定预先披露有关申请文件。

(二)初始信息公开

初始信息公开,是指证券发行时的信息公开,主要指由证券发行人制定并公布招股说明书和公司债券募集办法。

(三)持续信息公开

持续信息公开,是指经核准发行的股票、债券,在证券上市交易期间,证券发行人或其他法律、法律规定的主体对可能影响证券市场价格的重大信息,应按照法定方式予以公告。具体包括:

1. 上市信息公开

申请股票上市交易,应当向证券交易所报送下列文件:(1)上市报告书;(2)申请股票上市的股东大会决议;(3)公司章程;(4)公司营业执照;(5)依法经会计师事务所审计的公司最近3年的财务会计报告;(6)法律意见书和上市保荐书;(7)最近一次的招股说明书;(8)证券交易所上市规则规定的其他文件。申请公司债券上市交易,应当向证券交易所报送下列文件:(1)上市报告书;(2)申请公司债券上市的董事会决议;(3)公司章程;(4)公司营业执照;(5)公司债券募集办法;(6)公司债券的实际发行数额;(7)证券交易所上市规则规定的其他文件。申请可转换为股票的公司债券上市交易,还应当报送保荐人出具的上市保荐书。

2. 定期公开

上市股票、债券发行人应当向国务院证券监督管理机构和证券交易所在每一会计年度的上半年结束之日起2个月内提交中期报告,并予以公告,在每一会计年度结束之日起4个月内提交年度报告,并予以公告,报告主要内容是汇报公司的生产经营情况、财务会计报告和其他一些关系公司股票债券变动情况的内容。

3. 临时公开

发生可能对上市公司股票交易价格产生较大影响、而投资者尚未得知的重大事件时,上市公司应立即将有关重大事件向国务院证券监督管理机构和证券交易所提交临时报告,并予以公告,重大事件主要是关于公司生产经营的重大变化,资产负债,公司董事、股东发生重大调整,公司减资、合并、分立、解散、申请破产等情况。此外,临时公开的还有上市公司收购报告、关联交易报告等可能影响证券交易价格的行为。

五、对上市公司股票收购的规定

上市公司收购,是指投资者为达到对股份有限公司控股或兼并的目的,依法购买其已发行上市的股份的行为。分为要约收购和协议收购。

(一)要约收购

要约收购指收购方以向被收购公司的股票持有者发出要约的方式进行收购。

1. 开始收购阶段

投资者持有或者通过协议、其他安排与他人共同持有一个上市公司已发行的股份5%时,应在此后3日内向国务院证券监督管理机构、证券交易所作出书面报告,通知该上市公司,并予以公告。在此事实发生之日起3日内不得再买卖该上市公司的股票。在持有该公司股份5%后,投资者持有股份比例每增加或减少5%,都应进行报告和公告。在报告期限内和作出报告、公告后2日内,不得再行买卖该上市公司的股票。在收购要约确定的承诺期限内,收购人不得撤销其收购要约。收购人需要变更收购要约的,必须及时公告,载明具体变更事项。

2. 持续收购阶段

投资者持有或者通过协议、其他安排与他人共同持有一个上市公司已发行股份30%时,继续进行收购的,收购人必须公告上市公司收购报告书。收购要约约定的收购期限不得少于30日,并不得超过60日。

3. 收购完成阶段

收购要约期满,被收购公司股权分布不符合上市条件的,该上市公司的股票应当由证券交易所依法终止上市交易;其余仍持有被收购公司股票的股东,有权向收购人以收购要约的同等条件出售其股票,收购人应当收购。

收购行为完成后,被收购公司不再具备股份有限公司法规定条件的,应依法变更其企业形式。收购行为完成后,收购人应在15日内将收购情况报告国务院证券监督管理机构和证券交易所,并予以公告。

(二)协议收购

协议收购指收购方依法律、行政法规的规定同被收购公司的股东以协议方式进行股权转让的行为。

收购方与被收购方达成协议后,收购人必须在3日内将收购协议向国务院证券监督管理机构及证券交易所作出书面报告,并予以公告,未公告前不得履行收购协议。收购协议履行完成后,收购人应在15日内向上述两机构报告,并予以公告。

在上市公司收购中,收购人对所持有的被收购公司股票,在收购行为完成后的 12 个月内不得转让。

六、证券机构

(一)证券交易活动中的主要机构——证券公司和证券交易所

1. 证券公司

证券公司是指依公司法和经国务院证券监督管理机构审查批准的从事证券经营业务的有限责任公司或者股份有限公司。

我国现行《证券法》改变了对证券公司实行分类管理的模式。经国务院证券监督管理机构批准,证券公司可以经营下列部分或者全部业务:(1)证券经纪;(2)证券投资咨询;(3)与证券交易、证券投资活动有关的财务顾问;(4)证券承销与保荐;(5)证券自营;(6)证券资产管理;(7)其他证券业务。

2. 证券交易所

证券交易所是为证券集中交易提供场所和设施,组织和监督证券交易,实行自律管理的法人。证券交易所有两种组织形式:会员制和公司制。我国证券交易所实行会员制,其会员必须是具有会员资格的证券公司。它设理事会,作为交易所的管理执行机构。证券交易所的总经理由国务院证券监督管理机构任免。证券交易所担负着对上市公司的监管、对证券交易的监管、对证券公司的监管职责。

我国现行《证券法》规定了证券交易所的证券上市的核准权、证券交易品种、交易方式以及证券交易所的组织形式的创新权。规定未经证券交易所许可,任何单位和个人不得发布证券交易即时行情。

(二)证券交易活动中的中介机构——证券登记结算机构与证券交易服务机构

1. 证券登记结算机构

证券登记结算机构是为证券交易提供集中的登记、托管与结算服务,不以营利为目的的法人。证券登记结算采取全国集中统一的运营方式。

证券登记结算机构应当设立结算风险基金,用于因违约交收、技术故障、操作失误、不可抗力造成的证券登记结算机构的损失。

我国现行《证券法》确立结算参与人的货银对付原则、控制结算风险、专用清算交收账户不得被强制执行;对现行证券开户制度进行了调整。

2. 证券交易服务机构

根据证券投资和证券交易业务的需要,可以设立专业的证券交易服务机构,包括证券投资咨询机构、财务顾问机构、资信评估机构、资产评估机构、会计师事务所、律师事务所等。主要负责在证券发行和交易过程中向投资者提供证券行业的专业服务,帮助投资者、发行公司、上市公司等证券市场主体理性决策,依法规范进行证券活动。

(三)证券业的自律机构——中国证券业协会

中国证券业协会成立于1991年8月28日,是证券业自律性组织,是社会团体法人。所有的证券公司都应当加入这个组织。协会的权力机构为会员大会。日常管理执行机构为理事会。

(四)证券监督管理委员会组织机构——中国证监会

根据我国《证券法》的规定,国务院证券监督管理机构依法对证券市场实行监督管理,维护证券市场秩序,保障其合法运行。这里的国务院证券监督管理机构指中国证券监督管理委员会,是国务院所属的部级事业单位,依据法律法规规定行使统一监管全国证券期货市场的职责。

我国《证券法》第180条规定了证监会的职权,即:"国务院证券监督管理机构依法履行职责,有权采取下列措施:(一)对证券发行人、上市公司、证券公司、证券投资基金管理公司、证券服务机构、证券交易所、证券登记结算机构进行现场检查;(二)进入涉嫌违法行为发生场所调查取证;(三)询问当事人和与被调查事件有关的单位和个人,要求其对与被调查事件有关的事项作出说明;(四)查阅、复制与被调查事件有关的财产权登记、通讯记录等资料;(五)查阅、复制当事人和与被调查事件有关的单位和个人的证券交易记录、登记过户记录、财务会计资料及其他相关文件和资料;对可能被转移、隐匿或者毁损的文件和资料,可以予以封存;(六)查询当事人和与被调查事件有关的单位和个人的资金账户、证券账户和银行账户;对有证据证明已经或者可能转移或者隐匿违法资金、证券等涉案财产或者隐匿、伪造、毁损重要证据的,经国务院证券监督管理机构主要负责人批准,可以冻结或者查封;(七)在调查操纵证券市场、内幕交易等重大证券违法行为时,经国务院证券监督管理机构主要负责人批准,可以限制被调查事件当事人的证券买卖,但限制的期限不得超过十五个交易日;案情复杂的,可以延长十五个交易日。"

七、违反证券法的行为及其法律责任

(一)违反证券法的行为

1. 内幕交易行为

内幕交易活动包括:证券交易内幕信息的知情人员利用内幕信息进行证券交易活动;内幕信息的知情人员买卖所持有该公司的证券,或泄露该信息或建议他人买卖该证券;非法获取内幕信息的其他人员买卖所持有的该公司的证券,或泄露该信息或建议他人买卖该证券。

2. 短线交易行为

上市公司董事、监事、高级管理人员、持有上市公司股份5%以上的股东,将其持有的该公司的股票在买入后6个月内卖出,或者在卖出后6个月内又买入,由此所得收益归该公司所有,公司董事会应当收回其所得收益。但是,证券公司因包销购入售后剩余股票而持有5%以上股份的,卖出该股票不受6个月时间限制。短线交易与归入权制度与内幕交易立法相互补充,起到补充内幕交易制度的作用。

3. 操纵证券交易价格行为

操纵证券交易价格行为包括:通过单独或合谋,集中资金优势、持股优势或利用信息优势联合或连续买卖,操纵交易价格;与他人串通,以事先约定的时间、价格和方式相互进行证券交易或相互买卖并不持有的证券,影响证券交易价格或证券交易量;以自己为交易对象,进行不转移所有权的自买自卖从而影响交易价格或交易量,用其他方法操纵证券交易价格等。

4. 虚假信息

虚假信息是指国家工作人员、新闻传播媒介从业人员和有关人员编造并传播虚假信息,扰乱证券市场,严重影响证券交易。

5. 欺诈客户行为

欺诈客户行为包括:违背客户的委托为其买卖证券;不在规定时间内向客户提供交易的书面确认文件;挪用客户所委托买卖的证券或者客户账户上的资金;私自买卖客户账户上的证券,或假借客户的名义买卖证券;为牟取佣金收入,诱使客户进行不必要的证券买卖;利用传播媒介或者通过其他方式提供、传播虚假或者误导投资者的信息;其他违背客户真实意思表示,损害客户利益的行为等。

6. 其他违法、违规行为

其他违法、违规行为包括:挪用公款买卖证券;国有企业和国有资产控股的企业买卖上市交易的股票,没有遵守国家有关规定;法人非法利用他人账户从事证券交易;法人出借自己或者他人的证券账户;其他违反证券法和证券业主管机关相关法律法规的行为。

(二) 法律责任

(1) 民事责任。证券违法行为给他人造成损失的,应当首先由违法者承担民事赔偿责任。证券民事责任按性质可分为:侵权责任、违约责任、其他责任如缔约过失责任等。其中,内幕交易、虚假陈述、操纵市场、欺诈客户多为证券民事侵权行为,应分别依据侵权责任的构成要件进行判定。为了加大投资者保护力度,现行《证券法》具体规定了上市公司股东、董事、监事、高级管理人员的诚信义务和民事责任,为董事、监事等高管人员设定了诚信义务和民事连带责任;补充和完善了内幕交易、操纵市场、欺诈客户等违法行为的民事赔偿制等。

（2）行政责任。它是依法由各级证券监督管理机构和其他有关部门单独或共同实施的,具体包括:给直接责任人员警告;责令停止违法行为;责令改正;责令关闭;给予罚款处分;没收违法所得;对违规的机构和人员取消其从业资格,吊销营业执照,给予行政处分等。

（3）刑事责任。根据我国《刑法》规定,应负刑事责任的犯罪主要有:伪造、变造国家有价证券罪;伪造、变造股票、公司、企业债券罪;擅自发行股票、公司、企业债券罪;内幕交易、泄露内幕信息罪;编造并传播证券交易虚假信息罪;诱骗投资者买卖证券罪;操纵证券交易价格罪;其他可依刑法处罚的行为。

第四节 多层次资本市场的建设及法治保障

一、建立多层次资本市场政策的主要内容

2003年党的十六届三中全会首次提出建立多层次资本市场体系,完善资本市场结构,丰富资本市场产品。2004年增设中小板,2009年进一步增设创业板,2012年成立全国中小企业股份转让系统,初步形成了由主板（含中小板）、创业板、新三板和区域性股权市场构成的多层次资本市场体系。

针对多层次资本市场存在的股权融资规模过小、资源配置功能有限、资本市场呈现"倒三角"形态、资本市场产品结构重债轻股等问题,2013年党的十八届三中全会提出健全多层次资本市场体系是完善现代市场体系的重要内容,也是促进我国经济转型升级的一项战略任务。

2014年党的十八届四中全会提出大力推动资本市场法治化,证监会强调要运用法治思维和法治方法做好监管工作,法定职责必须为,法无授权不可为,权衡市场主体各种权利义务,推动科学立法不断完善市场法律规则体系。

2015年党的十八届五中全会指出必须牢固树立并切实贯彻创新、协调、绿色、开放、共享的发展理念,资本市场在"十三五"时期的改革发展也要遵循这五大理念。

2017年党的十九大报告提出要提高直接融资比重,促进多层次资本市场发展,这是发展资本市场的根本方向和部署。

二、多层次资本市场建设的重要意义

在我国建立多层次资本市场有其重要意义,主要表现在:

1. 有利于满足资金供求双方差别化的要求

长期以来我国单一结构的资本市场难以满足中小企业的资金需求,一定程度上制约了实体经济的发展。多层次资本市场体系可以提供多种类型的金融产

品和交易场所,为多样化的投融资需求打造高效匹配的平台,有利于调动民间资本的积极性,双方根据资金供给与需求、风险偏好等进行相应的匹配,使资金在供给与需求者之间直接进行融通,实现资金使用效益的最大化。

2. 有利于创新宏观调控机制、分散金融风险

从我国多层次资本市场体系构成来看,主板(含中小板)主要为大型成熟企业服务,创业板主要为高成长性的中小企业和高科技企业服务,新三板主要为创新型、创业型、成长型的中小微企业服务,区域性股权市场主要为特定区域内企业提供服务。这些直接融资方式可以提供多元化的融资渠道,改变过度依赖银行体系的局面,避免一旦经济实体发生严重问题,大量银行坏账,经济陷入长期不振的境地。风险承担主体呈现多元化,有利于降低金融系统性风险。

3. 有利于推动改革、增强大国金融的国际竞争力

加快发展和完善多层次资本市场,可以拓展我国资本市场的深度和广度。近年我国企业境外上市增多,对国内资本市场构成了竞争压力。随着我国资本市场的深层次改革,多层次资本市场规则的建立和完善,以及上市公司质量的提升,将有更多投资者回归我国的资本市场。发达、开放、具有国际金融中心地位的资本市场是发展我国大国金融的核心元素,提高我国资本市场和证券期货服务业的国际竞争力,更好地服务于我国经济参与全球竞争,才能在国际金融市场逐步树立大国金融的风范。

党的十九大后,我国证监会也强调报告,今后要稳步解决资本市场交易流程不成熟、交易制度不完备、资本市场体系不完善、监管体制和手段不适应的问题,促进多层次资本市场的健康发展,全面推进金融市场法治。

三、以法治保障多层次资本市场建设

2014年10月23日,党的十八届四中全会审议通过了《关于全面推进依法治国若干重大问题的决定》,总目标是建设中国特色社会主义法治体系,进一步明确了国家治理的法治化轨道,多层次资本市场的依法治理也在有序推进,通过资本市场的一系列法律制度加以落实。

1. 多层次资本市场改革应立法指引先行

我国多元性的资本市场对应着多元性的市场需求,既需要有单个市场的规范指引,也要有整个资本市场法治体系的建构和完善。我国资本市场发育较晚,加之资本市场的复杂性和多变性,通过授权立法进行小规模试点,在摸索中逐步规范,然后上升为法律,有利于避免整个资本市场的大起大落。

2. 完善准入和退市机制、强化市场化调节

由于多层次资本市场中涉及的主体及风险程度不同,针对不同公众化程度的证券产品设计不同的发行和上市机制,要建构不同的准入机制。从当前的现

实情况看,突出表现为过去行政力量干预较多,市场主体的风险意识和风险承担能力过低。以股票上市注册制改革为标志,弱化了行政权力,强化了市场主体自担风险的意识。退市机制的完善,为优胜劣汰的市场化调节提供了制度保障。

3. 完善责任制度以强化投资者权益保护

由于我国资本市场结构单一,上市公司侵害中小股东利益的行为屡见不鲜,损害了投资者的信心。信息披露是资本市场的灵魂,必须强化信息披露为基础的证券监管,进一步完善内幕交易、市场操纵、虚假陈述、中介机构欺诈发行等侵害投资者利益主体的连带责任制度,加大信用惩戒的力度,完善诉讼等救济制度,以保护投资者利益。此外,还应加强投资者教育,强化商事思维,树立投资风险意识,这也是我国资本市场法治化建设不可或缺的部分。

思考题

1. 何谓证券和证券法?
2. 我国《证券法》的结构是怎样的?它的意义是什么?
3. 证券发行上市的基本条件是什么?
4. 《证券法》对公司发行股票债券的信息披露的基本要求是什么?
5. 何谓上市公司收购?它的种类有哪些?
6. 何为证券交易所、证券登记结算机构、证券交易服务机构与证券业协会?
7. 国务院证券监督管理机构的法律地位和职权是什么?
8. 什么是内幕交易行为,提供证券价格行为、欺诈客户行为?
9. 为什么要发展多层次的资本市场和怎样发展多层次的资本市场?
10. 2020年3月1日起实施的我国新修订的《证券法》的主要特色和意义是什么?

第十九章 证券投资基金的法律规定

第一节 投资基金法的概念和我国投资基金的发展

一、投资基金和投资基金法

(一) 基金和投资基金的概念和特征

从投资内容上看,基金有广义和狭义之分,从广义上说,基金是指为了某种目的而设立的具有一定数量的资金。基金不仅可以投资证券,也可以投资企业和项目。基金管理公司通过发行基金单位,集中投资者的资金,由基金托管人(即具有资格的银行)托管,由基金管理人管理和运用资金,从事股票、债券等金融工具投资,然后共担投资风险、分享收益。例如,信托投资基金、公积金、保险基金、退休基金等。狭义上的基金主要是指证券投资基金。此外,根据基金单位是否可增加或赎回,可分为开放式基金和封闭式基金。开放式基金不上市交易,通过银行、券商、基金公司申购和赎回,基金规模不固定;封闭式基金有固定的存续期,一般在证券交易场所上市交易,投资者通过二级市场买卖基金单位。根据组织形态的不同,可分为公司型基金和契约型基金。基金通过发行基金股份成立投资基金公司的形式设立,通常称为公司型基金;由基金管理人、基金托管人和投资人三方通过基金契约设立,通常称为契约型基金。我国的证券投资基金均为契约型基金。根据投资风险与收益的不同,可分为成长型、收入型和平衡型基金。

对投资基金的概念说法很多,但一般认为投资基金是一种大众化的信托投资工具,它由基金公司或其他发起人向投资者发行受益凭证,将大众手中的零散资金集中起来,委托具有专业知识和投资经验的专家进行管理与运作,并由信誉良好的金融机构充当所募集资金的信托人和保管人。基金经理人将通过多元化的投资组合,努力降低投资风险,谋求资本长期稳定地增值。其特点主要是:集合小额投资资金、专业化管理、分散投资风险、流动性强。

(二) 投资基金法的概念

投资基金法是指关于调整投资基金的设立和交易、投资基金当事人(持有人、信托人、管理人)的权利义务、投资基金的运作与监管及其法律责任的法律规范。

为了规范证券投资基金活动,保护投资人及相关当事人的合法权益,促进证券投资基金和证券市场的健康发展,第十届全国人民代表大会常务委员会第五次会议于 2003 年 10 月 28 日通过《中华人民共和国证券投资基金法》并于 2004 年 8 月 1 日起施行。随后,《中华人民共和国证券投资基金法》历经 2012 年和 2015 年两次修正。

二、投资基金的发展与地位

(一)发达国家和我国香港地区投资基金业的蓬勃发展

投资基金起源于英国,诞生于美国,美国 1868 年建立的"国外及殖民地政府信托基金"通常被认为是投资基金的最早形态,这是世界第一种基金。"经过了一百多年的发展历程,进入 20 世纪 70 年代后,发展更为迅猛,在发达国家和地区,投资基金年平均以 20%—50% 的速度发展,大大超过股票业务和银行业务的发展速度。截至 1998 年年底,全世界基金规模已达 30 万亿美元,美国基金规模 5 万亿美元,日本约 6000 亿美元。香港地区约有 1600 种基金,每月平均有 6 亿美元的基金通过银行网点销售。投资基金业的兴起,对稳定和发展股票市场起到了积极促进作用。发达国家基金资产已占股市市值 30% 左右,基金成为股市主要机构投资者。"[①]

早在 20 世纪 60 年代,香港就有基金出现。到 20 世纪 90 年代后期,基金在香港已成为发展最快的金融业务之一。香港基金的特点是:(1) 面向全球,国际化程度高,表现在基金的来源地国外占较大比重;(2) 多品种结构有利于分散风险;(3) 交易市场发达,基金转换和变现容易,交投活跃;(4) 基金管理手段先进。这些管理基金的经理都是富有经验的基金管理行家。

(二)我国境内投资基金的发展状况和投资基金法的制定

中国境内的投资基金发展得比较晚。1991 年党的十四大确立建立社会主义市场经济体制的目标后,我国的直接融资方式获得了较大的发展。股票市场、债券市场、股票投资、并购投资等有不同程度的进展,我国基金业虽然发展非常缓慢,但是在实践中还是发挥了比较好的作用,主要表现在:(1) 有利于培育理性机构投资者,发挥证券投资基金支撑资本市场和稳定资本市场的作用。(2) 有利于社会公众进行证券投资,取得多渠道资金收益。(3) 为国企改革、上市创造条件,进而满足国家经济建设的需要。

为了充分发挥证券投资的特点和优势,发展我国证券投资、产业投资、高科技创业投资,增加直接融资比重,规范和发展资本市场;为了改变目前我国基金业发展中存在的规模太小、投资结构不合理、部分基金效益不好、管理方式不规范、防风险能力差等状况;为了缩短我国证券市场与发达国家或地区之间的差

---

① 《金融时报》2000 年 3 月 7 日。

距,我国《证券投资基金法》于 2012 年、2015 年作了两次修改。修改后的我国《证券投资基金法》共 15 章 154 条,具有以下特点:

第一,将非公募基金纳入了基金法监管范畴,并明确了"公开募集"与"非公开募集"的界限。新法中单列一章,对非公开募集基金进行规范,按照基金合同约定,非公开募集基金可以由部分基金份额持有人作为基金管理人负责基金的投资管理活动,并在基金财产不足以清偿其债务时对基金财产的债务承担无限连带责任。纳入监管后的非公开募集基金运作有法可依,监管职责明确,能更好地保障投资者的权益。

第二,新规取消了基金公司主要股东的经营范围,并对注册资本不低于 3 亿元人民币的限制采用更灵活的说法,也为现有股东类型以外的进入企业设立基金公司留下余地。

第三,就基金的投资范围,《证券投资基金法》规定,基金财产可投资于:上市交易的股票、债券;国务院证券监督管理机构规定的其他证券及其衍生品种。目前来看,私募基金早已涉及衍生品种的投资,但公募基金却受限于此,仅普通股票型基金、混合型基金可以以套期保值为目的参与股指期货投资,由于不能涉及衍生品投资,制约了公募基金获取收益的能力。

第四,基金公司设立方式可采用合伙制方式。目前,采用合伙制设立方式的基金公司均为私募基金,而并不健全的激励机制使得公募基金运用合伙制的方式设立仍有很长的路要走。

第五,《证券投资基金法》为健全基金治理结构提供了依据。如《证券投资基金法》补充了基金份额持有人大会的"二次召集"制度,有效解决了作为集体行动机制的基金份额持有人大会召集难度大、成本高等问题,允许基金份额持有人大会设立常设机构,以更好地发挥基金相关主体的内在约束制衡功能。

21 世纪初投资基金在我国有了迅速的发展,据基金业协会发布的数据,截至 2015 年 11 月月底,各类公募基金总规模达到 7.2 万亿元,比 2014 年年底增长 2.67 万亿元,增幅达到 58.84%。公募基金规模超过 7 万亿,也创出了历年来新高。新发基金 800 多只,募资超 1.6 万亿元。无论是新成立的基金数量还是首发规模,都远超之前各年。2015 年全年有超过 30 家基金公司成立或发起设立。今后进军公募基金的主体更加多元化,既有信托、券商、保险等金融机构,也有实体企业、基金销售机构、私募基金和专业个人,民营企业、私募基金和专业个人进军公募基金的热情开始迸发。

第二节 投资基金的设立、种类和运作

一、投资基金的设立

按照我国《证券投资基金法》的规定,设立管理公开募集基金的基金管理公司,应当具备下列条件,并经国务院证券监督管理机构批准:

(1)有符合该法和《中华人民共和国公司法》规定的章程;(2)注册资本不低于1亿元人民币,且必须为实缴货币资本;(3)主要股东应当具有经营金融业务或者管理金融机构的良好业绩、良好的财务状况和社会信誉,资产规模达到国务院规定的标准,最近3年没有违法记录;(4)取得基金从业资格的人员达到法定人数;(5)董事、监事、高级管理人员具备相应的任职条件;(6)有符合要求的营业场所、安全防范设施和与基金管理业务有关的其他设施;(7)有良好的内部治理结构、完善的内部稽核监控制度、风险控制制度;(8)法律、行政法规规定的和经国务院批准的国务院证券监督管理机构规定的其他条件。同时,基金发起人申请设立基金,应当向中国证监会提交有关文件。基金发起人认购基金单位占基金总额的比例等要达到中国证监会的规定比例。

二、投资基金的种类

投资基金是一个庞大的体系,可按不同标准加以划分。按组织形态不同,投资基金可分为公司型和契约型;依交易方式(基金受益凭证)不同,投资基金可分为开放式和封闭式。这些划分组成市场上最常见的类型即开放式公司型、封闭式公司型、开放式契约型和封闭式契约型。我国《证券投资资金法》采取了封闭型与开放型两种基金形式。封闭式基金,是指事先确定发行总额,在封闭期内基金单位总数不变,基金上市后投资者可以通过证券市场转让、买卖基金单位的一种基金。开放式基金,是指基金发行总额不固定,基金单位总数随时增减,投资者可以按基金的报价在国家规定的营业场所申购或赎回基金单位的一种基金。两种基金在设立时都有各自的特点和要求。封闭式基金的募集期限为3个月,自该基金批准之日起计算。封闭式基金募集期满后,其所募集资金少于该基金批准规模的80%的,该基金不得成立。封闭式基金成立后,基金管理人、基金托管人可以向中国证监会及证券交易所提出基金上市申请。开放式基金只能在符合国家规定的场所申购、赎回。

三、投资基金的运作

基金的运作也就是基金的投资组合。

我国《证券投资基金法》第 71 条规定:"基金管理人运用基金财产进行证券投资,除国务院证券监督管理机构另有规定外,应当采用资产组合的方式。资产组合的具体方式和投资比例,依照本法和国务院证券监督管理机构的规定在基金合同中约定。"

我国《证券投资基金法》第 72 条规定:"基金财产应当用于下列投资:(一)上市交易的股票、债券;(二)国务院证券监督管理机构规定的其他证券及其衍生品种。"第 73 条规定:"基金财产不得用于下列投资或者活动:(一)承销证券;(二)违反规定向他人贷款或者提供担保;(三)从事承担无限责任的投资;(四)买卖其他基金份额,但是国务院证券监督管理机构另有规定的除外;(五)向基金管理人、基金托管人出资;(六)从事内幕交易、操纵证券交易价格及其他不正当的证券交易活动;(七)法律、行政法规和国务院证券监督管理机构规定禁止的其他活动。运用基金财产买卖基金管理人、基金托管人及其控股股东、实际控制人或者与其有其他重大利害关系的公司发行的证券或承销期内承销的证券,或者从事其他重大关联交易的,应当遵循基金份额持有人利益优先的原则,防范利益冲突,符合国务院证券监督管理机构的规定,并履行信息披露义务。"

第三节 投资基金当事人的权利和义务规定

投资基金的当事人是指投资基金法律关系中享有权利、承担义务的主体。投资基金法律关系的当事人,包括基金持有人(又称投资人)、基金托管人(商业银行)、基金管理人(管理公司)。投资基金当事人的范围只限于上面三种人,他们在投资基金法律关系中所享有的权利和承担的义务已在《证券投资基金法》中作了比较明确的规定。

一、投资基金持有人的权利、义务

投资基金持有人,包括投资基金发起人、投资基金认购人,他们都是投资基金的受益人。他们的权利和义务在我国《证券投资基金法》中已作了专章规定。

我国《证券投资基金法》第 46 条规定:"基金份额持有人享有下列权利:(一)分享基金财产收益;(二)参与分配清算后的剩余基金财产;(三)依法转让或者申请赎回其持有的基金份额;(四)按照规定要求召开基金份额持有人大会或者召集基金份额持有人大会;(五)对基金份额持有人大会审议事项行使表决权;(六)对基金管理人、基金托管人、基金服务机构损害其合法权益的行为依法提起诉讼;(七)基金合同约定的其他权利。公开募集基金的基金份额持有人有权查阅或者复制公开披露的基金信息资料;非公开募集基金的基金份额持有人对涉及自身利益的情况,有权查阅基金的财务会计账簿等财务资料。"

我国《证券投资基金法》第 47 条规定:"基金份额持有人大会由全体基金份额持有人组成,行使下列职权:(一)决定基金扩募或者延长基金合同期限;(二)决定修改基金合同的重要内容或者提前终止基金合同;(三)决定更换基金管理人、基金托管人;(四)决定调整基金管理人、基金托管人的报酬标准;(五)基金合同约定的其他职权。"第 48 条第 1 款规定:"按照基金合同约定,基金份额持有人大会可以设立日常机构,行使下列职权:(一)召集基金份额持有人大会;(二)提请更换基金管理人、基金托管人;(三)监督基金管理人的投资运作、基金托管人的托管活动;(四)提请调整基金管理人、基金托管人的报酬标准;(五)基金合同约定的其他职权。"

二、投资基金托管人的权利、义务

投资基金托管人,是指经批准设立的基金,应当委托商业银行作为基金托管人托管基金资产,委托基金管理公司作为基金管理人管理和运用基金资产。基金托管人为有偿受托人,有取得报酬的权利,有承担义务的责任。基金托管人必须经中国证监会和中国人民银行审查批准。基金托管人、基金管理人应当在行政上、财务上相互独立,其高级管理人员不得在对方兼任任何职务。新任基金托管人应当经中国证监会和中国人民银行审查批准;经批准后,原任基金托管人方可退任。原任基金托管人托管的基金无新任基金托管人承接的,该基金应当终止。

我国《证券投资基金法》第 32 条规定:"基金托管人由依法设立的商业银行或者其他金融机构担任。商业银行担任基金托管人的,由国务院证券监督管理机构会同国务院银行业监督管理机构核准;其他金融机构担任基金托管人的,由国务院证券监督管理机构核准。"基金托管人与基金管理人不得为同一机构,不得相互出资或者持有股份。

我国《证券投资基金法》第 33 条规定:"担任基金托管人,应当具备下列条件:(一)净资产和风险控制指标符合有关规定;(二)设有专门的基金托管部门;(三)取得基金从业资格的专职人员达到法定人数;(四)有安全保管基金财产的条件;(五)有安全高效的清算、交割系统;(六)有符合要求的营业场所、安全防范设施和与基金托管业务有关的其他设施;(七)有完善的内部稽核监控制度和风险控制制度;(八)法律、行政法规规定的和经国务院批准的国务院证券监督管理机构、国务院银行业监督管理机构规定的其他条件。"

我国《证券投资基金法》第 36 条规定:"基金托管人应当履行下列职责:(一)安全保管基金财产;(二)按照规定开设基金财产的资金账户和证券账户;(三)对所托管的不同基金财产分别设置账户,确保基金财产的完整与独立;

(四)保存基金托管业务活动的记录、账册、报表和其他相关资料;(五)按照基金合同的约定,根据基金管理人的投资指令,及时办理清算、交割事宜;(六)办理与基金托管业务活动有关的信息披露事项;(七)对基金财务会计报告、中期和年度基金报告出具意见;(八)复核、审查基金管理人计算的基金资产净值和基金份额申购、赎回价格;(九)按照规定召集基金份额持有人大会;(十)按照规定监督基金管理人的投资运作;(十一)国务院证券监督管理机构规定的其他职责。"

我国《证券投资基金法》第37条规定:"基金托管人发现基金管理人的投资指令违反法律、行政法规和其他有关规定,或者违反基金合同约定的,应当拒绝执行,立即通知基金管理人,并及时向国务院证券监督管理机构报告。基金托管人发现基金管理人依据交易程序已经生效的投资指令违反法律、行政法规和其他有关规定,或者违反基金合同约定的,应当立即通知基金管理人,并及时向国务院证券监督管理机构报告。"

我国《证券投资基金法》第39条规定:"基金托管人不再具备本法规定的条件,或者未能勤勉尽责,在履行本法规定的职责时存在重大失误的,国务院证券监督管理机构、国务院银行业监督管理机构应当责令其改正;逾期未改正,或者其行为严重影响所托管基金的稳健运行、损害基金份额持有人利益的,国务院证券监督管理机构、国务院银行业监督管理机构可以区别情形,对其采取下列措施:(一)限制业务活动,责令暂停办理新的基金托管业务;(二)责令更换负有责任的专门基金托管部门的高级管理人员。基金托管人整改后,应当向国务院证券监督管理机构、国务院银行业监督管理机构提交报告;经验收,符合有关要求的,应当自验收完毕之日起三日内解除对其采取的有关措施。"

我国《证券投资基金法》第40条规定:"国务院证券监督管理机构、国务院银行业监督管理机构对有下列情形之一的基金托管人,可以取消其基金托管资格:(一)连续三年没有开展基金托管业务的;(二)违反本法规定,情节严重的;(三)法律、行政法规规定的其他情形。"第41条规定:"有下列情形之一的,基金托管人职责终止:(一)被依法取消基金托管资格;(二)被基金份额持有人大会解任;(三)依法解散、被依法撤销或者被依法宣告破产;(四)基金合同约定的其他情形。"

三、投资基金管理人的权利、义务

我国《证券投资基金法》第19条规定:"公开募集基金的基金管理人应当履行下列职责:(一)依法募集资金,办理基金份额的发售和登记事宜;(二)办理基金备案手续;(三)对所管理的不同基金财产分别管理、分别记账,进行证券投资;(四)按照基金合同的约定确定基金收益分配方案,及时向基金份额持有人分配收益;(五)进行基金会计核算并编制基金财务会计报告;(六)编制中期和年度基金报告;(七)计算并公告基金资产净值,确定基金份额申购、赎回价格;(八)办理与基金财产管理业务活动有关的信息披露事项;(九)按照规定召集基金份额持有人大会;(十)保存基金财产管理业务活动的记录、账册、报表和其他相关资料;(十一)以基金管理人名义,代表基金份额持有人利益行使诉讼权利或者实施其他法律行为;(十二)国务院证券监督管理机构规定的其他职责。"

公开募集基金的基金管理人应当建立良好的内部治理结构,明确股东会、董事会、监事会和高级管理人员的职责权限,确保基金管理人独立运作。公开募集基金的基金管理人可以实行专业人士持股计划,建立长效激励约束机制。公开募集基金的基金管理人的股东、董事、监事和高级管理人员在行使权利或者履行职责时,应当遵循基金份额持有人利益优先的原则。公开募集基金的基金管理人应当从管理基金的报酬中计提风险准备金。公开募集基金的基金管理人因违法违规、违反基金合同等原因给基金财产或者基金份额持有人合法权益造成损失,应当承担赔偿责任的,可以优先使用风险准备金予以赔偿。

我国《证券投资基金法》第20条规定:"公开募集基金的基金管理人及其董事、监事、高级管理人员和其他从业人员不得有下列行为:(一)将其固有财产或者他人财产混同于基金财产从事证券投资;(二)不公平地对待其管理的不同基金财产;(三)利用基金财产或者职务之便为基金份额持有人以外的人牟取利益;(四)向基金份额持有人违规承诺收益或者承担损失;(五)侵占、挪用基金财产;(六)泄露因职务便利获取的未公开信息,利用该信息从事或者明示、暗示他人从事相关的交易活动;(七)玩忽职守,不按照规定履行职责;(八)法律、行政法规和国务院证券监督管理机构规定禁止的其他行为。"

第四节 证券投资基金的监管和法律责任

中国证监会、中国人民银行按照各自的职权随时对基金募集、交易、投资运作以及相关的业务活动和财务会计资料进行检查、稽核。基金托管人、基金管理人以及有关的机构和人员应当及时提供有关情况和资料,不得拒绝、阻挠。

二、关于证券投资基金终止的规定

我国《证券投资基金法》第26条规定:"公开募集基金的基金管理人违法经营或者出现重大风险,严重危害证券市场秩序、损害基金份额持有人利益的,国务院证券监督管理机构可以对该基金管理人采取责令停业整顿、指定其他机构托管、接管、取消基金管理资格或者撤销等监管措施。"第27条规定:"在公开募集基金的基金管理人被责令停业整顿、被依法指定托管、接管或者清算期间,或者出现重大风险时,经国务院证券监督管理机构批准,可以对该基金管理人直接负责的董事、监事、高级管理人员和其他直接责任人员采取下列措施:(一)通知出境管理机关依法阻止其出境;(二)申请司法机关禁止其转移、转让或者以其他方式处分财产,或者在财产上设定其他权利。"

三、关于证券投资基金罚则的规定

依据我国《证券投资基金法》的规定,未经批准擅自设立基金管理公司或者未经核准从事公开募集基金管理业务的,由证券监督管理机构予以取缔或者责令改正,没收违法所得,并处违法所得1倍以上5倍以下罚款;没有违法所得或者违法所得不足100万元的,并处10万元以上100万元以下罚款。对直接负责的主管人员和其他直接责任人员给予警告,并处3万元以上30万元以下罚款。基金管理公司违反本法规定,擅自变更持有5%以上股权的股东、实际控制人或者其他重大事项的,责令改正,没收违法所得,并处违法所得1倍以上5倍以下罚款;没有违法所得或者违法所得不足50万元的,并处5万元以上50万元以下罚款。对直接负责的主管人员给予警告,并处3万元以上10万元以下罚款。未经核准,擅自从事基金托管业务的,责令停止,没收违法所得,并处违法所得1倍以上5倍以下罚款;没有违法所得或者违法所得不足100万元的,并处10万元以上100万元以下罚款;对直接负责的主管人员和其他直接责任人员给予警告,并处3万元以上30万元以下罚款。

基金管理人的董事、监事、高级管理人员和其他从业人员,基金托管人的专门基金托管部门的高级管理人员和其他从业人员,未按照该法第18条第1款规定申报的,责令改正,处3万元以上10万元以下罚款。基金管理人、基金托管人违反该法第18条第2款规定的,责令改正,处10万元以上100万元以下罚款;对直接负责的主管人员和其他直接责任人员给予警告,暂停或者撤销基金从业资格,并处3万元以上30万元以下罚款。基金管理人的董事、监事、高级管理人员和其他从业人员,基金托管人的专门基金托管部门的高级管理人员和其他从业人员违反该法第19条规定的,责令改正,没收违法所得,并处违法所得1倍以上5倍以下罚款;没有违法所得或者违法所得不足100万元的,并处10万元以上100万元以下罚款;情节严重的,撤销基金从业资格。

基金管理人、基金托管人违反该法规定,未对基金财产实行分别管理或者分账保管,责令改正,处5万元以上50万元以下罚款;对直接负责的主管人员和其他直接责任人员给予警告,暂停或者撤销基金从业资格,并处3万元以上30万元以下罚款。基金管理人、基金托管人及其董事、监事、高级管理人员和其他从业人员有该法第21条所列行为之一的,责令改正,没收违法所得,并处违法所得1倍以上5倍以下罚款;没有违法所得或者违法所得不足100万元的,并处10

万元以上100万元以下罚款;基金管理人、基金托管人有上述行为的,还应当对其直接负责的主管人员和其他直接责任人员给予警告,暂停或者撤销基金从业资格,并处3万元以上30万元以下罚款。基金管理人、基金托管人及其董事、监事、高级管理人员和其他从业人员侵占、挪用基金财产而取得的财产和收益,归入基金财产。但是,法律、行政法规另有规定的,依照其规定。

基金销售机构未向投资人充分揭示投资风险并误导其购买与其风险承担能力不相当的基金产品的,处10万元以上30万元以下罚款;情节严重的,责令其停止基金服务业务。对直接负责的主管人员和其他直接责任人员给予警告,撤销基金从业资格,并处3万元以上10万元以下罚款。基金销售支付机构未按照规定划付基金销售结算资金的,处10万元以上30万元以下罚款;情节严重的,责令其停止基金服务业务。对直接负责的主管人员和其他直接责任人员给予警告,撤销基金从业资格,并处3万元以上10万元以下罚款。

挪用基金销售结算资金或者基金份额的,责令改正,没收违法所得,并处违法所得1倍以上5倍以下罚款;没有违法所得或者违法所得不足100万元的,并处10万元以上100万元以下罚款。对直接负责的主管人员和其他直接责任人员给予警告,并处3万元以上30万元以下罚款。

思考题

1. 什么是投资基金?它的特征是什么?
2. 申请设立投资基金的条件是什么?
3. 何谓封闭式基金和开放式基金?
4. 什么是投资基金的持有人、基金管理人、基金托管人?
5. 投资基金的终止有哪几种情况?
6. 我国《投资基金法》对当事人的权利义务是怎样设置的?

第二十章 信托投资的法律规定

第一节 信托、信托法的基本概念与我国信托法的公布

一、信托的概念、内容与状况

信托制度经历了从传统的民事信托到现在的金融信托的发展,现代金融信托已成为金融体系中的重要组成部分。信托的概念有狭义和广义之分。我国《信托法》规定的"信托"是指委托人基于对受托人的信任,将其财产权委托给受托人,由受托人按照委托人的意愿以自己的名义,为受益人的利益或者特定目的进行管理或处分的行为。

信托作为一种财产制度的安排,英美法系国家发展得比大陆法系早,信托在20世纪初才引进到中国,20世纪20年代我国出现了信托公司,从事经营信托活动。英美法系国家的信托业不仅早而且很发达,大陆法系国家的信托制度也比较完善。

二、信托法的概念和我国信托法的颁布

信托法从广义上讲是指调整所有信托关系和信托业组织管理关系的法律规范的总称。我国于2001年4月28日第九届全国人大常委会第二十一次会议通过了《中华人民共和国信托法》,并在同年10月1日起施行。这部法律的结构包括:总则、信托的设立、信托财产、信托当事人、信托的变更与终止、公益信托、附则,共7章74条。该法第1条规定:"为了调整信托关系,规范信托行为,保护信托当事人的合法权益,促进信托事业的健康发展,制定本法。"它是我国市场经济体系中的一部重要法律,是调整信托关系的法律规范的总称。

第二节 信托活动的基本原则和主管机关

一、基本原则

信托人进行信托活动,必须遵守法律、行政法规,遵守自愿、公平和诚实信用原则,不得损害国家利益和社会公共利益。信托的基本原则具体包括:

(一)自愿和公平原则

自愿原则一般是指法律确信当事人可以自由地基于自己的意志进行信托行

为的基本原则。信托在事实上是当事人自由意志的组合,信托法旨在保护当事人的意愿。信托当事人自愿进行信托行为的各项自由选择应当受到法律保障,并原则上排除国家、社会和个人的干预。当然这种自由意志不能使国家利益和社会公共利益受到损害,如我国《信托法》第62条就规定了公益信托的设立和受托人的确定应当经有关公益事业的管理机构的批准。可见,信托自由意志也不是绝对的而是有条件的。

信托公平原则也是以信托自愿为基础的。信托有了自由意志,信托公平就有了主观和客观、内部和外部的基础条件。信托法的公平原则体现了信托当事人的权利和责任在法律上的一致性,从而实现各自的信托利益和目的。

(二) 诚实信任原则

信托是以信任为前提的,这是信托的本质要求。同时信托还是一种财产管理和处分的制度,信用的对立面是不信任、怀疑甚至欺诈。在商品经济发达的市场经济社会里,诚实守信是一条根本的法则,否则经济组织和社会组织就要垮台,市场经济就要崩溃和破灭。因此,诚实信用原则是指导和要求信托当事人从事信托活动的指针。

(三) 保护信托当事人合法权益、促进信托事业健康发展原则

保护当事人的合法权益,这是我国信托立法的宗旨和基本任务。信托立法设计的各项制度和各项原则规定的信托规范都必须尽可能体现有利于保护当事人的合法权益,包括委托人、受托人和受益人的权益(见《我国信托法》第四章)。任何妨碍和损害当事人的合法权益的行为都是违背信托法基本原则的违法行为,必须依法追究法律责任(见《我国信托法》第五章)。

促进信托事业健康发展的基本条件是保护信托当事人的合法权益。没有信托当事人的参与和构成,就无所谓信托行为和信托活动,但仅仅限于信托当事人的合法权益的保护还是不完整的,因为他们各自的合法权益比较多样,还必须在整个宏观信托体系的完整性、系统性、协调性的运行过程中才能实现。

(四) 遵守法律法规、维护国家利益和社会公共利益原则

在信托活动中始终遵守法律法规也就是实行信托法治,它是信托当事人进行信托行为应当遵守的基本准则。它要求把信托法治贯穿于信托行为的全过程,是检验信托行为有效与否的标准。

而维护国家利益和社会公共利益是信托当事人进行信托行为的根本指导思想和准则,任何信托当事人都不得损害国家利益和社会公共利益。对社会公共利益的要求在我国《信托法》第六章中有专章规定,可见维护和发展公益信托也是对国家利益和社会公共利益的保护。

二、主管机关

受托人采取信托机构形式从事信托活动,其组织和管理由国务院制定具体办法,由中国人民银行和国家银行监管委员会共同管理信托事宜。

公益信托管理机构违反信托法的,委托人、受托人或受益人有权向人民法院起诉。

第三节 信托的设立、变更和终止

一、信托的设立

设立信托,必须有合法的信托目的;必须有确定的信托财产,该财产必须是委托人的合法财产,包括合法的财产权利;设立信托应采取书面形式,包括信托合同、遗嘱或者法律、行政法规规定的其他书面文件等。采取信托合同形式设立信托的,信托合同签定时,信托成立。采取其他书面形式设立信托的,受托人承诺信托时,信托成立。设立信托的书面文件应载明下列事项:信托目的、委托人和受托人的姓名或名称、住所;收益人或收益人范围;受托财产范围、种类及状况;受益人取得信托利益的形式、方法。此外,还可以载明信托期限、信托财产管理方法、受托人的报酬、受托人的选任方式、信托终止事由等事项。设立信托,对于信托财产,有关法律、行政法规规定应当办理登记手续的,应当依法办理信托登记,否则该信托不产生效力。信托无效是指如下情形:信托目的违反法律、行政法规或损害社会公共利益;信托财产不能确定;委托人以非法财产或本法规定不得设立信托的财产设立信托;专以诉讼或讨债为目的设立信托;受益人或受益人范围不能确定;法律、行政法规规定的其他情形。

委托人设立信托损害其债权人利益的,债权人有权申请人民法院撤销该信托。人民法院依照规定撤销信托的,不影响善意受益人已经取得的信托利益。该申请权自债权人知道或应当知道撤销原因之日起1年内不行使的,归于消灭。

除了设立契约信托,委托人还可以设立遗嘱信托,并应当遵守《继承法》关于遗嘱的规定。遗嘱指定的人拒绝或无能力担任受托人的,由受益人另行选任受托人;受益人为无民事行为能力人或限制民事行为能力人的,依法由其监护人代行选任。遗嘱对选任受托人另有规定的。从其规定。

二、信托的变更和终止

委托人是唯一受益人的,委托人或继承人可以解除信托。信托文件另有规定的,从其规定。设立信托后,有下列情形之一的,委托人可以变更受益人或者处分受益人的信托受益权;受益人对委托人有重大侵权行为;受益人对其他受益人有重大侵权行为;经受益人同意;信托文件规定的其他情形。

信托不因委托人或受托人的死亡、丧失民事能力、依法解散、被依法撤销或被宣告破产而终止。

信托终止的情形包括:信托文件规定的终止事由发生;信托存续违反信托目的;信托目的已经实现或不能实现;信托当事人协商同意;信托被撤销;信托被解除。

信托终止后,受托人依照信托法规定行使请求给付报酬、从信托财产中获得补偿的权利时,可以留置信托财产或对信托财产的权利归属人提出请求;信托终止的,受托人应当作出处理信托事务的清算报告。收益人或信托财产的权利归属人对清算报告无异议的,受托人就清算报告所列事项解除责任。

第四节 信托财产的规定

受托人因承诺信托而取得的财产是信托财产。受托人因信托财产的管理运用、处分或其他情形而取得的财产,也归入信托财产。法律、法规禁止流通的财产,不得作为信托财产。法律、行政法规限制流通的财产,依法经有关主管部门批准后,可以作为信托财产。

信托财产与委托人未设立信托的其他财产相区别。设立信托后,委托人死亡或依法解散、被依法撤销、被宣告破产时,委托人是唯一受益人的,信托终止,信托财产作为其遗产或清算财产;委托人不是唯一受益人的,信托存续,信托财产不作为其遗产或清算财产;但作为共同受益人的委托人死亡或依法解散、被撤销、被宣告破产时,其信托受益权作为遗产或清算财产。

信托财产与属于受托人所有的财产(以下称固有财产)相区别,不得归入受托人的固有财产或成为固有财产的一部分。受托人死亡或依法解散、被依法宣告破产而终止的,信托财产不属于其遗产或清算财产。

除因下列情形之一外,对信托财产不得强制执行:设立信托前债权人已对信托财产享有优先受偿的权利,并依法行使权利的;受托人处理信托事务所产生的债务,债权人要求清偿该债务的;信托财产本身应担负的税款;法律规定的其他情形。对于违反上述规定而强制执行信托财产的,委托人、受托人或受益人有权向人民法院提出异议。受托人管理运用、处分信托财产所产生的债权,不得与其固有财产产生的债务相抵销。受托人管理运用、处分不同委托人的信托财产所产生的债权债务,不得相互抵销。

第五节 信托当事人的法律关系

一、委托人的资格和权利义务

委托人应当是具有完全民事能力的自然人、法人或依法成立的其他组织。委托人有权了解其信托财产的管理运用、处分及收支情况,并有权要求受托人作出说明。委托人有权查阅、抄录或复制与其信托财产有关的信托账目以及处理信托事务的其他文件。因设立信托时未能预见的特别事由,致使信托财产的管理方法不利于实现信托目的或不符合受益人的利益时,委托人有权要求受托人调整该信托财产的管理方法。受托人违反信托目的处分信托财产或因违背管理职责处理信托事务不当的,委托人有权申请人民法院撤销该处分行为,并有权要求受托人恢复信托财产的原状或予以赔偿。委托人有权对受托人违反信托目的的处分信托财产或管理运用、处分信托财产有重大过失的依照信托文件的规定解任受托人,或申请人民法院解任受委托人。

二、受托人的资格和权利义务

除另有规定外,受托人应当是具有完全民事能力的自然人、法人。受托人应当遵守信托文件的规定,为受益人的最大利益处理信托事务。受托人管理信托财产,必须恪尽职守,履行诚实、信用、谨慎、有效的管理义务。受托人不得利用信托财产为自己谋取利益。利用信托财产为自己谋取利益的所得利益归入信托财产。受托人将信托财产转为其固定财产的,必须恢复该信托财产的原状;造成损失的应当承担赔偿责任。受托人不得将其固有财产与信托财产进行交易或将不同委托人的信托财产进行互相交易,因交易造成信托财产损失的应当承担赔偿责任。受托人必须将信托财产与其固有财产分别管理、分别记账,并将不同委托人的信托财产分别管理、分别记账,并且受托人应当自己处理信托业务。受托人依法将信托事务委托他人代理的,应当对他人处理信托事务的行为承担责任。

同一信托的受托人有两个以上的,为共同受托人。共同受托人应当共同处理信托事务,但信托文件规定对某些具体事务由受托人分别处理的,从其规定。共同受托人共同处理信托事务,意见不一致时,按照信托文件规定处理;信托文件未规定的,由委托人、受益人或利害关系人决定。

共同受托人处理信托事务时对第三人所产生的债务,其应当承担连带清偿责任。第三人对共同受托人之一所作的意思表示,对其他受托人同样有效。共同受托人之一违反信托目的处分信托财产或因违背管理职责、处理信托事务不当致使信托财产受到损失的,其他受托人应当承担连带赔偿责任。

受托人必须保存信托事务的完整记录,应当每年定期将信托财产的管理运用、处分及收支情况报告委托人和受益人。受益人对委托人、受托人以及处理受托事务的情况和资料负有依法保密的义务。受托人以受托财产为限向受益人承担支付利益的义务。

共同受托人之一职责终止的,信托财产由其他受托人管理和处分。

三、受托人的辞任终止

受托人有以下情形之一的,其职责终止:死亡或被依法宣告死亡;被依法宣告为无民事行为能力人或限制民事行为能力人;被依法撤销或被宣告破产;依法解散或法定资格丧失;辞任或被辞任;法律、行政法规规定的其他情形。受托人职责终止时,其继承人或遗产管理人、监护人、清算人应当妥善保管信托财产,协助新受托人接管信托事务。

四、受益人的资格、权利、义务

受益人是在信托中享有信托受益权的人,受益人可以是自然人、法人或依法成立的其他组织。委托人可以是受益人,也可以是同一信托的唯一受益人。受托人可以是受益人,但不得是同一信托的唯一受益人。受益人自信托生效之日起享有信托受益权。信托文件另有规定的,从其规定。

共同受益人按照信托文件规定享受信托利益。信托文件对信托利益的分配比例或分配方法未作规定的,各受益人按照均等的比例享受信托利益。

第六节 公益信托的有关规定

一、公益信托的概念范围

为下列公共利益而设立的信托属于公益信托:救济贫困;救助灾民;扶助残疾人;发展教育、科技、文化、艺术、体育事业;发展医疗卫生事业;发展环境保护事业,维护生态环境;发展其他社会公益事业。国家鼓励发展公益信托。公益事业管理机构对于公益信托活动应当予以支持。

公益信托的设立和确定其受托人,应当经有关公益事业的管理机构批准,未经批准的,不得以公益信托名义进行活动。

公益信托的信托财产及收益,不得用于非公益目的。

二、公益信托的设立、履行和终止

公益信托终止的,受托人作出的处理信托事务的清算报告,应当经信托监察人认可后,报公益事业管理机构核准,并由受托人予以公告。

公益信托终止,没有信托财产权利归属人或信托财产权利归属人是不特定的社会公众的,经公益事业管理机构批准可将信托财产用于与原公益目的相近似的目的,或将信托财产转移给具有近似目的的公益组织或其他公益信托。

三、公益信托的当事人和主管机构

公益信托的受托人未经公益事业管理机构批准的,不得辞任。

公益事业管理机构应当检查受托人处理公益信托事务的情况及财产状况。

受托人应当至少每年一次作出信托事务处理情况及财产报告,经信托监察人认可后,报公益事业管理机构核准,并由受托人予以公告。

公益信托的受托人违反信托义务或无能力履行其职责的,由公益事业管理机构变更受托人。公益信托应当设置监察人,监察人由信托文件规定。信托文件未规定的由公益事业管理机构指定。信托监察人有权以自己名义,为维护受益人的利益,提起诉讼或实施其他法律行为。

思考题

1. 何谓信托与信托法?
2. 信托人从事信托活动要遵守哪些基本原则?主管机构是谁?
3. 金融信托包括哪些?试述委托人的资格和权利义务。
4. 何谓公益信托?

第二十一章 非银行金融机构的法律规定

第一节 非银行金融机构的概念、产生、发展及法律地位

一、非银行金融机构的概念

非银行金融机构是指除中央银行、商业银行、政策性银行以外,经银监会批准成立的从事金融业务的企业单位,如信托投资公司、融资租赁公司、财务公司、证券公司、保险公司等。这些非银行金融机构构成我国金融体系中不可缺少的组成部分,也就是说,它是属于非银行资金融通行为的信用机构,但又不称之为银行。

非银行金融机构与银行相比,都是以信用聚集资金、发放贷款、以赢利为目的。所不同的是,非银行金融机构的业务范围相对来说要比银行窄一些;另外一个不同在于创造派生存款上,商业银行一般可在不减少储备的情况下,增加放款,同时也往往增加存款,而非银行金融机构则必须减少资金储备才能增加贷款。

二、非银行金融机构的产生、发展及法律地位

党的十一届三中全会以后,我国的经济体制模式由过去高度集中的社会主义传统经济模式逐步转变为社会主义市场经济模式。在实现这种经济体制的转变时,我国的金融体制也出现了崭新的面貌。首先是所有制结构和经营方式的改革,需要多种金融组织与之相适应;其次是发展社会主义市场经济,需要多种金融机构通过多种方式融通资金;再次是金融市场的发展,需要多种金融机构与之相适应。随后,各地建立了许多非银行的金融机构,即在银行以外,经当时的中国银监会和中国人民银行批准成立的从事金融业务的企业单位。非银行金融机构在改革中创新发展,系统性和区域性风险防能力不断提升。期货公司在发现市场价格中定位明确;企业财务公司"依托集团、服务集团"能力增强;金融租赁公司积极服务小微企业;汽车金融公司市场份额稳步扩大;典当行促进资金有效利用;消费金融公司产品体系日益完善;商业保理公司提高资金使用效率;互联网金融规模日益壮大。以上情况说明,非银行金融机构已成为我国金融组织体系的重要组成部分,实现了金融机构主体的多元化,反映了金融市场主体与我

国市场经济体制相适应的发展过程,这些非银行金融机构是金融企业,是经济实体,是企业法人。

三、加强对非银行金融机构管理的必要性

非银行金融机构是我国金融体系的重要组成部分,对我国金融事业有着不可忽视的作用。非银行金融机构是独立的法人,实行独立核算、自主经营、自负盈亏、自我完善与发展的经营原则,在整个金融系统中对银行业起着补充和发展的作用。

随着我国金融事业的不断发展,非银行金融机构的种类明显增多,业务范围日益复杂。在这种情况下,若没有健全的金融法规、明确的政策规定,金融领域混业经营的现象将会十分严重。混业经营不利于宏观调控和管理,不仅不能保证存款人的利益,降低银行经营风险,而且还会助长证券市场的投机行为和导致房地产市场的混乱。

银行办信托、证券、保险业务,保险公司直接搞信用放款和证券买卖,信托投资公司变相吸收存款、发放贷款,证券公司变相搞存贷款业务;有些非银行金融机构乱拆借,把拆入的资金用于投资参股,用于固定资产投资,或者提高利率吸收存款;有些非银行金融机构未经中国人民银行批准而非法成立,而且在机构名称中使用"银行"字样——所有这些非银行金融机构管理中的混乱现象都严重影响着我国金融风险的化解与防范以及宏观金融形势的健康发展。金融衍生品层出不穷,互联网金融发展速度惊人,金融风险不断加大,对金融监管提出了更大的挑战。实行金融业的适度分业经营、分业管理,同时注重混业经营的现实和趋势,加强对非银行金融机构的清理整顿和法律管理迫在眉睫。

为完善银行证券、保险和信托业的分业管理,实行金融监管责任制,银监会作为金融监督部门,要加强对金融机构分业经营、分业管理的监督检查,特别要严格对非银行金融机构的监管,适应目前金融混业经营局面,维护金融秩序的稳定,保证金融业的安全有效运行。

四、加强对非银行金融机构管理的规定

在非银行金融机构的立法形式上,我国基本上采用了单独立法的形式,这是与目前我国非银行金融机构种类增多、业务复杂的发展趋势相适应的。非银行金融机构单独立法的好处是:法律规定的内容明确、单纯,而且容易体现对非银行金融机构比较宽松的政策。

2003年12月27日,第十届全国人民代表大会常务委员会第六次会议通过《中华人民共和国银行业监督管理法》(以下简称《银行业监督管理法》),2006年

10月31日经第十届全国人民代表大会常务委员会第二十四次会议决定修改。该法确立了国务院银行业监督管理机构负责对全国银行业金融机构及其业务活动监督管理的工作,对在中华人民共和国境内设立的金融资产管理公司、信托投资公司、财务公司、金融租赁公司以及经国务院银行业监督管理机构批准设立的其他金融机构监督管理。

《银行业监督管理法》第三章对国务院银行业监督管理机构的金融监督管理职责作了规定,主要内容包括对金融机构的审批,对金融机构业务的稽核、检查,以及对金融机构违法行为的行政处罚等。非银行金融机构作为金融机构体系中的组成部分,也应自觉地接受国务院银行业监督管理机构的监督管理。国务院银行业监督管理机构主要从以下几个方面对非银行金融机构进行监管:

(1)国务院银行业监督管理机构依照法律、行政法规制定并发布对银行业金融机构及其业务活动监督管理的规章、规则。

(2)非银行金融机构的设立、变更要经国务院银行业监督管理机构的审查批准。经过国务院银行业监督管理机构的审查批准的非银行金融机构才可到当地工商行政管理部门登记注册、领取执照。否则就是非法设立的,应予以取缔。非银行金融机构的业务活动范围要严格按照成立时核准的业务范围活动,不得任意变更、终止。

(3)银行业金融机构应当严格遵守审慎经营规则。

(4)银行业监督管理机构应当对银行业金融机构的业务活动及其风险状况进行非现场监管,建立银行业金融机构监督管理信息系统,分析、评价银行业金融机构的风险状况。

国务院银行业监督管理机构应当建立银行业金融机构监督管理评级体系和风险预警机制,根据银行业金融机构的评级情况和风险状况,确定对其现场检查的频率、范围和需要采取的其他措施。

(5)非银行金融机构应依法向中国人民银行和其他有关部门按规定报送资产负债表、损益表以及其他财务会计报表和资料。

(6)各非银行金融机构自己也应当建立、健全本系统内的稽核检查制度,加强自身监督。

(7)国务院银行业监督管理机构对银行业自律组织的活动进行指导和监督。银行业自律组织的章程应当报国务院银行业监督管理机构备案。

此外,为规范非银行金融机构的行政许可行为,明确行政许可事项、条件、程序和期限,保护申请人合法权益,根据《银行业监督管理法》《行政许可法》等法律、行政法规及国务院的有关决定,中国银保监会于2018年修改《非银行金融机构行政许可事项实施办法》。该办法的适用范围包括经银保监会批准设立的金融资产管理公司、企业集团财务公司、金融租赁公司、汽车金融公司、货币经纪公司、消费金融公司、境外非银行金融机构驻华代表处等机构。非银行金融机构以下事项需经银监会及其派出机构行政许可：机构设立，机构变更，机构终止，调整业务范围和增加业务品种，董事和高级管理人员任职资格，以及法律、行政法规规定和国务院决定的其他行政许可事项。

第二节 关于期货公司的规定

一、期货及期货市场的历史发展和我国期货市场的状况与规则

自1848年世界上第一个较为正规的期货交易所——美国芝加哥期货交易所诞生至今，期货市场作为分散风险、发现价格的场所，随着经济发展和社会进步而不断创新发展，交易品种推陈出新，市场规模迅速扩大，经济功能和作用日益增强，对产业的影响越来越广泛。

我国目前有郑州商品交易所、大连商品交易所、上海期货交易所以及中国金融期货交易所四大期货交易所等。

1999年5月，国务院通过了《期货交易管理暂行条例》，并于1999年9月1日实行，中国证监会又组织制定了《期货交易所管理办法》《期货经纪公司管理办法》和《期货经纪公司高级管理人员任职资格管理办法》。这套法规对期货市场各主体的权利、义务等都作了规定，为市场参与者提供了行为规范，也为期货市场的监督管理提供了法律依据。证监会还统一了三个交易所的交易规则，提高了对会员的结算准备金和财务实力的要求，修改了交易规则中的薄弱环节，完善了风险控制制度。2007年国务院发布了《期货交易管理条例》，并于2012年、2013年、2016年、2017年分别作了修订。

二、期货交易的特点及程序与作用

（一）期货、期货市场的概念、期货市场的基本作用

"期货"是"现货"的对称，是指约定日期对标的物进行交割。期货在未到交割期以前，可以转手买卖，从中获取价格差异，是投资者进行具有投机性活动的一种方式。期货市场的基本作用，是为了避免商品从生产到使用这段时间内可能发生的不利的价格变动造成的损失。这种保险职能是通过套头交易，即在期货市场上采取与现货市场相反的立场来实现的。通俗地说，期货市场就是兜底

买空卖空[①],具有很多鲜明的特点和严格的程序。

(二) 期货交易的特点

(1) 期货市场的投机性大。期货交易是一种杠杆交易,只需要交纳一定比例的资金,就能作数倍金额的交易,其以小搏大的特征容易吸纳大量投机。

(2) 期货交易的流动性强。期货交易是合约交易,标准化合约使期货交易速度大大加快,买空卖空机制让投机者实现了频繁换手交易。套期保值和分散转移风险的需求使市场保持一定的流动性,但过高的流动性又容易产生期货泡沫。

(3) 期货交易的风险性高。保证金制度使期货交易具有极强的杠杆功能,且流动性强,价格瞬息万变,再加上交割期限和每日结算制度对交易者接受交易盈亏更具有强制性。

(三) 期货交易程序

(1) 期货交易者在经纪公司开户,签署一份授权经纪公司代为买卖合同及缴付手续费的授权书,经纪公司获此授权后,就可根据该合同的条款,按照客户的指标办理期货的买卖。

(2) 经纪人接到客户的订单后,立即通知经纪公司驻在交易所的代表,经纪公司交易代表将收到的订单送至交易大厅内的出市代表,场内出市代表将客户的指令输入计算机进行交易。

(3) 每一笔交易完成后,场内出市代表须将交易记录通知场外经纪人,并通知客户。

(4) 当客户要求将期货合约平仓时,要立即通知经纪人,由经纪人通知驻在交易所的交易代表,通过场内出市代表将该笔期货合约进行对冲,同时通过交易电脑进行清算,并由经纪人将对冲后的纯利或亏损报表寄给客户。

(5) 如客户在短期内不平仓,一般在每天或每周按当天交易所结算价格结算一次。如账面出现亏损,客户需要暂时补交亏损差额;如有账面盈余,即由经纪公司补交盈利差额给客户。直到客户平仓时,再结算实际盈亏额。

三、我国期货基本制度

(1) 持仓限额制度。它是指期货交易所为了防范操纵市场价格的行为和防止期货市场风险过度集中于少数投资者,对客户的持仓数量进行限制的制度。超过限额,交易所可按规定强行平仓或提高保证金比例。

[①] 利用买卖期货而进行的一种投机活动。当投机者预料证券或商品的行市将要上涨时,就买进期货,但并不收进实物,仅缴纳少数保证金作为保证,在到期前,以较高的价格"卖出",从买进卖出的差价中得到好处,这就叫买空。当投机者预料证券或商品的行市将要下跌时,就卖出期货,在到期前,再以较低的价格"买回",从卖出与买进的差价中得到好处,这就叫卖空。

（2）大户报告制度。它是指当会员或客户某品种持仓合约的投机头寸达到交易所对其规定的头寸持仓限量80%以上（含本数）时，客户应向交易所报告其资金情况、头寸情况等，客户需通过经纪会员报告。

（3）保证金制度。在期货交易中，任何交易者必须按照其所买卖期货合约价值的一定比例（通常为5%—10%）缴纳资金，作为其履行期货合约的财力担保，然后才能参与期货合约的买卖，并视价格变动情况确定是否追加资金。

（4）每日结算制度。又称"逐日盯市"，是指每日交易结束后，交易所按当日结算价结算所有合约的盈亏、交易保证金及手续费、税金等费用，对应收应付的款项同时划转，相应增加或减少会员的结算准备金。

（5）强行平仓制度。它是指当会员或客户的交易保证金不足且未在规定的时间内补足，或者当会员或客户的持仓量超出规定的限额时，或者当会员或客户违规时，交易所为了防止风险进一步扩大，实行强行平仓的制度。

四、期货制度通常存在的问题

期货市场是大众参加的公共性市场，不仅受各国政治、经济等因素的影响，还有大量投机者参与市场交易，而且期货交易要求有专门的知识，大众投资者有可能处于不利地位。如同其他市场一样，期货市场也并非完全竞争的市场，没有完善的监管体系，其自发运行必然引发过度投机、营私舞弊、操纵垄断、暴涨暴跌等市场混乱现象，从而影响期货市场功能的发挥。这些情况主要有：内幕交易；操纵市场；虚假陈述；散布谣言，影响市场；欺骗、诱导客户；非法回扣；预约交易或虚假交易；不及时执行客户指令；交易所任意降低保证金；等等。

（1）内幕交易。它是指期货交易中内幕信息的知情人和非法获取内幕信息的人，在内幕信息公开前，买卖期货合约；或者泄露该信息，使他人利用该信息进行交易；或建议他人买卖。

（2）操纵市场。它是具有巨大外部性影响的市场不正当行为，它人为地干预期货市场供求关系，影响期货市场交易价格的正常形成，因此受到法律严厉禁止。

（3）虚假陈述。期货市场虚假陈述，也称不实陈述，指期货发行和交易过程中不正确或不正当披露信息和陈述事实的行为。做出虚假陈述的主体不限于信息披露义务人，还应包括虽没有披露义务但负有对事实不得虚假陈述的其他影响期货市场的自然人或法人（主要指专业证券中介机构）。具体形态包括虚假记载、误导性陈述、遗漏、不当披露。

（4）散布谣言，影响市场。编造、传播虚假信息行为是指非期货投资者编造某种影响期货交易价格的信息，并通过他人或者机构将其进行传播的行为或者单独制造传播虚假信息等行为。主观方面必须是出于故意，至于行为人是否出于赢利的目的,在所不问。

(5)欺骗、诱导客户。它是指期货公司及其从业人员,违反相关法律法规,为获取佣金而引诱客户买卖期货,或未经客户委托或违背代理人委托,买卖、出售客户的期货合约的行为。

以上五个方面的问题在我国期货业中也不同程度地存在,必须引起足够的重视。

五、期货监管制度

目前,世界各国普遍认同三级监管模式;把交易所和行业协会的自律管理作为期货市场监管的基础和核心力量,尊重市场规律,保证监管的市场化和灵活性;从政府监管来说,比较注重运用法律手段的宏观管理等。

(一)世界各国期货市场监管的几种模式

(1)美国。1974年以前,美国期货市场都由交易所自我管理,但随着期货交易品种扩大到金融产品后,由政府、期货业协会和交易所组成的三级监管模式逐步形成。1975年,美国商品期货交易委员会(CFTC)成立,它是美国期货市场的最高权力和监管机构。它是美国政府的独立行政机构,行使对期货市场的监管职责,监督市场相关主体的行为,规范期货交易,其他任何行政部门均无权干预。

(2)英国。英国是自我管理模式的代表,突出行业协会和交易所的自我监管,政府一般只是通过立法和采取非直接手段对期货市场进行宏观调控加以管理,并不直接干预。英国金融服务管理局(FSA)是英国金融市场统一的监管机构,但交易所和行业协会的自律管理仍然是英国期货市场监管的核心力量。

(3)日本。日本期货市场也采取三级管理模式,但并未设立全国统一的期货市场管理机构,而是由各专业主管部门对本行业的期货交易实行全面监管。具体而言,就是由农林水产省管理农产品期货,通商省管理工业品期货,大藏省管理金融期货。日本"三省归口管理"的政府监管体制似乎各自为政,协调性差,不利于统一的市场管理和市场风险的集中控制,但从实际运作结果来看,日本的期货市场并未因这种监管模式发生较大的风险,反而有利于期货和现货的协调,有利于套期保值功能的实现。

(二)我国的期货市场监管制度

中国证券监督管理委员会(以下简称"证监会")是我国政府最高的市场监管机构。中国期货市场清理整顿后,1999年6月《期货交易管理暂行条例》(目前已失效)颁布,中国证监会也出台了关于交易所、期货公司等四个配套管理办法,以证监会为中心的集中监管模式形成。证监会内设期货监管部,是对期货市场统一进行监督管理的职能部门,拥有广泛的监督权利,如制定规则权、审批权、调查权、检查权、处罚权、紧急情况处置权等。

我国目前这种以证监会为中心的政府监管存在着以下弊端:第一,监管方式以行政手段为主。例如停止境外期货交易、暂停上市品种交易、关闭交易所、推出"扶大限小"政策等,都是用行政命令完成的。第二,证监会在代表政府实施监管的过程中,一方面缺少对行业发展的宏观决策权,另一方面又对行业内部管理过于宽泛。第三,监管法规以限制性规定为主,严重阻碍期货市场的良性发展。《期货交易管理暂行条例》和相关办法等制定于期货市场的清理整顿时期,主要考虑的是如何管住市场,而没有考虑如何鼓励交易、发展市场,发挥期货市场的经济功能,使期货市场发展空间受到负面影响。2007年3月国务院修改了《期货交易管理暂行条例》,出台了《期货交易管理条例》,把金融期货、金融期权、商品期货、商品期权都纳入了调整范围,中国证监会也先后发布了一系列配套规章,如《期货公司管理办法》(已失效)《期货交易所管理办法》《期货公司风险监管指标管理办法》《期货从业人员管理办法》等,使我国期货市场有了新的发展。2012年、2013年、2016年及2017年《期货交易管理条例》又经历了四次修改。党的十八大以来期货市场不断扩大,市场规划进一步完善,截至2014年6月[①],我国期货市场规模和格局已经形成。"上市交易的商品期货和金融期货品种、挂牌交易合约和成交量连续五年世界第一"。国际期货市场历史悠久,我国期货市场起步较晚,但却很快就接轨赶上。在这种形势下,社会呼吁尽快将《期货交易管理条例》上升为法律,这不仅是对上位法缺失的补充,更是引导我国期货市场新发展和加强期货市场监管的迫切需要。对期货市场的监管,多年来在中国证监会统一领导下,已经形成"五位一体"的监管新机制,即证券会监管部、期货交易所、期货公司、期货投资者、期货业协会。由中国证监会集中统一监管,共享资源,各司其职,各负其责,密切协作,合力监管。同时还形成了一个分工明确、协调有序、运转流畅、反应快速、监管有效的工作网络。

期货业的自律可分为三个层次,即整个行业的自律、业内机构自律以及从业人员自身的自律。实行整个期货业的自律,首先应建立行业自律组织,使自律活动具有承载的实体。2000年12月29日成立的中国期货业协会(China Futures Association),是全国期货行业自律性、非营利性的社会团体法人。中国期货业协会的设立,就是为了加强期货业之间的联系、协调、合作和自我约束,以推动期货市场的规范发展。行业协会的自律是现代市场经济条件下的管理惯例,尤其在期货业这个特殊的行业,其交易、结算、交割和代理服务等业务都有着极强的特殊性和专业性,期货交易纠纷多、风险大,处理起来相当复杂,不能仅依赖法律手段和行政手段解决期货业内的所有问题,必须在依法治理市场的前提下,以行

---

① 参见朱大旗:《金融法》(第三版),中国人民大学出版社2015年版,第399—409页。

业自律形式解决期货业的特殊问题。而政府主管部门的职能应主要体现在立法和宏观监管上,不宜太具体,应将很多管理方面具体操作的权力授权给期货业自律组织,使其分担部分监管职能,赋予其制定运行规范与规划、监管市场、执行市场规则的权力,使期货市场的自律机构充分发挥自我监管、自我发展、自我约束的功能。

第三节 关于企业集团财务公司的规定

一、企业集团财务公司的概念、产生、发展

企业集团财务公司(简称财务公司)是以加强企业集团资金集中管理和提高企业集团资金使用效率为目的,为企业集团成员单位(以下简称成员单位)提供财务管理服务的非银行金融机构,其性质与西方国家的财务公司截然不同。它是我国近年来金融体制改革深化的产物,主要是办理企业集团内部成员单位存款、贷款、投资等金融业务,具有法人地位。按照经济核算的原则,在企业集团内部自主经营、自负盈亏、自担风险。它主要是调剂、融通和管理集团内部的资金,不对外经营存款、贷款等业务。财务公司在行政上隶属于企业集团,在业务方面受中国人民银行的领导、管理、协调、监督和稽核。

2000年7月,经中国人民银行批准公布和实施了《企业集团财务公司管理办法》(以下简称《管理办法》),该《管理办法》对企业集团财务公司的法律地位作了进一步明确的规定,它是为企业集团成员单位技术改造、新产品开发及产品销售提供金融服务,以中长期金融业务为主的非银行金融机构的属性。同时,《管理办法》还从多方面对企业集团财务公司作了补充和强化,与原有的企业集团财务公司管理办法相比,2000年《管理办法》批准财务公司可以从事定期存款、发行债券、进行有价证券投资等十项业务,这就为财务公司比较全面地从事各项相关金融服务开发了一扇"天窗"。《管理办法》还规定财务公司可以从其成员单位外募集40%以下的股本金,这是打开融资渠道的有效措施。尤其是《管理办法》还包含了设立外资财务公司的若干规定。这种开放的心态为中国的财务公司与世界性的财务公司的发展模式接轨,提供了一个可靠的平台。到2001年年底全国共有企业集团财务公司达71家,总资产已逾3000亿元。

2004年7月27日,银监会为了加强金融监管、支持企业集团发展,促进财务公司规范发展、完善我国投资环境,对《管理办法》进行了修改,其指导思想是明确财务公司的市场定位,淡化了原有法规偏重于制造业工业企业的行业特征,从而使包括外资、流通行业在内的其他行业都可以利用财务公司这一金融机构来支持企业集团的发展。

2006年,银监会对《管理办法》再次进行了修改,将原第11条第2款"本条所称的合格的机构投资者是指原则上在5年内不转让所持财务公司股份的、具有丰富行业管理经验的外部战略投资者",修改为:"本条所称的合格的机构投资者是指原则上在3年内不转让所持财务公司股份的、具有丰富行业管理经验的战略投资者"。

二、企业集团财务公司的组织状况及其法律地位

我国的企业集团财务公司在经营管理机制上,按照"财务有限公司"或"财务有限责任公司"企业模式,实行董事会领导下的总经理负责制,建立了股东大会、董事会和总经理三级权力机构,分设董事会、经理以及公司内部职能部室。

企业集团财务公司在集团经济中的地位非同一般,它不仅成为企业集团内部信贷、结算和出纳的中心,而且已成为集团直接进入资金市场筹措资金的主渠道和集团对经济运行机制试行以信贷、利率杠杆进行微调的手段。第一,财务公司通过其金融纽带,加强了集团内部企业之间的联系并汇集集团内部的自有资金,在集团内企业间调剂使用,并向各金融机构融通资金,为企业排除流动资金短缺的困难,缓解自身发展专项资金不能及时供应的问题。通过资金的分配和运用,引导企业资金投向,提高集团内部的凝聚力。第二,财务公司发挥内部金融机构的优越性,在集团内部企业间结算可减少在途资金占用,加快资金周转,提高资金使用效益。第三,财务公司可以扶持一些专业银行一时无力扶持的企业,促进集团内部的产业结构调整和技术改造。

三、企业集团财务公司的设立、变更、终止

(一)企业集团财务公司的设立

申请设立财务公司的企业集团应当具备下列条件:

(1)符合国家的产业政策。

(2)符合注册资本条件。设立财务公司的注册资本金最低为1亿元人民币。财务公司的注册资本金应当是实缴的人民币或者等值的可自由兑换货币。经营外汇业务的财务公司,其注册资本金中应当包括不低于500万美元或者等值的可自由兑换货币。中国银行保险监督管理委员会根据财务公司的发展情况和审慎监管的需要,可以调整财务公司注册资本金的最低限额。

财务公司的注册资本金应当主要从成员单位中募集,并可以吸收成员单位以外的合格的机构投资者的股份。合格的机构投资者是指原则上在3年内不转让所持财务公司股份的、具有丰富行业管理经验的外部战略投资者。外资投资性公司设立财务公司的注册资本金可以由该外资投资性公司单独或者与其投资者共同出资。

(3) 母公司应符合的条件。申请前一年,母公司的注册资本金不低于8亿元人民币;申请前一年,按规定并表核算的成员单位资产总额不低于50亿元人民币,净资产率不低于30%;申请前连续两年,按规定并表核算的成员单位营业收入总额每年不低于40亿元人民币,税前利润总额每年不低于2亿元人民币;现金流量稳定并具有较大规模。

母公司成立2年以上并且具有企业集团内部财务管理和资金管理经验;母公司具有健全的公司法人治理结构,未发生违法违规行为,近3年无不良诚信记录;母公司拥有核心主业;母公司无不当关联交易。

(4) 专业性要求。财务公司从业人员中从事金融或财务工作3年以上的人员应当不低于总人数的2/3,其中从事金融或者财务工作5年以上人员应当不低于总人数的1/3。

(二) 企业集团财务公司的变更

财务公司有下列变更事项之一的,应当报经中国银行保险监督管理委员会批准:(1)变更名称;(2)调整业务范围;(3)变更注册资本金;(4)变更股东或者调整股权结构;(5)修改章程;(6)更换董事、高级管理人员;(7)变更营业场所;(8)中国银行保险监督管理委员会规定的其他变更事项。财务公司的分公司变更名称、营运资金、营业场所或者更换高级管理人员,应当由财务公司报中国银行保险监督管理委员会批准。

(三) 企业集团财务公司的终止

(1) 自愿解散。财务公司出现下列情况时,经中国银行保险监督管理委员会核准后,予以解散:第一,组建财务公司的企业集团解散,财务公司不能实现合并或改组;第二,章程中规定的解散事由出现;第三,股东会议决定解散;第四,财务公司因分立或者合并不需要继续存在的。

(2) 命令解散。财务公司有违法经营、经营管理不善等情形,不予撤销将严重危害金融秩序、损害公众利益的,中国银行保险监督管理委员会有权予以撤销。财务公司被接管、重组或者被撤销的,中国银行保险监督管理委员会有权要求该财务公司的董事、高级管理人员和其他工作人员,按照中国银行保险监督管理委员会的要求履行职责。

(3) 公司清算。财务公司解散或者被撤销,母公司应当依法成立清算组,按照法定程序进行清算,并由中国银行保险监督管理委员会公告。中国银行保险监督管理委员会可以直接委派清算组成员并监督清算过程。

(4) 公司破产。清算组在清算中发现财务公司的资产不足以清偿其债务时,应当立即停止清算,并向中国银行保险监督管理委员会报告,经中国银行保险监督管理委员会核准,依法向人民法院申请该财务公司破产。

(5) 责令整顿。对于企业集团财务公司出现以下情形之一的,中国银行保险监督管理委员会可以责令其进行整顿：第一，出现严重支付危机；第二，当年亏损超过注册资本金的30%或者连续3年亏损超过注册资本金的10%；第三，严重违反国家法律、行政法规或者有关规章。整顿时间最长不超过1年。财务公司整顿期间，应当暂停经营部分或者全部业务。财务公司经过整顿，符合下列条件的，可恢复正常营业：第一，已恢复支付能力；第二，亏损得到弥补；第三，违法违规行为得到纠正。财务公司已经或者可能发生支付危机，严重影响债权人利益和金融秩序的稳定时，中国银行保险监督管理委员会可以依法对财务公司实行接管或者促成其机构重组。接管或者机构重组由中国银行保险监督管理委员会决定并组织实施。

四、企业集团财务公司的业务范围

1. 一般财务公司的业务范围

《管理办法》第28条规定："财务公司可以经营下列部分或者全部业务：（一）对成员单位办理财务和融资顾问、信用鉴证及相关的咨询、代理业务；（二）协助成员单位实现交易款项的收付；（三）经批准的保险代理业务；（四）对成员单位提供担保；（五）办理成员单位之间的委托贷款及委托投资；（六）对成员单位办理票据承兑与贴现；（七）办理成员单位之间的内部转账结算及相应的结算、清算方案设计；（八）吸收成员单位的存款；（九）对成员单位办理贷款及融资租赁；（十）从事同业拆借；（十一）中国银行业监督管理委员会批准的其他业务。"

2. 符合条件的财务公司的业务范围

《管理办法》第30条规定："财务公司从事本办法第二十九条所列业务，必须严格遵守国家的有关规定和中国银行业监督管理委员会审慎监管的有关要求，并应当具备以下条件：（一）财务公司设立1年以上，且经营状况良好；（二）注册资本金不低于3亿元人民币，从事成员单位产品消费信贷、买方信贷及融资租赁业务的，注册资本金不低于5亿元人民币；（三）经股东大会同意并经董事会授权；（四）具有比较完善的投资决策机制、风险控制制度、操作规程以及相应的管理信息系统；（五）具有相应的合格的专业人员；（六）中国银行业监督管理委员会规定的其他条件。"具备以上条件的财务公司，可以向中国银行保险监督管理委员会申请从事下列业务：（1）经批准发行财务公司债券；（2）承销成员单位的企业债券；（3）对金融机构的股权投资；（4）有价证券投资；（5）成员单位产品的消费信贷、买方信贷及融资租赁。

3. 禁止业务

财务公司不得从事离岸业务，除该办法第28条规定的业务外，不得从事任何形式的资金跨境业务。财务公司不得办理实业投资、贸易等非金融业务。财务公司分公司不得办理担保、同业拆借及该办法第 29 条规定的业务。

4. 财务公司分公司的业务范围

由财务公司在其业务范围内根据审慎经营的原则进行授权,报中国银行保险监督管理委员会备案。

五、企业集团财务公司的风险控制

(1) 内部控制制度。财务公司应当按照审慎经营的原则,制定本公司的各项业务规则和程序,建立、健全本公司的内部控制制度。

(2) 定期报告制度。财务公司应当分别设立对董事会负责的风险管理、业务稽核部门,制定对各项业务的风险控制和业务稽核制度,每年定期向董事会报告工作,并向中国银行保险监督管理委员会报告。

(3) 内部审计制度。财务公司董事会应当每年委托具有资格的中介机构对公司上一年度的经营活动进行审计,并于每年的 4 月 15 日前将经董事长签名确认的年度审计报告报送中国银行保险监督管理委员会。

六、企业集团财务公司的监督管理

(1) 资产负债比例。财务公司经营业务,应当遵守下列资产负债比例的要求:第一,资本充足率不得低于 10%;第二,拆入资金余额不得高于资本总额;第三,担保余额不得高于资本总额;第四,短期证券投资与资本总额的比例不得高于 40%;第五,长期投资与资本总额的比例不得高于 30%;第六,自有固定资产与资本总额的比例不得高于 20%。中国银行保险监督管理委员会根据财务公司业务发展或者审慎监管的需要,可以对上述比例进行调整。

(2) 融资集中度。财务公司对单一股东发放贷款余额超过财务公司注册资本金 50% 或者该股东对财务公司出资额的,应当及时向中国银行保险监督管理委员会报告。

(3) 债务偿还。财务公司的股东对财务公司的负债逾期 1 年以上未偿还的,中国银行保险监督管理委员会可以责成财务公司股东会转让该股东出资及其他权益,用于偿还其对财务公司的负债。

(4) 高管责任和行业自律。

七、企业集团财务公司的法律责任

财务公司违反审慎经营原则的,中国银行保险监督管理委员会应当依照程序责令其限期改正;逾期未改正的,或者其行为严重危及该财务公司的稳健运行、损害存款人和其他客户合法权益的,中国银行保险监督管理委员会可以依照有关程序,采取下列措施:(1) 责令暂停部分业务,停止批准开办新业务;(2) 限制分配红利和其他收入;(3)限制资产转让;(4)责令控股股东转让股权或者限制有关股东的权利;(5)责令调整董事、高级管理人员或者限制其权利;(6)停止批准增设分公司。

第四节 关于金融租赁公司的规定

为了促进我国融资租赁业务的健康发展,加强对融资租赁公司的监督管理,根据我国《合同法》《公司法》《中国人民银行法》等有关法律法规,中国人民银行制定了《金融租赁公司管理办法》,于 2000 年 6 月 30 日起实施。该办法共 6 章 52 条,包括总则,机构设立及变更,业务经营,监督管理,整顿、接管及终止和附则。针对金融租赁快速发展中存在的问题,2006 年 12 月 28 日当时的中国银监会修改通过了《金融租赁公司管理办法》,自 2007 年 3 月 1 日起施行。为了引导各种所有制资本进入金融租赁行业,推动商业银行设立金融租赁公司试点进程,2014 年 3 月 13 日当时的中国银监会颁布了新的《金融租赁公司管理办法》(以下简称《2014 办法》),自公布之日起施行,共 6 章 61 条。

一、金融租赁公司的概念、组织形式、主管机关

《2014 办法》所称金融租赁公司是指经银保监会(在该法中为"银监会",下同)批准,以经营融资租赁业务为主的非银行金融机构。金融租赁公司的组织形式、组织机构适用《公司法》的规定,并在其名称中标明"金融租赁"字样。金融租赁公司的主管机关为中国银保监会。

二、金融租赁公司的设立、变更、终止

(一)金融租赁公司的设立

(1)发起人的要求。《2014 办法》将主要出资人制度调整为发起人制度,不再区分主要出资人和一般出资人,符合条件的五类机构均可作为发起人设立金融租赁公司,取消了主要出资人出资占比 50% 以上的规定。同时,规定发起人中应至少包括一家符合条件的商业银行、制造企业或境外融资租赁公司,其出资占比不低于 30%。

金融租赁公司的发起人包括在中国境内外注册的具有独立法人资格的商业银行,在中国境内注册的、主营业务为制造适合融资租赁交易产品的大型企业,在中国境外注册的融资租赁公司以及银保监会认可的其他发起人。

(2)最低限额注册资本。注册资本为一次性实缴货币资本,最低限额为 1 亿元人民币或等值的可自由兑换货币。

(3)具有符合《中华人民共和国公司法》和中国银保监会规定的公司章程。

(4) 有符合任职资格条件的董事、高级管理人员,并且从业人员中具有金融或融资租赁工作经历3年以上的人员比例应当不低于总人数的50%。

(5) 具有健全的公司治理、内部控制、业务操作、风险管理等制度。

(6) 建立了与业务经营和监管要求相适应的信息科技架构,具有支撑业务经营的必要、安全且合规的信息系统,具备保障业务持续运营的技术与措施。

(7) 具有与业务经营相适应的营业场所、安全防范措施和其他设施。

(8) 中国银保监会规定的其他审慎性条件。

(二) 金融租赁公司的变更

金融租赁公司变更有关事项的,须报经中国银保监会或其派出机构批准。变更事项包括:变更公司名称;变更组织形式;调整业务范围;变更注册资本;变更股权或调整股权结构;修改公司章程;变更公司住所或营业场所;变更董事和高级管理人员;合并或分立;银保监会规定的其他变更事项。金融租赁公司变更股权及调整股权结构,拟投资入股的出资人需符合新设金融租赁公司发起人条件。

(三) 金融租赁公司的终止

金融租赁公司有以下情况之一的,经银保监会批准可以解散:(1)公司章程规定的营业期限届满或者公司章程规定的其他解散事由出现;(2)股东决定或股东(大)会决议解散;(3)因公司合并或者分立需要解散;(4)依法被吊销营业执照、责令关闭或者被撤销;(5)其他法定事由。

金融租赁公司有以下情形之一的,经银保监会批准,可以向法院申请破产:(1)不能支付到期债务,自愿或债权人要求申请破产的;(2)因解散或被撤销而清算,清算组发现财产不足以清偿债务,应当申请破产的。金融租赁公司不能清偿到期债务,并且资产不足以清偿全部债务或者明显缺乏清偿能力的,银保监会可以向人民法院提出对该金融租赁公司进行重整或者破产清算的申请。

三、金融租赁公司的业务经营

经银保监会批准,金融租赁公司可以经营下列部分或全部本外币业务:(1)融资租赁业务;(2)转让和受让融资租赁资产;(3)固定收益类证券投资业务;(4)接受承租人的租赁保证金;(5)吸收非银行股东3个月(含)以上定期存款;(6)同业拆借;(7)向金融机构借款;(8)境外借款;(9)租赁物变卖及处理业务;(10)经济咨询。

对于经营状况良好、符合条件的金融租赁公司,经银监会批准,可以开办下列部分或全部本外币业务:(1)发行债券;(2)在境内保税地区设立项目公司开展融资租赁业务;(3)资产证券化;(4)为控股子公司、项目公司对外融资提供担保;(5)银保监会批准的其他业务。金融租赁公司开办前款所列业务的具体条件和程序,按照有关规定执行。

四、金融租赁公司的风险控制

（1）分类管理制度。在基本业务基础上,允许符合条件的金融租赁公司开办发行金融债、资产证券化以及在境内保税地区设立项目公司等升级业务。

（2）内部控制制度。金融租赁公司应当按照全面、审慎、有效、独立原则,建立健全内部控制制度,防范、控制和化解风险,保障公司安全稳健运行。金融租赁公司应当根据其组织架构、业务规模和复杂程度建立全面的风险管理体系,对信用风险、流动性风险、市场风险、操作风险等各类风险进行有效的识别、计量、监测和控制,同时还应当及时识别和管理与融资租赁业务相关的特定风险。

（3）租赁物的处分权。金融租赁公司应当合法取得租赁物的所有权。租赁物属于国家法律法规规定所有权转移必须到登记部门进行登记的财产类别的,金融租赁公司应当进行相关登记。租赁物不属于需要登记的财产类别的,金融租赁公司应当采取有效措施保障对租赁物的合法权益。售后回租业务的租赁物必须由承租人真实拥有并有权处分。金融租赁公司不得接受已设置任何抵押、权属存在争议或已被司法机关查封、扣押的财产或所有权存在瑕疵的财产作为售后回租业务的租赁物。

（4）强化股东风险责任。要求发起人应在金融租赁公司章程中约定,在金融租赁公司出现支付困难时,给予流动性支持,当经营损失侵蚀资本时,及时补足资本金。

（5）租赁权属管理和价值评估。金融租赁公司应当建立健全租赁物价值评估和定价体系,根据租赁物的价值、其他成本和合理利润等确定租金水平。售后回租业务中,金融租赁公司对租赁物的买入价格应当有合理的、不违反会计准则的定价依据作为参考,不得低值高买。

五、金融租赁公司的监督管理

（一）金融租赁公司的监控指标

（1）资本充足率。金融租赁公司资本净额与风险加权资产的比例不得低于银保监会的最低监管要求。

（2）融资集中度。包括两类:一类为单一客户融资集中度:金融租赁公司对单一承租人的全部融资租赁业务余额不得超过资本净额的30%。另一类为单一集团客户融资集中度。金融租赁公司对单一集团的全部融资租赁业务余额不得超过资本净额的50%。经银保监会认可,特定行业的单一客户融资集中度和单一集团客户融资集中度要求可以适当调整。

（3）单一客户关联度。金融租赁公司对一个关联方的全部融资租赁业务余额不得超过资本净额的 30%。

（4）全部关联度。金融租赁公司对全部关联方的全部融资租赁业务余额不得超过资本净额的 50%。

（5）单一股东关联度。对单一股东及其全部关联方的融资余额不得超过该股东在金融租赁公司的出资额，且应同时满足本办法对单一客户关联度的规定。

（6）同业拆借比例。金融租赁公司同业拆入资金余额不得超过资本净额的 100%。

中国银保监会可根据监管需要对上述指标作出适当调整。

（二）金融租赁公司的资本管理制度

金融租赁公司应当按照银保监会的相关规定构建资本管理体系，合理评估资本充足状况，建立审慎、规范的资本补充、约束机制。

金融租赁公司应当按照监管规定建立资产质量分类制度。

金融租赁公司应当按照相关规定建立准备金制度，在准确分类的基础上及时足额计提资产减值损失准备，增强风险抵御能力。未提足准备的，不得进行利润分配。

（三）金融租赁公司的审计制度

（1）内部审计制度。金融租赁公司应当执行国家统一的会计准则和制度，真实记录并全面反映财务状况和经营成果等信息；应当按规定报送会计报表及银保监会及其派出机构要求的其他报表，并对所报报表、资料的真实性、准确性和完整性负责；应当建立健全内部审计制度，审查评价并改善经营活动、风险状况、内部控制和公司治理效果，促进合法经营和稳健发展。

（2）外部审计制度。金融租赁公司应当建立定期外部审计制度，并在每个会计年度结束后的 4 个月内，将经法定代表人签名确认的年度审计报告报送银监会或其派出机构。

六、金融租赁公司的法律责任

金融租赁公司违反《2014 办法》有关规定的，银保监会及其派出机构应当依法责令限期整改；逾期未整改的，或者其行为严重危及该金融租赁公司的稳健运行、损害客户合法权益的，可以区别情形，依照《银行业监督管理法》等法律法规，采取暂停业务、限制股东权利等监管措施。

金融租赁公司已经或者可能发生信用危机，严重影响客户合法权益的，银保监会依法对其实行托管或者督促其重组，问题严重的，有权予以撤销。

凡违反《2014 办法》有关规定的，银保监会及其派出机构依照《银行业监督管理法》等有关法律法规进行处罚。金融租赁公司对处罚决定不服的，可以依法申请行政复议或者向人民法院提起行政诉讼。

金融租赁公司可成立行业性自律组织,对金融租赁公司实行自律管理。

第五节 关于汽车金融公司的规定

一、汽车金融公司的概念及其管理办法

汽车金融公司,是指经中国银行保险监督管理委员会批准设立的,为中国境内的汽车购买者及销售者提供金融服务的非银行金融机构。

我国的汽车经销商以中小企业居多,之前主要依靠商业银行贷款,但是在银根紧缩、利率上升情况下,中小经销商难以得到贷款,而汽车供应商又要求先行付款;对于多数消费者来说,购买汽车属于大额消费,资金不足抑制了汽车消费需求,汽车金融公司正是为解决汽车经销商和消费者资金不足的情况而产生的。2003年当时的中国银监会出台《汽车金融公司管理办法》和《汽车金融公司管理办法实施细则》。2008年爆发全球性金融危机,在这种背景下,为了刺激消费,中国银监会在前述办法和实施细则的基础上,于2008年1月颁布了新的《汽车金融公司管理办法》(以下简称《管理办法》)。

二、汽车金融公司的设立、变更与终止

(一)汽车金融公司设立的条件

(1)出资人的要求。出资人为中国境内外依法设立的企业法人,其中主要出资人须为生产或销售汽车整车的企业或非银行金融机构。出资人中至少应有1名出资人具备5年以上丰富的汽车金融业务管理和风险控制经验。汽车金融公司出资人如不具备上述条件,至少应为汽车金融公司引进合格的专业管理团队。非金融机构出资人的资产规模不低于80亿元人民币或等值的可自由兑换货币,年营业收入不低于50亿元人民币或等值的可自由兑换货币。

(2)最低限额注册资本。汽车金融公司注册资本的最低限额为5亿元人民币或等值的可自由兑换货币。注册资本为一次性实缴货币资本。中国银保监会根据汽车金融业务发展情况及审慎监管的需要,可以调高注册资本的最低限额。

(3)具有符合《公司法》和中国银保监会规定的公司章程。

(4)具有符合任职资格条件的董事、高级管理人员和熟悉汽车金融业务的合格从业人员。

(5)具有健全的公司治理、内部控制、业务操作、风险管理等制度。

(6) 具有与业务经营相适应的营业场所、安全防范措施和其他设施。

(7) 中国银保监会规定的其他审慎性条件。

(二) 汽车金融公司变更的条件

汽车金融公司有下列变更事项之一的,应报经中国银保监会批准:(1) 变更公司名称;(2) 变更注册资本;(3) 变更住所或营业场所;(4) 调整业务范围;(5) 改变组织形式;(6) 变更股权或调整股权结构;(7) 修改章程;(8) 变更董事及高级管理人员;(9) 合并或分立;(10) 中国银保监会规定的其他变更事项。

(三) 汽车金融公司的解散和终止

汽车金融公司有以下情况之一的,经中国银保监会批准后可以解散:(1) 公司章程规定的营业期限届满或公司章程规定的其他解散事由出现;(2) 公司章程规定的权力机构决议解散;(3) 因公司合并或分立需要解散;(4) 其他法定事由。

汽车金融公司有以下情形之一的,经中国银保监会批准,可向法院申请破产:(1) 不能清偿到期债务,并且资产不足以清偿全部债务或明显缺乏清偿能力,自愿或应其债权人要求申请破产;(2) 因解散或被撤销而清算,清算组发现汽车金融公司财产不足以清偿债务的,应当申请破产。

汽车金融公司因解散、依法被撤销或被宣告破产而终止的,其清算事宜,按照国家有关法律法规办理。

三、汽车金融公司的业务范围

经中国银保监会批准,汽车金融公司可从事下列部分或全部人民币业务:(1) 接受境外股东及其所在集团在华全资子公司和境内股东 3 个月(含)以上定期存款;(2) 接受汽车经销商采购车辆贷款保证金和承租人汽车租赁保证金;(3) 经批准,发行金融债券;(4) 从事同业拆借;(5) 向金融机构借款;(6) 提供购车贷款业务;(7) 提供汽车经销商采购车辆贷款和营运设备贷款,包括展示厅建设贷款和零配件贷款以及维修设备贷款等;(8) 提供汽车融资租赁业务(售后回租业务除外);(9) 向金融机构出售或回购汽车贷款应收款和汽车融资租赁应收款业务;(10) 办理租赁汽车残值变卖及处理业务;(11) 从事与购车融资活动相关的咨询、代理业务;(12) 经批准,从事与汽车金融业务相关的金融机构股权投资业务;(13) 经中国银保监会批准的其他业务。

其中,(2)(3)(4)(8)(10)(12)是新增加的六项业务,大大拓宽了汽车金融公司的经营范围,突出了以"促进汽车销售与购买"为核心的金融服务,形成了汽车金融公司的三大核心业务:零售贷款、批发贷款、融资租赁。

四、汽车金融公司的风险控制和监督管理

（一）汽车金融公司的监控指标

汽车金融公司应遵守以下监管要求：(1) 资本充足率不低于 8%，核心资本充足率不低于 4%；(2) 对单一借款人的授信余额不得超过资本净额的 15%；(3) 对单一集团客户的授信余额不得超过资本净额的 50%；(4) 对单一股东及其关联方的授信余额不得超过该股东在汽车金融公司的出资额；(5) 自用固定资产比例不得超过资本净额的 40%。

中国银保监会可根据监管需要对上述指标作出适当调整。此外，汽车金融公司如有业务外包需要，应制定与业务外包相关的政策和管理制度，包括业务外包的决策程序、对外包方的评价和管理、控制业务信息保密性和安全性的措施和应急计划等。汽车金融公司签署业务外包协议前应向注册地中国银保监会派出机构报告业务外包协议的主要风险及相应的风险规避措施等。

（二）汽车金融公司的信用风险资产分类制度

汽车金融公司应按照有关规定实行信用风险资产五级分类制度，并应建立审慎的资产减值损失准备制度，及时足额计提资产减值损失准备。未提足准备金的，不得进行利润分配。汽车金融公司应按规定编制并向中国银保监会报送资产负债表、损益表及中国银保监会要求的其他报表。

（三）汽车金融公司的外部审计制度

汽车金融公司应建立定期外部审计制度，并在每个会计年度结束后的 4 个月内，将经法定代表人签名确认的年度审计报告报送公司注册地的中国银保监会派出机构。中国银保监会及其派出机构必要时可指定会计师事务所对汽车金融公司的经营状况、财务状况、风险状况、内部控制制度及执行情况等进行审计。中国银保监会及其派出机构可要求汽车金融公司更换专业技能和独立性达不到监管要求的会计师事务所。

五、汽车金融公司的法律责任

汽车金融公司违反《管理办法》规定的，中国银保监会将责令限期整改；逾期未整改的，或其行为严重危及公司稳健运行、损害客户合法权益的，中国银保监会可区别情形，依照我国《银行业监督管理法》等法律法规的规定，采取暂停业务、限制股东权利等监管措施。

汽车金融公司已经或可能发生信用危机、严重影响客户合法权益的，中国银保监会将依法对其实行接管或促成机构重组。汽车金融公司有违法经营、经营管理不善等情形，不撤销将严重危害金融秩序、损害公众利益的，中国银保监会将予以撤销。

第六节 关于典当行的规定

一、典当的概念及立法概况

典当,是指当户将其动产、财产权利作为当物质押或者将其房地产作为当物抵押给典当行,交付一定比例费用,取得当金,并在约定期限内支付当金利息、偿还当金、赎回当物的行为。典当行,是指依照本办法设立的专门从事典当活动的企业法人,其组织形式与组织机构适用《中华人民共和国公司法》的有关规定。

典当是我国古老的金融行业,中国的典当业萌生于汉代,南朝时期得到发展,佛寺经营的典当机构称为"长生库",明清时期兴盛,清末民初开始衰落,中华人民共和国成立以后典当行在20世纪50年代被取缔,改革开放后重新恢复。1987年国内第一家典当行——华茂典当服务商行在成都被批准设立。1996年4月3日中国人民银行颁布了《典当行管理暂行办法》,2001年8月8日国家经济贸易委员会颁布了《典当行管理办法》,2005年4月1日商务部、公安部颁布了《典当管理办法》,2012年12月5日商务部颁布了《典当行业监管规定》,进一步加强了对典当行业的监管。

二、典当行的设立、变更与终止

(一)典当行设立的条件

1. 有符合法律、法规规定的章程。
2. 有最低限额的注册资本。典当行注册资本最低限额为300万元;从事房地产抵押典当业务的,注册资本最低限额为500万元;从事财产权利质押典当业务的,注册资本最低限额为1000万元。典当行的注册资本最低限额应当为股东实缴的货币资本,不包括以实物、工业产权、非专利技术、土地使用权作价出资的资本。
3. 有符合要求的营业场所和办理业务必需的设施。
4. 有熟悉典当业务的经营管理人员及鉴定评估人员。
5. 有两个以上法人股东,且法人股相对控股。
6. 符合治安管理要求。包括两方面:(1)建立、健全以下安全制度:收当、续当、赎当查验证件(照)制度;当物查验、保管制度;通缉协查核对制度;可疑情况报告制度;配备保安人员制度。(2)典当行房屋建筑和经营设施应当符合国家有关安全标准和消防管理规定,具备下列安全防范设施:经营场所内设置录像设备(录像资料至少保存2个月);营业柜台设置防护设施;设置符合安全要求的典当物品保管库房和保险箱(柜、库);设置报警装置;门窗设置防护设施;配备必要的消防设施及器材。符合国家对典当行统筹规划、合理布局的要求。

申请人向商务主管部门领取《典当经营许可证》后,应当在10日内向所在地县级人民政府公安机关申请典当行《特种行业许可证》。

(二)典当行变更的条件

典当行变更机构名称、注册资本(变更后注册资本在5000万元以上的除外)、法定代表人,在本市(地、州、盟)范围内变更住所、转让股份(对外转让股份累计达50%以上的除外)的,应当经省级商务主管部门批准。省级商务主管部门应当在批准后20日内向商务部备案。商务部于每年6月、12月集中换发《典当经营许可证》。

典当行分立、合并、跨市(地、州、盟)迁移住所、对外转让股份累计达50%以上以及变更后注册资本在5000万元以上的,应当经省级商务主管部门同意,报商务部批准,并换发《典当经营许可证》。

典当行增加注册资本应当符合下列条件:(1)与开业时间或者前一次增资相隔的时间在1年以上;(2)1年内没有违法违规经营记录。

典当行变更注册资本或者调整股本结构的,新进入的个人股东和拟任高级管理人员应当接受资格审查;新进入的法人股东及增资的法人股东应当具备相应的投资能力与投资资格。

(三)典当行终止的条件

无正当理由未按照规定办理《特种行业许可证》及营业执照的,或者自核发营业执照之日起无正当理由超过6个月未营业,或者营业后自行停业连续达6个月以上的,省级商务主管部门、设区的市(地)级人民政府公安机关应当分别收回《典当经营许可证》《特种行业许可证》,原批准文件自动撤销。收回的《典当经营许可证》应当交回商务部。许可证被收回后,典当行应当依法向工商行政管理机关申请注销登记。

典当行解散应当提前3个月向省级商务主管部门提出申请,经批准后,应当停止除赎当和处理绝当物品以外的其他业务,并依法成立清算组,进行清算。

典当行清算结束后,清算组应当将清算报告报省级商务主管部门确认,由省级商务主管部门收回《典当经营许可证》,并在5日内通报同级人民政府公安机关。省级人民政府公安机关应当在5日内通知作出原批准决定的设区的市(地)级人民政府公安机关收回《特种行业许可证》。典当行在清算结束后,应当依法向工商行政管理机关申请注销登记。

三、典当行的经营范围

1. 允许经营的业务。经商务主管部门批准,典当行可以经营下列业务:

（1）动产质押典当业务；（2）财产权利质押典当业务；（3）房地产（外省、自治区、直辖市的房地产或者未取得商品房预售许可证的在建工程除外）抵押典当业务；（4）限额内绝当物品的变卖；（5）鉴定评估及咨询服务；（6）商务部依法批准的其他典当业务。典当行经营房地产抵押典当业务，应当和当户依法到有关部门先行办理抵押登记，再办理抵押典当手续。典当行经营机动车质押典当业务，应当到车辆管理部门办理质押登记手续。典当行经营其他典当业务，有关法律、法规要求登记的，应当依法办理登记手续。

2. 不得经营的业务。典当行不得经营下列业务：（1）非绝当物品的销售以及旧物收购、寄售；（2）动产抵押业务；（3）集资、吸收存款或者变相吸收存款；（4）发放信用贷款；（5）未经商务部批准的其他业务。

3. 对当物的规定。典当行不得收当下列财物：（1）依法被查封、扣押或者已经被采取其他保全措施的财产；（2）赃物和来源不明的物品；（3）易燃、易爆、剧毒、放射性物品及其容器；（4）管制刀具、枪支、弹药，军、警用标志、制式服装和器械；（5）国家机关公文、印章及其管理的财物；（6）国家机关核发的除物权证书以外的证照及有效身份证件；（7）当户没有所有权或者未能依法取得处分权的财产；（8）法律、法规及国家有关规定禁止流通的自然资源或者其他财物。典当行收当国家统收、专营、专卖物品，须经有关部门批准。典当行在当期内不得出租、质押、抵押和使用当物。

四、典当行的经营规则

1. 当票的使用。当票是典当行与当户之间的借贷契约，是典当行向当户支付当金的付款凭证。当票应当载明下列事项：（1）典当行机构名称及住所；（2）当户姓名（名称）、住所（址）、有效证件（照）及号码；（3）当物名称、数量、质量、状况；（4）估价金额、当金数额；（5）利率、综合费率；（6）典当日期、典当期、续当期；（7）当户须知。

典当行和当户就当票以外事项进行约定的，应当补充订立书面合同，但约定的内容不得违反有关法律、法规和本办法的规定。典当行和当户不得将当票转让、出借或者质押给第三人。典当行和当户应当真实记录并妥善保管当票。当票遗失的，当户应当及时向典当行办理挂失手续。未办理挂失手续或者挂失前被他人赎当，典当行无过错的，典当行不负赔偿责任。

2. 出当与赎当。办理出当与赎当，当户均应当出具本人的有效身份证件。当户为单位的，经办人员应当出具单位证明和经办人的有效身份证件；委托典当中，被委托人应当出具典当委托书、本人和委托人的有效身份证件。除上述证件外，出当时，当户应当如实向典当行提供当物的来源及相关证明材料。赎当时，当户应当出示当票。

3. 典当期限。由双方约定,最长不得超过6个月。

4. 当金利率。按中国人民银行公布的银行机构6个月期法定贷款利率及典当期限折算后执行。典当当金利息不得预扣。

5. 典当综合费用。包括各种服务及管理费用;动产质押典当的月综合费率不得超过当金的42‰,房地产抵押典当的月综合费率不得超过当金的27‰,财产权利质押典当的月综合费率不得超过当金的24‰。当期不足5日的,按5日收取有关费用。

6. 续当。典当期内或典当期限届满后5日内,经双方同意可以续当,续当一次的期限最长为6个月。续当期自典当期限或者前一次续当期限届满日起算。续当时,当户应当结清前期利息和当期费用。典当期限或者续当期限届满后,当户应当在5日内赎当或者续当。逾期不赎当也不续当的,为绝当。当户于典当期限或者续当期限届满至绝当前赎当的,除须偿还当金本息、综合费用外,还应当根据中国人民银行规定的银行等金融机构逾期贷款罚息水平、典当行制定的费用标准和逾期天数,补交当金利息和有关费用。

7. 绝当。典当行应当按照下列规定处理绝当物品:(1)当物估价金额在3万元以上的,可以按照我国《担保法》的有关规定处理,也可以双方事先约定绝当后由典当行委托拍卖行公开拍卖。拍卖收入在扣除拍卖费用及当金本息后,剩余部分应当退还当户,不足部分向当户追索。(2)绝当物估价金额不足3万元的,典当行可以自行变卖或者折价处理,损益自负。(3)对国家限制流通的绝当物,应当根据有关法律、法规,报有关管理部门批准后处理或者交售指定单位。(4)典当行在营业场所以外设立绝当物品销售点的应当报省级商务主管部门备案,并自觉接受当地商务主管部门监督检查。(5)典当行处分绝当物品中的上市公司股份应当取得当户的同意和配合,典当行不得自行变卖、折价处理或者委托拍卖行公开拍卖绝当物品中的上市公司股份。

五、典当行的风险控制和监督管理[①]

1. 典当行自身融资限制。典当行不得有下列行为:(1)从商业银行以外的单位和个人借款;(2)与其他典当行拆借或者变相拆借资金;(3)超过规定限额从商业银行贷款;(4)对外投资。

2. 典当行自营典当业务。典当行不得委托其他单位和个人代办典当业务,不得向其他组织、机构和经营场所派驻业务人员从事典当业务。

3. 典当行的资产比例管理:(1)典当行自初始营业起至第一次向省级商务

---

① 参见郭娅丽:《普惠金融理念下典当融资规则的理论探讨与实践求证》,知识产权出版社2016年版,第223—269页,有关典当行业的监管规定。

主管部门及所在地商务主管部门报送年度财务会计报告的时期内从商业银行贷款的,贷款余额不得超过其注册资本。典当行第一次向省级商务主管部门及所在地商务主管部门报送财务会计报告之后从商业银行贷款的,贷款余额不得超过上一年度向主管部门报送的财务会计报告中的所有者权益。典当行不得从本市(地、州、盟)以外的商业银行贷款。典当行分支机构不得从商业银行贷款。(2)典当行对同一法人或者自然人的典当余额不得超过注册资本的25%。(3)典当行对其股东的典当余额不得超过该股东入股金额,且典当条件不得优于普通当户。(4)典当行净资产低于注册资本的90%时,各股东应当按比例补足或者申请减少注册资本,但减少后的注册资本不得违反关于典当行注册资本最低限额的规定。(5)典当行财产权利质押典当余额不得超过注册资本的50%。房地产抵押典当余额不得超过注册资本。注册资本不足1000万元的,房地产抵押典当单笔当金数额不得超过100万元。注册资本在1000万元以上的,房地产抵押典当单笔当金数额不得超过注册资本的10%。

4. 财务会计制度和内部审计制度。典当行应当依照法律和国家统一的会计制度,建立、健全财务会计制度和内部审计制度。典当行应当按照国家有关规定,真实记录并全面反映其业务活动和财务状况,编制月度报表和年度财务会计报告,并按要求向省级商务主管部门及所在地设区的市(地)级商务主管部门报送。典当行年度财务会计报告须经会计师事务所或者其他法定机构审查验证。

5. 商务部门的监督管理。商务部对典当业实行归口管理,履行以下监督管理职责:(1)制定有关规章、政策;(2)负责典当行市场准入和退出管理;(3)负责典当行日常业务监管;(4)对典当行业自律组织进行业务指导。商务部参照省级商务主管部门拟定的年度发展规划对全国范围内典当行的总量、布局及资本规模进行调控。定期检查及不定期抽查制度,及时发现和处理有关问题;对于辖区内典当行发生的盗抢、火灾、集资吸储及重大涉讼案件等情况,应当在24小时之内将有关情况报告上级商务主管部门和当地人民政府,并通报同级人民政府公安机关。

6. 其他自律监管和法律责任。

第七节 关于消费金融公司的规定

一、消费金融公司的概念及立法概况

消费金融公司,是指经银保监会批准,在中华人民共和国境内设立的,不吸收公众存款,以小额、分散为原则,为中国境内居民个人提供以消费为目的的贷款的非银行金融机构。

2008年爆发的亚洲金融危机对我国造成很多负面影响,为了刺激消费、拉动内需,2009年7月,当时的中国银监会颁布了《消费金融公司试点管理办法》。2010年1月,国内首批三家消费金融公司获得中国银监会同意筹建的批复,其发起人分别为中国银行、北京银行和成都银行,这三家公司分别在上海、北京和成都三地率先试点。

2013年,为贯彻落实国务院关于"扩大消费金融公司试点"和"尝试由民间资本发起设立自担风险的消费金融公司"的决定精神,促进消费金融公司持续健康发展,银监会在全面总结消费金融公司试点运营经验的基础上,修订了《消费金融公司试点管理办法》(以下简称《管理办法》)。

二、消费金融公司的设立、变更与终止

(一)消费金融公司设立的条件

1. 出资人的要求。消费金融公司的出资人应当为中国境内外依法设立的企业法人,并分为主要出资人和一般出资人。主要出资人是指出资数额最多并且出资额不低于拟设消费金融公司全部股本30%的出资人,须为境内外金融机构或主营业务为提供适合消费贷款业务产品的境内非金融企业;一般出资人是指除主要出资人以外的其他出资人。

金融机构作为消费金融公司主要出资人的,应当具备下列条件:(1)具有5年以上消费金融领域的从业经验;(2)最近1年年末总资产不低于600亿元人民币或等值的可自由兑换货币(合并会计报表口径);(3)财务状况良好,最近2个会计年度连续盈利(合并会计报表口径);(4)信誉良好,最近2年内无重大违法违规经营记录;(5)入股资金来源真实合法,不得以借贷资金入股,不得以他人委托资金入股;(6)承诺5年内不转让所持有的消费金融公司股权(银行业监督管理机构依法责令转让的除外),并在拟设公司章程中载明;(7)具有良好的公司治理结构、内部控制机制和健全的风险管理制度;(8)满足住所地国家(地区)监管当局的审慎监管指标要求;(9)境外金融机构应当在中国境内设立代表处2年以上,或已设有分支机构,对中国市场有充分的分析和研究,所在国家或地区金融监管当局已经与银保监会建立良好的监督管理合作机制;(10)银保监会规定的其他审慎性条件。金融机构作为消费金融公司一般出资人的,除应当具备第(3)(4)(5)(6)(7)(8)(9)项规定的条件外,还应当具备注册资本不低于3亿元人民币或等值的可自由兑换货币的条件。

非金融企业作为消费金融公司主要出资人的,应当具备下列条件:(1)最近1年营业收入不低于300亿元人民币或等值的可自由兑换货币(合并会计报表口径);(2)最近1年年末净资产不低于资产总额的30%(合并会计报表口径);(3)财务状况良好,最近2个会计年度连续盈利(合并会计报表口径);(4)信誉良好,最近2年内无重大违法违规经营记录;(5)入股资金来源真实合法,不得以借贷资金入股,不得以他人委托资金入股;(6)承诺5年内不转让所持有的消费金融公司股权(银行业监督管理机构依法责令转让的除外),并在拟设公司章程中载明;(7)银保监会规定的其他审慎性条件。非金融企业作为消费金融公司一般出资人的,应当具备第(2)(3)(4)(5)(6)项规定的条件。

消费金融公司至少应当有1名具备5年以上消费金融业务管理和风险控制经验,并且出资比例不低于拟设消费金融公司全部股本15%的出资人。

2. 最低限额注册资本。消费金融公司的注册资本应当为一次性实缴货币资本,最低限额为3亿元人民币或等值的可自由兑换货币。银保监会根据消费金融业务的发展情况及审慎监管需要,可以调整注册资本的最低限额。

3. 具有符合《公司法》和中国银保监会规定的公司章程。

4. 具有符合任职资格条件的董事、高级管理人员和熟悉消费金融业务的合格从业人员。

5. 建立有效的公司治理、内部控制和风险管理制度,具备与业务经营相适应的管理信息系统。

6. 具有与业务经营相适应的营业场所、安全防范措施和其他设施。

7. 银保监会规定的其他审慎性条件。

(二)消费金融公司变更的条件

消费金融公司有下列变更事项之一的,应当报经银保监会批准:(1)变更公司名称;(2)变更注册资本;(3)变更股权或调整股权结构;(4)变更公司住所或营业场所;(5)修改公司章程;(6)变更董事和高级管理人员;(7)调整业务范围;(8)改变组织形式;(9)合并或分立;(10)银保监会规定的其他变更事项。

(三)消费金融公司的解散和终止

消费金融公司有下列情况之一的,经银保监会批准后可以解散:(1)公司章程规定的营业期限届满或者公司章程规定的其他解散事由出现;(2)公司章程规定的权力机构决议解散;(3)因公司合并或者分立需要解散;(4)其他法定事由。

消费金融公司因解散、依法被撤销或被宣告破产而终止的,其清算事宜按照国家有关法律法规办理。消费金融公司设立、变更、终止和董事及高级管理人员任职资格核准的行政许可程序,按照银保监会相关规定执行。

三、消费金融公司的业务范围

经银保监会批准,消费金融公司可以经营下列部分或者全部人民币业务:(1)发放个人消费贷款;(2)接受股东境内子公司及境内股东的存款;(3)向境内金融机构借款;(4)经批准发行金融债券;(5)境内同业拆借;(6)与消费金融相关的咨询、代理业务;(7)代理销售与消费贷款相关的保险产品;(8)固定收益类证券投资业务;(9)经银保监会批准的其他业务。《管理办法》取消了消费金融公司不得在注册地所在行政区域之外开展业务的规定,允许其在风险可控的基础上逐步开展异地业务,发挥规模效应。同时,经营领域除坚持不吸收公众存款原则外,允许消费金融公司经银保监会批准可以接受股东境内子公司及境内股东的存款,扩充了消费金融公司的融资渠道。

四、消费金融公司的风险控制和监督管理

(一)消费金融公司的监控指标

消费金融公司应当遵守下列监管指标要求:(1)资本充足率不低于银保监会有关监管要求;(2)同业拆入资金余额不高于资本净额的100%;(3)资产损失准备充足率不低于100%;(4)投资余额不高于资本净额的20%。有关监管指标的计算方法遵照银保监会非现场监管报表指标体系的有关规定。银保监会视审慎监管需要可以对上述指标做出适当调整。

消费金融公司应当按规定编制并报送会计报表及银保监会要求的其他报表。

(二)消费金融公司的内部控制

1. 建立审慎的资产损失准备制度。消费金融公司应当按照有关规定建立审慎的资产损失准备制度,及时足额计提资产损失准备。未提足准备的,不得进行利润分配。

2. 建立消费贷款利率的风险定价机制。根据资金成本、风险成本、资本回报要求及市场价格等因素,在法律法规允许的范围内,制定消费贷款的利率水平,确保定价能够全面覆盖风险。

3. 建立有效的风险管理体系和可靠的业务操作流程,充分识别虚假的申请信息,防止欺诈行为。

4. 外包业务的管理。消费金融公司如有业务外包需要,应当制定与业务外包相关的政策和管理制度,包括业务外包的决策程序、对外包方的评价和管理、控制业务信息保密性和安全性的措施和应急计划等。消费金融公司不得将与贷款决策和风险控制核心技术密切相关的业务外包。

(三)消费金融公司的外部监管

1. 定期外部审计

消费金融公司应当建立定期外部审计制度,并在每个会计年度结束后的4个月内,将经法定代表人签名确认的年度审计报告报送银行业监督管理机构。消费金融公司应当接受依法进行的监督检查,不得拒绝、阻碍。银行业监督管理机构在必要时可以委托会计师事务所对消费金融公司的经营状况、财务状况、风险状况、内部控制制度及执行情况等进行审计。

2. 消费者权益保护

《管理办法》注重对消费者权益的保护,对消费金融公司设定了如下义务:(1) 保密义务。消费金融公司对借款人所提供的个人信息负有保密义务,不得随意对外泄露。(2) 催收手段要合法。借款人未按合同约定归还贷款本息的,消费金融公司应当采取合法的方式进行催收,不得采用威胁、恐吓、骚扰等不正当手段。(3) 告知义务。消费金融公司应当按照法律法规和银保监会有关监管要求做好金融消费者权益保护工作,业务办理应当遵循公开透明原则,充分履行告知义务,使借款人明确了解贷款金额、期限、价格、还款方式等内容,并在合同中载明。(4) 过量控制。消费金融公司向个人发放消费贷款不应超过客户风险承受能力且借款人贷款余额最高不得超过人民币 20 万元。

五、消费金融公司的法律责任

消费金融公司违反《管理办法》规定的,银行业监督管理机构可以责令限期整改;逾期未整改的,或者其行为严重危及消费金融公司的稳健运行、损害客户合法权益的,银行业监督管理机构可以区别情形,依照我国《银行业监督管理法》等法律法规,采取暂停业务、限制股东权利等监管措施。

消费金融公司已经或者可能发生信用危机、严重影响客户合法权益的,银保监会可以依法对其实行接管或者促成机构重组。消费金融公司有违法经营、经营管理不善等情形,不予撤销将严重危害金融秩序、损害公众利益的,银保监会有权予以撤销。

第八节　关于商业保理企业的规定

一、商业保理企业概述

近年来,在国内外贸易结算中信用交易比例逐年递增,导致企业应收账款规模越来越大,回收账期越来越长。因而,商务部 2012 年发布《关于商业保理试点有关工作的通知》,启动商业保理公司的运营。2013 年中国人民银行征信中心运行了"中征应收账款融资服务平台",进一步促进商业保理业务的开展。

商业保理企业是指专门从事保理业务的非银行法人企业。保理业务是指商业保理企业受让应收账款的全部权利及权益,并向转让人提供应收账款融资、管理、催收、还款保证中至少两项业务的经营活动。应收账款是指企业因提供商品、服务或者出租资产而形成的金钱债权及其产生的收益,但不包括因提供金融服务形成的债权、因票据或其他有价证券而产生的付款请求权。

根据应收账款到期前是否预先支付相应对价,保理分为融资保理和非融资保理。融资保理是指保理方银行承购转让方的应收账款,给予资金融通,并通过一定方式向买方催还欠款。非融资保理则是指保理方在保理业务中不向转让方提供融资,只提供资信调查、销售款清收以及账务管理等非融资性服务。

根据受让人是否保留对转让人的追索权,保理分为有追索权保理和无追索权保理。有追索权保理,是指保理方凭债权转让向转让方融资后,如果买方拒绝付款或无力支付,保理商有权向转让方要求偿还资金。无追索权保理,是指保理方凭债权转让向转让方融通资金后,即放弃对转让方追索的权利,保理方独立承担买方拒绝付款或无力付款的风险。

根据转让方是否将保理商的参与情况通知卖方,保理分为公开型保理及隐蔽型保理。公开型保理是指债权转让一经发生转让方须以书面形式将保理商的参与情况通知买方,并指示买方将货款直接付给保理方。隐蔽型保理则是指转让方不将债权转让以及保理商参与情况通知买方,买方仍将货款付给转让方,转让方收到货款后转付给保理商,整个操作过程只在转让方与保理方之间进行。

二、商业保理企业的设立、备案、变更及注销程序

(一)内资商业保理企业的设立及登记程序

内资商业保理企业按照《公司法》有关规定登记设立。

(二)外资商业保理企业的设立及登记程序

1. 外资商业保理企业的设立条件

实缴资本不低于5000万元,主出资人申请前一年总资产不低于5000万元人民币,投资者及关联实体无违法违规记录;经营期限一般不超过30年,在中西部设立企业的经营期限一般不超过40年。

2. 外资商业保理企业的设立程序

申请人应向省级商务主管部门报送规定的申请材料。商务部门应自收到申请材料之日起,在规定时间内作出是否批准的决定,对于批准设立的,颁发外商投资企业批准证书,对于不予批准的,应说明理由。

3. 外资商业保理企业的登记程序

设立外商投资商业保理企业的申请人,在获得外商投资企业批准证书后,到工商行政管理部门登记注册。

(三)商业保理企业备案需要提交的材料列表

商务部根据具体情况调整商业保理企业备案类型及标准,以公告的形式公布。商业保理企业备案需要提交的材料列表:(1)《企业法人营业执照》(副本)复印件;(2)组织机构代码证复印件;(3)税务登记证(副本)复印件;(4)主要股东(持股5%以上)名单、持股比例及关联关系说明;(5)股东承诺函;(6)法定代表人、董事、监事、高级管理人员履历表;(7)公司章程;(8)主管部门要求的其他文件。

规模商业保理企业、再保理企业除提交上述材料外,还应向备案机关提交下列材料:

(1)商务部"商业保理业务管理平台"生成的上一月度融资保理业务经营情况表。(2)信息披露承诺函。

(四)商业保理企业备案信息变更程序

(1)商业保理企业应在下列事项发生之日起10个工作日内向备案机关办理变更手续。包括:设立、撤销分支机构;合并或者分立;变更名称、注册地址、企业类型;变更实缴资本;变更法定代表人、董事、监事、高级管理人员;变更出资额占公司资本总额5%以上或者持股占公司股份5%以上的股东;变更备案类别。

(2)商业保理企业备案信息变更需要提交规定的列表材料。

(3)变更为规模商业保理企业、再保理企业除提交规定的列表材料外,还应向备案机关提交下列材料:第一,商务部"商业保理业务管理平台"生成的上一月度融资保理业务经营情况表;第二,信息披露承诺函。

(五)商业保理企业备案注销程序

商业保理公司不再从事保理业务,且不再承担任何应收账款的垫付或回购责任的,应在终止保理业务之日起15个工作日内通过"商业保理业务信息系统"对外公示1个月。公示无异议后,向备案机关办理注销手续。需要提交的材料有:注销原因说明、董事会或股东会决议、不再承担任何应收账款的垫付款或回购义务的承诺书等。

三、商业保理企业的业务管理规范

商业保理企业开展保理业务,应当与应收账款转让人签订保理合同,明确双方的权利和义务、纠纷和风险的处理原则以及违约责任。商业保理企业应建立健全内部控制制度,完善业务管理办法和操作规范,制定适合叙做保理业务的应收账款标准。商业保理企业应遵守国家相关法律法规,保守客户商业秘密。

(一)商业保理企业禁止从事的业务类型

(1)吸收存款;(2)发放或受托发放贷款;(3)受托投资;(4)国家规定不得从事的其他活动。

商业保理企业不得基于不合法基础交易合同、寄售合同、逾期应收账款、权属不清的应收账款开展保理业务。

(二)商业保理企业的业务规则

1. 应收账款融资

商业保理企业应基于以下几类应收账款提供融资:

一个基础合同项下已形成的应收账款。

一个基础合同项下持续形成的多笔应收账款,其中至少一笔应收账款已形成。持续成立的多个基础合同项下的多笔应收账款,其中至少一笔应收账款已形成。前述基础合同应基于同一债权人提供同类商品、服务或者出租同类资产的行为。

2. 应收账款管理

商业保理企业可向转让人提供所转让应收账款的回收情况、逾期账款情况、对账单等各种财务和统计报表,协助其进行应收账款管理。

3. 应收账款催收

商业保理企业可对所受让的应收账款进行收付结算与催收,但不得在未受让应收账款的情形下受托从事催收业务。

4. 还款保证

商业保理企业可在非融资保理业务中,对受让的到期无法从债务人处收回的应收账款承担垫付责任,或在有追索权保理业务中,对转让的到期无法从债务人处收回的应收账款承担回购责任。

(三) 商业保理企业的融资方式

商业保理企业可通过金融机构贷款、委托贷款、发行债券、股权融资及其他合法途径获得融资。

(四) 商业保理企业的不良应收账款

商业保理企业的融资保理业务项下应收账款按照逾期天数分为正常、关注、次级和损失四类。后两类为不良应收账款。

尚未到期的应收账款属于正常类。逾期1—90天的应收账款属于关注类。逾期91—180天的应收账款属于次级类。逾期181天以上的应收账款属于损失类。逾期是指在无商业纠纷的合同项下债务人未在约定期限内(含展期)付款的行为。

在非融资保理或有追索权保理业务中,商业保理企业履行垫付或回购义务后,应将所涉及的应收账款纳入不良应收账款管理。

(五) 商业保理企业的业务登记程序

1. 应收账款转让初始登记

商业保理企业应在应收账款转让当日,报送转让人信息、应付账款人基本信息、应收账款基本信息、其他相关人基本信息。

2. 应收账款转让变更登记

应收账款转让初始登记表提交后,由于一定事实的出现而使初始登记内容发生改变(如转让人、受让人、债务人、相关人的基本信息发生变化,应收账款转让的基本信息发生变化)的,就改变的内容应作变更登记。商业保理企业应在应收账款转让变更当日提交相关信息的变更情况,包括转让人基本信息、应付账款人基本信息、应收账款基本信息、相关人基本信息。

3. 应收账款转让注销登记

商业保理企业应在应收账款转让注销当日提交相关信息,包括注销原因说明、后续受让人基本信息、再转让基本信息。

4. 应收账款逾期初始登记

商业保理企业受让的有追索权保理项下应收账款逾期超过 90 天的,按照融资金额计入转让人违约记录,按应收账款金额计入债务人违约记录;受让的无追索权保理项下应收账款逾期超过 90 天的,按照应收账款金额计入债务人违约记录。

5. 应收账款逾期注销登记

商业保理企业应在应收账款逾期注销当日提交注销原因说明等信息。

(六)商业保理企业经营情况及财务状况登记

商业保理企业应于每年 3 月 31 日前报送上一年度资产负债表和损益表,并上传经审计机构审计的上一年度财务报告。商业保理企业报送的信息应及时、准确、真实、完整,不得故意隐瞒或虚报。商业保理企业应保存保理业务相关资料 3 年以上,保存再保理业务相关资料 5 年以上。

(七)商业保理企业重大事项报告

商业保理企业应在发生超过净资产 10% 的重大损失或赔偿、发生重大待决诉讼或仲裁、获得单笔金额超过净资产 10% 的融资 5 个工作日内报送相关信息。

(八)商业保理企业关联交易

商业保理企业受让以其关联企业为债务人的应收账款,不得超过风险资产总额的 40%。再保理企业则不得超过 10%。商业保理企业对作为债权人的关联企业提供保理服务时,定价应合理、公允,交易条件不得明显优于非关联企业。

(九)登记和查询

商业保理企业应在商务部认可的应收账款转让登记公示系统办理应收账款转让登记,将应收账款权属状态予以公示。

(十)信息披露

规模商业保理企业应于每季度结束后 15 个工作日内对外披露业务报告、监管评级等基本信息。再保理企业应于每季度结束后 20 个工作日内对外披露净资产、风险资产、或有负债、不良应收账款比例、风险准备金、风险集中度、关联交易、风险管理、外部融资、监管评级等基本信息。

第九节 关于金融衍生品及其监管制度

一、金融衍生品及其种类

（一）金融衍生品的概念

关于金融衍生品的定义可谓众说纷纭，其中国际互换与衍生品协会（ISDA）对金融衍生品给出的定义较为全面，即衍生品是有关互换现金流量和旨在为交易者转移风险的双边合约。合约到期时，交易者所欠对方的金额由基础商品、证券或指数的价格决定。金融衍生品主要有远期、期货、期权和互换几种形态，以及这些主要形态的各种衍生变形。金融衍生品大都是为了防范远期贸易和金融市场中的各种风险，适应对冲业务的需要。然而随着金融创新的不断发展和扩大，金融衍生品也日渐脱离了纯粹的对冲业务需要，而演变为各种各样的新型投资方式，成为日益重要的现代金融工具。

在具体交易中，金融衍生品一般采取合同形式。金融衍生品合约可以是标准化的，也可以是非标准化的。标准化合约是指其标的物（基础资产）的交易价格、交易时间、资产特征、交易方式等都是事先标准化的，因此此类合约大多在交易所上市交易，如期货。非标准化合约是指以上各项由交易的双方自行约定，因此具有很强的灵活性，比如远期协议。金融衍生产品其共同特征是保证金交易，即只要支付一定比例的保证金就可进行全额交易，不需实际上的本金转移，合约的了结一般也采用现金差价结算的方式进行，只有在满期日以实物交割方式履约的合约才需要买方交足贷款。因此，金融衍生产品交易具有杠杆效应。保证金越低，杠杆效应越大，风险也就越大。

（二）金融衍生品的种类

金融衍生品可以根据各种标准来分类，一般多以产品形态和交易场所进行分类。具体如下：

（1）根据产品形态，可以分为远期、期货、期权和互换（掉期）。远期是合约双方承诺在将来某一天以特定价格买进或卖出一定数量的标的物（标的物可以是大豆、铜等实物商品，也可以是股票指数、债券指数、外汇等金融产品）。在远期合约有效期内，合约的价值随相关资产市场价格的波动而变化。若合约到期时以现金结清的话，当市场价格高于合约约定的执行价格时，由卖方向买方支付价差；相反，则由买方向卖方支付价差。期货是现在进行买卖，但是在将来进行交收或交割的标的物，这个标的物可以是某种商品（如黄金、原油、农产品），也可以是金融工具，还可以是金融指标。交收期货的日子可以是一星期之后、一个月之后。买卖期货的合同或者协议叫作期货合约。期权（option）又称为选择权，是在期货的基础上产生的一种衍生性金融工具。从其本质上讲,期权实质上是在金融领域中将权利和义务分开进行定价,使得权利的受让人在规定时间内对于是否进行交易,行使其权利,而义务方必须履行。掉期,也称互换,掉期是指在外汇市场上买进即期外汇的同时又卖出同种货币的远期外汇,或者卖出即期外汇的同时又买进同种货币的远期外汇。

(2) 根据交易场所,可分为场内交易和场外交易。场内交易即是通常所指的交易所交易,指所有的供求方集中在交易所进行竞价交易的交易方式。场外交易即是柜台交易,指交易双方直接成为交易对手的交易方式,其参与者仅限于信用度高的客户。

二、金融衍生品合约之特性和作用

(一) 金融衍生品合约是一种规避风险的买卖合同

金融衍生品交易是将现货市场上的交易风险进行打包创造出新的衍生金融资产和衍生金融工具,最后将金融衍生品和风险重新分配转移到其他持有金融衍生品的经济体中。金融衍生品的出现只是减少了某部分经济行为的风险,而将风险以新的方式重新转移到其他经济部分去,经济体系的总风险并未因此而降低。

(二) 金融衍生品合约具有格式性和高度的复杂性

金融衍生品的价格变动取决于标的变量的价格变动,有利于对现货市场的价格进行合理的调节。现货市场和期货市场的价格密切相关,金融衍生品的市场供需状况往往可以帮助现货市场建立起均衡价格,形成能够反映真实供求关系和商品价值的合理价格体系,但其中的价格传导机制具有一定的复杂性,需要具备一定的专业金融知识。

(三) 金融衍生品合约具有派生性

在金融市场上,货币、外汇、股票、债券等金融产品是原生的,因为他们都是对某种实物资产的要求权,投资于这些金融产品所得收益则来自相应的实物资产的增值。利率、外汇汇率、股票价格和股票指数、债务工具的价格等也是原生的,因为它们的变动直接反应的是实物资产的收益变动。而金融衍生品的价格变动则依赖于这些基础实务资产的价格变动。

(四) 金融衍生产品的作用

(1) 金融衍生品从传统金融市场的交易中独立或派生出来后,将股票、债券、货币等形式的虚拟资本的所有权与收益权相分离,使人们在不需要变更标的物所有权的前提下,管理其未来具有不确定性的收益(也就是说对交易金融资产未来的价格波动进行判断和防范)。(2) 从衍生金融品的社会功能来看,衍生金融品进入现代企业能促使企业发挥比较优势,增强国内国际竞争力,是现代金融体系中重要的交易工具和风险管理工具。(3)衍生金融的价格波动可以当作资源配置的信号,金融衍生品市场也可成为各国进行金融战略较量的重要工具和重要战场。

三、金融衍生品的法律监管

金融危机最根本的原因在于某些高风险的金融产品由于监管漏洞大量出售给不适当的客户,造成风险的传播,而非金融产品创新所致。特别是衍生产品交易方之间的信息内容不对称,以及其产品的规范性程度不同。金融产品本身无所谓好与坏,只要监管到位即可防范风险。好的监管制度让高风险的金融产品"规规矩矩",坏的监管和制度让低风险的金融产品"放纵无序"。只强调效率,只强调市场发挥资源配置的作用,缺乏有效完善且适应金融业发展的监管制度的金融市场往往会失败。只有在保护投资者利益、兼顾公平和效率的法律体系中,金融创新和发展才能够持续性地进行,金融安全才有保障。在谨慎对待金融创新的同时,必须寻求防控金融危机的法治路径。我国发展衍生品交易市场应先个别再整体,先试点再推广,成熟一个推出一个。

(一)建立统一的监管体系

当前,虽然对于金融衍生品的规范不少机构已经进行了相应的规制,采取了一定的监管措施,但是这些规范多是监管部门基于本部门利益所作出的,以及这些监管规范往往是"点对点"式的,只针对具体产品,无法从宏观的层面涉及金融衍生品及交易市场。因此,我国有必要完成"金融衍生品交易法"的立法,专门设立金融衍生品监管机构,构建以政府监管为主导、行业监管为主体、社会中介监管为补充的监管体系,杜绝监管者缺位的情形。

(二)设置交易备案制度

交易备案制度是指依照法定程序将金融衍生品报送有关机关备案,对符合法定条件的,有关机关应当予以登记的法律性要求。金融衍生品是"双刃剑",用得好,可对冲风险;用得不好,可在刹那间破坏金融市场。因此,要加强金融衍生品的交易备案制度,使有关监管部门及时了解和监督相关金融衍生品的发展态势以及对经济的影响规模,针对性地作出监管措施。

(三)设立杠杆倍数限制

金融杠杆的本质是以小博大,极具诱惑和风险。对于相应的金融衍生品,在当前我国投资者水平较低的情形下,对其杠杆倍数必须加以限制,才能有效保护投资者利益。

(四)强化金融消费者保护,成立专门保护机构

金融法治的建设最终还是落脚到金融消费者和金融投资者的保护上,建立金融业的消费者保护体系是近年来国际金融监管的新趋势。在全球金融消费者

保护的机构改革进程中,有三种模式并存:一是独立模式,即金融消费者保护机构与央行、金融监管机构并列,不存在隶属关系,典型的是加拿大设立的金融消费者管理局(FCAC)。二是半独立模式,即在央行内部设立相对独立的金融消费者保护机构,与金融监管机构并列,典型的如美国设立的消费者金融保护局(CFPB)。三是附属模式,即在金融监管部门内部设立金融消费者保护机构,典型的如德国在金融监管局内设的消费者保护委员会。

2011年中国保监会成立保险消费者权益保护局和中国证监会成立投资者保护局后,央行和银监会已在内部独立设立了金融消费者保护局。由于不同监管部门之间的监管空隙,极易出现监管真空现象,以及在监管某些金融产品时出现过度监管现象。加之不同监管机构分设金融消费者保护机构,对于有限的金融监管资源来说可以说是一种浪费。关于内设机构模式,由于监管和保护并存,对于保护金融消费者的效果是最不理想的。长远看,建立独立的金融消费者保护机构,与"三会"并列的行政级别可能是最佳选择。

(五)健全金融投资者适当性制度,完善高风险产品准入制度

投资与风险并存,适当能力的投资人参与适当的金融服务是金融监管的基点,因此建立投资者适当性制度至关重要。投资者适当性制度的基本内核是适当的投资者与适当的投资工具相匹配,参与适当的金融交易和接受适当的金融服务相一致。证监会《关于建立股指期货投资者适当性制度的规定(试行)》第2条规定,股指期货投资者适当性制度是指根据股指期货的产品特征和风险特性,区别投资者的产品认知水平和风险承受能力,选择适当的投资者审慎参与股指期货交易,并建立与之相适应的监管制度安排。

金融市场上富有创新性的产品和竞争性的价格,使不同的投资者有更多的选择,但由于金融产品的专业性,个体甚至普通的机构在收集、吸收和处理信息上的能力有限导致利益受损,构建投资者适当性制度必须在操作上严格金融机构的责任,在法律层面予以明确。投资者适当性制度应包括三大核心内容:一是产品准入制度,目的在于明确投资者是否适合该项投资业务。准入制度即要根据投资者的经验、风险偏好、财产与收入状况以及其他辅助信息,识别投资者是否具备此项投资之能力或资格。我国关于投资者区分制度的规定比较粗糙,有些金融机构仅仅依据资金规模进行划分,有些金融机构仅以投资者的投资时间作为划分依据,没有综合考量投资者各方面能力。金融机构必须对投资者是否适合此项金融产品进行识别,包括进行书面的考核和持续的培训,并作书面认定。否则,投资者出现失利,发现自己不具备购买资格的,金融机构全额赔偿损失。二是风险警示制度,目的在于约束金融机构的逐利行为。在风险警示中至少应包括"风险提示书"和"风险提示对话记录"作为必备条件,防止金融机构刻意规避责任,否则金融机构应承担赔偿责任。三是举证责任倒置制度,目的的在于

促进金融机构履行义务。如果金融投资者与金融机构发生合同纠纷,金融机构必须证明自己已经履行告知义务,并提供文本、电话等证明,否则需承担赔偿投资者失利的责任。

第十节 关于互联网金融及其监管制度

一、互联网金融的发展及模式

(一)互联网金融

若要给互联网金融下一个精准的定义,必须详细解读互联网金融的发展历程。互联网金融的发展历程,具有明显的阶段性。早期互联网金融是传统的银行、证券和保险等金融机构通过采用信息化技术和互联网应用,对传统运营流程进行改造或重构,实现经营、管理的全面电子化。后期互联网金融的发展逐渐摆脱了单纯技术化的角色,通过互联网技术进行金融运作,开发适合互联网发展阶段的金融产品。因此,互联网金融是互联网技术对传统金融模式重新塑造的新兴领域,是以互联网技术为平台和基础产生的金融服务和金融产品的总和。

(二)互联网金融的典型模式

(1) P2P。P2P(Peer-To-Peer),即"点对点""人对人",主要是指投资方通过有资质的网络平台(第三方公司)作为中介,与融资方(理财方)达成借款(投融资、理财)合意,网络平台收取中介费用的行为。受目前中国特殊金融环境和社会环境的影响,P2P网络贷款的主要模式包括:传统模式、债权转让模式、担保模式、O2O(线上线下结合)模式。

(2) 众筹。即大众筹资或群众筹资,是指用团购+预购的形式,通过互联网方式发布筹款项目并向网友募集项目资金的模式。目前众筹融资有债权众筹、股权众筹、奖励式众筹、捐赠众筹四种模式。

(3) 第三方支付。根据央行2010年在《非金融机构支付服务管理办法》中给出的非金融机构支付服务的定义,第三方支付是指非金融机构作为收、付款人的支付中介所提供的网络支付、预付卡、银行卡收单以及中国人民银行确定的其他支付服务。

(4) 大数据金融。大数据金融是指集合海量非结构化数据,通过对其进行实时分析,可以为互联网金融机构提供客户全方位信息,通过分析和挖掘客户的交易和消费信息掌握客户的消费习惯,并准确预测客户行为,使金融机构和金融服务平台在营销和风控方面有的放矢。

二、互联网金融的特点

(一) 效率高

互联网金融模式下,一方面,金融机构可以避免开设营业网点的资金投入和运营成本;另一方面,消费者可以在开放透明的平台上快速找到适合自己的金融产品,削弱了信息不对称程度,更省时省力。互联网金融业务主要由计算机处理,操作流程完全标准化,业务处理速度更快,用户体验更好。

(二) 范围广

互联网金融模式下,客户能够突破时间和地域的约束,在互联网上寻找需要的金融资源,金融服务更直接,客户基础更广泛。此外,互联网金融的客户以小微企业为主,覆盖了部分传统金融业的金融服务盲区,有利于提升资源配置效率,促进实体经济发展。

(三) 监管弱,风险大

互联网金融在中国处于起步阶段,还没有监管和法律约束,缺乏准入门槛和行业规范,整个行业面临诸多政策和法律空白,容易发生各类风险问题,已有多家 P2P 网贷平台宣布破产或停止服务,造成众多投资人受损。

三、互联网金融面临的法律风险

(一) 互联网金融面临的民事法律风险

1. 合同风险

电子合同及电子签名的使用在我国互联网金融的民事行为中是比较普遍的,它能够使双方在互联网条件下完成合同的签订,具有方便、快捷的优势。但是首先,电子数据具有易消失性。其次,电子数据具有易改动性。计算机信息是用二进制数据表示的,数据或信息被人为地篡改后,如果没有可对照的副本、映像文件则难以查清、难以判断。

2. 个人信息安全风险

为了确保交易双方身份的真实性,互联网平台需要储存大量的个人信息,如姓名、年龄、住址等,在降低交易成本的同时,也带来了信息安全的道德风险,个人资料泄露等事件时有发生。如果平台没有对客户的个人信息做好保密措施,网站的保密技术被破解,将极容易导致泄露。

3. 投资收益面临风险

由于网贷平台上的收益水平远远高于其他投资渠道,且在当前投资渠道较为匮乏的情况下,人们通过网贷平台获取高收益越来越普遍。一旦发生纠纷,超出规定的收益就难以得到法律保护。

(二) 互联网金融面临的刑事法律风险

1. 易触碰非法吸收公众存款罪

最高人民法院《关于审理非法集资刑事案件具体应用法律若干问题的解释》第 1 条第 1 款规定:"违反国家金融管理法律规定,向社会公众(包括单位和个人)吸收资金的行为,同时具备下列四个条件的,除刑法另有规定的以外,应当认定为刑法第一百七十六条规定的'非法吸收公众存款或者变相吸收公众存款':(一)未经有关部门依法批准或者借用合法经营的形式吸收资金;(二)通过媒体、推介会、传单、手机短信等途径向社会公开宣传;(三)承诺在一定期限内以货币、实物、股权等方式还本付息或者给付回报;(四)向社会公众即社会不特定对象吸收资金。"互联网企业的业务活动,还没有专门的法律或规章进行有效的规范,极有可能"越界"进入法律上的灰色地带。例如,在众筹模式下,若众筹平台在无明确投资项目的情况下,事先归集投资者资金,形成资金池,然后公开宣传、吸引项目上线,再对项目进行投资,就存在非法集资的嫌疑。

2. 易触碰集资诈骗罪

根据现行法律的规定,集资诈骗罪需要满足以非法占有为目的、使用诈骗的方法非法集资这两点,在通常情况下,这种目的具体表现为将非法募集的资金的所有权转归自己所有,或任意挥霍,或占有资金后借款潜逃等。

3. 易触碰擅自发行股票、公司、企业债券罪

目前,我们股权众筹的运营模式,的确存在未经国家有关部门批准,擅自向不特定对象公开发行的行为。

四、互联网金融的监管

互联网金融其本质还是金融,作为金融企业,由于影响范围广,甚至会引发系统性金融危机,因此,在世界各国都要受到法律法规的严格监管。同时,金融创新应遵循合规管理的原则,必须在我们的法律法规框架下。互联网金融并未超出传统金融的功能范围,从法理上讲,规制传统金融的法治规范同样适用于互联网金融。当前,对于互联网金融的监管虽然没有法律层面的具体设计,但是相关规则不断推出,相关监管机构不断成立,加强对互联网金融的监管成为共识。因此,探索互联网金融的监管路径,必须构建包括规范体系、行业自律、行政监管以及社会监督在内的多层次监管体系,切实维护金融体系的稳健运行。

(一) 规范体系

随着互联网金融发展所引发的问题在全社会造成了一定影响,加强对互联网金融的监督管理成为热议的焦点。国家相关部门也陆续出台了相关规范,对互联网支付、网络借贷、股权众筹融资、互联网基金销售、互联网保险及互联网信托和互联网消费金融进行规制和监管。通过梳理,在 2010 年至 2016 年的几年

时间内,与互联网金融有关的各项法规条款和监管政策数量不断增加,有效地对互联网体系及金融的风险点进行了提示和监管,但是还只是停留在部门规章的立法层面上。我国仍然缺少从法律层面对互联网金融监管的规范,我国发展互联网金融面临双重创新任务:一是产品和服务的创新,二是互联网金融监管规则的创新。因此,我国有必要从法律层面规制互联网金融,设立专门监督机构,使互联网金融健康、稳健发展。

(二) 行业自律

在当前法律法规缺失的情形下,加强行业自律是有效加强互联网金融监管、防范互联网金融风险的重要举措。行业自律包括两个方面,一方面是行业内对国家法律、法规政策的遵守和贯彻,另一方面是以行业内的行规行约制约自己的行为。目前,我国互联网金融行业在自我约束上取得了一定的进步。互联网金融协会2016年第一次会议审议通过的《中国互联网金融协会章程》《中国互联网金融协会会员自律公约》《互联网金融行业健康发展倡议书》《中国互联网金融协会会员管理办法》和《中国互联网金融协会自律惩戒管理办法》,要求会员单位认真履行会员义务,遵照法律、法规、规章及协会章程,执行协会制定的行业自律公约,认真履行协会决议。根据《中国互联网金融协会会员自律公约》,会员开展业务创新当以合法合规为前提,以风险防控为原则。应当建立良好的创新机制,通过产品、技术、制度、服务和流程等创新方式有效解决信息不对称问题,提高资金和信息使用效率;应当坚持以服务实体经济、防范金融风险为宗旨,在业务许可的范围内开展业务活动;应当加强风险防控策略研究,防范互联网金融新产品、新技术可能带来的风险,不得开展风险不可控的畸形创新。

(三) 行政监管

政府监管的目的不是取代市场,而是为了矫正市场失灵。应通过行政手段加强互联网金融监管,严格市场准入制度。凡实质从事法定特许金融业务的,一律须申请并获得相关牌照,才可以开展业务并接受持续监督。对法律法规尚无准入要求的"缺门槛"业务,可以考虑实施适当的事前控制,以行政审批方式加强事前监管。设置一定的准入门槛,如技术安全标准、客户资金第三方存管制度、符合要求的反洗钱措施、内部控制和风险管理措施等,提高从业机构的经营管理和风险防范能力。

思考题

1. 什么是非银行金融机构?现阶段包括哪几种?
2. 什么是信托投资公司?
3. 什么是期货公司?
4. 什么是企业集团财务公司?

5. 什么是汽车融资公司?
6. 什么是融资租赁公司?
7. 什么是典当行业?其组织形式是什么?
8. 什么是消费金融公司?
9. 什么是商业保理公司?
10. 什么是金融衍生品及其监管制度?
11. 什么是互联网金融及监管制度?

第五编 我国中资银行业、外资银行和金融国际化的融合发展与安全

第二十二章 我国涉外银行金融业的发展及管理的法律规定

第一节 我国涉外银行金融业的发展及其立法概况

一、我国涉外银行金融事业的发展

党的十八届三中全会的重大决定和"国民经济和社会发展第十三个五年规划纲要"的实施,标志着我国进入建成小康社会的决胜时期,新理念、新思想、新的奋斗目标赋予我国涉外金融新的特色。

第五次全国金融工作提出了扩大金融对外开放"五十四字"任务和实现三个"有利于"的目标,以及要求创新"一带一路"国际合作中的资金融通和做好相关制度设计。党的十九大报告进一步确定了我们党和国家在国际事务中的地位和战略构思,按照党的十九大规定的对外国际事务的要求,涉及与银行金融业及其依法治理相关的工作主要有:一是支持境内金融机构走出去的对外业务和境外中资金融机构的稳健发展。二是已经建立了金砖开发银行、亚投行以及探索建立上海合作组织开发银行和发展基金专门账户的问题。完善各专业区域银行,开展区域金融国际合作。三是参与和引领"6+1"世界银行金融机构事务改革治理工作,为建设更加公平合理的国际金融新秩序而不懈努力,为防范国际金融风险、实现金融稳定而奋斗。

二、我国加强对涉外银行金融事业立法的概况

我国对涉外银行金融事业的管理,经历了一个逐渐发展的过程,从允许引进外资银行、设立非营业性的代表处到设立中国银行营业性分行,以及外商独资银

行、中外合资银行；从经济特区逐步扩展到沿海城市和内地。在立法方面也走过从单行到综合、从法规到法律的逐步发展和提高完善的历程。至今已在这方面制定了一批行之有效的法规。

1993年国务院《关于金融体制改革的决定》中指出：根据对等互惠的原则，经中国人民银行批准，可有计划、有步骤地引进外资金融机构。外资金融机构要按照中国人民银行批准的业务范围开展经营活动。根据这个原则精神，再结合国际国内的具体情况，在外资金融机构的引进管理中，要注意以下两点：第一，加快对外资金融机构监督管理的立法工作，制定出相配套的法律、法规，为外资金融机构的发展、完善提供保障。第二，外资银行金融机构的业务开放程度，必须既与中国经济发展条件相结合，又与中国加入世界贸易组织的权利、义务相适应，从法律制度方面来说，要完善目前的法律规定加强银行监管力度，以促进中央银行监管水平和商业银行管理水平的提高，保障中国金融业的开放力度进一步加大。为此，1994年2月25日国务院发布了《外资金融机构管理条例》，不仅体现了此次金融体制改革的法律要求，而且把过去那些分散的规定集中与综合起来，形成了一部比较系统的外资金融机构引进的行政管理法规基本框架。时隔八年，国务院于2001年重新通过了这部法规，共7章52条。为适应对外开放和经济发展的需要，加强和完善对外资银行的监督管理，促进银行业的稳健发展，2006年11月国务院发布了《外资银行管理条例》。2014年7月、11月以及2019年9月国务院又对该法进行了修订。该条例规范了对外资银行、中外合资银行、外国银行分行代表处的开放和管理，当时的中国银监会还颁布了该条例实施细则。而对于外国其他非银行金融机构在我国的设立和营业活动的规范和管理，却采取了同我国有关的其他法律一块打包制定和修订的方法。例如《中华人民共和国证券法》中规定了涉及外资证券公司在我国的法律条款；《证券投资法》中对境外投资者在我国境内进行证券投资应经国务院证券监督管理机构批准等内容作了规定；《保险法》中对涉及外国保险机构在我国设立代表机构的内容作了规定。总之，这个阶段我国的涉外银行金融立法既体现了国民待遇原则和优惠政策，又体现了规范化管理和保护外国投资者的合法权益的互利合作精神。

三、我国涉外银行金融业的主要内容和形式

我国涉外银行金融业的内容很多，情况复杂，但归纳起来主要包括四个方面：(1)外资银行金融机构及其业务的管理；(2)我国金融机构的对外业务；(3)我国在境外银行金融机构及其业务；(4)我国银行金融业参加世界银行和地区银行组织及公约。我国政府对涉外银行金融业的发展十分重视。因为它是我国对外开放的重要组成部分，对我国社会主义现代化的建设有十分重要的作用。

我国政府对涉外金融业的管理也随着对外开放的发展而不断加强。在管理形式上主要是依靠制定有关法律、法规、规章以及参与和承认的有关国际金融组织和公约。并且为了保障我国涉外金融业的健康发展,国家还建立了涉外银行金融业的监管机构。

第二节 对在我国境内的外资银行机构管理的规定

为了吸引外资,学习外资银行的管理经验,从而为我国金融体制改革提供参考经验,我国开始有目的、有步骤地允许外资在我国设立金融机构,并颁布了一些调整法规。1985年国务院发布了《中华人民共和国经济特区外资银行、中外合资银行管理条例》,1990年中国人民银行发布了《上海外资金融机构、中外合资金融机构管理办法》,1994年2月25日国务院发布了《中华人民共和国外资金融机构管理条例》,自1994年4月1日起施行。在进入21世纪我国加入WTO的新形势下,国务院于2001年12月20日又发布了《中华人民共和国外资金融机构管理条例》,共7章52条,并于2002年2月1日起施行。2006年11月国务院发布了《中华人民共和国外资银行管理条例》(以下简称《外资银行管理条例》),自2006年12月11日起实施,后又进行了三次修订(即2014年7月、11月和2019年9月)。《外资银行管理条例》共7章73条。2001年12月20日国务院发布的《中华人民共和国外资金融机构管理条例》同时废止。修订后的《外资银行管理条例》主要包括以下六个方面的内容:

一、外资银行的概念、设立原则和主管机关

(一)外资银行的概念

外资银行,是指依照我国有关法律、法规,经批准在我国境内设立的下列机构:(1)一家外国银行单独出资或者一家外国银行与其他外国金融机构共同出资设立的外商独资银行;(2)外国金融机构与中国的公司、企业共同出资设立的中外合资银行;(3)外国银行分行;(4)外国银行代表处。其中,根据《外资银行管理条例》的相关规定,上述(1)—(3)项所列机构,又统称为外资银行营业性机构。

所谓外国金融机构,是指在我国境外注册并经所在国家或者地区金融监管当局批准或者许可的金融机构。

所称外国银行,是指在我国境外注册并经所在国家或者地区金融监管当局批准或者许可的商业银行。

所谓外国银行代表处是指按照我国法律规定的程序和条件,经批准在我国可从事与其代表的外国银行相关的联络、市场调查、咨询等非营业性活动的机构。

(二)设立原则

外资银行必须遵守我国法律、法规,不得损害我国的国家利益、社会公共利

益。外资银行的正当活动和合法权益受我国法律保护。

(三) 主管机关

国务院银行业监管机构及其派出机构(以下统称银行业监管机构)负责对外资银行及其活动实施监管。法律、行政法规规定其他监管部门或者机构对外资银行及其活动实施监管的,依照其规定。国务院银行业监管机构根据国家区域经济发展战略及相关政策制定有关鼓励和引导的措施,报国务院批准后实施。

二、外资银行的设立和登记

(一) 设立外资银行的注册资本与运营资金的规定

设立外资银行及其分支机构应当经银行业监管机构审查批准。外商独资银行、中外合资银行的注册资本最低限额为10亿元人民币或者等值的自由兑换货币,并应当是实缴资本。外商独资银行、中外合资银行在我国境内设立的分行,应当由其总行无偿拨给人民币或者自由兑换货币的运营资金。外商独资银行、中外合资银行拨给各分支机构运营资金的总和,不得超过总行资本金总额的60%。外国银行分行应当由其总行无偿拨给不少于2亿元人民币或者等值的自由兑换货币的运营资金。此外,国务院银行业监管机构根据外资银行营业性机构的业务范围和审慎监管的需要,可以提高注册资本或者运营资金的最低限额,并规定其中的人民币份额。

(二) 设立外资银行的条件

外商独资银行、中外合资银行的股东或者分行、代表处的外国银行应当具备的条件是:具有持续盈利能力,信誉良好,无重大违法违规记录;具有从事国际金融活动的经验;具有有效的反洗钱制度;受到所在国家或者地区金融监管当局的有效监管,并且其申请经所在国家或者地区金融监管当局同意;国务院银行业监管机构规定的其他审慎性条件。对外商独资银行的股东、中外合资银行的外方股东或者分行、代表处的外国银行,其所在国家或者地区应当具有完善的金融监管制度,并且其金融监管当局已经与国务院银行业监管机构建立良好的监管合作机制。

外商独资银行的股东,其中唯一或者控股股东还应当具备下列条件:为商业银行;提出设立申请前1年年末总资产不少于100亿美元;资本充足率符合所在国家或者地区金融监管当局以及国务院银行业监管机构的规定。

中外合资银行的股东,其中外方股东及中方唯一或者主要股东应当为金融机构,且外方唯一或者主要股东还应当具备下列条件:为商业银行;提出设立申请前1年年末总资产不少于100亿美元;资本充足率符合所在国家或者地区金融监管当局以及国务院银行业监管机构的规定。

分行的外国银行除应当具备上述外国银行规定的条件外,还应当具备下列条件:提出设立申请前1年年末总资产不少于200亿美元;资本充足率符合所在国家或者地区金融监管当局以及国务院银行业监管机构的规定。外商独资银行、中外合资银行变更股东的,变更后的股东仍应当符合上述关于股东的条件。

外国银行在我国境内设立营业性机构的,除已设立的代表处外,不得增设代表处,但符合国家区域经济发展战略及相关政策的地区除外。

（三）申请筹建、申请开业以及初审和批准、登记

设立外资银行营业性机构,应当先申请筹建,并将下列申请资料报送机构所在地的银行业监管机构:申请书;可行性研究报告;拟设外商独资银行、中外合资银行的章程草案;拟设外商独资银行、中外合资银行各方股东签署的经营合同;拟设外商独资银行、中外合资银行的股东或者批设分行的外国银行的章程;拟设外商独资银行、中外合资银行的股东或者批设分行的外国银行及其所在集团的组织结构图、主要股东名单、海外分支机构和关联企业名单;拟设外商独资银行、中外合资银行的股东或者批设分行的外国银行最近3年的年报;拟设外商独资银行、中外合资银行的股东或者批设分行的外国银行的反洗钱制度;拟设外商独资银行的股东、中外合资银行的外方股东或者批设分行的外国银行所在国家或者地区金融监管当局核发的营业执照或者经营金融业务许可文件的复印件及对其申请的意见书以及国务院银行业监管机构规定的其他资料。机构所在地的银行业监管机构应当将申请资料连同审核意见,及时报送国务院银行业监管机构。

国务院银行业监管机构应当自收到设立外资银行营业性机构完整的申请资料之日起6个月内作出批准或者不批准筹建的决定,并书面通知申请人。决定不批准的,应当说明理由。特殊情况下,国务院银行业监管机构不能在上述规定期限内完成审查并作出批准或者不批准筹建决定的,可以适当延长审查期限,并书面通知申请人,但延长期限不得超过3个月。申请人凭批准筹建文件到机构所在地的银行业监管机构领取开业申请表。

申请人应当自获准筹建之日起6个月内完成筹建工作。在规定期限内未完成筹建工作的,应当说明理由,经机构所在地的银行业监管机构批准,可以延长3个月。在延长期内仍未完成筹建工作的,国务院银行业监管机构作出的批准筹建决定自动失效。

经验收合格完成筹建工作的,申请人应当将填写好的开业申请表连同下列资料报送机构所在地的银行业监管机构:机构的主要负责人名单及简历;对拟任该机构主要负责人的授权书;法定验资机构出具的验资证明;安全防范措施和与业务有关的其他设施的资料;设立分行的外国银行对该分行承担税务、债务的责任保证书以及国务院银行业监管机构规定的其他资料。机构所在地的银行业监管机构应当将申请资料连同审核意见,及时报送国务院银行业监管机构。

国务院银行业监管机构应当自收到完整的开业申请资料之日起2个月内,作出批准或者不批准开业的决定,并书面通知申请人。决定批准的,应当颁发金

融许可证;决定不批准的,应当说明理由。

经批准设立的外资银行营业性机构,应当凭金融许可证向工商行政管理机关办理登记,领取营业执照。

(四)外国银行代表处的设立、审批和登记

设立外国银行代表处除前述一般要求外,应当将下列申请资料报送代表处所在地的银行业监管机构:申请书,内容包括代表处的名称、所在地等;可行性研究报告;申请人的章程;申请人及其所在集团的组织结构图、主要股东名单、海外分支机构和关联企业名单;申请人最近3年的年报;申请人的反洗钱制度;拟任该代表处首席代表的身份证明和学历证明的复印件、简历以及拟任人有无不良记录的陈述书;对拟任该代表处首席代表的授权书;申请人所在国家或者地区金融监管当局核发的营业执照或者经营金融业务许可文件的复印件及对其申请的意见书及国务院银行业监管机构规定的其他资料。代表处所在地的银行业监管机构应当将申请资料连同审核意见,及时报送国务院银行业监管机构。国务院银行业监管机构应当自收到设立外国银行代表处完整的申请资料之日起6个月内作出批准或者不批准设立的决定,并书面通知申请人。决定不批准的,应当说明理由。经批准设立的外国银行代表处,应当凭批准文件向工商行政管理机关办理登记,领取工商登记证。

(五)外国银行分行改制问题的规定

按照合法性、审慎性和持续经营原则,经国务院银行业监管机构批准,外国银行可以将其在我国境内设立的分行改制为由其单独出资的外商独资银行。申请人应当按照国务院银行业监管机构规定的审批条件、程序、申请资料提出设立外商独资银行的申请。

外国银行分行改制为由其总行单独出资的外商独资银行的,经国务院银行业监管机构批准,该外国银行可以在规定的期限内保留1家从事外汇批发业务的分行。申请人应当按照国务院银行业监管机构规定的审批条件、程序、申请资料提出申请。上述所称外汇批发业务,是指对除个人以外客户的外汇业务。

外资银行董事、高级管理人员、首席代表的任职资格应当符合国务院银行业监管机构规定的条件,并经该机构核准。

外资银行有下列情形之一的,应当经国务院银行业监管机构批准,并按照规定提交申请资料,依法向工商行政管理机关办理有关登记:变更注册资本或者营运资金;变更机构名称、营业场所或者办公场所;调整业务范围;变更股东或者调整股东持股比例;修改章程;国务院银行业监管机构规定的其他情形。外资银行更换董事、高级管理人员、首席代表,应当报经国务院银行业监管机构核准其任职资格。

三、业务范围

外商独资银行、中外合资银行按照国务院银行业监管机构批准的业务范围,可以经营下列部分或者全部外汇业务和人民币业务:吸收公众存款;发放短期、中期和长期贷款;办理票据承兑与贴现;买卖政府债券、金融债券,买卖股票以外的其他外币有价证券;提供信用证服务及担保;办理国内外结算;买卖、代理买卖外汇;代理保险;从事同业拆借;从事银行卡业务;提供保管箱服务;提供资信调查和咨询服务;经国务院银行业监管机构批准的其他业务。外商独资银行、中外合资银行经中国人民银行批准,可以经营结汇、售汇业务。

外商独资银行、中外合资银行的分支机构在总行授权范围内开展业务,其民事责任由总行承担。

外国银行分行按照国务院银行业监管机构批准的业务范围,可以经营下列部分或者全部外汇业务以及对除中国境内公民以外客户的人民币业务:吸收公众存款;发放短期、中期和长期贷款;办理票据承兑与贴现;买卖政府债券、金融债券,买卖股票以外的其他外币有价证券;提供信用证服务及担保;办理国内外结算;买卖、代理买卖外汇;代理保险;从事同业拆借;提供保管箱服务;提供资信调查和咨询服务;经国务院银行业监管机构批准的其他业务。外国银行分行可以吸收中国境内公民每笔不少于100万元人民币的定期存款。外国银行分行经中国人民银行批准,可以经营结汇、售汇业务。

外国银行分行及其分支机构的民事责任由其总行承担。

外国银行代表处可以从事与其代表的外国银行业务相关的联络、市场调查、咨询等非经营性活动。外国银行代表处的行为所产生的民事责任,由其所代表的外国银行承担。

外资银行营业性机构经营《外资银行管理条例》中独资银行或者合资银行规定业务范围内的人民币业务的,应当具备下列条件,并经国务院银行业监管机构批准:提出申请前在我国境内开业1年以上;国务院银行业监管机构规定的其他审慎性条件。外国银行分行改制为由其总行单独出资的外商独资银行的,前述规定的期限自外国银行分行设立之日起计算。外国银行的一家分行已经依照该条例规定获准经营人民币业务,该外国银行的其他分行申请经营人民币业务的,不受"提出申请前在我国境内开业1年以上"的限制。

四、监督管理

(一)一般监管要求

外资银行营业性机构应当按照有关规定,制定本行的业务规则,建立、健全风险管理和内部控制制度,并遵照执行;遵守国家统一的会计制度和国务院银行业监管机构有关信息披露的规定;举借外债,应当按照国家有关规定执行;应当按照有关规定确定存款、贷款利率及各种手续费率;经营存款业务,应当按照中国人民银行的规定交存存款准备金。

国务院银行业监管机构根据外资银行营业性机构的风险状况,可以依法采取责令暂停部分业务、责令撤换高级管理人员等特别监管措施。

外资银行营业性机构应当按照规定计提呆账准备金并按照国务院银行业监督管理机构的有关规定,向其所在地的银行业监管机构报告跨境大额资金流动和资产转移情况。

外资银行营业性机构应当聘请在我国境内依法设立的会计师事务所对其财务会计报告进行审计,并应当向其所在地的银行业监管机构报告。解聘会计师事务所的,应当说明理由。外资银行营业性机构应当按照规定向银行业监管机构报送财务会计报告、报表和有关资料。外国银行代表处应当按照规定向银行业监管机构报送资料。

外资银行应当接受银行业监管机构依法进行的监督检查,不得拒绝、阻碍。

外国银行在我国境内设立的外商独资银行的董事长、高级管理人员和从事外汇批发业务的外国银行分行的高级管理人员不得相互兼职。外国银行在我国境内设立的外商独资银行与从事外汇批发业务的外国银行分行之间进行的交易必须符合商业原则,交易条件不得优于与非关联方进行交易的条件。外国银行对其在我国境内设立的外商独资银行与从事外汇批发业务的外国银行分行之间的资金交易,应当提供全额担保。外国银行代表处及其工作人员,不得从事任何形式的经营性活动。

(二) 外商独资银行、中外合资银行监督管理的具体监管要求

外商独资银行、中外合资银行除应当遵守对外国银行的一般监管规定之外,还应当遵守《中华人民共和国商业银行法》关于资产负债比例管理的规定。外国银行分行变更的由其总行单独出资的外商独资银行以及本条例施行前设立的外商独资银行、中外合资银行,其资产负债比例不符合规定的,应当在国务院银行业监管机构规定的期限内达到规定要求。国务院银行业监管机构可以要求风险较高、风险管理能力较弱的外商独资银行、中外合资银行提高资本充足率。

外商独资银行、中外合资银行应当遵守国务院银行业监管机构有关公司治理以及关联交易的规定。

外商独资银行、中外合资银行应当设置独立的内部控制系统、风险管理系统、财务会计系统、计算机信息管理系统。

(三) 外国银行分行的具体监管要求

外国银行分行营运资金的30%应当以国务院银行业监管机构指定的生息资产形式存在。

外国银行分行营运资金加准备金等项之和中的人民币份额与其人民币风险资产的比例不得低于8%。国务院银行业监管机构可以要求风险较高、风险管理能力较弱的外国银行分行提高这个比例。

外国银行分行应当确保其资产的流动性。流动性资产余额与流动性负债余额的比例不得低于25%。

外国银行分行境内本外币资产余额不得低于境内本外币负债余额。

在我国境内设立2家及2家以上分行的外国银行，应当授权其中1家分行对其他分行实施统一管理。国务院银行业监管机构对外国银行在我国境内设立的分行实行合并监管。

五、终止与清算

1. 外资银行营业性机构自行终止业务活动的，应当在终止业务活动30日前以书面形式向国务院银行业监管机构提出申请，经审查批准予以解散或者关闭并进行清算。

2. 外资银行营业性机构已经或者可能发生信用危机，严重影响存款人和其他客户合法权益的，国务院银行业监管机构可以依法对该外资银行营业性机构实行接管或者促成机构重组。

3. 外资银行营业性机构因解散、关闭、依法被撤销或者宣告破产而终止的，其清算的具体事宜，依照我国有关法律、法规的规定办理。

4. 外资银行营业性机构清算终结，应当在法定期限内向原登记机关办理注销登记。

5. 外国银行代表处自行终止活动的，应当经国务院银行业监管机构批准予以关闭，并在法定期限内向原登记机关办理注销登记。

六、法律责任

1. 未经国务院银行业监管机构审查批准，擅自设立外资银行或者非法从事银行业金融机构的业务活动的，由国务院银行业监管机构予以取缔，自被取缔之日起5年内，国务院银行业监管机构不受理该当事人设立外资银行的申请；构成犯罪，依法追究刑事责任；尚不构成犯罪的，由国务院银行业监管机构没收违法所得，违法所得50万元以上的，并处违法所得1倍以上5倍以下罚款；没有违法所得或者违法所得不足50万元的，处50万元以上200万元以下罚款。

2. 外资银行营业性机构有下列情形之一的，由国务院银行业监管机构责令改正，没收违法所得，违法所得50万元以上的，并处违法所得1倍以上5倍以下罚款；没有违法所得或者违法所得不足50万元的，处50万元以上200万元以下罚款；情节特别严重或者逾期不改正的，可以责令停业整顿或者吊销其金融许可证;构成犯罪的,依法追究刑事责任;未经批准设立分支机构的;未经批准变更、终止的;违反规定从事未经批准的业务活动的;违反规定提高或者降低存款利率、贷款利率的。

3. 外资银行有下列情形之一的,由国务院银行业监管机构责令改正,处 20 万元以上 50 万元以下罚款;情节特别严重或者逾期不改正的,可以责令停业整顿、吊销其金融许可证、撤销代表处;构成犯罪的,依法追究刑事责任;未按照有关规定进行信息披露的;拒绝或者阻碍银行业监管机构依法进行的监督检查的;提供虚假的或者隐瞒重要事实的财务会计报告、报表或者有关资料的;隐匿、损毁监督检查所需的文件、证件、账簿、电子数据或者其他资料的;未经任职资格核准任命董事、高级管理人员、首席代表的;拒绝执行《外资银行管理条例》第 50 条规定的特别监管措施的。

4. 外资银行营业性机构违反《外资银行管理条例》有关规定,未按期报送财务会计报告、报表或者有关资料,或者未按照规定制定有关业务规则、建立健全有关管理制度的,由国务院银行业监管机构责令限期改正;逾期不改正的,处 10 万元以上 30 万元以下罚款。

5. 外资银行营业性机构违反《外资银行管理条例》第四章监督管理有关规定从事经营或者严重违反其他审慎经营规则的,由国务院银行业监管机构责令改正,处 20 万元以上 50 万元以下罚款;情节特别严重或者逾期不改正的,可以责令停业整顿或者吊销其金融许可证。

6. 外资银行营业性机构违反《外资银行管理条例》有关规定的,国务院银行业监管机构除依照上述规定处罚外,还可以区别不同情形,采取下列措施:责令外资银行营业性机构撤换直接负责的董事、高级管理人员和其他直接责任人员;外资银行营业性机构的行为尚不构成犯罪的,对直接负责的董事、高级管理人员和其他直接责任人员给予警告,并处 5 万元以上 50 万元以下罚款;取消直接负责的董事、高级管理人员一定期限直至终身在我国境内的任职资格,禁止直接负责的董事、高级管理人员和其他直接责任人员一定期限直至终身在我国境内从事银行业工作。

7. 外国银行代表处违反《外资银行管理条例》有关规定,从事经营性活动的,由国务院银行业监管机构责令改正,给予警告,没收违法所得,违法所得 50 万元以上的,并处违法所得 1 倍以上 5 倍以下罚款;没有违法所得或者违法所得不足 50 万元的,处 50 万元以上 200 万元以下罚款;情节严重的,由国务院银行业监管机构予以撤销;构成犯罪的,依法追究刑事责任。

8. 外国银行代表处有下列情形之一的,由国务院银行业监管机构责令改正,给予警告,并处 10 万元以上 30 万元以下罚款;情节严重的,取消首席代表一定期限在我国境内的任职资格或者要求其代表的外国银行撤换首席代表;情节特别严重的,由国务院银行业监管机构予以撤销;未经批准变更办公场所的;未按照规定向国务院银行业监管机构报送资料的;违反《外资银行管理条例》或者国务院银行业监管机构的其他规定的。外资银行违反我国其他法律、法规的,由有关主管机关依法处理。

另外,香港特别行政区、澳门特别行政区和台湾地区的金融机构在内地设立的银行机构,比照适用《外资银行管理条例》。国务院另有规定的,依照其规定。

我国《外商投资准入特别管理措施(负面清单)(2019年版)》,对我国银行金融业扩大对外开放有重大影响,对在我国设立外资银行和设立保险公司有放宽的具体规定。

第三节 对在我国境内外资保险公司、外资证券公司管理的规定

一、对在我国境内外资保险公司管理的规定

2001年12月12日,国务院发布了《中华人民共和国外资保险公司管理条例》(以下简称《外保条例》),并于2013年、2016年、2019年三次修订,有总则、设立与登记、业务范围、监督管理、终止与清算、法律责任和附则,共7章42条。根据《外保条例》的规定,设立外资保险公司,应当经中国银保监会批准。根据我国入世有关承诺的内容,外资保险公司在中国的设立形式包括三种:即中外合资保险公司、外资独资保险公司和外国保险公司在中国设立的分公司。外资保险公司按照中国银保监会核定的业务范围,可以全部或者部分依法经营下列种类的保险业务:财产保险业务,包括财产损失险、责任保险、信用保险等保险业务;人身保险业务,包括人寿保险、健康保险、意外伤害保险等保险业务。外资保险公司经中国银保监会按照有关规定核定,可以在核定的范围内经营大型商业风险保险业务、统括保单保险业务。同时,中国银保监会作为中国对外资保险公司的监管负责机构,有权检查外资保险公司的业务状况、财会状况及资金运用状况,有权要求外资保险公司在规定的期限内提供有关文件、资料和书面报告,有权对违法违规行为依法进行处罚、处理。

多年来,《外保条例》虽然发挥了不小的作用,但随着"情况变则法必移"的规律,在后来颁布的《外资金融机构管理条例》中,把保险公司、证券企业财务集团公司的非银行业务和组织机构进行了分离,实行了分业经营和分业监管的管理机制,这在我国现行《保险法》中也有明确的规定,其第80条规定:"外国保险机构在中华人民共和国境内设立代表机构,应当经国务院保险监督管理机构批准。代表机构不得从事保险经营活动。"《保险法》第183条还规定:"中外合资保险公司、外资独资保险公司、外国保险公司分公司适用本法规定;法律、行政法规另有

规定的,适用其规定。"例如2019年国务院令第720号规定外国保险集团可以在中国境内设立外资保险公司,而在其保险条例规定法律责任中,对外国保险机构未经国务院保监机构批准,擅自在我国境内设立代表机构的,由国务院保监机构予以取缔,处以罚款。外国保险机构在我国境内设立的代表机构从事保险经营活动的,由保监机构责令改正,没收违法所得,并处一定违法所得的罚款。没有违法所得或违法所得不足一定限额的,也要处一定限额以下的罚款。对其首席代表责令撤换,情节严重的撤销其代表机构。

二、对在我国境内外资证券公司管理的规定

《中华人民共和国证券法》没有关于在我国境内设立外资证券公司的规定,只是规定了我国境内企业直接或间接到境外发行证券或将其证券在境外市场上交易,必须经国务院证券监管机构依照国务院规定批准。同时又规定该法实施前依照行政法规已经批准在证券交易所上市交易的继续进行交易。

《中华人民共和国证券投资基金法》自2003年10月28日发布后,经2012年、2015年两次修改。现行《证券投资基金法》共15章154条,它规定在我国境内募集投资境外证券,以及合格境外投资者在我国境内进行证券投资基金的,应当经国务院证券监督管理机构批准,具体办法由国务院证券监督机构同国务院有关部门规定,报国务院批准。

第四节 对外资金融驻华代表机构管理的规定

为加强对侨资、外资金融机构在中国设立常驻代表机构的管理,早在1983年2月,中国人民银行就公布了《关于侨资外资金融机构在中国设立常驻代表机构的管理办法》,该办法对外资金融机构驻华代表机构的管理起了参照作用。根据新的形势,2002年6月,中国人民银行颁布了《外资金融机构驻华代表机构管理办法》(以下简称《办法》),对相关内容进行了具体规定。其中包括对驻华代表机构的申请与设立、工作范围、监督管理(包括对驻华期限的监管、驻华人员的监管以及代表机构的变更和注销)。这个《办法》曾在一段比较长的时期内对促进外国银行的驻华机构的发展和监督起了一定作用,并积累了一定的经验。但后来,随着国务院《外资金融机构管理条例》的颁布,该《办法》也同时进行了废止。而当年《办法》规定代表机构主要从事咨询、联络和市场调查等非经营活动,不得从事任何直接盈利的业务活动。这与我国现行的《外资银行管理条例》或其实施细则规定的外国银行代表处工作范围很有相似之处。对在我国设立外国银行办事处的规定包括外国银行办事处设立的条件、审批和登记,对代表处的监督管理,代表处的终止和清算,违反条例规定的法律责任等内容,已都在本章第二节

中进行了阐述,故在本节中不再赘述,但作为教科书来说应该有这一节的体例。

第五节 我国境内金融机构的对外业务

(一) 中国人民银行的外汇国际金融业务

中国人民银行作为我国的中央银行,在国务院领导下,制定和实施货币政策,对金融业实施监督管理。它可以从事有关的国际金融活动,并审批、监督管理涉外银行及非银行金融机构的业务工作。

(二) 中国银行——我国对外业务的国有银行

中国银行是国家的外汇专业银行。它的职能是:

(1) 经营外汇买卖业务;

(2) 经办外汇信贷、外贸信贷、外币存款、华侨存款和汇款、国际汇兑、国际银行间的存贷款业务;

(3) 办理贸易和非贸易外汇的国际结算、国际间外汇清算;

(4) 经办委托外汇贷款、金融性租赁、外汇投资、对外资信调查、信用担保、信托代理、经济咨询等业务;

(5) 接受政府委托,参加国际金融组织以及经济贸易金融对外活动的谈判,签署对外资金往来协议、文件,研究国外金融动态。

(三) 中国进出口银行——实施我国外贸政策的专业银行

中国进出口银行是我国的政策性银行,它的主要任务是执行国家产业政策和外贸政策,为扩大我国的机电产品和成套设备等资本性货物出口提供政策性金融支持。它的主要业务是:

(1) 为大型机电成套设备进出口提供买方信贷和卖方信贷。

(2) 为中国银行的成套机电产品出口信贷办理贴息及出口信用担保。

国家开发银行和中国农业发展银行在国际上也进行了多方面的融资活动。前者作为承担国家重点建设资金筹集和贷款的专门银行,实力很强,截至2017年上半年,发放"一带一路"业务贷款764亿美元,仅对一带一路参与国家贷款金额超过1100亿美元,参与和引领国际合作取得大小项目成果30个。后者作为中国主要承担国家农业发展的政策专业银行,其对外业务也有相当的发展,特别是对支持非洲地区国家的农业技术改造和品种选择的优惠贷款起了积极作用。

(四) 中国投资银行

中国投资银行是经办世界银行对我国中小型建设项目贷款的中间金融机构,是负责承办转贷款业务的银行,受国家开发银行的领导。它将逐步成为向国外筹集建设资金、办理投资信贷的专门银行,其主要业务是:

(1) 接受世界银行贷款;

(2) 通过各种途径和方式,向国外筹集建设资金,对国内企业的中小型建设项目发放外汇及人民币投资贷款;

(3) 对中外合资企业发放投资贷款,或参与提供中方投资。

(五) 中国国际信托投资公司

中国国际信托投资公司是国务院直接领导的、专门经办国际信托投资业务的金融企业,在业务上受中国人民银行的管理和监督,它的主要业务是:

(1) 按照国家法律、法令、金融业务方针政策和中国人民银行批准的外汇信贷计划及外汇投资计划,积极组织、引导、吸收和运用外资、侨资、港资,接受外方或中方的委托,与中方或外方联系,达成短期或长期的合资协议,并为组成中外合资经营企业、中外合作经营企业、补偿贸易、来料加工、来件装配等项目的短期或长期技术合作,提供有关投资的法律、税收、外汇管理、劳动工资和财务核算方面的介绍与咨询服务。

(2) 接受外国厂商的委托,经营先进技术、设备引进的代理业务。

(3) 经国务院批准,在国外发行外币债券,为国家筹集外汇资金。

(4) 根据需要,在国内外经营中外合资企业或单独投资。

(5) 承办调查外资信用、信用担保、信托投资等业务。

(六) 四大国有商业银行和新兴的商业银行的涉外金融业务

每个商业银行均设有国际金融业务部门,办理有关的涉外金融业务。

第六节 我国境外中资银行金融机构的管理规定

本节主要阐述我国在境外的银行金融机构及其境外业务的规定。也就是通常我国所称的境外中资银行和非银行金融机构及其业务的管理。为了加强境外金融机构的管理,保障金融事业的健康发展,1990年中国人民银行制定了《境外金融机构管理办法》。主要内容包括:我国境外金融机构管理的范围、主管机关、设立的条件和手续、监管和罚则等。这对克服和解决随着我国对外开放政策的实施,境外金融机构逐步增多所带来的我国在设立境外金融机构工作中的管理问题,对树立我国对外声誉,促进国内金融事业健康发展起了积极作用。2011年原《境外金融机构管理办法》已经被废止。如今我国境外中资银行金融机构的管理政策、措施办法一部分已上升为国家相关法律层面的规定,有的存在于国家改革发展的"规划"和"决定"之中,一部分存在于国务院的相关行政法规和部门规章之中。如2001年8月20日中国人民银行发布的《商业银行境外机构的管理指引》就是根据《中国人民银行法》《商业银行法》《境外金融机构管理办法》等法律、法规和规章中有关部分,参照巴塞尔银行监管委员会发布的有关跨境监管的基本原则及各国通行做法制定的,规范了境外机构的经营行为,对提高竞争力起了积极作用。而监督管理的主管机关便是中国人民银行、中国证监会、中国银保监会等。按照2019年国务院令第720号规定我国境外金融机构可以入股外资保险公司,具体管理办法由国务院保险监管机构制定。

第七节 我国涉外金融业的其他各种法律形式

习近平总书记2017年7月15日在全国金融工作会议上强调:要扩大金融对外开放。深化人民币汇率形成机制改革,稳步推进人民币国际化,稳步实现资本项目可兑换。积极稳妥推动金融业对外开放,合理安排开放顺序,加快建立完善有利于保护金融消费者权益,有利于增强金融有序竞争,有利于防范金融风险的机制。推进"一带一路"建设金融创新,搞好相关制度设计。

一、进出口信贷

进出口信贷分为买方信贷和卖方信贷,利率为5%—7%。买方信贷是买东西向卖方银行借款。如我国的企业向国外厂商购买设备,可以先向卖方银行借款支付,然后还款给银行。卖方信贷,也是买东西借款,如我国的企业向国外厂商购买设备,可以通过卖方向银行借款作为支付,然后我国的企业还款给卖方,由卖方还款给银行。

二、补偿贸易

在补偿贸易中有个信贷关系,如外国厂商提供设备技术,我国企业不是用现金支付,而是用信贷的形式支付,即生产产品后,不在我国销售,将产品偿还给对方。补偿贸易有回购、互购两种方式。回购方式即将用买进的设备所直接生产的产品(又称"关联产品"),偿还给对方。互购方式即用非直接产品或"非关联产品"偿还给对方。如湖南某厂商购买港商的机器设备,港商购买湖南产的大米、竹子等,即为互购。

三、政府贷款

政府贷款是各国政府与政府之间的借贷行为,其特点是:利率偏低,大体为2%—3%,贷款期限较长,一般为20—30年。政府贷款这种形式在我国应用得也比较早。1950年2月我国同苏联政府签订了价值19亿美元、年息利率2.5%的长期借款协定,1956年我国已将这笔款的本息还清。

政府贷款还有:我国利用日本协力基金来建设我国兖(州)石(臼所)铁路、石臼所港、京秦铁路、秦皇岛港、广(州)衡(阳)铁路和湖南五强溪水电站等六个项目,初期计划借款总额达 4 亿美元,利率 3%,从第八年开始还本,20 年还清。1979 年,我国政府与日本政府订立双边贷款协定,即我国银行与日本输入银行签订的 20 亿美元能源贷款。1980 年拨付使用 4.53 亿,利率为 6.25%,项目投产后 15 年分期还清。日本政府向中国政府开发援助提供贷款,支持中国政府改革开放。从 1979 年开始实施至今对华日元贷款涉及 367 个项目,援助金额累计超过 33165 亿日元。这些贷款被广泛用于基础设施建设,如武汉机场等。2007 年日本政府不再提供新的日元贷款援助,但对已有的项目继续提供贷款,最后结束贷款的项目是青海省环青海湖流域草地生态综合治理工程,资金贮备达 63 亿日元。其中日本政府有偿援助最后结算日期是 2017 年 9 月 26 日。总之,长达 38 年,累计超过 3 万亿日元,日方对华有偿贷款完成使命。

四、国际金融机构的贷款

国际金融机构的贷款是指世界银行、国际金融公司、国际开发(振兴)协会、国际货币基金组织、国际货币基金组织等金融机构向各国政府的贷款,又称世界银行集团的贷款,包括:

(1) 世界银行:认购资本 256 亿美元,年利率 8.2%。期限 15—20 年,累计贷款承诺额为 386 亿美元。(2) 国际金融公司:认购资本 1 亿美元,年利率 8%—10%,期限为 7—12 年,累计贷款承诺额为 17 亿美元。(3) 国际开发(振兴)协会:对比较贫困的国家用更为宽松的条件进行贷款。出资总额为 107 亿美元,无利息,手续费为 0.75%,期限 50 年,累计贷款承诺额为 114 亿美元。(4) 国际货币基金组织:出资总额为 390 亿特别提款权(储备资金),我国出资额为 6.59 亿美元特别提款权。

五、国际金融市场的贷款

国际金融市场的贷款,又称商业贷款或自由市场的贷款。利率偏高,一般是 13%—20%,但同业银行拆放利率比较低。例如,英国伦敦同业银行拆放利率、新加坡同业银行拆放利率、纽约同业银行拆放利率都比较低,我们都可以利用。

六、租赁业务

租赁业务又称租赁贸易。一般通过租赁公司进行,是信贷的一种特殊形式,也是信贷的一种补充手段。租赁公司的本质属于信贷机构。

国际租赁是 20 世纪 60 年代至 70 年代发展起来的一种以商品信贷为形式的国际贸易方式。即以出租人为一方,把货物(客体)租借给另一方即承租方在一定期限内使用,承租人按合同规定分期付给出租人租金(即货价加利息和手续费等除以租赁期限)。这种租金可以是外汇现款,也可以是设备投产后的利润分成,或产品补偿。或者说,当承租方需要某种生产资料、生活资料或某种机器设备时,由租赁公司按承租方所要求的品种、规格向制造厂订制,并由租赁公司向制造厂付款,然后由承租方按合同所规定的利率和期限向租赁公司归还贷款。

租赁不同于一般的国际间的商品贸易。前者的商品所有权归出租人,而后者商品的所有权随着交易的结束由卖方转到了买方,并且在现代国家,租赁公司往往是与银行、保险、工业企业的发展联系在一起的。租赁公司可分为专业性的与综合性的两种。它是一种中介机构,起着经纪人的作用。

我国国内有中国租赁有限公司和中国与日本合营的中日东方租赁有限公司。中国租赁有限公司是由原中国国际信托投资公司和原国家物资总局共同组建的企业,它以新型的物资与资金结合的信贷形式,在国内外经营租赁、转租赁、回租、租购、租借以及与租赁有关的进出口业务。早年的中日东方租赁有限公司,以各种租赁形式,为国内外用户开辟添置设备,促进技术改造、利用外资的新渠道。其业务范围是:租赁下列各项成套设备或单机,如各种通用专用机器、设备、农业机械、船舶、飞机、装卸、运输设备、科学及精密器具、医疗设备、电气设备、商用设备、旅游饭店设备、办公室机器等。

七、购买股票或购买债券进行国际收购

发行股票和发行债券是世界各国采用的筹集资金的方式。例如创办一个公司就可以通过发行股票的方式筹集一部分资金。当然,发起人要有一部分资本投资,或有银行担保。我国企业去国外对外国企业进行收购的行为日益频繁。

八、国际信托投资活动

信托投资是一种间接投资的形式,接受投资的可以是银行或其所属的信托部,也可以是专门机构,如专门成立的信托投资公司,投资者可以将资本投给这些信托机构,由这些信托机构再转手投资到工农商业各种项目中去。还可以由信托机构作中介人使投资者和接受投资者直接谈判,在这种情况下,信托机构可以承担咨询业务,也可以征得当事人同意之后,作为合作的一方投入一部分资本进去。

九、项目融资

近年来,项目融资在国际上被广泛应用在大型基础设施项目以及资源开发项目、制造业项目的建设中。由于这类项目投资规模比较巨大,周期比较长,完全由政府出资比较困难,引进外资投入这类项目的做法是比较成功的。但对这类项目又必须是商业化经营管理才能产生收益、提高效益,外国投资者才有兴趣,对政府和社会才有价值。其具体做法是,可以由政府方或政府委托方与外商

投资方通过协议或合同的方式，采取股份合资的形式经营与分配收益；待项目建成和经营到一定期限，按照合同约定，既可继续合营，也可直接转归融资方。总之，这种项目融资，一般用于竞争性不很强的行业，并且只有那些通过对用户收费取得收益的设施和服务才适合用项目融资的方式，这类项目尽管建设投资量大，时间长，但收益稳定，受市场变化影响小，对投资者有一定吸引力。项目融资在我国的应用起步时间不长，为了加强借用国际商业贷款宏观管理，规范境外进行项目融资的行为，加强对我国外债的管理，更有效地利用国外资金，一般都有正规的手续，经过筹建到正式签约，并报国家主管部门审核。例如，2010年11月5日上海政府通过上海申迪与美国迪士尼签订的上海迪士尼乐园项目协议，便是这种情形。这个项目的主要内容包括：游乐设施中心、商业娱乐设施、公共交通设施等，总投资超过245亿元人民币。中方与外方各占一定的投资比例和股份，并吸收其他社会资本投入。

十、BOT 的形式

BOT 的英文名称是 Build-Operate-Transfer，意思是建设—经营—转让。1924年由土耳其总理奥扎尔首先提出来。当时，一些国家的基础设施需求不断增长，但不能提供足够的建设资金，一些国家的政府力促公共部门与私营企业的合作，为基础设施建设提供资金，从而产生了 BOT 投资合作方式。

BOT 开发模式的主要对象是一些投资巨额、影响深远、效益巨大的项目。这些项目由经授权的企业负责项目投资建设（Build），在事先确定的期限内，公司拥有项目产权并自主地负责项目经营管理（Operate），期满后将项目无偿地转让政府（Transfer）。BOT 实质是一种债权与股权相混的产权。相对于其他投资方式，采用 BOT 具有优越性。第一，选择 BOT 体现了经济学强调的效益优先原则。第二，开发区内企业通过 BOT 与政府签订契约合同，合同明确规定双方权利、义务关系，企业法人在合同期内享有独立的所有权和经营管理权，成为完全的法人，尽可能减少国家和试验区政府的行政干预，给企业以宽松的发展环境。第三，可以大规模地引进外资。一方面，BOT 具有巨额投资容量，有望从境外引进机构投资者（一般为国际上有影响的国家投资机构或民间金融机构）、财团、银团的资金。另一方面，BOT 的操作比较规范，项目与项目投资开发主体有良好的操作机制和约束机制，有较强的投资风险的防范能力，有利于吸引国内外投资担保机构为之担保，更大幅度筹集资金。第四，可以以物引资，带来先进技术、现代化的企业制度和一整套管理方法。BOT 是一种项目工程，合同期满之后，也就是外国投资者在收回成本，利润得到一定满足之后，就把整个项目归还给开发区。也就是借助于国外资金、技术和先进的管理经验既开发了开发区的项目，又培养了一大批有能力的管理人员和技术人员。所以，BOT 是一种更高层次的综合引进,适应开发区不断发展的需要。

思考题

1. 在我国设立外资银行机构的范围、条件和程序是怎样的?
2. 我国境内有哪些金融机构有对外金融业务?
3. 何谓项目融资?
4. 何谓卖方信贷和买方信贷?
5. 国际金融机构的贷款和国际商业贷款有什么区别?
6. 我国将如何加大对外资银行机构的开放幅度以及应怎样监督管理?
7. 我国对外国银行代表处的性质、设立的程序及其监督管理是怎样规定的?
8. 我国在境外中资银行机构的设立程序和监督管理是怎样规定的?

第二十三章　我国银行金融业国际化的融合发展

第一节　我国银行金融业主导和参与
区域性国际金融组织概况

一、我国积极参与区域性金融组织的概况

积极参加区域性国际金融组织既是我国涉外银行金融业发展的延伸,也是迈向国际金融组织(舞台)的需要。从20世纪80年代开始,我们先后参加了一些区域性国际银行机构和多边公约。

(一)亚洲开发银行

亚洲开发银行简称"亚行",是区域性开发银行,成立于1965年,总部设在菲律宾的马尼拉。其宗旨是通过在亚太地区内外集合金融和技术资源,促进本地区(亚洲及太平洋地区)经济发展与合作。亚洲开发银行权力机构为执行理事会,由12人组成。从1965年至2016年年底参加的会员有67个地区和国家。包括亚太地区48个,非本地区成员18个。

1986年3月,中华人民共和国以中国唯一合法政府身份加入亚洲开发银行,并参加执行理事会。我国加入亚洲开发银行后,根据亚洲开发银行宪章规定认购股本16.17亿美元,占亚洲开发银行成员认缴总股本的6.44%,是仅次于美国、日本(美国和日本的股份额并列第一)的第三大认购国,1986年5月我国政府首次派代表团参加亚洲开发银行理事会第19届会议。中国的加入使亚洲开发银行真正具有亚太地区性质,也扩大了我国同亚洲国家与地区的经济金融合作,使我国与亚洲开发银行的关系获得了稳步发展,尤其是信贷业务比较突出。在这个组织中,都是十大出资国,拥有一票否决权。

(二)非洲开发银行及其基金组织

非洲开发银行是非洲国家的区域性金融组织。在联合国"非洲经济委员会"的支持下,1964年9月成立,1966年7月营业,行址设在科特迪瓦首都阿比让。其成员有中国、韩国、印度、日本等亚洲国家和德国、法国等欧洲国家。其宗旨是促进成员国经济发展和社会进步。最高权力机构为董事会。该行业务分普通业务和特别业务两种。1972年7月,非洲开发银行和17个非洲以外的国家设立"非洲开发基金",对非洲国家提供期限达50年的无息贷款。1976年2月该行和尼日利亚政府共建"尼日利亚信托基金",向成员国提供贷款。20世纪80年

代、90年代以来,非洲开发银行又有了较大发展,在国际金融体系中发挥了应有的作用。

1985年我国加入非洲开发银行,进一步扩大了我国与非洲进行合作的渠道,有利于贯彻我国对非洲经济合作平等、互利、讲求实效、形式多样、共同发展的精神。

(三) 美洲开发银行

美洲银行又称泛美开发银行,成立于1959年,是以美洲国家为主组成的区域性金融经济组织。该行的资金来源:一是参加国缴纳的股本,二是在市场上的借款,三是银行本身的利润。美洲银行的信贷业务分为两大类:一类是普通业务(对参加国政府、政府机关、国有企业和私人企业发放贷款),另一类是专门业务(对参加国提供本国货币的投资和投资转让业务)。这两类业务期限比较长,分别是10—15年、20—25年,利息比较低。

美洲银行有两个最显著的特点:一是,美洲银行是一家著名的国际银行,市场竞争力强,效率水平高,财务表现出色。载至2004年年底,美洲银行总资产11104.6亿美元,净资产996.45亿美元。二是,美洲银行拥有美国最大的全国性零售网络,对小型企业在产品营销、风险管理等方面有着丰富的经验。美国投资美洲银行最多,其总行设在华盛顿。2008年美国爆发国际金融危机,该银行受到冲击。至2017年该行的经营业务已有较快发展。截至2017年,共有成员国48个,其中美洲28个、欧洲16个、亚洲4个(日本、韩国、以色列、中国)。

中国建设银行和美洲银行于2005年6月签订了中国建设银行美洲银行战略投资伙伴关系的协定。

(四) 东新澳中央银行组织

东新澳中央银行组织的全称是东南亚、新西兰、澳大利亚中央银行组织。它成立于1956年,其创始会员为巴基斯坦、澳大利亚、新西兰、印度和斯里兰卡5个国家的中央银行。

东新澳中央银行组织的宗旨是增进各会员国中央银行的合作,促进中央银行中有培养前途官员的专业发展。该组织的主要活动有:每两年一次理事会会议(单数年)、一次中央银行业务讲习班(双数年)以及每年一次银行监督官会议,由各会员轮流承办。

(五) 加勒比开发银行

加勒比开发银行是次区域性金融机构,创建于1969年。其宗旨是促进本地区成员国经济的增长和发展,推动经济合作及本地区一体化。1998年1月,中国正式成为该行成员。

(六) 中国与东盟建立自由贸易区与金融合作

东盟是目前中国五大贸易伙伴之后的第六大贸易伙伴。中国与东盟自由贸易区的建立,加强了亚洲国家之间的经贸合作与资本流通,成为亚洲国家进行金融合作的坚实基础。2000年5月6日,第九届东盟与中日韩"10+3"财长在泰国签订了《清迈协议》,决定在东盟和中日韩三国间建立双边货币互换机制。根据协议,在必要时可以对外汇暂时陷入不足的国家提供外汇支持,以防该国货币大幅下跌。2001年4月日本政府与韩国、泰国签署了双边货币交换协定,迈出了清迈协议具体化的一步。2001年9月菲律宾和日本签订了双边货币交换协定。2001年12月中国与泰国也签订了双边货币交换协定。并且中国与日本、韩国也达成了类似协议的谈判。这些都极大地推动了东亚在贸易和金融方面的合作。2016年2月19日,东盟与中日韩(10+3)宏观经济研究办公室升级为国际组织,宏观经济办公室相当于地区金融安全网,负责地区宏观经济监测并在必要时对有关国家提供支持,中国为该组织第一大出资方,占32%份额。

二、我国银行金融业由参与型向主导型区域金融的转变

随着我国银行金融业实力的增强以及国际地位和影响力的提高,以及对国内、涉外、国际银行金融业之间关系的连接与统筹的认识深化与提高,由十八大前一般地参加国际金融机构向着倡导和主导区域性国际金融组织的方向转变和发展,也就是由跟着跑向领着跑转变,并担当相应的国际金融义务。

例如,合作主导金砖银行的建立、倡议和主导亚洲基础设施银行的成立、主导人民币首先成为区域性货币的可兑换。

(一)参与欧洲复兴开发银行与合作

欧洲复兴开发银行是于1991年设立的国际性开发金融机构。由日本、美国等64个国家和欧盟出资,主要对各国基础设施建设进行投资,总部设在英国伦敦,是全球最重要的区域性开发银行之一。我国于2015年12月申请加入,2016年1月经批准正式加入成为该银行的成员。中方加入该银行有利于推动中国"一带一路"倡议与欧洲投资计划对接,促进官方与私营部门合作,对中方与该行在中东欧、地中海东部和南部、北非等地区开展项目投资、深化产业与技术领域合作交流提供广阔空间。同时中方加入该银行也符合各方利益,是合作共赢的选择,中国成为该行成员后将履行成员义务,积极参与该行事务,并加强该行与其他成员在经验分享、联合融资和发展元素等领域的合作。并且欧洲复兴银行也确信中国政府对经济政策的把握,愿以中国正式加入为契机,积极推动欧中发展战略对接,深入推进各项合作倡议,加强同中国政府、企业界、基础设施投资银行的沟通,加强同二十国集团等多边金融机构和平台的合作,构建强有力的伙伴关系。

(二)金砖国家开发银行

金砖国家开发银行(以下简称"金砖银行")于2014年7月22日在中国上海

正式成立并开业。这是由五个金砖国家领导人(中国、俄罗斯、印度、巴西、南非)在巴西签署的《福塔莱萨宣言》中决定成立的。初创核定资本为1000亿美元,中国最大互换金额为410亿美元,巴西、印度、俄罗斯各为180亿美元,南非为50亿美元,总部设在上海。这是一所新型的、平等的、多边合作的国际性银行,其任务是为金砖五国集中开发资金和进行应急储备安排。这是金砖国家务实合作的重要成果之一,是组合开发性资金和设立防火墙两大机制的合作,一方面为金砖国家和其他新兴市场经济国家搭建了支持基础设施建设重要的金融平台,对国际金融现有的投资格局是一个有益的补充。另一方面,所谓"应急储备安排"是指起一个最后贷款人的作用,即在成员国出现国际收支困难时,金砖银行向其成员国提供流动性支持,并在接受流动性国家提出申请和满足一定条件时通过货币互换提供资金。这就为国际金融安全增添了新的层次,起着金融防火墙的作用。

2016年10月,习近平主席出席在印度阿果举行的金砖国家领导人第八次会晤时强调指出要把金砖国家新开发银行和应急储备安排这两个机制建设好、维护好、发展好,提升金砖国家的整体竞争力。

(三) 亚洲基础设施投资银行

2016年1月16日,由中国倡议和主导的亚洲基础设施投资银行(以下简称"亚投行")成立并正式开业,这是一所为了促进亚洲和世界发展繁荣、加快亚洲基础建设的发展而建立的多边国际性开发银行。按照该银行章程与协议的规定,依照股份"投票分配"等核心要素,确定初始总额1000亿美元,各成员国按比例分摊。亚投行的成立,有利于增加亚洲地区基础设施投资,推动区域互联互通和经济一体化进程;有利于改善发展中成员国的投资环境和创造就业机会;有利于提升中长期发展潜力,对亚洲乃至世界带来积极的振兴作用。国际社会对此反映强烈,认为它创造了历史。亚投行属于新型的高效、透明的多边开发银行,按照开放包容、互利共赢的原则进行营业。中国作为亚投行的倡议国,坚定不移地支持亚投行的运营和发展,除了按照规定定期缴纳股本外,还向亚投行设立的项目投入特别基金5000万美元,用于欠发达成员国基本建设投资项目。亚投行自成立以来运行良好,已经与巴基斯坦等国签署了有关交通、港口、基础建设项目的双边协定。亚投行设立了董事会、理事会、行长。第一任行长是金立群(中国),总部设在中国上海。

(四) "一带一路"倡议中的涉外金融与国际金融

2013年9月,习近平总书记提出建设"一带一路"的倡议。在构建"一带一路"的国际合作中,无论是在物资配置方面,还是人文交流方面,都离不开资金融通。为了更好地发挥银行金融对"一带一路"的支撑作用,下列运作都是可行的:(1)中央银行与沿路一些国家签订"货币互换协定",协定的内容包括货币互换的范围、规模、价格标准等,中国人民银行已与沿路数十个国家签订了"货币互换协定",对促进投资经贸和人员往来效果很好。(2)根据需要和可能在沿路的一些国家城市中心建立"人民币结算中心"。比如:我国已经在中东卡达尔、欧洲英国、亚太韩国和阿拉伯地区的阿联酋长国建立了"人民币结算中心"。(3)条件成熟时建立外汇报交易中心、外汇结算机构,方便外汇兑换或交易。(4)视条件与对方商约,中央银行可在有关国家发行人民币债券,比如2016年在英国伦敦发行了30亿人民币债券,反应强烈,中国银行、中国进出口银行等打算在境外发行本行海外债券,这都有利于促进资本流通。(5)各政策性银行、商业专业银行、保险公司都在相应的国家或地区进行基本建设投资,发放这方面的贷款,在境外所在国家和地区发行具有银行特色和合作特色的股票、债券,在所在国和地区开办本行的交易中心,设立经营支行机构、非经营办事机构和代表机构。保险机构可在所在国有关地区开展再保险活动。(6)中资金融机构作为独立法人,还可在国际金融舞台上主动积极配合国家的对外政策和"一带一路"的要求,同世界和地区的有关银行金融机构建立新型的金融伙伴关系;如国家开发银行积极助力"一带一路"倡议实施方案和三年行动计划,建立了项目储备库。深化多边金融合作与亚投行、丝路基金对接,共同建立项目库,分享投融资经验。与世界银行联合举办中国对非洲投资研讨、协办亚欧互联互通产业对话。又如中国进出口银行深感公司企业在建设"一带一路"中的主体地位,产业是"一带一路"建设的根本命脉,通过优惠贷款和转贷业务一方面支持本国新型能源公司企业打包建立产业链走出去,另一方面又帮助对方国家企业掌握新能源技术发展低碳产业,并且同世界银行、亚洲开发银行、欧洲复兴银行等国际金融机构建立了全方位、多层次的金融合作机制,相互之间取长补短、互相借鉴,在国际金融合作中建立了良好的合作关系。(7)大力促进民营银行、社会资本积极稳妥投入"一带一路"的建设。"一带一路"是民营金融参与国际投资的机会,我国现有民营银行资产规模庞大,其先后投入"一带一路"的金融活动,证明社会资本是"一带一路"建设不可缺少的一支重要的金融力量。

第二节 我国金融业主导和参与全球性国际金融组织的概况

一、国际金融的概念

国际金融有广义和狭义之分,广义的概念是国家与国家之间、国家与地区之间及国家与联合国银行金融组织、货币集团之间的信用、结算、货币兑换、证券交易、金银买卖以及与财政相关的活动的总称,狭义的概念是指国家与国际货币基金组织之间的信用结算货币兑换、证券交易、金银买卖的活动关系。前者的概念如我国与德国签订《中德货币互换协定》、我国与东盟签订《金融合作协定》。后者限指我国加入国际货币组织发生的金融关系,如人民币入篮。

二、国际货币基金组织

国际货币基金组织(IMF)是联合国经营国际金融业务的专门机构。根据1944年7月在布雷顿森林会议上签订的《国际货币基金组织协定》,国际货币基金组织于1945年12月27日在华盛顿成立,1947年11月成为联合国专门机构,其总部设在华盛顿。其宗旨是:促进国际货币合作和国际贸易的发展,促进汇兑稳定,避免竞争性汇率贬值,协助建立会员国之间货币交易的多边支付制度以及消除妨碍世界贸易的外汇限制。会员国要认缴一定的基金份额,才能参加基金会成为会员。会员国投票权的大小和能够向货币基金组织取得借款(即提款权)的多少,主要取决于其认缴的基金的大小。会员国借款的累计数不得超过本身份额的12.5%。1970年又产生了特别提款权作为会员国原有提款权的补充。认缴基金份额的大小又根据一国货币储备、外贸数额和国民收入来确定。该基金组织最高权力机关是理事会,负责处理日常事务的机关是执行董事会。执行董事由认缴基金最多的美国、英国、法国、联邦德国和日本各派一名成员参加,我国也是执行董事之一,其余16名执行董事由其他会员国按地区推选。总理主持货币基金组织的日常业务,由执行董事选任。

1980年4月16日该组织投票通过接纳中华人民共和国为会员国,从此恢复了我国在该组织的合法地位。我国政府代表团在该组织会议上的发言阐明了我国对国际重大金融政策和国际货币制度的立场。我国认缴的基金份额是5.5亿特别提款权,相当于6.93亿美元。

2001年2月5日,国际货币基金组织理事会投票通过,我国在国际货币基金组织的份额位次升至第8位,由原来的46.872亿特别提款权(约合61亿美元),提高到63.692亿特别提款权(约合83亿美元)。2016年1月27日国际货币基金组织2010年份额和治理改革方案正式生效,中国正式成为其第三大股东。中国份额占比将从3.993%升至6.394%,排名由第六位升至仅次于美国和日本。其他如巴西、印度和俄罗斯新兴经济实体也跻身国际货币基金组织行列股东前十名。

三、世界银行

世界银行也称"国际复兴开发银行",是联合国经营国际金融业务的专门机构之一。它是根据1944年7月联合国货币金融会议签订的《国际复兴开发银行协定》,于1945年12月27日成立的,总部设在华盛顿。宗旨是:促进用于生产事业的投资,协助会员国的复兴和开发;促进私人国外投资。当会员国的私人投资不足时,可通过世界银行的直接贷款给予辅助,促进会员国国际贸易平衡发展和国际收支平衡。世界银行的会员国须以国际货币基金组织会员资格为前提,即任何国家只有首先加入国际货币基金组织,然后才能加入世界银行。各国参加世界银行又是以认股的方式进行的,会员国认购世界银行股份的多少,一般根据各国的经济和财政力量,并参照在基金会组织中认缴的股份额而定。会员国的投票权基本上同认购的股份成正比。世界银行年会由各国财政部长和中央银行行长参加。按《国际复兴开发银行协定》的规定,世界银行设理事会、执行理事会和总裁以及必要的办事机构和公职人员,理事会为最高权力机关,其理事由各会员国指派;理事会决议的执行,由执行理事会负责,并全面主持世界银行工作,执行理事中的五位由银行最大股份持有国指派,他们分别是美国、英国、法国、德国、日本。其他执行理事分别由各会员国按地区选出。执行理事会主席由世界银行总裁担任。总裁是该行行政公职人员的首脑(行长),负责日常业务。世界银行的附属机构有国际开发协会和国际金融公司。世界银行的资金由会员国认购的银行股金、营业收入和在各国的贷款等三部分构成。

1980年5月,我国恢复在世界银行的合法席位,国家指派一名代表参加了执行理事会,按规定认购了世界银行股金。世界银行贷款已成为我国对外借款的主要渠道,其中能源、交通、运输、工农业建设等方面的重点贷款占贷款总额的80%,获得了较好的经济效益和社会效益。G20集团领导人杭州峰会的公报中,记载了允许世界银行在中国发行SDR计价债券(总规模为20亿特别提款权结算为人民币),引起了国际社会的高度关注,世界银行与中国的关系进一步加强。

四、国际清算银行

国际清算银行(BIS)是主要西方国家政府间的金融联合组织。根据1930年1月20日签订的《海牙国际协定》,于同年5月组成。会员国有英国、法国、德国、意大利、比利时、日本六国的中央银行,以及代表美国银行界利益的银行团,行址设在瑞士的巴塞尔。后来,澳大利亚、加拿大、欧洲其他各国以及南非的中央银行也相继参加。它是世界上历史最悠久的国际金融组织。其宗旨最初是办理第一次世界大战后德国赔款的支付和解决德国国际清算问题。1933年后转办各国间的清算业务。从1973年6月起,又成为欧共体欧洲货币合作基金的代理人,兼办各国中央银行间的互惠信贷。现在它已成为发达国家共同协商货币的金融政策中心。

国际清算银行由一些国家的中央银行拥有和控制,向各国中央银行并通过中央银行向整个国际金融体系提供一系列高度专业化的服务,该行的主要任务是促进各中央银行的合作并为国际金融的运营提供额外的便利。扩大中央银行合作的主要目的之一,始终是促进国际金融的稳定。当前,随着国际金融市场一体化的迅速推进,这类合作显得尤为重要,该行的主要作用表现在:提供国际货币合作领域的论坛;为中央银行服务;研究货币与经济问题的中心;作为代理人或受托机构。国际清算银行的管理机构由三部分组成:股东大会、董事会和管理局。股东大会每年举行一次,通常于每年6月的第二个星期一召开。

我国于1985年正式与国际清算银行建立往来关系。在该行开设了外汇及黄金存款账户,该行是我国中央银行与各国中央银行广泛接触的场所,也是从国际上融通资金的一条渠道。1996年,我国正式加入国际清算银行,这标志着我国经济实力和金融改革开放成就日益得到国际承认。

五、国际金融公司

国际金融公司(IFC)是世界银行下属机构之一。1956年7月24日正式成立,总部设在美国华盛顿。它虽是世界银行的附属机构,但它本身具有独立的法人地位。参加该公司必须是世界银行的成员。

国际金融公司的宗旨主要是:配合世界银行的业务活动,向成员国特别是其中的发展中国家的重点私人企业提供无须政府担保的贷款或投资,鼓励国际私人资本流向发展中国家,以推动这些国家的私人企业的成长,促进其经济发展。国际金融公司的组织机构,其最高权力机构是理事会;理事会下设执行董事会,负责处理日常事务,正副理事、正副执行董事也就是世界银行的正副理事和正副执行董事。国际金融公司的法定资本为1亿美元,资金来源主要有:会员国缴纳的股金(资本),从世界银行和其他一些来源借入的资金,以及该公司业务经营净收入。主要业务是对成员国私人企业进行贷款并且不需要政府担保,贷款期限一般为7年到15年,因贷款的风险和预期收益的不同而有所区别,平均高于世界银行,除贷款活动外,还对私人企业投资、入股,并组织联合投资业务。资金投放对象除了制造业、加工工业、采掘工业外,也对当地从事业务的金融机构进行贷款,近年来,还对公共事业、能源环保事业、水电事业进行项目投资。除了贷款投资外,还进行咨询服务和培训业务。1980年5月5日我国在该公司的代表权恢复,我国政府派财政部部长任该公司的中国理事。1985年以来,该公司陆续对我国的公共投资事业、私营中小企业、节能环保事业、公用事业进行项目贷款和投资,还在中国国内市场首次发行本国货币的熊猫债券11.3亿元,期限为10年,其债券收益向广州、安徽、北京进行融资,还向杭州联合银行购买该银行5%的股权,这是外资入股中国农村合作银行的第一个案例。

六、国际金融协会

国际金融协会(IIF),是一家全球性的金融机构组织,总部设在美国华盛顿。

其成员包括来自40多个国家和地区的320多个世界知名商业银行、投资银行及保险公司和出口信贷机构,代表金融界参与有关对话和分析金融形势,是国际金融业代表之一。国际金融协会的成员机构中的中国成员有:国家开发银行、中国农业银行、中国银行、中国建设银行、中国交通银行、中国光大集团、中信实业银行、中国招商银行、中国民生银行、华夏银行、深圳发展银行、北京市商业银行等12家银行。2001年国际金融协会在英国伦敦召开的招待委员会及董事会会议上,当年的中国银行行长当选为这一全球性的金融机构组织的副主席,从而增强了我国在国际金融界的影响。

七、金融稳定理事会

金融稳定理事会,它的前身为金融稳定论坛(FSF),是七个发达国家(G7)为促进金融体系稳定而成立的合作组织。在中国等新兴市场国家对全球经济增长与金融稳定影响日益显著的背景下,2009年4月2日在伦敦举行的20国集团(G20)金融峰会决定,将FSF成员扩展至包括中国在内的所有G20成员,并将其更名为FSB(Financial Stability Board,FSB)。成立时间为2009年6月26至27日。全球金融稳定理事会成员包括所有20国集团的主要经济体,其中也包括中国。FSB的任务是制定和实施促进金融稳定的监管政策和其他政策,解决金融脆弱性问题。FSB成立大会评估了G20伦敦峰会关于金融监管共识的落实情况。主要包括:(1)关于金融监管。FSB承诺设计一套机制,确保国际上各种监管标准不会出现竞相攀比谁更宽松的情况。(2)关于银行资本充足性,巴塞尔银行监管委员会承诺在2009年底提出一整套强化银行资本充足性和流动性的规定。(3)关于证券化,证监会国际组织(IOSC)承诺在2009年9月公布证券化与信用违约互换产品监督方法的最终稿。而在2016年9月G20杭州峰会公布的附件二即《20国集团落实2030年可持续发展议程行动计划》里,对"国际金融框架"作了这样的描述:支持全球经济增长和金融稳定、强化国际金融架构是实现可持续发展的基础。G20也采取措施加强全球金融体系韧性,同时保持其开放和整体架构以及有效的全球金融安全网。G20已决心提升主权债务重组进程的有序性和可预见性,加强债务可持续机制并持续关注低收入和发展中国家的金融稳定。这些要求与金融稳定理事会的任务和职责是分不开的。

八、我国政府和银行参加的国际金融公约

其一,1988年4月28日,中华人民共和国驻美国特命全权大使代表中国政府在华盛顿世界银行总部签署了《多边投资担保机构公约》(以下简称《公约》),随后,我国国务院作了关于核准该《公约》的决定。由此,我国即成了该《公约》建立的多边投资担保机构(以下简称机构)的创始会员国。

《公约》是在世界银行主持下，经过多年的酝酿制定的。1985年10月在汉城召开的世界银行年会上通过并向世界银行所有会员国及瑞士开放签字。《公约》的宗旨是通过向外国投资提供非商业性风险的担保，促进生产性投资更多地流向发展中国家。为达此目标，《公约》建立了多边投资担保机构，并为其作了一系列周密安排。

(1) 机构是一个由国际公约创设的、专门为国际投资进行非商业性风险担保的、具有法人资格的实体，拥有自己的资本来源，即会员国按照其在世界银行的资金份额比例分摊的股份数额认缴股金。

(2) 机构为国际投资提供四项非商业性保险业务：① 货币汇兑险；② 征收和类似的措施险；③ 政府违约险；④ 战争和内乱险。同时它还为发展中国家会员国及投资者提供方便的咨询服务和技术援助。

(3) 该机构的最高权力机关是理事会，由各会员国的一名代表组成。为了保证发展中国家和发达国家在机构内处于同等地位，从而加强合作，《公约》特别安排这两类国家在机构中的股权地位达到均等。该机构一般业务机关为董事会，世界银行行长为董事会的兼任主席，总裁在理事会的控制之下处理机构的日常业务。

(4) 会员国与机构之间或会员国之间对该《公约》的解释或实施发生争议，均应提交董事会裁决，对此裁决不服者，还可以请理事会作出最终裁决。机构与东道国之间的争议，首先应致力于通过谈判协商解决。如果谈判达不成协议，任何一方均可通过调解程序或仲裁程序解决争议；有关担保权人或分保人的争议，应直接提交仲裁。

(5) 按照《公约》的规定，机构可以和各会员国国内投资保险机构或其他私营保险公司建立业务关系，如提供再担保，但它并不能取代国内保险机构的作用，而只起补充或加强的作用。多边担保也不得与会员国签订的双边投资保护协定相冲突。相反，它旨在促进双边投资保护协定得到更有效的实施。我国加入《公约》，是我国为进一步推动对外开放、改善我国的投资环境而采取的新举措，有利于消除外国投资者在我国投资时对非商业性风险的疑虑，增强他们的信心与安全感，为吸引外国投资创造有利条件。

其二，这些年来，我国参加的国际金融方面的公约还有国际金融公司协定、设立亚洲再保险公司协定、亚洲开发银行协定、建立非洲开发银行协定等。我国政府还同欧洲投资银行签署了一项向我国提供长期投资贷款的合作框架协议。

我国和部分国家的双边金融合作也不断加强，例如，1998年9月24日，中法两国政府在北京发表了《关于加强金融合作的联合声明》，强调在货币和金融领域内加强双边的合作。再如，2000年5月6日，东盟与中国、日本、韩国三国财政部部长在泰国就东亚地区财政金融合作，特别是在东盟十国和中国、日本、韩国三国(10+3)的机制下,建立双边货币互换机制达成共识,并发表了联合声明。声明指出,为进一步保持区域经济稳步增长,应先建立一个充分协调区域经济和金融监控及资金自我支持的相互援助体系。声明强调,建立这一新的区域财金合架构将是对现在国际金融框架的补充,符合东亚地区有关国家的实际情况和要求,中国支持这项联合声明,因为它有助于加强地区间的经济与金融合作。又如,2000年5月10日中国银行与比利时富通银行签订了25亿欧元的多国出口信贷协议,这是中国银行与外国银行签订的第一个多国出口信贷框架协议,这种出口信贷的合作将促进对外贸易的合作。

此外,WTO的约束范围与业务性质,同各国银行金融业的关系十分密切,其经济贸易规则直接为各国的银行金融制度提供了一定的准则,而《关贸总协定》和《金融服务贸易协议》又要求其成员国必须参与国际金融业逐步市场化、逐步取消和减小对外国金融机构的各种限制,确立多边、双边统一开放的金融市场规则。因此我国正式加入WTO后,随着国内金融市场的逐步开放和外资金融机构的大量进入,在我国当年存在的金融业效率低、竞争力不足、缺少透明度的情况下,为迎接比较先进的外国金融和国际金融的挑战,我国政府从以下三个方面促进了金融业的开放和进入国际市场:(1)从银行金融业务方面增加消费和投资金融项目,实行进一步开放并通过金融资产的重组,建立了几个巨大的、在国际金融竞争中有重大影响的银行金融机构,在我国银行金融组织体系中,形成大中小相结合、以大型的商业银行为主体的组织体系,以适应社会主义市场经济大发展和国际经济全球化的需要。(2)从提高中资银行国际竞争能力方面,支持商业银行的业务创新,支持它们走向国际金融市场。对我国银行业、保险业、证券业的监管制度要注意统一与加强,要提高监管能力与水平,并培养一大批高层次的银行金融管理专门人才,以适应国际金融合作与交流的需要。(3)按照中国参加世界贸易组织有关承诺,中国逐步扩大金融对外开放,加强与亚洲地区金融合作,坚守WTO对我国和国际货币贸易投资与金融业的影响。

第三节 建立更公平合理的国际金融新秩序

一、影响世界经济增长和金融发展稳定的重大问题

中国作为世界发展中的大国已经成为全球第二大经济实体而稳步前行,世界经济也正在稳定和复苏的轨道上行进。但是,影响世界经济增长和金融发展稳定的重大问题仍然存在,具体表现为:

(1)气候异常变化和环境污染的状况造成洪灾、旱灾、火灾、风灾石流泥等各类灾害频发,疾病多发,如埃博拉、非典、新冠肺炎等。

（2）人口与资源的有限性和社会分配不公两极分化严重，在一些国家和地区失业率有增无减，低收入国家低收入人口增多。

（3）各种形式的恐怖主义、极端主义以及暴力行为不断发生，各类金融犯罪日益严重，使货币银行金融处于风口浪尖，人民的生命财产和金融安全受到威胁。

（4）科技进步和信息化技术快速发展也形成了对传统技术的挑战，网络金融的快速发展和监管的相对滞后，影响和削弱了消费金融的信心和安全。

（5）全球经济复苏缓慢，市场需求不旺。贸易与投资中的保护主义存在，新的保守主义带头。

（6）一些银行金融机关和产品本身的脆弱性和风险性加大。亚洲和国际金融危机告诫我们外界游资的冲击和次贷衍生品的过度投资是导致金融危机的直接根源。当今的全球房地产金融泡沫不断加深，一些地方和企业债务风险不可低估。

（7）股价、汇价、金价风波不断，资本金融市场明显失灵，金融资产流失严重。

（8）联合国所属的一些金融机构由于历史原因存在不公和效率不高，在新的形势下难以适应改革发展形势的要求，有待改正。

但历史的车轮总是在滚滚向前。近几年来 G20 集团领导人峰会作为当今世界经济合作的主要论坛，都在不同程度上对世界经济金融的走势作出判断、发出信号。尤其是 2016 年 G20 杭州峰会，对国际经济金融的形势、目标和路径达成了重要的共识，推动世界经济强劲、可持续、平衡和包容增长。

二、强化国际金融的货币体系和治理构架

为了实现全球抗风险保增长的目标，G20 杭州峰会核准了《20 国集团迈向更稳定、更有韧性的国际金融架构的议程》。该议程的要求主要包括：

第一，要强化以国际货币基金组织（IMF）为中心的国际货币、国际资本的流通管理。继续改善关于资本流动的分析、监测和对资本流动带来的风险的管理；做好对经合组织资本流动通则的审议工作。进一步加强以份额为基础的、资源充足的国际货币基金组织为核心的全球安全网，提高国际货币基金组织贷款工作的有效性；进一步加强国际货币基金组织与区域金融安全网之间的有效合作；为了保持现有贷款的能力有必要延续成员国与国际货币基金组织贷款双变或多变的贷款协议，并号召成员国更广泛地参与签订贷款新协议，增加新兴市场的国家在贷款中的比重，深入研究和审批成员国；继人民币被纳入特别提款权货币后，继续扩大对这方面的研究和实施；强化国际货币基金组织对货币的网络安全以及与区域金融服务的网络联系与安全，全面完成国际货币体系的改革与完善。

第二,继世界银行在中国银行间债券市场成功发行特别提款权计价债券后,对其他有关国家也支持进一步发行本币债券市场的发展,以加强对发展中国家的支持。

第三,改善并强化金融体系,建立稳定、韧性的国际金融架构。改善并强化金融体系已作为结构性改革的优先领域和指导原则并规定下来,目的是建立更稳定、更有韧性的国际金融架构,为了实现这个架构必须要有正确的原则和制度,这些原则包括:(1)保持金融稳定。(2)支持增长、增强竞争和创新,同时保持审慎目标。(3)确保有利于市场融资的制度框架。(4)改善并强化传统银行融资和创新融资渠道。(5)防范金融机构活动的内生系统性风险,强化宏观审慎政策框架。

第四,支持绿色金融发展和普惠金融的普及,以及扩大对外贸易和投资的融资渠道等各个领域、各个层面所形成的金融构架。扩大对外贸易和投资的融资渠道包括:政府投资、民间与社会投资以及金融组织机构等方面的投资,可以有各种形式的做法。

三、建立抗风险求稳定促发展的国际金融监管体系

(一)国际金融监管的概念和目标

国际金融监管是指国家的金融监管机构或国际金融组织对金融机构及其活动进行规范和约束的行为的总称。其内涵包括:(1)国际金融监管的主体,即一国金融监管机构。(2)国际金融监管的客体,即跨国金融机构及其分支机构和设在东道国的外资金融机构以及它们的金融业务活动。(3)国际金融监管的法律渊源,包括相关国内法律、法规、国际条约和国际惯例。(4)有明确的国际金融监管目标:一是确保金融机构的安全与健全,维持整个金融体系的稳定;二是保护投资者和存款人的利益;三是促进金融机构平稳、效率、安全功能的发挥以及市场竞争机制的良好运作。

(二)国际金融监管的原则和监管领域的选择

国际金融监管的指导原则,主要包括:(1)主体与客体相统一的原则。(2)内控与外控相结合的原则。所谓"内控"是指金融机构的自我约束和自我监督,所谓"外控"是指金融机构以外的机构对特定金融机构的监督和管理。(3)依法监管的法治原则。即主体与客体、权利与义务的管理或行使,矛盾与冲突的处置依照法律或管理为标准办理的原则。(4)资本运行与防范风险相统一的原则。所谓金融风险是金融活动的内在属性,即在金融活动过程中存在信用、财务、市场、破产、资金流动、清债能力等风险;在防范风险的过程中,国际银行进入了风险为本的现代金融监管的新时期。(5)母国与东道国共同或联合监管的

原则。即由传统的国别监管、境内监管向多国或各国金融政策监管与向一体化倾向发展,向境外跨国性银行监管转变。

一般来说,对国际金融领域的监管应当是全面覆盖的,但是由于金融领域风险的普遍性、多样性、源头性、危险性的不同,可以有选择有重点地分领域进行监管。经验告诉我们,货币资本流通领域波动的监管始终是重点,任何时候不得轻视,所以货币政策始终是国家的资本政策,根据货币的流通规律和逆周期规律,调节货币流通既要防止货币紧缩银根紧张的风险,又要防止货币泛滥、货币贬值的风险。同时,一般来说,凡是脱离实体经济、脱离银行的非银行产品或金融业的派生产品,如衍生金融、期货金融、网络金融,风险都很高,所以这些都应当进行预测和预防。

至于监管的手段,根据监管领域的不同,监管的手段也不一样,比如,对货币市场、借贷市场、信托市场、证券市场、保险市场、黄金市场、外汇市场,以及对各金融机构组织体系等方面的监管就各有特色。

我们认为实行国际金融专业监管和综合监管相结合,并与条条(垂直)监管相连接相结合的做法是比较好的路径之一。例如国际清算银行下设的常设机构——巴塞尔银行监管委员会和巴塞尔保险监管委员会都是很有威望的、专业性很强的专门监管组织。要不断扩大该两个组织的成员的范围,以便充分发挥他们的专长和能力。为了实施有效宏观审慎政策并总结这方面的工作经验,G20集团领导人杭州峰会公报列举了国际三家金融组织机构(FSO、IMF、BIS)联合进行总结宏观审慎框架和工具的国际经验工作,以及帮助实施这方面的政策,综上所述,我们认为这种既有分工又有联合行动的做法也是比较好的。

2016年7月在中国北京,由中国政府首脑(国务院总理李克强)出面主持、全世界主要金融机构人员包括世界银行行长、国际货币基金组织总裁、世界贸易组织总干事、国际劳工组织总干事、经合组织秘书长、金融稳定理事会主席等参与,围绕主题共同举办了第一次的"1+6"圆桌对话会,并建议以后每年举办一次。我们认为"1+6"圆桌对话形式把国际金融与国际经济增长结合起来,是推进国际金融合作和经济发展、建立国际金融新秩序的有益形式。

四、应对国际和地区金融的新形势,应建立国际金融新秩序

(一)国际金融新秩序的概念及提出的背景

所谓国家金融新秩序,一般说来是指主权国家之间和社会组织之间,在涉及银行金融组织机构间的协作、交流,金融产品(工具)间的交易,金融市场间的准入与退出等方面所形成的包括新兴市场经济体和发展中国家在内的共同认识、共同行为、共同利益、共同规则。旧的国际金融秩序的根本特点是:不平等和不公正的金融秩序,是大国欺小国、强国欺弱国、发达国家欺负发展中国家和欠发

达国家的国际金融秩序,是充满矛盾、冲突、对抗,以至于金融危机不断爆发的国际金融秩序。新的国际金融秩序,是国家和社会组织间在涉及金融关系方面公正平等、互利双赢、和谐发展的国际金融关系的秩序。

提出建立国际金融新秩序的背景主要来自四个方面:一是随着科学技术的日新月异,经济全球化和世界多极化趋势的继续发展,人类的经济、文化和政治生活发生了深刻变化。这些发展和变化,给各国人民提供了新的发展机遇,同时也带来了新的挑战。二是随着经济全球化和金融全球化的发展,国际社会需要共同努力建立防范化解全球金融风险的新机制,各国要加强金融监管方面的合作。例如新的金融工具和金融产品的出现和交易一方面扩大了金融活动的范围和影响,同时也隐藏了金融的风险。三是继亚洲金融危机之后,一些地区金融危机也不断发生,加大了国际金融风险的积聚,暴露了国际金融体系存在的突出问题。四是气候变化对人类健康的影响,要求各国有充裕的资金融通。要进行国际金融体系改革,促进国际金融稳定发展,建立国际金融新秩序已势在必行。

(二)建立国际金融新秩序的历程和重点

建立国际金融秩序的历程大致包括四个阶段。一是第二次世界大战结束前夕和第二次世界大战后的一段时期(1944—1973年)。在这个阶段中有一次重要的会议,即1944年7月第二次世界大战临近结束的前夕,联合国的44个成员国在美国新罕布什尔州的布雷敦森林举行了讨论战后世界货币金融关系问题的会议,通过了《联合国货币金融会议最后决议书》以及由美国提出的建立"国际货币基金组织"和"国际复兴开发银行"两个协定。美国利用"国际货币基金组织协定"建立了以美元为中心的世界发达国家的货币体系,加强了美元的霸权地位。但是随着资本主义经济危机的不断爆发,美国的经济实力开始走向衰退,美元地位不断下降,到1971年8月,美国总统尼克松宣布停止外国中央银行以美元对换黄金,随后美元不断贬值。二是亚洲金融危机爆发严重影响世界经济动荡到复苏与平稳发展的这段时期(1997—2007年)。三是美国次贷危机爆发引发全球经济金融危机至今尚未得到全面恢复,但中国实行保增长促稳定惠民生的应对战略取得了重大胜利,成为全球应对此次国际金融危机的中坚力量的这段时期(2008—2016年8月)。四是以习近平主席主持的G20集团领导人杭州峰会为标志、向深入构建和着力实施国际金融新秩序挺进的第四阶段(2016年9月—)。

在这四个阶段中,中国政府对于建立国际金融新秩序有如下的主张:

(1)早在20世纪90年代后期针对亚洲金融危机的教训,我国政府主张改革旧的不合理的国际金融秩序,建立新的国际金融秩序,当年我国政府积极主张:第一,加强国际合作,制止危机蔓延,为受这场危机冲击的国家和地区恢复经济增长创造有利的外部环境。发达国家应采取负责任的态度,通过财政、货币政策,刺激经济增长,扩大内需,增加进口,不搞贸易保护主义。同时增加对受危机冲击国家的资金援助,并为减轻他们的债务负担作出适当安排,帮助他们稳定金融,恢复经济。第二,改革和完善国际金融体制,确保国际金融市场安全有序运行。对国际金融具有影响的大国有责任采取有效措施,加强对国际金融资本流动的监管,遏制国际游资的过度投机,提高对金融风险的预测、防范和救助能力。应遵循平等互利原则,在国际社会广泛参与的基础上,通过发达国家和发展中国家的对话与协商,探讨建立符合各方利益的国际金融新秩序。第三,尊重有关国家和地区为克服东南亚这场金融危机自主作出的选择。国际社会和国际组织应尊重有关国家的自主权,在平等协商的基础上,帮助他们尽快走出困境。发展中国家特别是发生金融危机和受其影响的国家与地区,应根据各自的情况对经济结构和经济政策进行必要调整,妥善处理经济发展中存在的突出问题,充分利用内部外部的有利条件增加经济发展活力。第四,中国将按照平等互利、循序渐进的原则,扩大在金融领域同其他国家的合作。第五,建立良好的金融业发展需要的宏观经济环境和建立适合本国国情的金融监管体制,要改进国际货币基金组织和世界银行等国际机构的运作,更多地体现透明与开放的原则,使各国政府、私人部门和国际机构都能在这一体系中进行有效的交流、对话和合作。第六,在经济金融全球化过程中,遇到的困惑、矛盾、风险与危机,一方面要照顾到发展中国家的实际情况给以支持,另一方面发达国家要承担与其经济地位相当的防范国际金融风险的责任。第七,加强对国际资本流动的管理,建立对国际短期资本流动进行监测管理的机制,争取更为充足的资金来源,以提高能够应付大规模资本流动和短期流动性危机的能力。第八,以《巴赛尔协定》为核心,建立和完善各国监管体系,特别是加强对跨国经营机构或跨国经营业务的监管。第九,亚洲国家和地区要以积极的姿态建立区域货币合作机制,包括进一步开放金融业,支持区域内贸易的发展,亚洲区域各国商业银行要为推动区域内贸易发展创造条件,发展亚洲金融市场,要共同研究开放资本市场特别是债券市场,发挥东亚及太平洋中央银行会长会议的作用,推动债券交易市场联网,建立本地区支付清算体系,加强亚洲各国和各地区中央银行的作用。

(2) 从2008—2015年,自美国爆发次贷金融危机,引发全球的金融危机,以及危机终止和进入经济复苏的过程中,国际金融新秩序的建立遭到了挑战和机遇,中国政府和国际社会提出了许多重要的主张和采取了一系列的措施,为建立国际金融新秩序而奋斗。其中最重要的是2008年11月15日时任中华人民共和国主席胡锦涛出席在华盛顿举行的20国集团领导人金融市场和世界经济峰会,并发表了题为《通力合作共度时艰》的重要讲话。2009年4月2日在伦敦举行的20国集团领导人第二次金融峰会上,胡锦涛主席发表了题为《携手合作同舟共济》的重要讲话。胡锦涛主席在这两次峰会上的讲话,阐述了三个方面的重要问题。

第一,进行国际金融体系改革的目标和基本原则。

在20国集团领导人第一次金融峰会上,胡锦涛主席提出了国际金融体系改革的目标和基本原则,即"建立公平、公正、包容、有序的国际金融新秩序",而为实现这一目标,就必须坚持"全面性、均衡性、渐进性、实效性"四项基本原则。所谓全面性,强调的是要进行总体设计,既要完善国际金融体系、货币体系、金融组织,又要完善国际金融规则和程序,既要反映金融监管的普遍规律和原则,又要考虑不同经济体的发展阶段和特征;所谓均衡性,是指要注重统筹兼顾,平衡体现各方利益,形成各方更广泛有效参与的决策和管理机制,尤其要体现新兴市场国家和发展中国家的利益;所谓渐进性,是指改革要循序渐进,在保持国际金融市场稳定的前提下,先易后难,分阶段实施,通过持续不断努力最终达到改革目标;所谓实效性,是指要讲求效果,所有改革举措都应该有利于维护国际金融稳定、促进世界经济发展,有利于增进世界各国人民福祉。

第二,国际金融体系改革的主要内容和路径。

对国际金融体系改革、构建国际金融新秩序,其主要内容也正如胡锦涛主席在20国集团领导人第二次金融峰会上所提出的那样,即:加强金融监管合作;国际金融机构增强对发展中国家的救助;发挥金融稳定论坛的作用;加强国际货币基金组织对主要储备货币发行经济体宏观经济政策的监督;改进主要国际金融机构的治理结构;完善国际货币体系。这六个方面的主要内容得到了国际社会的赞许和认可,是构建国际金融新秩序的基本框架。为实现以上六个方面的主要内容,要着力从三个方面的路径进行国际金融体系的改革:一是国际金融监管体系的改革;二是国际货币体系的改革;三是国际金融机构的改革。其核心就是国际金融机构的改革。关于国际金融监管体系的改革,我们在前面已作阐述,在此不再赘述。关于国际货币体系的改革,国际货币体系的缺陷是此次全球金融危机不断蔓延的一个重要原因,也是近些年来国际金融危机频发的制度性根源,同时也是美国过度利用国际货币体系缺陷获得巨大利益的必然结果,因此改革和完善国际货币体系具有重要的意义。主要包括以下内容:第一,国际储备资产的确定;第二,汇率制度的确定;第三,国际收支的调节方式。关于国际金融机构的改革,改革国际金融体系之所以需要把改变国际金融机构作为重要内容,是因为国际金融机构特别是国际货币基金组织,是现行国际货币体系的重要载体,并承担三大重要职能(维持固定汇率制度,协助成员国干预市场汇率的波动;监督成员国的国际收支状况,为发生严重、异常的成员提供资金援助并帮助其执行调整计划;协助建立成员国之间经常账户交易的多边支付体系,并清除阻碍世界贸易发展的汇兑限制等)。但由于国际货币基金组织等国际金融机构是建立在旧的国际货币体系之上的,已经不能适应金融全球化的发展趋势和世界经济发展的需要,从而改革国际金融机构就成为构建全球金融新秩序的重要内容和路径之一。

第三,进一步加强国际合作和支持发展中国家以及反对保护主义。

中国作为国际社会负责任的成员,始终积极参与应对国际金融危机的国际合作。为了有力地加强国际合作,中国政府面对 2008 年爆发的国际金融危机的严重冲击和影响,采取了一系列宏观调控的重大政策,包括积极的财政政策和适度放宽的货币政策(后为稳健的货币政策),并见成效。中国政府一贯支持发展中国家的经济、社会发展,支持发展中国家在国际组织和国际社会事务中的代表权和发言权。我国再次呼吁,国际社会应该高度关注和尽量减少国际金融危机对发展中国家特别是最不发达国家造成的损害;国际社会特别是发达国家应该承担应尽的责任和义务,继续履行援助、减债等承诺,切实保持和增加对发展中国家的援助,帮助发展中国家维护金融稳定、促进经济增长,切实帮助发展中国家特别是非洲国家克服困难,不断改善这些国家发展的外部环境。在此次全球金融危机中,我们要进一步反对保护主义。任何国家和地区都不应借刺激经济之名,行保护主义之实。我们要共同反对任何形式的贸易保护主义,反对以各种借口提高市场准入门槛和各种以邻为壑的投资保护主义行为,共同反对滥用贸易救济措施。

在历次 20 国集团领导人金融峰会的影响下,东亚领导人在泰国帕塔亚召开了"提振发展信心,合作应对挑战"的区域国际会议。第四届世界经济论坛拉美会议在巴西举行,拉美国家协力应对金融危机。欧盟—安共体在哥伦比亚举行第四轮自由贸易谈判,不断推进国际合作和国际贸易的合作与发展。特别值得提出的是金融危机催生欧洲在提升话语权、寻求多边合作、珍视一体化方面产生了战略新思维。

(3) 2016 年 9 月,G20 国集团领导人第 11 次金融峰会于杭州召开,这次峰会召开之际国际金融危机又走向了一个关键时刻,世界经济虽然已进入复苏时期,但增长动力青黄不接、复苏缓慢、贸易保护主义抬头、金融风险积聚。中华人民共和国主席习近平在此次峰会开幕式的重要讲话中,针对当前世界面临的挑战提出了五点主张:第一,加快宏观经济政策协调,合力促进全球经济增长,维护金融稳定;第二,创新发展方式,挖掘增长动能;第三,完善全球经济治理,夯实机制保障;第四,建设开放性世界经济,继续推动贸易和投资自由化便利化;第五,落实 2030 年可持续发展议程,促进包容性发展。习近平主席提出的这五点主张得到了与会者的广泛认可,经过与会国领导人共商大计,加强协调深化合作,谋求共赢,终于使这次峰会获得了丰硕的成果,达成了五项共识:一是为世界经济指明了方向,规划了路程。促进世界经济强劲、可持续、平衡、包容增长,要标本兼治,综合施策,运用好财政、货币、结构性改革等多种有效政策工具。二是决心创新增长方式,为世界经济注入新动力。支持以科技创新为核心,带动发展理念、体制机制、商业模式等全方位、多层次、宽领域创新,推动创新成果共享。三是完善全球经济金融治理,提高世界经济抗风险能力。同意继续推动国际金融机构份额或治理改革,加强落实各项金融改革措施,共同维护国际金融市场稳定。四是重振国际贸易和投资两大引擎的作用,构建开放性世界经济。峰会成员共同制定了《二十国集团全球贸易增长战略》和全球首个多边投资规则框架《二十国集团全球投资指导原则》。五是决心推动包容与联动式发展,让二十国集团合作成果惠及全球。峰会第一次把发展问题置于全球宏观政策突出位置,第一次落实联合国 2030 年可持续发展议程制订行动计划,为全人类共同发展贡献力量。所有这一切都贯穿着国际金融更加公平合理与稳定的需要,而这次杭州峰会,从建立和实施金融新秩序方面来说,无论是在规划上还是在行动上对推动国际货币金融体系改革、完善全球金融治理,对我国发挥引领作用、促进绿色发展,对加强宏观政策协调、提高全球金融市场稳定,都具有划时代的重大意义。

五、沿着建设更公平合理和安全稳定的国际金融新秩序前行

涉及国际金融的改革治理、发展稳定金融秩序的内容很多,我们觉得应突出更加公平合理和安全稳定两方面。

(一)建立更加公平合理的国际金融新秩序

所谓更加公平合理包含四项内容:(1)在已经形成的国际金融秩序的基础上,要使广大发展中国家(或新兴市场国家)有广泛的参与贷款新协议的机会,提高他们在贷款中的比重;(2)要使他们在 IMF 和其他世界金融机构活动中有更多的发言权和话语权,以及平等参与"议事权",而不能像以往那样把他们排挤在外;(3)要有反映他们的意见和要求的话语权,特别是发言权和对话权;(4)先富起来的发达国家应当通过对 IMF 和其他世界金融机构的投入,支持发展中国家也发展起来,从而实现世界的平衡发展,缩小发展距离,这也是当年建立 IMF 和世界金融机构的初心。

(二)国际金融稳定与安全的新秩序

历史的经验告诉我们,金融稳定则世界安宁,金融动荡则世界不安。

因此维护世界金融稳定具有全球的意义。如何维护世界金融稳定,除了本节中阐述的加强国际金融监管和下文将要阐述的建立反恐怖融资和反腐败的安全机制之外,在这里要强调指出的是:(1)把握更加公平、合理的国际金融新秩序与安全稳定的国际金融新秩序之间的相互依赖、相互促进的关系。只有更加公平合理才会有真实的安全稳定,也只有重视安全稳定才能有步骤、有安排地做到更加公平合理。(2)要落实建立更加公平合理、安全稳定的国际金融新秩序,必须从制度上、组织上进行安排。建议在联合国指导下,制定一部国际金融稳定与发展的基本法律或基本框架,并对现有的 IMF 和其他世界金融机构组织从领

导组织机构层面进行充实和提高,以达到治理国际金融的有效性。(3)建议提倡各个国家政府和金融机构以及民间金融组织之间,经常进行相互交流、合作。无论采取条约、协定、范本的形式,还是采取新闻公报、联合公报、联合声明、会议纪要、谅解备忘录等的形式,都体现了国家和政府对国际金融共同治理的一种意愿或要求。

思考题

1. 我国政府同国际货币基金组织、世界银行、国际清算银行、金融稳定理事会、国际金融公司、国际金融协会、亚洲开发银行、非洲开发银行、亚洲基础设施投资银行、金砖银行等的关系是怎样的?
2. 简述我国政府和银行参加与主导国际金融方面的公约概况。
3. 国际金融新秩序的内容是什么?怎样建立国际金融新秩序?
4. 曾任我国国家主席胡锦涛、现任国家主席习近平提出国际金融体系改革、国际金融治理架构、国际金融组织改革的原则和基本思想是怎样的?

第二十四章 实施反洗钱法,为国内国际创造良好的金融环境

第一节 反洗钱与反洗钱法的基本概念及由来与背景

一、洗钱和反洗钱以及反洗钱法的基本概念

所谓"洗钱",通俗地说就是通过各种方式将非法资金合法化,把黑钱变成白钱。洗钱是经济领域的重大犯罪行为。洗钱是和毒品犯罪、走私犯罪、恐怖活动犯罪、黑社会性质的组织犯罪、贪污贿赂犯罪等严重刑事犯罪相连的。

按照我国《反洗钱法》第 2 条,反洗钱,是指为了预防通过各种方式掩饰、隐瞒毒品犯罪、黑社会性质的组织犯罪、恐怖活动犯罪、走私犯罪、贪污贿赂犯罪、破坏金融管理秩序犯罪、金融诈骗犯罪等犯罪所得及其收益的来源和性质的洗钱活动,采取相关措施的行为。

所谓反洗钱法,调整的是一个国家或地区进行反洗钱的主管机关和专门机关,在与洗钱作斗争过程中所形成的社会关系和管理关系。

二、我国制定反洗钱法的背景和意义

自从出现洗钱犯罪的上游犯罪以来,随着毒品犯罪、走私犯罪、恐怖活动犯罪、黑社会性质的组织犯罪、贪污贿赂犯罪等犯罪的日益猖獗,洗钱犯罪活动也愈演愈烈。早在 19 世纪末 20 世纪初,德国、法国、美国、瑞士先后都制定了反洗钱法。

进行反洗钱斗争,不仅是严厉打击经济犯罪、遏制其他严重刑事犯罪的需要,也是维护金融机构、财政机构的诚信和金融财政稳定的需要,同时也有利于维护市场经济秩序和广大客户根本利益,以及有利于反对腐败和维护我国在国际社会的形象。

尤其在当前,我国已经先后加入了《联合国禁毒公约》《联合国打击跨国有组织犯罪公约》《联合国制止向恐怖主义提供资助的国际公约》和《联合国反腐败公约》四个涉及反洗钱和反恐融资问题的国际公约。在这种形势下,如果我们不制定和实施反洗钱法,就有可能被国际社会扣上中国是洗钱的天堂的大帽子。

可见,我国面临的反洗钱任务十分迫切。2006 年 10 月 31 日第十届全国人大常委会第二十四次会议通过和公布了《中华人民共和国反洗钱法》,并于 2007

年1月10日起施行。这标志着我国反洗钱法工作向规范化、法制化方向迈进了一大步。

为贯彻执行反洗钱法,我国还陆续发布了一系列行政法规和规章,包括:《证券期货业反洗钱工作实施办法》;《金融机构反洗钱监督管理办法(试行)》;中国人民银行办公厅《关于"三证合一"登记制度改革有关反洗钱工作管理事项的通知》;中国人民银行关于印发《义务机构反洗钱交易监测标准建设工作指引》的通知;国务院办公厅《关于完善反洗钱、反恐怖融资、反逃税监管体制机制的意见》;等等。

第二节 世界发达国家反洗钱法的概况和联合国公约

一、世界主要国家反洗钱立法概况

(一)美国和加拿大的反洗钱立法

美国在反洗钱方面是起步最早的国家,其反洗钱法律体系也是由多部联邦法律组成的。美国颁布的《有组织犯罪控制法》是第一次以立法的形式提出"禁止非法资金投入合法企业"。1970年颁布的《银行保密法》是第一部关于反洗钱的法律,该法创建了反洗钱活动交易报告制度,它是美国整个反洗钱法律体系的基础,其后颁布的反洗钱法都是对《银行保密法》的修改与补充。《银行保密法》规定了要求银行报告超过1万美元的现金交易,并把不按规定提交报告的行为定为犯罪。1986年美国颁布的《控制洗钱法》又进一步规定了洗钱的定义和阐述了洗钱行为,即将隐瞒或掩饰犯罪收益来源的洗钱行为规定为刑事犯罪;禁止策划交易规避现金交易报告的行为;允许没收源于洗钱或与洗钱有关的资产,并允许使用被扣押、没收的资产用于秘密调查。1988年美国对《控制洗钱法》进行修订,授权执法部门对源于洗钱或与洗钱有关的资产进行民事和刑事没收,并允许将没收财产在不同执法部门之间分配。1992年美国颁布《阿农奥-怀利反洗钱法》,扩大了金融交易的概念范围,增加了共谋条款,对金融机构报告可疑交易规定了免责条款,同时要求核实电子交易并保存交易记录。1994年美国颁布了《禁止洗钱法》,要求银行等机构制定反洗钱审查规程,并简化免除现金交易报告的步骤。1998年美国又颁布了《打击洗钱和相关金融犯罪战略法》,要求银行机构对反洗钱的审查人员进行培训,要求财政及其他部门制定国家反洗钱战略。美国高风险和金融犯罪行动组也依据该法建立。进入21世纪后,美国于2001年颁布了《爱国者法案》,将反恐融资纳入反洗钱法律规范的范畴。《爱国者法案》修正了《银行保密法》和《控制洗钱法》的有关规定,对金融机构施加了许多新的义务,包括更严格地辨别客户标准、增强谨慎义务等。同时扩大了金融机构的范围,不仅包括银行等传统的金融机构,还覆盖了信贷机构、期货机构、珠宝商、典当商、汽车、飞机、轮船、旅游产品销售的公司等。法案还规定美国对外国人在美国境内实施的洗钱犯罪有管辖权,也即"长臂管辖权"。由此可见,美国在反洗钱方面的法律是一步一步地走向完善,很值得我们学习、研究和借鉴。

加拿大关于反洗钱的法律相对比较集中,最主要的法律是《刑法典》与《犯罪收益(洗钱)和恐怖融资法》。加拿大《刑法典》经过几次修改,把犯罪收益资产定为犯罪的事实与证据,并规范了与犯罪收益有关的一切行为,同时对洗钱罪和洗钱的上游犯罪进行了界定。《犯罪收益(洗钱)和恐怖融资法》是加拿大规范反洗钱的专门法律,该法的主要规定了在金融机构中建立起交易记录制度,以便于调查和起诉洗钱犯罪,同时还规定了设立金融信息中心和打击恐怖融资的内容。

(二)德国、瑞士的反洗钱立法

德国反洗钱法律制度由有关法律、行政法规、部门规章等组成。其中,涉及反洗钱的法律规范主要有:《防止毒品贩运与其他形式的有组织犯罪法》(1992年)、《追查严重收益法》(即《反洗钱法》,1993 年)、《刑法》(1998 年修改)、《统一金融服务监管法》和《加强反洗钱和反恐怖主义融资法》(2002 年)。1992 年,德国通过制定《防止毒品贩运与其他形式的有组织犯罪法》,在其《刑法》中(第 261条)首次引入"洗钱罪",该条对洗钱罪的罪状、处罚幅度和标准进行了详尽规定。

瑞士反洗钱法律制度主要包括:(1) 1990 年颁布的《刑法典》第 305 条的规定及其修改的内容。(2) 1997 年制定的《反洗钱法》,该法共有 7 章 43 条,主要内容包括:总则、金融中介业务机构或人员的义务、监督、行政部门的相互协助、个人数据的处理、处罚规定和上诉、附则等部分。(3) 其他法律规范,如与证券交易法、投资基金法有关的条款,瑞士联邦银行委员会、财政部、司法和警察部在各自职权范围内,按照法律规定颁布的相应的反洗钱规章等。"9·11"恐怖袭击事件以后,反恐问题与反洗钱联系到一起,反恐融资成为反洗钱工作的一个重要领域。2001 年 10 月,反洗钱金融行动特别工作组在 40 条建议之外,专门制定了 8 条开展反恐怖融资工作的建议。瑞士随即对《反洗钱法》及相关规定作了相应补充,将隶属于犯罪团伙和组织以及用于恐怖活动的资金纳入反洗钱范围之内。

二、联合国有关反洗钱活动的四大公约

(一)《联合国禁毒公约》

《联合国禁毒公约》即 1988 年《联合国禁止非法贩运麻醉药品和精神药物公约》,是国际社会第一个反洗钱国际法规范。我国于 1988 年 12 月 20 日签署了该公约,并于 1989 年 10 月 25 日批准该公约。该公约虽未采用"洗钱"术语,但对毒品犯罪的洗钱行为进行了细致的规定,要求各缔约国应将一系列与毒品犯罪相关的行为规定为犯罪,确立了反洗钱罪财产处置的基本原则为"没收",并涉及反洗钱国际合作。

(二)《联合国打击跨国有组织犯罪公约》

《联合国打击跨国有组织犯罪公约》简称《巴勒莫公约》,于 2000 年 11 月 15 日第五十五届联合国大会通过,并于 2003 年 9 月 29 日生效。我国于 2000 年 12 月 12 日签署该公约,并于 2003 年 8 月 27 日批准该公约。该公约涉及的反洗钱的内容包括:对洗钱行为的刑事定罪适用于范围最为广泛的上游犯罪;打击洗钱活动的措施,其中要求建立对银行和非银行金融机构等易于被用来洗钱的机构的综合性国内管理和监督制度,该制度应强调验证客户身份、保持纪录和报告可疑的交易等项规定;对洗钱资金的辨认、追查、冻结和扣押以及国际合作。

(三)《联合国制止向恐怖主义提供资助的国际公约》

该公约于 1999 年 12 月 9 日第五十四届联合国大会通过,于 2002 年生效,我国于 2001 年 11 月 14 日签署了该公约,并于 2006 年 2 月 28 日批准了这个公约(但我国不受其第 24 条第 1 款的约束,也不适用其第 7 条第 2 款,我国的香港、澳门也不在其第 2 条第 1 款第 2 项所指附件的适用范围之内)。该公约将以任何直接或间接的手段非法和故意地提供或募集资金用于实施恐怖活动的行为定义为犯罪,并规定每一缔约国可采取适当措施没收此类资金。该公约并明确每一缔约国应合作防止资助恐怖主义的罪行,采取措施规定金融机构和从事金融交易的其他行业使用现行效率最高的措施查证其惯常客户或临时客户,以及由他人代其开立账户的客户的身份,并特别注意不寻常的或可疑的交易情况和报告怀疑为源自犯罪活动的交易。

(四)《联合国反腐败公约》

《联合国反腐败公约》于 2003 年 10 月 31 日第五十八届联合国大会通过,我国于 2003 年 12 月 10 日签署了该公约,并于 2005 年 10 月 27 日批准该公约(但同时声明,我国不受该其第 66 条第 2 款的约束)。在满足第 30 个签署国批准后,2005 年 12 月 14 日《联合国反腐败公约》正式生效。该公约基本上沿用了《联合国打击跨国有组织犯罪公约》所规定的反洗钱条款。反腐败要加强国际合作早已成为第二十二届世界法律大会的一个热点话题,腐败分子实施犯罪后往往潜逃出境或将赃款转移境外,这已成为世界各国惩治腐败犯罪的一大障碍。可见,反腐败与反洗钱斗争密切相连。

此外,还有反洗钱金融行动特别工作组及其制定的反洗钱文件,对各国的反洗钱工作有着重要的指导作用和影响。反洗钱金融行为特别工作组(简称FATF)成立于 1989 年,为专业反洗钱国际组织,由 31 个国家和 2 个地区组成。我国香港地区于 1990 年加入了这个特别工作组。我国政府于 2005 年成为该组织的观察员,应邀出席了反洗钱国际大会,随后,我国反洗钱工作快速发展,成为发展中国家做好反洗钱工作取得优秀成果的第一名,2007年6月28日经成员国一致通过成为该工作组正式成员。该组织的职能是:检讨打击洗钱活动的准则,并就此提供建议,包括《四十项建议》《九项特别建议》,向全球宣传打击洗钱的信息。

随着反洗钱金融行动特别工作组《四十项建议》的公布,一些国家逐步建立了反洗钱信息机构。1955年,一些反洗钱信息机构在比利时布鲁塞尔召开了第一次会议,成立了埃格蒙特集团。该集团是各国反洗钱信息机构的国际合作组织。

第三节 我国《反洗钱法》的立法宗旨、结构及其作用

一、我国《反洗钱法》的立法宗旨和结构

(1) 我国《反洗钱法》的立法宗旨是为了预防洗钱活动,维护金融秩序,遏制洗钱犯罪及其相关犯罪。因此,我国《反洗钱法》主要是预防洗钱活动,而制裁和打击洗钱犯罪则由我国《刑法》第191条及《刑法修正案(三)》来进行。

(2) 我国《反洗钱法》分为总则、反洗钱监督管理、金融机构反洗钱义务、反洗钱调查、反洗钱国际合作、法律责任、附则等七章及相应条款。

该法所称的"反洗钱"仅限于对洗钱活动的预防。实施预防、监控的行为主体既包括金融机构和按照规定应当履行反洗钱义务的特定非金融机构,也包括国务院各相关部门;预防、监控的对象为"洗钱活动"(即通过各种方式掩饰、隐瞒洗钱罪及其上游犯罪的所得及其收益的来源和性质的活动);预防、监控的内容既包括反洗钱义务主体金融机构、特定非金融机构,及根据该法建立并实施的反洗钱的基本制度,也包括国务院有关部门进行的监督管理、调查和国际合作。

二、我国《反洗钱法》的作用

我国《反洗钱法》是一部预防和监控金融业进行洗钱活动的法律,是一部贴近中国实际和体现和谐社会要求的法律,是一部展现我国负责任大国形象和开展反洗钱国际合作的法律,是一部贯彻依法治国、依法行政,涉及依法理财、依法治税,防止财税流失,创造良好经济环境的重要法律。

制定和实施反洗钱法的影响和效果是:一是有利于预防和发现洗钱活动,追查和没收犯罪所得,遏制洗钱犯罪及其相关犯罪,维护经济安全和社会稳定;二是有利于发现和切断资助洗钱犯罪行为的资金来源和渠道,遏制相关犯罪;三是有利于保护相关犯罪受害人的财产权,维护法律尊严和社会正义;四是有利于消

除洗钱活动给金融机构带来的潜在金融风险和法律风险,维护金融安全;五是有利于参与反洗钱国际合作和加入世界反洗钱组织,维护我国良好的国际形象。

第四节 我国的反洗钱组织机构和职责

一、我国反洗钱的国家行政主管部门(中国人民银行)和职责

反洗钱工作涉及多个部门,需要建立各行政、司法、行业监管部门参加,而又分工明确、相互协调配合的监督管理机制,以全面提高预防洗钱的能力,尤其更需要国家行政主管机关的统一指挥和协调。因此,我国《反洗钱法》第4条规定,国务院反洗钱行政主管部门负责全国的反洗钱监督管理工作。国务院有关部门、机构在各自的职责范围内履行反洗钱监督管理职责。国务院反洗钱行政主管部门、国务院有关部门、机构和司法机关在反洗钱工作中应当相互配合。

在具体监管职责分工上,反洗钱法注意与现行有关法律和做法相衔接。因此,我国《反洗钱法》第8条明确规定:国务院反洗钱行政主管部门组织、协调全国的反洗钱工作,负责反洗钱的资金监测,制定或者会同国务院有关金融监督管理机构制定金融机构反洗钱规章,监督、检查金融机构履行反洗钱义务的情况,在职责范围内调查可疑交易活动,履行法律和国务院规定的有关反洗钱的其他职责。国务院反洗钱行政主管部门的派出机构在国务院反洗钱行政主管部门的授权范围内,对金融机构履行反洗钱义务的情况进行监督、检查。第9条还进一步规定:国务院有关金融监督管理机构参与制定所监督管理的金融机构反洗钱规章,对所监督管理的金融机构提出按照规定建立健全反洗钱内部控制制度的要求,履行法律和国务院规定的有关反洗钱的其他职责。

二、反洗钱信息中心

一般来说,反洗钱信息中心是反洗钱预防监控和刑事打击洗钱犯罪的桥梁,是开展反洗钱工作的重要机构。因此,我国《反洗钱法》第10条规定国务院反洗钱行政主管部门应当设立反洗钱信息中心,负责接收、分析大额交易和可疑交易报告,按规定向国务院反洗钱行政主管部门报告分析结果,以及履行国务院反洗钱行政主管部门规定的其他职责。

另外,为了预防携带大额现金和无记名有价证券出入境进行洗钱的行为,我国《反洗钱法》第12条又特别规定,海关应当及时向国务院反洗钱行政主管部门通报相关信息。

三、金融机构和特定非金融机构的义务

理论和实践、国际和国内的经验表明,作为现代社会资金融通的主渠道,金

融系统是洗钱的易发、高危领域。因此,实施预防、监控洗钱的行为必须以金融机构为核心主体。我国《反洗钱法》第34条对金融机构也作了明确规定,即指依法设立的从事金融业务的政策性银行、商业银行、信用合作社、邮政储汇机构、信托投资公司、证券公司、期货经纪公司、保险公司以及国务院反洗钱行政主管部门确定并公布的从事金融业务的其他机构。金融机构对反洗钱的作用就在于监测并报告异常资金流动,发现并控制犯罪资金。

我国《反洗钱法》第3条规定,在我国境内设立的金融机构和按照规定应当履行反洗钱义务的特定非金融机构,应当依法采取预防、监控措施,建立健全客户身份识别制度、客户身份资料和交易记录保存制度、大额交易和可疑交易报告制度,履行反洗钱义务。

随着金融机构监管制度的不断完善,洗钱逐步向非金融机构渗透,非金融机构也就成了反洗钱机构的组成部分。因此,我国《反洗钱法》第35条还规定,应当履行反洗钱义务的特定非金融机构的范围、其履行反洗钱义务和对其监督管理的具体办法,由国务院反洗钱行政主管部门会同国务院有关部门制定。

第五节 我国反洗钱工作的基本制度

一、反洗钱的客户身份识别制度

为了在犯罪所得进入交易领域之初建立客户身份与资金、交易的对应关系,为今后辨别资金的真实性质和交易的真实目的、追查实际所有人和受益人打下基础,我国《反洗钱法》第16条规定:金融机构应当按照规定建立客户身份识别制度,客户由他人代理办理业务的,金融机构应当同时对代理人和被代理人的身份证件或者其他身份证明文件进行核对并登记,金融机构不得为身份不明的客户提供服务或者与其进行交易,不得为客户开立匿名账户或者假名账户。为了给识别客户身份创造可行的条件,第18条又规定:金融机构进行客户身份识别,认为必要时,可以向公安、工商行政管理等部门核实客户的有关身份信息。

二、反洗钱的客户身份资料和交易记录保存制度

为了给反洗钱信息的分析、调查和侦查提供有关资料、信息依据,我国《反洗钱法》第19条规定:金融机构应当按照规定建立客户身份资料和交易记录保存制度。客户身份资料在业务关系结束后、客户交易信息在交易结束后,应当至少保存5年。

三、大额交易和可疑交易报告制度

非法资金流动一般具有数额巨大、交易异常等特点,因此,我国《反洗钱法》

第 20 条规定:金融机构应当按照规定执行大额交易和可疑交易报告制度,金融机构办理的单笔交易或在规定期限内的累计交易超过规定金额或者发现可疑交易的,应当及时向反洗钱信息中心报告,以作为发现和追查洗钱行为的线索。

四、反洗钱内部控制制度

为了使各项反洗钱制度成为义务主体日常运营机制的一部分,并使各项职责落实到具体的机构和个人,我国《反洗钱法》第 15 条和第 22 条分别规定了金融机构应当建立健全反洗钱内部控制制度,设立反洗钱专门机构或者指定内设机构负责反洗钱工作,并开展反洗钱培训和宣传工作。

五、反洗钱调查制度

洗钱活动主要依赖于资金的划拨、转移等手段,随着支付结算技术手段的不断发展,资金的划转和提取,无论是境内还是跨境,都非常便捷和迅速,尤其是跨境划转,一旦得逞,犯罪资金将难以被监控和追缴。为了调查核实可疑交易活动,有效解决紧急情况下犯罪资金转移、外逃等问题,我国《反洗钱法》第 23 条至第 26 条规定了国务院反洗钱行政主管部门及其省一级派出机构有权进行反洗钱调查,并在规定的程序和条件下可以分别采取询问金融机构有关人员,查阅、复制、封存被调查对象的账户信息、交易记录等有关资料,临时冻结调查所涉及的客户要求转往境外的账户资金等措施。

同时,为了避免调查权力滥用,保护有关单位和个人的合法财产权利,有关条款严格规范和限定了部分调查措施的行使条件、主体、批准程序和期限:一是只对可能被转移、隐藏、篡改或者毁损的文件、资料,才予以封存;二是客户要求将调查所涉及的账户资金转往境外的,经国务院反洗钱行政主管部门负责人批准,才可采取临时冻结措施;三是临时冻结不得超过 48 小时,依法采取临时冻结措施后 48 小时内,未接到侦查机关继续冻结通知的,应当立即解除冻结。

六、反洗钱的举报制度和保密制度

履行反洗钱义务的机构及其工作人员依法提交大额交易和可疑交易报告,受法律保护。任何单位和个人发现洗钱活动,有权向反洗钱行政主管部门或者公安机关举报。接受举报的机关应当对举报人和举报内容保密。

第六节 反洗钱国际合作

在经济全球化和资本流动国际化的背景下,洗钱活动愈益具有跨国(境)特性,并由发达国家不断向发展中国家蔓延。各个国家越来越认识到,依靠一国力量难以预防洗钱活动,遏制、打击跨国洗钱行为,必须通过规范和协调国内、国际立法,加强反洗钱国际合作。

我国目前主要是通过加入各种国际性反洗钱组织,以及与相应国家和区域性组织签署相关的法律条约的方式开展反洗钱的国际合作。这也正是我国反洗钱法的首选选项。即规定我国根据缔结或者参加的国际条约,或者按照平等互惠原则,开展反洗钱国际合作。

一、通过签署相关法律条约开展反洗钱国际合作

我国从1989年至2005年先后被批准进入联合国四大公约,再加上我国《反洗钱法》的颁布和实施,我国通过签订双边和多边条约开展反洗钱的国际活动有了新的发展。我国政府与多个国家签署了刑事司法协助条约。除此之外,我国政府还与韩国、格鲁吉亚、俄罗斯、乌克兰、马来西亚、印度尼西亚、白俄罗斯、墨西哥、吉尔吉斯斯坦、泰国、新加坡、比利时、法国、秘鲁、日本、亚美尼亚、土库曼斯坦等国家和地区签署了金融情报交流合作谅解备忘录,以加强反洗钱领域的情报搜集方面的合作。

二、通过加入国际及区域性组织加强反洗钱的国际合作

2004年,我国与俄罗斯、哈萨克斯坦、塔吉克斯坦、吉尔吉斯斯坦、白俄罗斯等国家共同成立了"欧亚反洗钱与反恐融资小组(EAG)"。此外,中国与加拿大、美国、澳大利亚等国家互派警务联系官,同时也与这些国家探讨了关于犯罪收益冻结、没收、追缴以及返还和分享等问题。近年来,我国与美国、澳大利亚和加拿大就外逃贪官涉及的洗钱罪的合作日益深化,成果显著,一些外逃贪官得以通过这种合作方式引渡回到国内。

为了加大反洗钱国际合作力度,履行我国已加入的国际公约规定的义务,维护我国负责任的大国形象,我国《反洗钱法》第5章规定了按照平等互惠原则开展反洗钱国际合作活动,规定了依法与境外反洗钱机构交换与反洗钱有关的信息和资料,还规定了涉及追究洗钱犯罪的司法协助,由司法机关依照有关法律的规定办理。

第七节 法律责任

对于洗钱行为的法律责任,我国《刑法》和《反洗钱法》分别规定了违反相应条款所应承担的法律责任。

一、违反《反洗钱法》的法律责任

为了惩罚有关的违法行为,我国《反洗钱法》专门规定了相应的法律责任。

(1)《反洗钱法》第 30 条规定了对反洗钱行政主管部门和其他依法负有反洗钱监督管理职责的部门、机构从事反洗钱的人员违反规定进行检查、调查或者采取临时冻结措施,泄露因反洗钱知悉的国家秘密、商业秘密或者个人隐私,违反规定对有关机构和人员实施行政处罚的行为,以及其他不依法履行职责的行为应承担的行政处分法律责任。

(2)金融机构未按照规定建立反洗钱内控制度、未按照规定设立反洗钱专门机构或者指定内设机构负责反洗钱工作、未按照规定对职工进行反洗钱培训工作的,《反洗钱法》第 31 条规定责令限期改进;情节严重的,建议有关金融监督管理机构依法责令金融机构对直接负责的董事、高级管理人员和其他责任人员给予纪律处分。

(3)为了惩罚金融机构不履行反洗钱义务的行为,《反洗钱法》第 32 条规定金融机构及其直接负责的董事、高级管理人员和其他直接责任人员未依法履行各项反洗钱义务的,应承担相应的纪律处分或者被取消任职资格,被禁止从事有关金融业务工作,对其单位责令停业整顿或者吊销其经营许可证。

为了增强处罚的实际效果,我国《反洗钱法》规定了"双罚制",即对金融机构及其直接负责的董事、高级管理人员和其他直接责任人员同时追究行政纪律处分和给予相应罚款。

此外,通过反洗钱机制发现并切断恐怖主义融资渠道已成为各国反洗钱工作的一项重要任务。因此,为了加强对恐怖主义活动的预防和监控,我国《反洗钱法》第 36 条规定对涉嫌恐怖活动资金的监控适用该法,其他法律另有规定的适用其规定。

二、《刑法》规定构成洗钱罪的刑事责任

我国《刑法》第 191 条规定:"明知是毒品犯罪、黑社会性质的组织犯罪、恐怖活动犯罪、走私犯罪、贪污贿赂犯罪、破坏金融管理秩序犯罪、金融诈骗犯罪的所得及其产生的收益,为掩饰、隐瞒其来源和性质,有下列行为之一的,没收实施以上犯罪的所得及其产生的收益,处五年以下有期徒刑或者拘役,并处或者单处洗钱数额百分之五以上百分之二十以下罚金;情节严重的,处五年以上十年以下有期徒刑,并处洗钱数额百分之五以上百分之二十以下罚金:(一)提供资金账户的;(二)协助将财产转换为现金、金融票据、有价证券的;(三)通过转账或者其他结算方式协助资金转移的;(四)协助将资金汇往境外的;(五)以其他方法掩饰、隐瞒犯罪的违法所得及其收益的来源和性质的。单位犯前款罪的,对单位判

处罚金,并对其直接负责的主管人员和其他直接责任人员,处五年以下有期徒刑或者拘役;情节严重的,处五年以上十年以下有期徒刑。"

第八节　开展反洗钱的理论研究和完善反洗钱法的配套立法

自 2007 年 1 月 1 日我国实施《反洗钱法》以来,无论在打击洗钱犯罪活动和进行国际合作方面,或在完善反洗钱法配套立法方面,还是在加强反洗钱法机构设置和开展反洗钱研究方面都获得了一定的进展,如 2007 年中国人民银行《金融机构报告涉嫌恐怖融资的可疑交易管理办法》、中国人民银行、中国银行业监督管理委员会、中国证券业监督管理委员会、中国保险业监督管理委员会《金融机构客户身份识别和客户身份资料及交易记录保存管理办法》,以及中国人民银行《反洗钱现场检查管理办法(试行)》,所有这些都为国内外创造安全的经济环境、金融环境发挥了重要的作用。但是我们必须清醒地看到,随着经济和金融的全球化,以及信息技术的高速发展,世界各国在商品流通、技术交换、资本引进以及人员交流上日益频繁,一方面有力地促进了金融国际结算手段的更新和电子化进程,另一方面也使走私、贩毒、金融诈骗、贪污腐败等活动所积聚的大量违法资金通过洗钱的方式得以更简便、更快捷地进行跨国转移,致使洗钱、特别是在中国洗钱成为当前金融领域中最为突出的问题。洗钱活动在国内外日益猖獗,并且各种违法犯罪活动交织在一起,对社会信用、国家安全、社会稳定、国际信誉造成了很坏的影响。因此,加强反洗钱的斗争始终是打击金融犯罪、维护金融稳定的重要任务。

我国是当今世界上洗钱活动发生比较频繁的国家之一,从近些年我国反洗钱的实践来看,由于各种因素的存在和影响,我国的反洗钱机制尚不健全和完善,仍然存在一些突出的问题,其中包括反洗钱认识上存在的盲点和误区,金融机构反洗钱执行标准不明确,非金融机构反洗钱执行标准和有关规定缺失,反洗钱机制存在不同程度的缺欠,反洗钱信息交流渠道不够畅通,反洗钱国际合作协调不够得力等。所有这些都与我国反洗钱面临的斗争形势不相适应,因此,加强反洗钱的宣传、教育和理论研究,克服认识上的盲区和误区十分重要,应完善金融机构和非金融机构反洗钱执行标准的立法制度,做到执行有章可循,加强中国人民银行、银保监、证监会和司法部门的合作与协调机制,正确处理保密制度和信息畅通的关系,加强内部信息交流,加强与"四大公约"的联系,开展与各国反洗钱机构的协调与合作等,把我国的反洗钱斗争不断推向前进。

第九节 反腐败与国际化合作

一、腐败的状况和开展反腐败的进程与作用

（一）腐败的状况与反腐败斗争

反腐败斗争包括反对金融腐败这个特殊的斗争。在我国金融战线上，腐败和反腐败的斗争，长期以来，突出表现在四个方面：一是中华人民共和国成立初期，敌对阶级利用手中暂时的银行资金外汇优势，抢购市场物资、哄抬物价，策划所谓的"上海金融风景"。人民政府针锋相对，发动了"红盘开市"金融战役，捍卫了新生的中华人民共和国政权。二是里应外合抢劫、盗窃银行金融部门，绑架工作人员犯罪案件频发。这大多发生在20世纪80—90年代，而司法部门对银行金融部门案件的侦察和审判数量也比较突出，银行金融部门的财产资源以及人身安全受到严重威胁。这既反映了社会上存在的阴暗面，也反映了金融银行秩序的混乱。在几度对犯罪活动的严打之后，我国打掉了银行金融的犯罪气焰，对银行金融部门加强了安全防范，包括设立保安、运钞车等并加强了银行金融内控制度，以及在社会上开展治安管理和法纪方面的教育，使社会风气得到很大好转。进入21世纪，银行金融方面的发案率得到控制，银行金融的外部环境有了改善。三是贪污腐败现象严重，其特点是隐蔽性和手段的多样性。党的十八大以来，我党大力推进党风廉政建设和反腐败斗争，既打"老虎"（大案要案）、又拍"苍蝇"，形成了反腐败斗争的压倒性态势。对那些出境外逃的腐败分子，我国政府公布"红通名单"，通过国际司法合作也要将其捉拿归案，或促使其自首投案。四是积极应对亚洲和世界金融危机及其对我国的影响。

（二）反腐败斗争的坚韧性与意义

反腐败斗争的复杂性和长期性决定了斗争的坚韧性。为什么银行金融部门成了贪污腐败的重灾区？主要原因有三个：(1)该部门、该领域是财富的象征，国家的财富、人民的财产，主要体现在银行金融系统中；(2)"钱"是最耀眼的物品，对银行金融部门来说，其容易成为腐败分子的"小金库""大柜台"；(3)银行金融部门工作的隐蔽性、流通性、专业性很强，表面不易发现，给腐败分子造成可乘之机。我国近年来开展的反腐败斗争震慑了银行金融业的干部和工作人员，使其以后不敢腐、不能腐、不愿腐，并在制度建设上筑起了反腐的篱笆。

二、反腐败的国际化合作

我国于2003年签署了《联合国反腐败公约》，在2005年该公约正式生效后，严格履行该公约。一是我国反腐败追逃、追赃力量高度整合，通过与有关国家的

司法协助、协议,加强国际合作。二是我国将反腐败斗争推向了全球合作,2014年11月,二十国集团领导人杭州峰会通过了《反腐败宣言》,首度发出了国际合作中中国的声音。三是2016年9月中国担任二十国集团反腐败工作组主席,主导通过了二十国集团反腐败追逃追赃高级原则、2017—2018年反腐败行动计划等重要成果,并设立追逃追赃研究中心。四是我们支持与金砖国家反腐败合作,致力于加强反腐败对话和经验交流,支持金砖国家反腐败图册。2017年9月4日金砖国家领导人第九次会晤,就加强反腐败作达成重要共识,并写入《金砖国家领导人厦门宣言》,这是中国向构建国际反腐败合作新格局目标迈出的坚实步伐。

2017年《阿斯塔纳宣言》和《上海合作组织成员国元首理事会会议新闻公报》(以下简称《新闻公报》)还一致要求成员国应当支持在反腐领域开展双边及多边合作,包括经验交流和信息交流,认为腐败威胁国家和地区安全,其各种表现形式(包括金融腐败)导致国家治理效率低下,对投资吸引力产生消极影响,阻碍经济社会持续发展。因此成员国应当在此领域开展全面合作,包括经济信息交流,并在主管部门间开展切实合作。

第十节 反对恐怖融资,维护金融安全

2002年建立的上海合作组织经历了十多年的发展,特别是2017年6月10日习近平出席上海合作组织成员国元首理事会第十七次会议,发表了"团结协作 开放包容 建设安全稳定发展繁荣的共同家园"的重要讲话。在这次会议上,通过了《新闻公报》《阿斯塔纳宣言》,签署了《上海合作组织反极端主义公约》,与《上海合作组织反恐怖主义公约》以及《联合国全球反恐战略》等联合国有关文件一道巩固反对新威胁和新挑战领域的国际法律基础。强调成员国决心打击"三股势力"及其思想的传播和宣传,打击跨国有组织犯罪,加强成员协作共同应对安全威胁和挑战,维护综合安全。

《阿斯塔纳宣言》中说:成员国继续合作打击个人及法人招募、训练、使用恐怖分子,打击公开教唆与恐怖活动或为恐怖活动辩解,打击为恐怖活动融资。所谓恐怖融资是指恐怖主义者为进行恐怖活动的融资行为,包括用洗钱、诈骗、贩毒、抢劫、霸占以及非法集资等各种手段,进行融资活动。所谓反恐怖融资就是要断绝恐怖主义者的融资财路。

成员国继续在《上合组织成员国保障国际信息安全政府间合作协定》基础上切实加强合作,打击在网络信息空间传播恐怖主义、分裂主义和极端主义及为其开拓道路的行为。

成员国重申决心设置可靠屏障,切断恐怖主义一切资金以及物资、装备来源

和渠道。开展情报交流,在本国法律中将恐怖活动入刑。呼吁全面执行联合国安理会第2199号和第2253号决议及国际反洗钱金融行动特别工作组(FATF)标准。

在上海合作组织成员国元首关于打击国际恐怖主义的声明中还特别指出:如果不能按照联合国大会及其安理会相关决议和国际反洗钱金融行动特别工作组标准要求、切实切断融资来源,就不能有效打击恐怖主义。为此,要尽快查明涉嫌与恐怖融资组织发生经济联系的自然人和法人以阻止他们的犯罪活动。可见,上合组织对维护区域经济金融安全稳定、反洗钱、反恐怖融资、反腐败,落实国家长期发展战略,开展国际项目融资合作发挥了极为重要的作用,是反恐怖融资、保障金融安全的前哨阵地之一。

思考题

1. 何谓洗钱和反洗钱,何谓反洗钱法?
2. 联合国有关反洗钱的四大公约是什么?
3. 我国《反洗钱法》制定和实施的时间、立法宗旨和作用是什么?
4. 我国反洗钱的国家行政主管部门和职责是怎样规定的?
5. 我国反洗钱工作有哪些基本制度和配套制度?
6. 反金融腐败与国际合作研究的意义和途径是怎样的?

第七版后记

本教材第七版的修订,是在刘隆亨独著1—6版的基础上进行的。本次修订组织了该书的修订编委会,由刘隆亨任主编,王平、翟帅任副主编,委员为郭娅丽、赵承寿、邵彦铭、吴军。该教材修订分工如下:

第一编(修订)　刘隆亨(北京联合大学知名教授,长期从事经济法、金融法及财税法的教学与研究)

第二编(修订)　翟　帅(郑州航空工业管理学院文法学院副教授,兼任北京大学税法研究中心副研究员,河南省商法学研究会常务理事,从事财税法、经济法和金融法的教学与研究),其中第八章由刘隆亨、邵彦铭、翟帅共同修订,第十三章中的第四、五节由刘隆亨修改。

第三编(修订)　王　平(北京联合大学应用文理学院法律系主任、教授、硕士研究生导师,从事经济法、财税法等的教学与研究),其中第十五章中第二节由刘隆亨修改。

第四编(修订)　郭娅丽(北京联合大学应用文理学院法律系教授、硕士研究生导师,曾任北京联合大学法律系副主任,从事经济法、民商法、金融法的教学与研究),负责第十八章和第二十一章中部分内容的修改。

　　　　　　　　翟　帅　负责第十九章和二十一章中大部分内容的修改。

　　　　　　　　刘隆亨　负责第二十章的修改。

第五编(修订)　刘隆亨　负责第二十二、二十三、二十四章的修改。

　　　　　　　　邵彦铭(北京联合大学法律系副教授、硕士研究生导师,从事刑法的教学与研究),负责第二十四章中部分内容的修改。

　　　　　　　　吴　军(北京联合大学应用文理学院干部),全书第二十三章和第二十四章中部分内容的修改和全书绘图。

本书最后由刘隆亨统稿、定稿,由邵彦铭协助主编定稿。感谢赵承寿教授,他是博士后,长期从事金融法学的教学和研究。感谢北京大学吴志攀教授,他是博士生导师,曾担任北京大学常务副校长,长期从事金融法学的教学与研究,并一直支持我的工作。感谢张万春、刘婧娟两位副教授,感谢应用文理学院的刘建刚、李玉红、聂卫峰老师及古新霞、薄君阳同学以及研究生梅颖煜和文楠。感谢北京美易达图文快印公司、北京圣新科贸有限公司和北京蓝冰印刷有限公司打字和制作。特别感谢责任编辑周菲的辛勤劳动。

  在这里我还要衷心感谢长期支持、帮助和指导我的著名专家、教授陈守一、谢怀栻、刘鸿儒、陈岱荪、厉以宁、王学珍、孙琬钟、刘大响、朱有信、李椿、麻子英、周恩惠、魏振瀛、李培传等前辈。还要感谢北京联合大学应用文理学院给我提供了良好的教学和研究的环境和条件。感谢孙健波（曾担任北大税法研究中心副主任，现为财政部主管注册会计师协会研究员博士后）、马志毅（司法部研究员、博士）对该书的几度修改给与的协助和支持。

  时代不断发展，本书会有许多不足之处，请大家指正。

刘隆亨

2017 年 10 月 30 日

北京大学税法研究中心

北京联合大学经济法研究所